Byw y...

Life in the Countryside

Byw yn y Wlad

y ffotograffydd yng nghefn gwlad 1850–2010

Life in the Countryside

the photographer in rural Wales 1850–2010

Gwyn Jenkins

y lolfa

Argraffiad cyntaf: 2010

Mae'r cyhoeddwyr yn cydnabod cefnogaeth ariannol
Cyngor Llyfrau Cymru

Dylunio: Richard Ceri Jones

Rhif Llyfr Rhyngwladol: 978 1 84771 284 4

Cyhoeddwyd ac argraffwyd a rhwymwyd yng Nghymru
gan Y Lolfa Cyf., Talybont, Ceredigion SY24 5HE
e-bost ylolfa@ylolfa.com
gwefan www.ylolfa.com
ffôn (01970) 832 304
ffacs 832 782

CYNNWYS

I Mam

Y FFOTOGRAFFYDD YNG NGHEFN GWLAD

Anodd yw ceisio cwmpasu holl rychwant bywyd cefn gwlad yn ystod y cyfnod er 1850 mewn un gyfrol o gant a thrigain o ffotograffau. Fodd bynnag, gobeithio bod y ffotograffau hyn yn cyfleu, i raddau helaeth, natur bywyd yng nghefn gwlad, gan gynnwys ei gymeriad unigryw, y newidiadau a fu, a pharhad agweddau oesol. Mae'r ffotograffwyr – y rhan fwyaf ohonynt yn Gymry pybyr – sydd wedi crwydro cefn gwlad dros y blynyddoedd yn amlwg yn adnabod eu cynefin yn drylwyr. Maent wedi ymateb yn reddfol i ysblander y golygfeydd a bywiogrwydd y gymdeithas, ond nid ydynt chwaith wedi osgoi adlewyrchu caledi bywyd y werin bobl o ddydd i ddydd.

Y ffotograffwyr

Darganfyddiadau ffotograffig ganol y 19eg ganrif a'i gwnaeth hi'n bosib i ni weld y byd drwy lygad y camera. Rhoddodd hyn gyfle newydd cyffrous i ni gofnodi'r byd a gwella'n hadnabyddiaeth ohono, gan gynnwys cefn gwlad Cymru. Am y canrifoedd cyn hynny, rhaid oedd dibynnu ar dystiolaeth archeolegol ac ysgrifenedig, ynghyd â chrefft a dychymyg arlunwyr, er mwyn deall a dehongli'r gorffennol. Daeth y ffotograff, ac yn ddiweddarach ffilm, recordiadau sain a holl amrywiaeth y cyfryngau newydd, â dimensiwn newydd i'n hamgyffred o'n hamgylchfyd.

Fodd bynnag, yn nyddiau cynnar ffotograffiaeth, ychydig o luniau a dynnwyd o gefn gwlad, a hynny i raddau mawr oherwydd cymhlethdod y prosesau ffotograffig. Nid oedd yn fater rhwydd i gludo camera mawr trwsgl ac offer prosesu. Y tueddiad felly oedd i werin cefn gwlad, yn aml yn eu dillad gorau, deithio i'r dre i gael eu llun wedi'i dynnu mewn stiwdio neu siop ffotograffydd proffesiynol. Dim ond wrth i brosesau ffotograffig llai llafurus gael eu datblygu y gwelwyd ffotograffwyr yn mentro i'r priffyrdd a'r caeau.

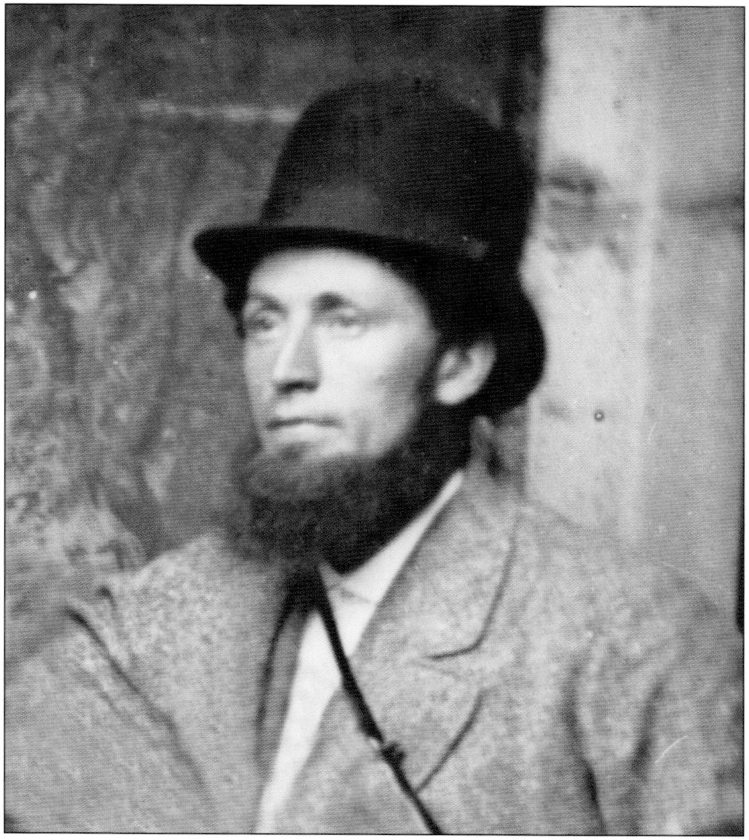

John Thomas

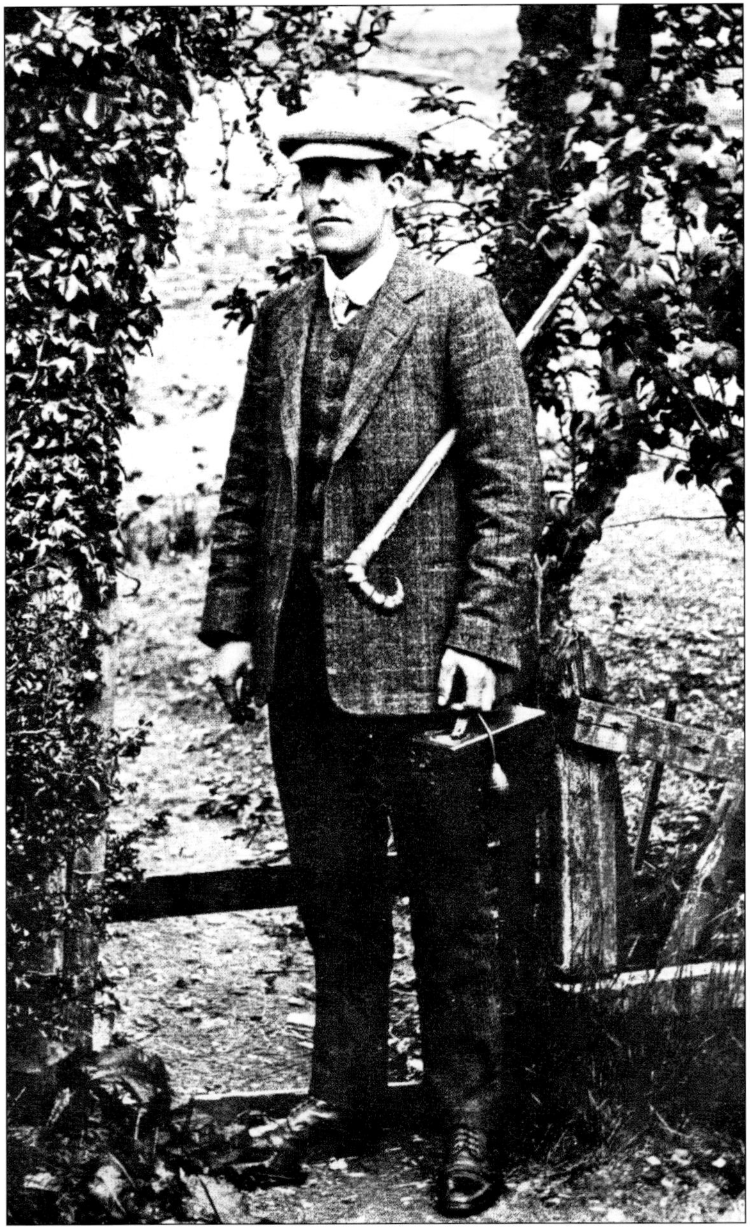

E O Jones

Mae lle y Cymry ymhlith arloeswyr ffotograffiaeth yn ddiymwad. Roedd **John Dillwyn Llewelyn** (1810–1882) a'i deulu o Benller-gaer, ger Abertawe, yn amlwg yn y datblygiadau hyn a cheir rhai enghreifftiau o ffotograffau o gefndir gwladaidd, a dynnwyd tua 1850, gan y teulu. Serch hynny, prif ffotograffydd cefn gwlad Cymru yn ystod ail hanner y 19eg ganrif oedd **John Thomas** (1835–1905). Fel y tystia Iwan Meical Jones yn ei gyfrol ddeniadol ac awdurdodol, *Hen Ffordd Gymreig o Fyw: Ffotograffau John Thomas*, 'mae ei waith cystal â gwaith unrhyw ffotograffydd o unrhyw wlad' ac 'yn gofnod o Gymru Oes Fictoria'. Teithiodd John Thomas ledled Cymru gyda'i gamera, gan dystio nid yn unig i ddatblygiadau diwydiannol a threfol Cymru a dyfodiad y rheilffordd i bob rhan o'r wlad, ond hefyd i'r gymdeithas wledig a gweithgareddau amaethyddol. Cofnododd ddiwedd 'oes aur y ceffyl' a datblygiad pentrefi a threfi bach fel canolfannau gwasanaethau gwledig. Yn ffodus mae tua 3,000 o negyddion gwydr o waith John Thomas wedi goroesi a chânt eu cadw'n ddiogel yn y Llyfrgell Genedlaethol. Mae modd gweld copïau digidol ohonynt i gyd ar wefan y Llyfrgell.

Gyda dyfodiad camerâu mwy hylaw a'r broses 'plât sych', oedd wedi'i dyfeisio erbyn 1880, gwelwyd ffotograffwyr hunanddysgedig fel **Tom Mathias** (1866–1940) o ardal Cilgerran, sir Benfro, ac **E O Jones** (1873–1915) o Dal-y-bont, Ceredigion, yn crwydro'u milltir sgwâr i dynnu lluniau o'u cymunedau lleol. Tua'r un pryd, gadawodd rhai ffotograffwyr proffesiynol, fel **D C Harries** (1866–1940), Llandeilo, a **P B Abery** (1877–1948), Llanfair ym Muallt, eu stiwdios, gan ddefnyddio'u camerâu 'maes' i dystio'n arbennig i fecaneiddio amaethyddiaeth a datblygiad yr *horseless carriage*. Tynnwyd lluniau lleol hefyd gan **Percy Lloyd** (1885–1967), Aberaeron, ac **Arthur Lewis** (*c.*1885-1952), Aberystwyth.

Ffotograffydd newyddiadurol oedd **Geoff Charles** (1909–2002) a fu'n tynnu lluniau i bapurau newydd fel *Y Cymro*, y *Wrexham Advertiser* a *Farmers Weekly*. Manteisiodd Geoff Charles ar gamerâu gorau'r dydd, fel y Leica lllB a brynodd yn 1939, i dynnu rhai o ffotograffau mwyaf cofiadwy'r 20fed ganrif. Mae casgliad anferth o'i waith wedi'i gadw a'i gatalogio'n fanwl yn y Llyfrgell Genedlaethol a gellir gweld copïau digidol o filoedd o'i

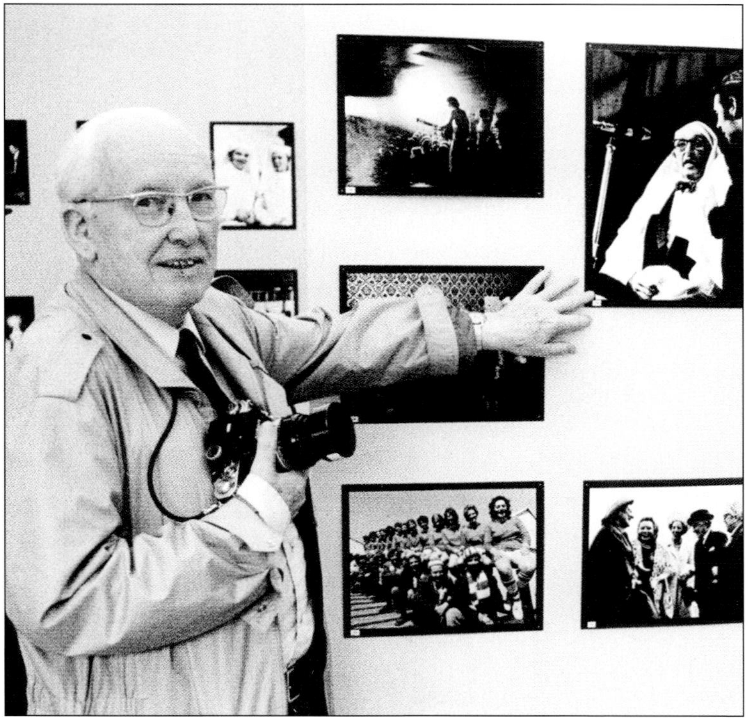

Geoff Charles

luniau ar wefan y Llyfrgell. Maent yn adlewyrchu natur y gymdeithas yng Nghymru yng nghanol yr 20fed ganrif, yn arbennig felly cefn gwlad yn y gogledd a'r canolbarth. Dilyn yr un traddodiad mae'r ffotograffwyr cyfoes **Arvid Parry-Jones** a'i feibion, a **Raymond Daniel**.

Bellach, mae'r defnydd o liw mewn papurau newydd a chylchgronau wedi caniatáu i ffotograffwyr newyddiadurol ddal golygfeydd trawiadol lliwgar nad oedd yn bosib rai blynyddoedd yn ôl, er bod rhai ffotograffwyr yn parhau i weld rhinwedd mewn ffotograffau du a gwyn, sy'n medru creu awyrgylch hudolus. Yn wir, er bod elfennau celfyddydol amlwg i waith y ffotograffwyr a enwir uchod, rhoddir mwy o bwyslais ar yr elfen hon o grefft y ffotograffydd yng ngwaith ffotograffwyr cyfoes fel **Bernard Mitchell** a **Marian Delyth**.

Dyfodiad Kodak a *roll-film* yn y 1890au a ddaeth â'r camera o fewn cyrraedd pobl gyffredin. Ers y Rhyfel Byd Cyntaf, bu'r dyn a'r ddynes gyffredin yn tynnu ffotograffau syml o'u teuluoedd ac o olygfeydd deniadol. Erbyn heddiw mae'r camera digidol yn caniatáu i bawb sydd â llygad da dynnu ffotograff o safon ac mae miliynau o ffotograffau o gefn gwlad, a phob testun dan haul, i'w gweld ar wefannau fel Flickr. Serch hynny, rydym yn parhau'n ddyledus i grefft a dychymyg ffotograffwyr y gorffennol a ddaliai, drwy eu lens, olygfeydd a digwyddiadau'r oes o'r blaen.

Cefn gwlad

Dengys y ffotograffau yn y gyfrol hon y newid aruthrol a welwyd ym mywyd cefn gwlad dros y ganrif a hanner ddiwethaf, ond fe welir ynddynt hefyd bod elfennau oesol yn parhau. Efallai ei bod yn rhwyddach i drin y tir heddiw nag ydoedd yn 1850, ond i raddau helaeth mae'r patrwm a osodir gan y tymhorau'n ddigyfnewid.

Mae pwysigrwydd y ceffyl yn amlwg yn y ffotograffau a dynnwyd yn y cyfnod cyn y Rhyfel Byd Cyntaf, naill ai ar gyfer gweithgaredd amaethyddol neu er mwyn cludo pobl a defnyddiau o le i le. Cofnodwyd bod dros 60,000 o geffylau ar ffermydd siroedd Ceredigion, Caerfyrddin a Phenfro yn unig yn 1908. Wedi'r Rhyfel Byd Cyntaf, y tractor oedd yn frenin ar y fferm, a theithio ar fws neu mewn car a wnaed o bentref i bentref neu dref, yn hytrach nag ar gefn ceffyl neu ar gert. Ar yr un pryd, cynyddodd nifer y peiriannau a oedd ar gael i ffermwyr, gan gynnwys y beindar, y cynaeafydd ac, yn ddiweddarach, y peiriant byrnio. Ar ôl yr Ail Ryfel Byd daeth y Land Rover, cerbyd a ddatblygwyd yn sir Fôn, yn ddull cyffredin ymhlith ffermwyr o dramwyo eu tir, ac erbyn diwedd y ganrif roedd y beic cwad hefyd yn boblogaidd.

Roedd diboblogi yn nodwedd amlwg yng nghefn gwlad erbyn diwedd y 19eg ganrif, yn bennaf oherwydd y symud o ffermio ymgynhaliol, hynny yw ffermio heb greu gwarged, i ffermio cyfalafol. Erbyn yr 20fed ganrif roedd mecaneiddio amaethyddiaeth hefyd yn gyfrifol am ostyngiad sylweddol yn nifer y gweision fferm. Roedd dros 130,000 o lafurwyr amaethyddol yng Nghymru ganol y 19eg ganrif, ond dim ond 11,000 erbyn 1971. Dihangodd llawer i ddyn ifanc o gefn gwlad i weithio ym mhyllau glo'r de a'r gogledd-ddwyrain, neu i Loegr. Wedi'r Ail Ryfel Byd, gydag uno ffermydd llai, gostyngodd cyfanswm y ffermydd. Roedd dros 40,000 o unedau amaethyddol ar ddechrau'r 1950au ond dim ond tua 20,000 erbyn dechrau'r 1970au.

Roedd hen draddodiad o gydweithio ymhlith ffermwyr, er enghraifft ar adeg cneifio neu'r cynhaeaf. Yn yr 20fed ganrif sefydlwyd cymdeithasau amaethyddol fel Cymdeithas y Gwartheg Duon Cymreig, a ddaeth i fodolaeth yn 1904, a chymdeithasau cydweithredol fel hufenfeydd. Erbyn diwedd yr 20fed ganrif roedd pwyslais ar arallgyfeirio er mwyn cynnal incwm ffermydd, a datblygwyd busnesau llewyrchus mewn twristiaeth a chynhyrchu bwydydd amrywiol.

Edwino wnaeth dylanwad y plas ar y gymdeithas wledig yn ystod y cyfnod dan sylw, wrth i'r ystadau mawr gael eu rhannu'n unedau llai a thenantiaid yn prynu'u ffermydd. Datblygodd trefn ddemocrataidd, gan ganiatáu i bawb yn y pen draw gymryd rhan mewn gwleidyddiaeth leol a chenedlaethol. Ar yr un pryd, roedd datblygiad system addysg yn sicrhau bod gan bawb y cyfle i ddilyn llwybrau newydd yn eu bywydau.

Yn ystod ail hanner y 19eg ganrif tyfodd pentrefi bychain a threfi bach i fod yn ganolfannau pwysig i'r gymdeithas wledig, gan gynnig gwasanaethau fel siopau, llythyrdai a gweithdai crefftwyr. Symudodd llawer o bobl o'u bythynnod di-raen, a godwyd yma a thraw dros y canrifoedd cynt, i dai mwy cysurus mewn pentrefi. Daeth y pentref yn ganolfan gymdeithasol i gefn gwlad, gyda chymdeithas y capel yn allweddol i hyn. Yn y capel a'r Ysgol Sul y datblygwyd traddodiadau cerddorol ac eisteddfodol ffyniannus. Ond, gyda datblygiad neuaddau coffa wedi'r Rhyfel Byd Cyntaf ac atyniad oesol y dafarn, ynghyd â gostyngiad yn y nifer a fynychai gapel ac eglwys, gwelwyd newid mewn patrymau cymdeithasol. Erbyn heddiw caewyd drysau llawer i gapel gwledig a bellach mae ysgolion pentref a thafarndai hefyd yn cau.

Yn ffodus mae sioeau amaethyddol a chlybiau ffermwyr ifanc yn parhau i ffynnu ond, gyda mewnlifiad cyson o'r tu hwnt i Glawdd Offa, mae cynnal cymdeithas drwy gyfrwng yr iaith Gymraeg yn anos. Ganol y 19eg ganrif, roedd y Gymraeg yn gyfrwng cyfathrebu mwyafrif o drigolion cefn gwlad ond, bellach, ar wefusau ffermwyr a'u teuluoedd y clywir yr iaith yn fwyaf aml, er ymdrechion clodwiw ysgolion i ddysgu'r iaith i blant o bob cefndir. Digyfnewid yw'r diddordebau hamdden a gysylltir â chefn gwlad, gyda physgota a saethu yn parhau'n boblogaidd. Er y gwaharddiadau ar hela llwynogod gyda chŵn, mae'r helwyr yn dal i gwrdd. Serch hynny, mae natur ymwelwyr â chefn gwlad wedi newid i raddau helaeth. Ni welir tinceriaid, y 'tramp' na'r Sioni Winwns heddiw ond, gyda datblygiad gweithgareddau hamdden awyr-agored, daw cerddwyr i fanteisio ar lwybrau cyhoeddus a'r hawl i grwydro'r mynydd-diroedd. Rhoddir croeso iddynt fel arfer... cyhyd â'u bod yn cau gatiau ar eu hôl!

Cydnabyddiaethau

Cartref llawer o'r delweddau a geir yn y gyfrol hon yw'r Casgliad Cenedlaethol o Ffotograffau yn y Llyfrgell Genedlaethol. Rwy'n ddiolchgar am y cymorth gwerthfawr ac amyneddgar a gefais gan staff y Llyfrgell wrth ymchwilio. Mae gen i ddyled fawr i'r Llyfrgell beth bynnag, ac efallai y bydd y sylw a roddir i'r casgliad yn y gyfrol hon yn ad-daliad bychan.

Rwy'n ddiolchgar iawn i'r ffotograffwyr cyfoes am eu cydweithrediad wrth i mi lunio'r gyfrol. Derbyniais gymorth parod hefyd gan fy nghyfaill Iwan Meical Jones, yr arbenigwr ar y ffotograffydd John Thomas. Treuliais brynhawn buddiol yng nghwmni Gwilym Jenkins, Tal-y-bont (Gwilym Tan'rallt i'w gyfeillion niferus) yn cael fy ngoleuo yn nulliau amaethu ddoe a heddiw. Rwy'n ddyledus hefyd i staff Y Lolfa, yn arbennig Lefi, Ceri a Nia. Fodd bynnag, derbyniaf y cyfrifoldeb am unrhyw wall a welir yn y testun.

Gwyn Jenkins
Hydref 2010

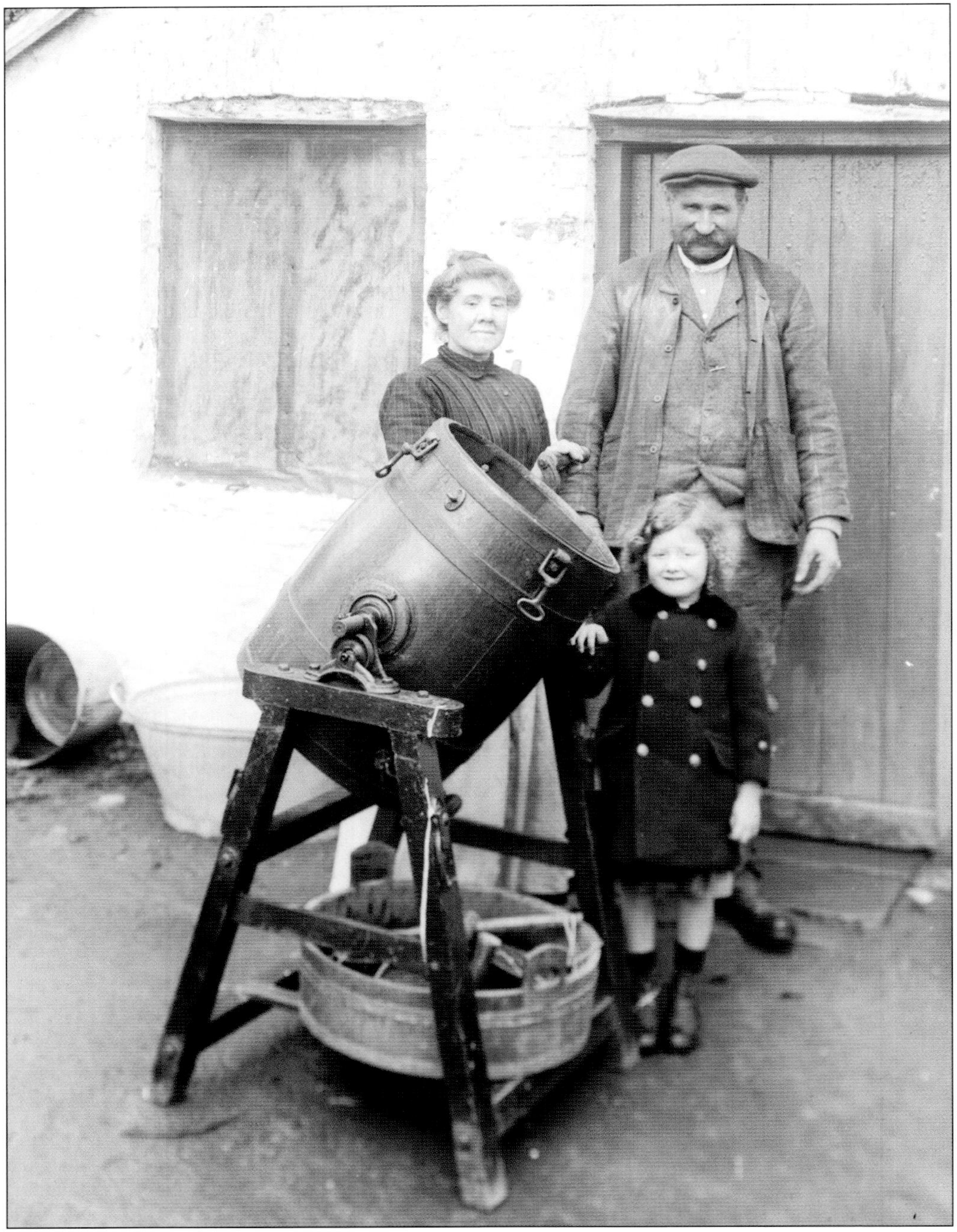

(D C Harries, c.1910)

THE PHOTOGRAPHER IN THE COUNTRYSIDE

It is difficult to encompass the whole gamut of life in the Welsh countryside during the period since 1850 in one volume of a hundred and sixty photographs. However, it is hoped that these photographs will convey, to a large extent, the nature of life in the countryside, including its unique character, the changes that have taken place, and the endurance of certain abiding elements. The photographers – almost all of them staunchly Welsh – who have roamed the countryside over the years are obviously thoroughly familiar with their environs. They have responded instinctively to the splendour of the scenery and the liveliness of the community, but neither have they avoided reflecting the hardship of day-to-day life in the countryside.

The photographers

It was the inventions in photography in the middle of the 19th century which made it possible for us to see the world through the eye of the camera. This gave us an exciting new opportunity to record the world and enhance our understanding of it, including the Welsh countryside. For the centuries prior to this, people had to rely on archaeological and written evidence, along with the skill and imagination of artists, to understand and to interpret the past. The photograph, and subsequently film, sound recordings and the whole diversity of the new media, gave a new dimension to our comprehension of our environment.

However, in the early days of photography, few photographs were taken of the countryside, mainly because of the complexity of photographic processes. It was not an easy matter to transport a large unwieldy camera and processing equipment. Consequently, the tendency was for country people, often in their best clothes, to travel to the town to be photographed in a professional photographer's studio or shop. It was only when less laborious photographic processes were developed that photographers started to venture into the countryside.

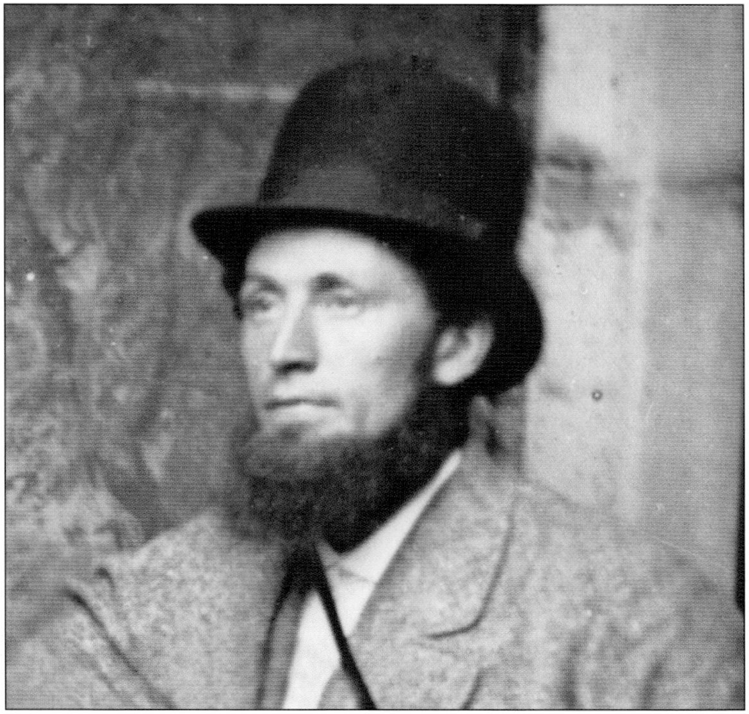

John Thomas

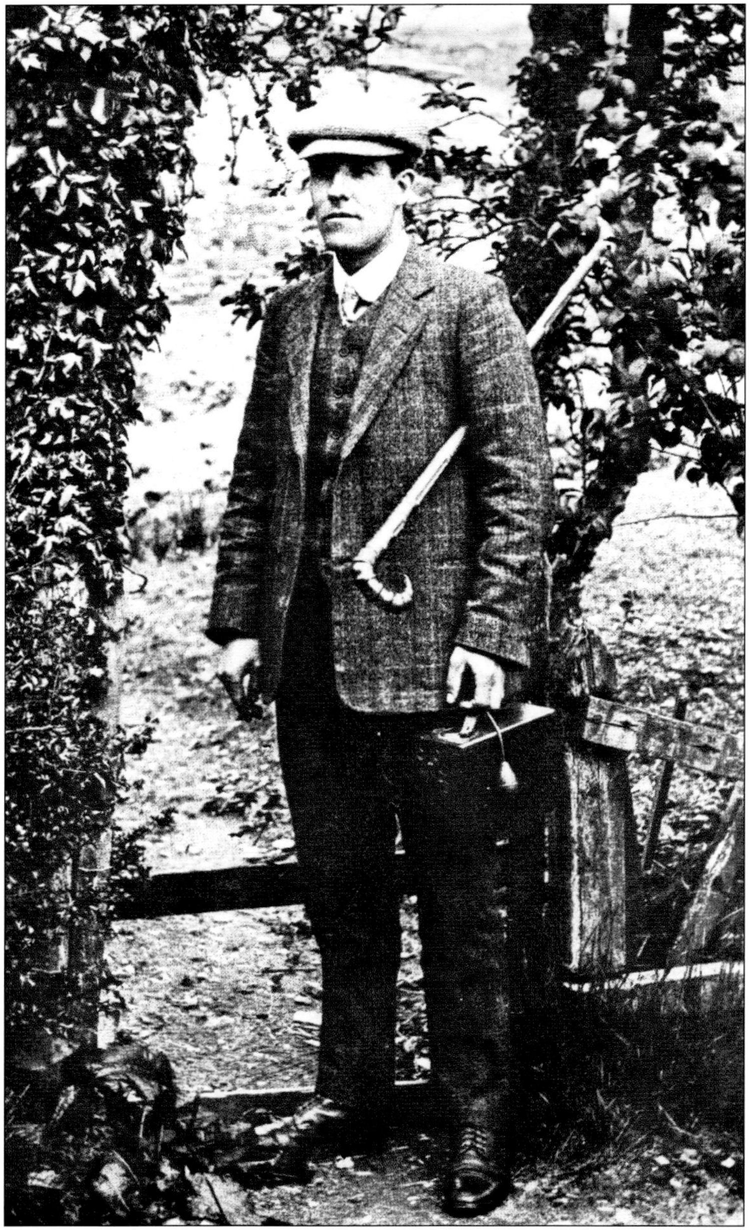
E O Jones

The place of the Welsh among the pioneers of photography is undeniable. **John Dillwyn Llewelyn** (1810–1882) and his family from Penller-gaer, near Swansea, were prominent in these developments and there are examples of photographs of rural scenes, taken about 1850, by this family. However, the foremost photographer of the Welsh countryside during the second half of the 19th century was **John Thomas** (1835–1905). As attested by Iwan Meical Jones in his attractive and authoritative volume, *A Welsh Way of Life: John Thomas Photographs*, his work bears comparison with 'any photographer in any country in the world' and is a 'record of Victorian Wales'. John Thomas travelled the length and breadth of Wales with his camera, testifying not only to industrial and urban developments and the expansion of the railways to all parts of the country, but also to rural communities and agricultural activities. He recorded the end of 'the golden age of the horse' and the development of villages and small towns as centres of rural services. Fortunately about 3,000 glass negatives of John Thomas's work have survived and are stored safely in the National Library of Wales. It is possible to see digital copies of all of them on the Library's website.

With the advent of more manageable cameras and the 'dry plate' process, which had been devised by 1880, self-taught photographers such as **Tom Mathias** (1866–1940) from the Cilgerran area of north Pembrokeshire, and **E O Jones** (1873–1915) from Tal-y-bont, Ceredigion, roamed their localities taking photographs of community life. About the same time, some professional photographers, such as **D C Harries** (1866–1940), Llandeilo, and

P B Abery (1877–1948), Builth Wells, left their studios, and, using their field cameras, testified in particular to the mechanisation of agriculture and the development of the 'horseless carriage'. Local photographs were also taken by **Percy Lloyd** (1885–1967), Aberaeron, and **Arthur Lewis** (*c.*1885-1952), Aberystwyth.

Geoff Charles (1909–2002) was a press photographer who worked for newspapers such as *Y Cymro*, the *Wrexham Advertiser* and *Farmers Weekly*. Taking advantage of the best cameras of the day, such as the Leica lllB which he bought in 1939, Geoff Charles took some of the most memorable photographs of the 20th century. A huge collection of his work has been kept and catalogued in detail by the National Library and digital copies of thousands of his photographs can be seen on the Library's website. They reflect the nature of society in Wales in the middle of the 20th century, particularly that of rural north and mid Wales. Amongst the contemporary photographers following in the same tradition are **Arvid Parry-Jones** and his sons, and **Raymond Daniel**.

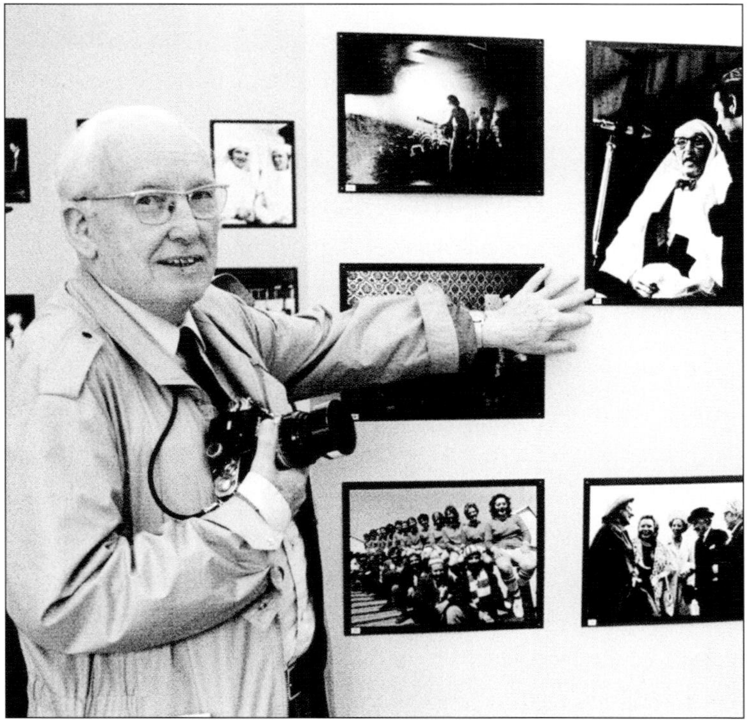

Geoff Charles

Nowadays, the use of colour in newspapers and magazines has allowed press photographers to capture strikingly colourful scenes which was not possible some years ago, although some photographers continue to see merit in black and white images that can create a beguiling atmosphere. Indeed, although there are obvious artistic elements in the work of the photographers named above, a greater emphasis on this aspect of the craft of the photographer can be found in the work of contemporary photographers such as **Bernard Mitchell** and **Marian Delyth**.

It was the advent of Kodak and roll-film in the 1890s which brought the camera within reach of the ordinary people. Since the First World War, the ordinary man and woman have been taking simple images of their families and of attractive scenery. These days, the digital camera allows anyone with a good eye to take images to a reasonable standard and there are millions of photographs of the countryside, amongst all kinds of other subjects, to be found on websites such as Flickr. Despite this, we are still indebted to the craft and imagination of past photographers who captured, through the lens, the scenery and events of days gone by.

The Welsh countryside

The photographs in this volume illustrate the enormous changes that have taken place in life in the Welsh countryside over the last century and a half, but also those abiding elements which have endured. Perhaps it is easier to till the soil today than it was in 1850, but to a great extent the pattern set by the seasons remains unchanged.

In the photographs taken during the period before the First World War, the importance of the horse is obvious, either for its agricultural function or for transporting people and goods from place to place. It was recorded that there were over 60,000 horses on farms in the counties of Ceredigion, Carmarthenshire and Pembrokeshire alone in 1908. After the First World War, the tractor became the king of the farm, and people travelled by bus or car from village to village or town, rather than on horseback or by cart. At the same time, there was an increase in the number of machines available to farmers, including the binder, the combine harvester, and later the baler. After the Second World War the Land Rover, a vehicle developed in Anglesey, became a common means for farmers to traverse their land, and by the end of the century the quad bike was also popular.

Depopulation was an obvious feature in the countryside by the end of the 19th century, largely because of the move away from subsistence farming, i.e. farming without creating a surplus, to capitalistic farming. By the 20th century the mechanisation of agriculture was also responsible for the decline in the number of farm labourers. There were over 130,000 farm labourers in Wales in the mid-19th century, but only 11,000 by 1971. Many a young man fled the countryside to seek work in the collieries of the south and the north-east, or to England. After the Second World War, with the unifying of farms, the total number of farms declined. There were over 40,000 agricultural units at the beginning of the 1950s, but only about 20,000 by the beginning of the 1970s.

There was an ancient tradition of collaboration among farmers, for example at shearing-time or during the harvest. In the 20th century, agricultural societies were formed, such as the Welsh Black Cattle Society, established in 1904, and co-operative societies such as creameries. By the end of the 20th century there was an emphasis on diversification to help support farm incomes, and prosperous businesses were developed in tourism and in the production of a variety of foodstuffs.

The influence of the gentry on rural life declined during the period in question, as the great estates were broken up into smaller units and tenants were able to buy their farms. A democratic system developed, eventually allowing everyone to participate in local and national politics. At the same time, the development of an educational system ensured that everyone had the opportunity to follow new paths in their lives.

During the second half of the 19th century small villages and towns grew in size to become important centres for rural communities, offering services such as shops, post offices and craftsmen's workshops. Many people left their insanitary cottages, built here and there over the centuries, for more congenial houses in villages. The village became a social centre for the countryside, with the chapel community being central to this. It was in the chapel and Sunday School that a flourishing musical and eisteddfodic tradition was developed. However, with the building of memorial halls after the First World War and the enduring appeal of the public house, together with the declining number of those attending places of worship, there was a change in community patterns of life. By today, many rural chapels have closed and village schools and public houses are also closing their doors.

Fortunately, agricultural shows and young farmers' clubs continue to thrive but, with the steady in-migration from across Offa's Dyke, conducting community life through the medium of Welsh has become more difficult. In the mid-19th century, Welsh was the language of communication for the majority of the inhabitants of rural Wales but by today the language is most likely to be heard amongst farmers and their families, despite the commendable efforts of schools to teach the language to children of all backgrounds.

The leisure interests associated with the countryside are substantially unchanged, with fishing and shooting remaining popular. Despite the ban on hunting foxes with dogs, hunts continue to meet. However, the nature of visitors to rural Wales has changed to a large extent. The tinker, the tramp and the Sioni Winwns (Johnny Onions) are no longer seen but, with the development of open-air leisure activities, ramblers have taken advantage of public footpaths and the right to roam the uplands. They are usually welcomed... as long as they close the gates after them!

Acknowledgements

Many of the images in this volume are kept in the National Collection of Photographs at the National Library of Wales. While researching, I have received valuable and patient assistance from the Library's staff, for which I am grateful. I owe a large debt to the Library in any case, and I trust that the attention given to the collection in this volume will be a small recompense.

I am very grateful to the contemporary photographers for their co-operation while I compiled the volume. I also received willing support from my friend Iwan Meical Jones, the expert on the photographer John Thomas. I spent a profitable afternoon in the company of Gwilym Jenkins, Tal-y-bont (Gwilym Tan'rallt to his numerous friends) who enlightened me on farming methods past and present. I am also indebted to the staff of Y Lolfa, notably Lefi, Ceri and Nia. However, I accept responsibility for any errors in the text.

Gwyn Jenkins
October 2010

Byd yr amaethwr
The farmer's world

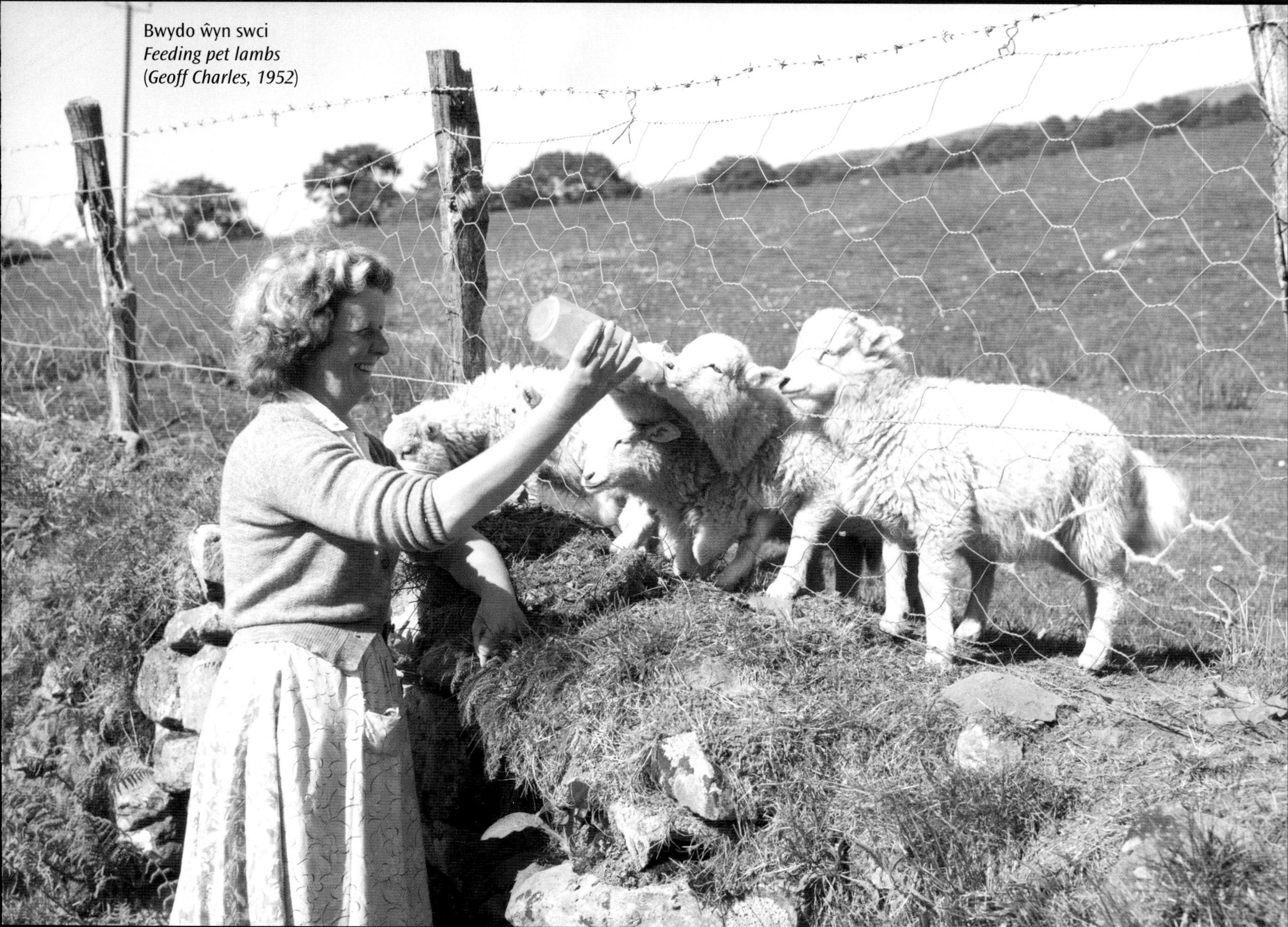

Bwydo ŵyn swci
Feeding pet lambs
(*Geoff Charles, 1952*)

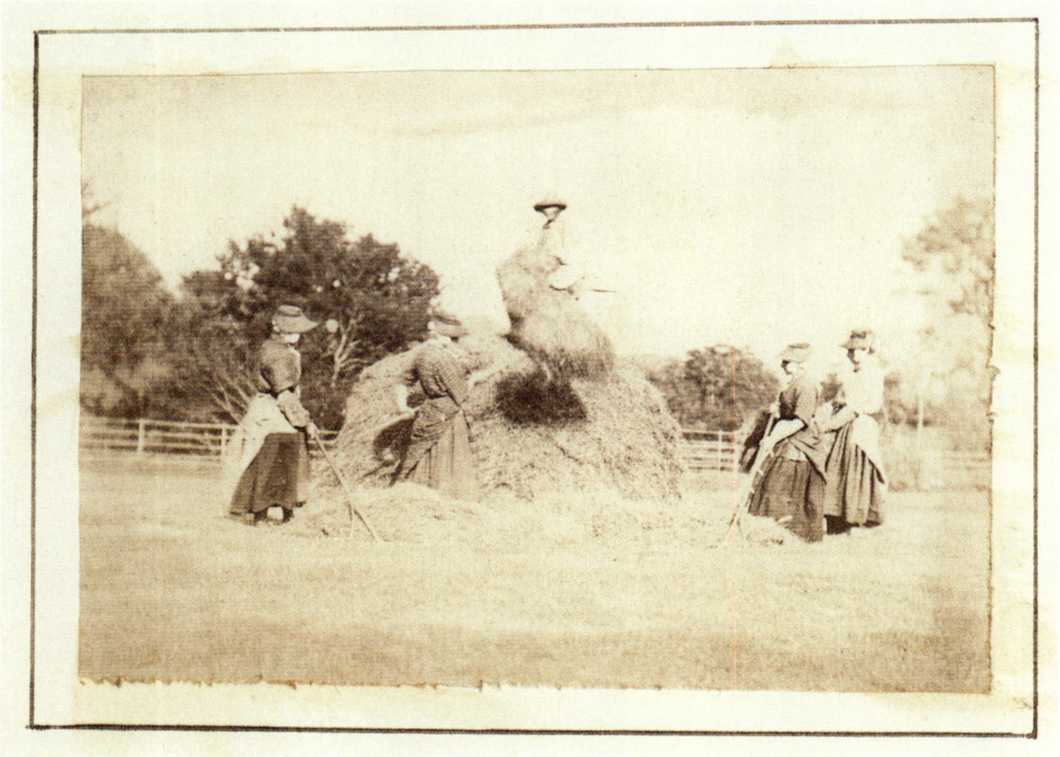

Mae'n briodol cychwyn y gyfres hon o ffotograffau gyda dau lun a dynnwyd gan deulu Dillwyn Llewelyn o Benllergaer ger Abertawe, gan fod y teulu hwn yn arloeswyr ym maes ffotograffiaeth. Credir mai John Dillwyn Llewelyn, neu ei ferch Thereza, oedd yn gyfrifol am dynnu'r ffotograffau hyn ar stadau Sgeti a Phenllergaer, ger Abertawe, tua 1850. Mae'n debyg mai dyma'r ffotograffau cynharaf a dynnwyd o olygfeydd amaethyddol yng Nghymru.

It is appropriate to begin this series of photographs with two images taken by the Dillwyn Llewelyn family of Penllergaer near Swansea, as this family was among the early pioneers of photography. It is believed that either John Dillwyn Llewelyn, or his daughter Thereza, was responsible for taking these photographs on the Sketty and Penllergaer estates, near Swansea, about 1850. These are probably the earliest photographs taken of an agricultural scene in Wales.

(John Dillwyn/Thereza Llewelyn, c.1850)

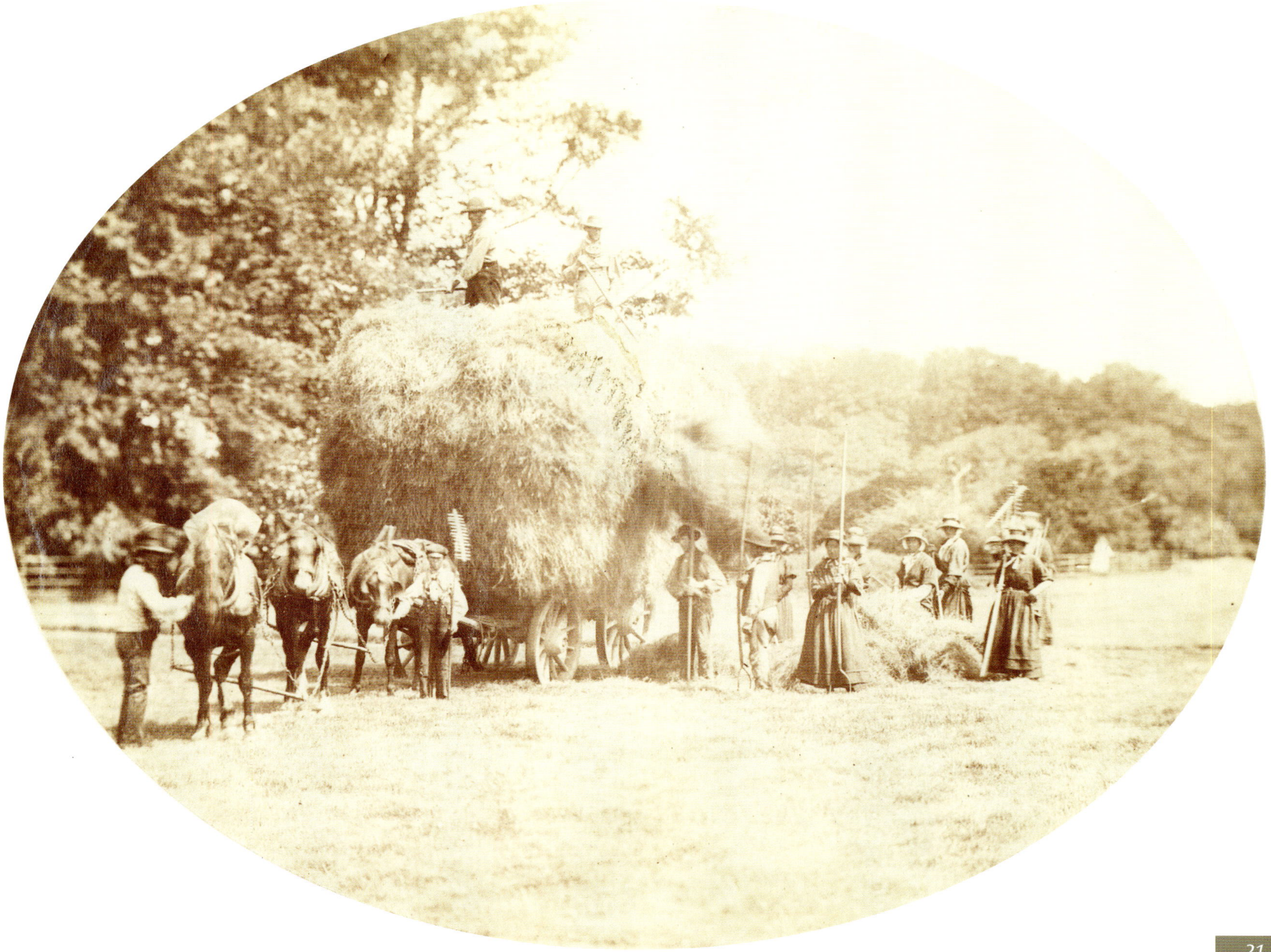

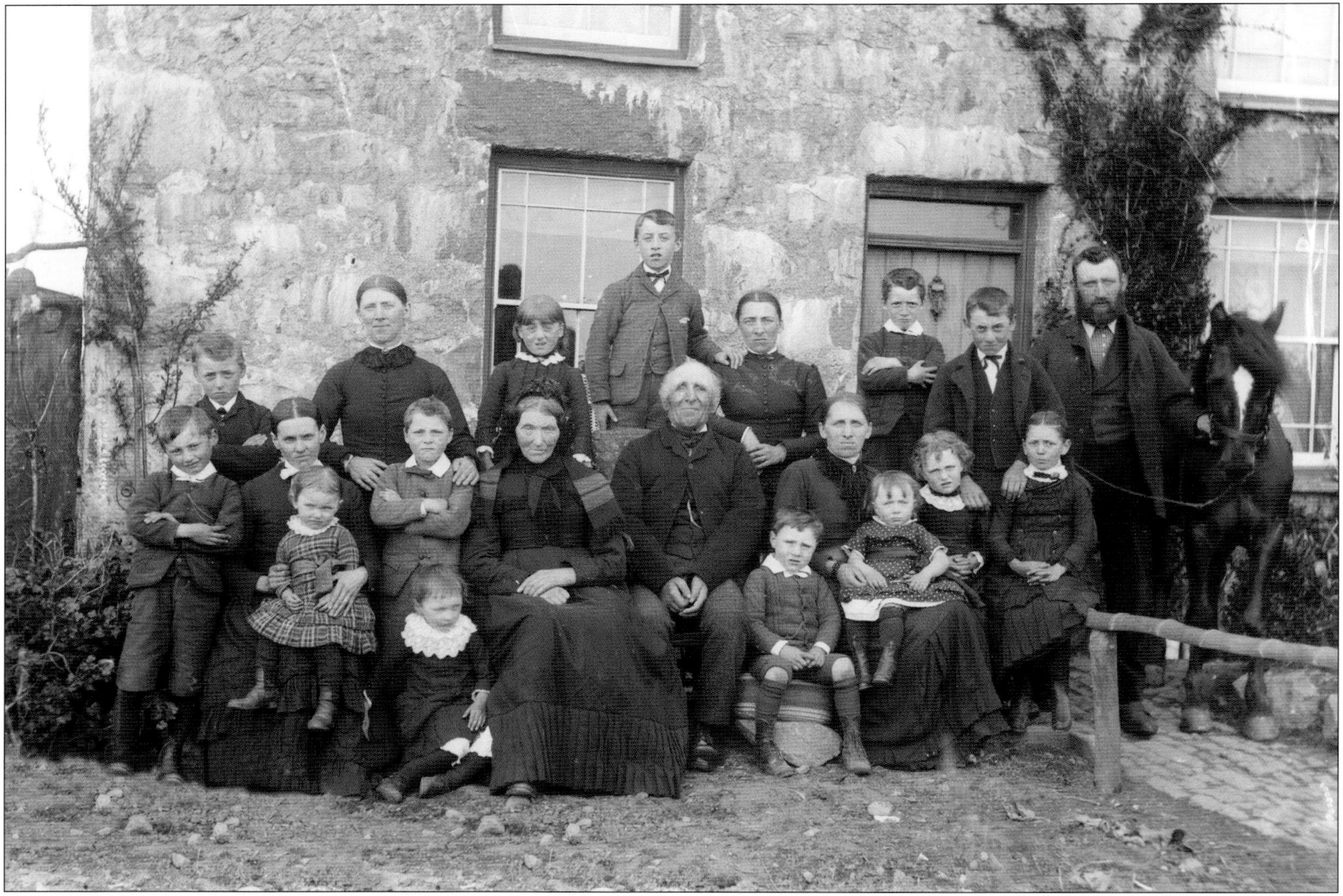

Teulu estynedig o flaen ffermdy yn Chwilog, Gwynedd, yn ystod y 1880au. Mae tair cenhedlaeth yma, gyda disgwyl y byddai pawb ond y plant lleiaf yn cyfrannu at gynnal gweithgareddau'r fferm. Mewn adroddiad o'r cyfnod hwn, tystiai un ffermwr fod ganddo saith o blant, gyda dau ohonynt yn ei gynorthwyo ar y fferm; byddent yn codi am 5.30 y bore, mynd i'r ysgol erbyn 9 o'r gloch, a'i gynorthwyo eto wedi iddynt ddod adref.

An extended family outside a farmhouse in Chwilog, Gwynedd, during the 1880s. There are three generations here, with an expectation that all but the smallest children would contribute to farming activities. In a report from this period, one farmer testified that he had seven children, two of whom assisted him on the farm; they would rise at 5.30 in the morning, go to school by 9 o'clock, and assist him again after coming home.

(John Thomas, c.1885)

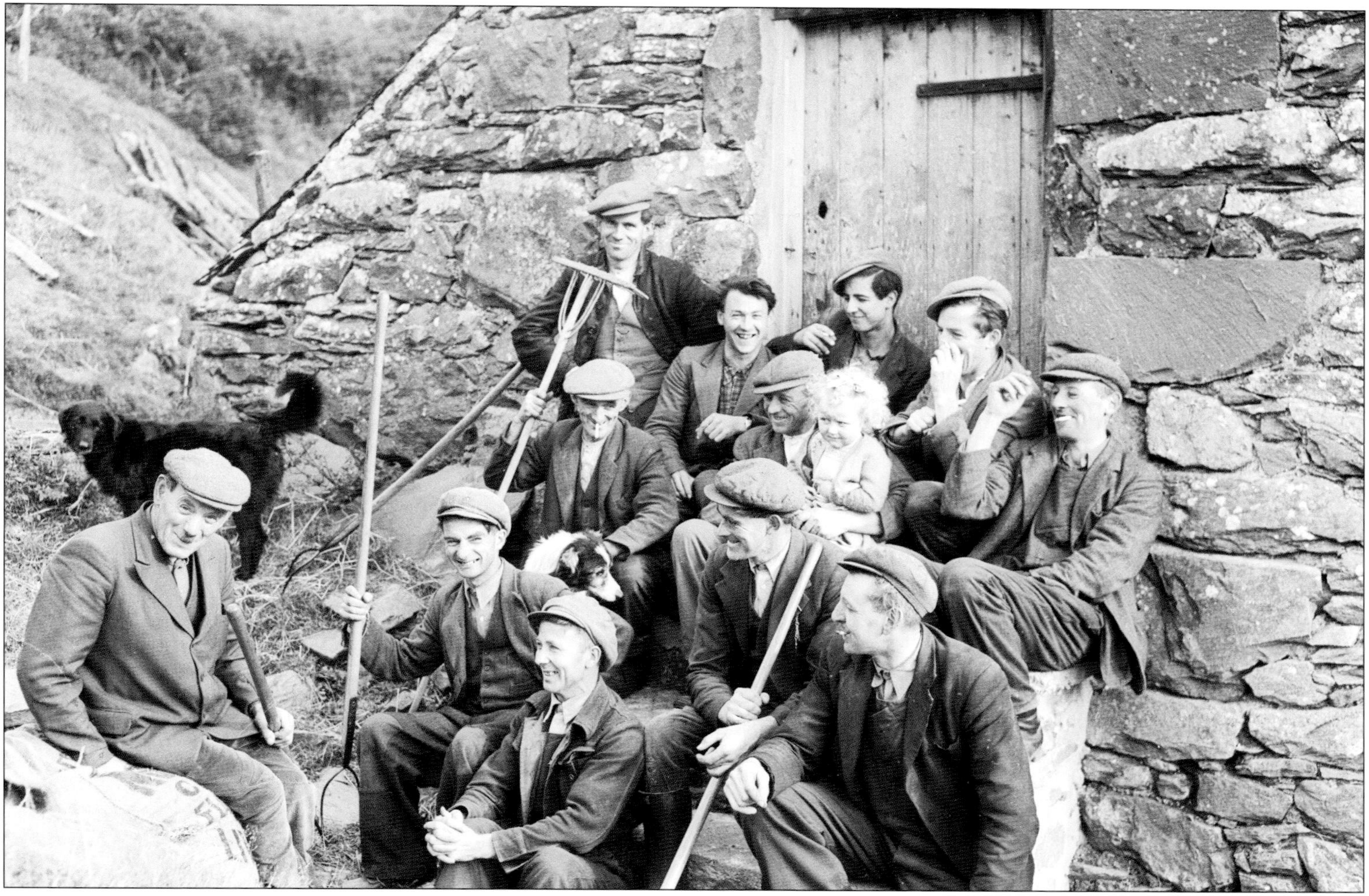

Yn ogystal â chyfraniadau gan aelodau'r teulu, roedd gan ffermydd mwy sylweddol y 19eg ganrif weision fferm a oedd yn byw yn llofft stabl neu storws y fferm. Fodd bynnag, erbyn tynnu'r llun hwn yn 1952, roedd nifer y gweision fferm wedi gostwng yn sylweddol, yn bennaf o ganlyniad i'r defnydd cynyddol o beiriannau amaethyddol. Cael eu galw i gynorthwyo ar ddiwrnodau arbennig oedd y llafurwyr sy'n cael hoe yma yng nghwmni merch fach y fferm.

In addition to the contribution by family members, the larger farms in the 19th century employed farm hands who lived in the stable loft or barn. However, by the time this photograph was taken in 1952, the number of farm hands had declined substantially, largely as a result of the increasing use of agricultural machinery. These labourers, taking a break in the company of the farmer's little daughter, were called in to assist on specific days.

(Geoff Charles, 1952)

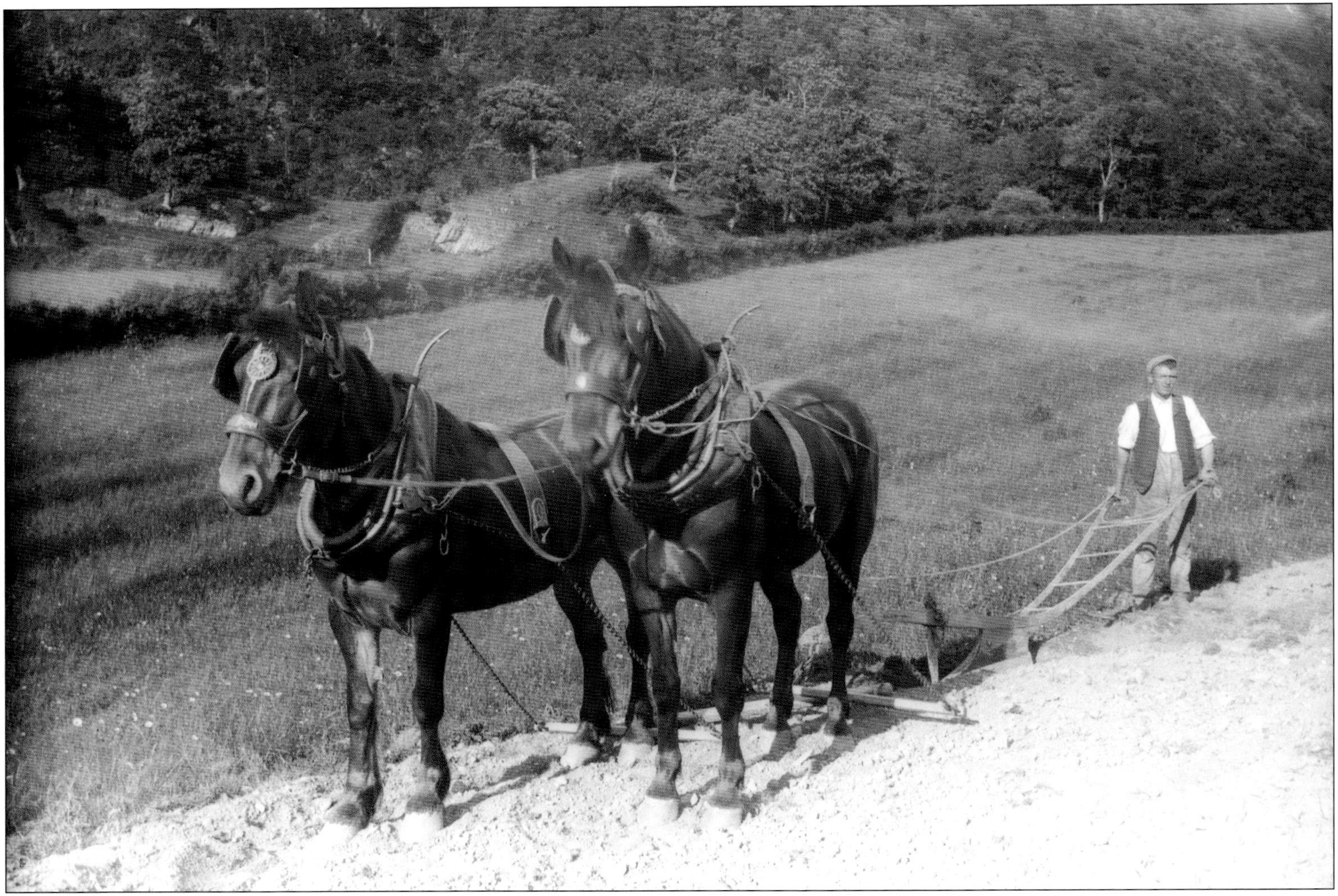

Am ganrifoedd defnyddid ychen araf eu cam i dynnu aradr pren a rwygai'r tir, ond erbyn canol y 19eg ganrif, ceffylau fyddai'n tynnu aradr dur gan greu cwysi destlus. Gelwid y ddau geffyl a dynnai'r aradr y naill yn 'geffyl rhych', sef yr un a gerddai ar y tir a oedd newydd ei droi, a'r llall yn 'geffyl cefen' neu 'geffyl gwellt', sef yr un a gerddai ar y glaswellt a oedd eto i'w droi.

For centuries slow-moving oxen were used to pull wooden ploughs that tore the earth, but by the middle of the 19th century, horses would be used to pull steel ploughs which made neat furrows. The two horses which pulled the plough were called the 'ceffyl rhych' (furrow horse), the horse that walked on the earth that had been turned, and the 'ceffyl gwellt' (grass horse), the horse that walked on the grass which had yet to be ploughed.

(John Thomas, c.1885)

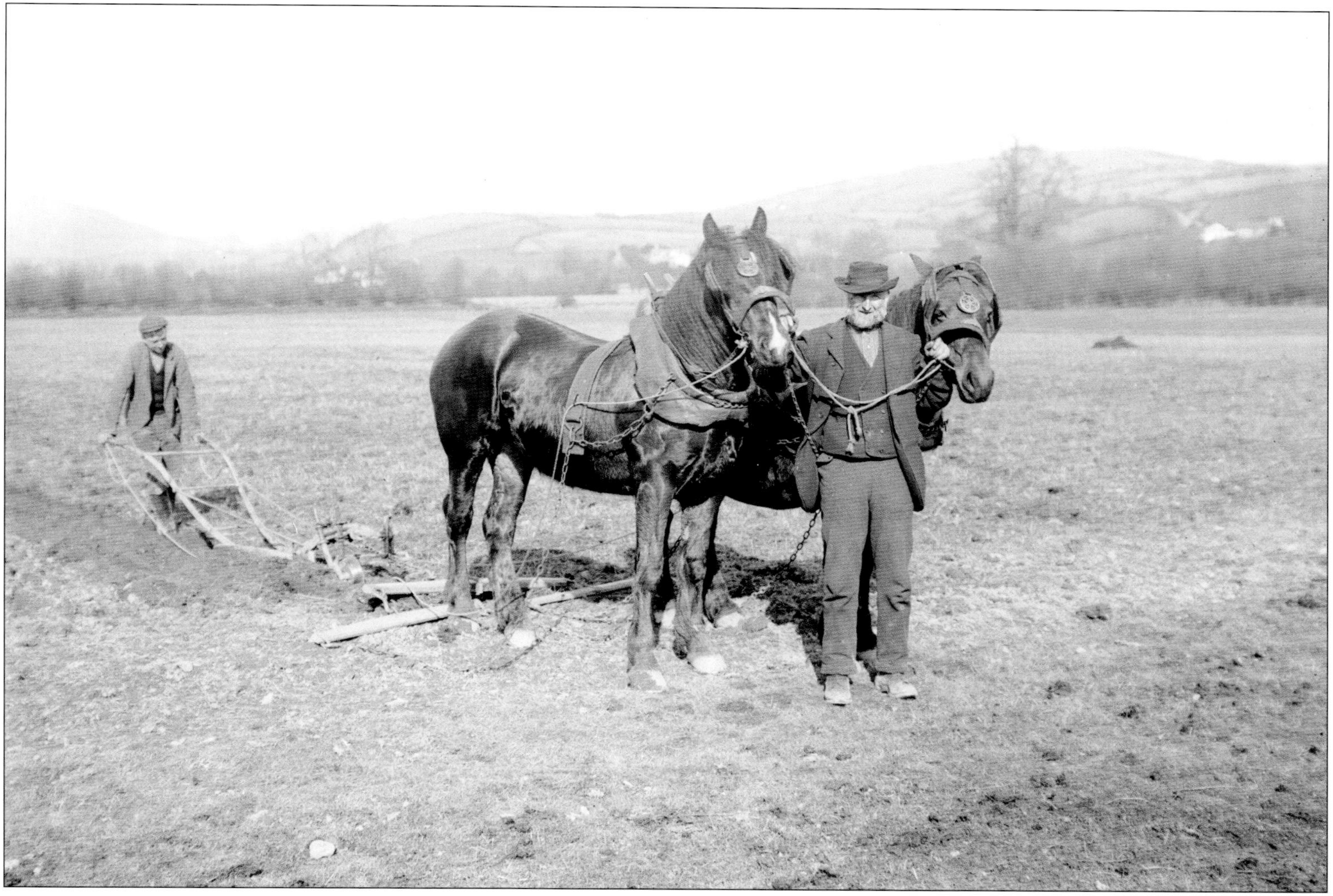

Y 19eg ganrif oedd oes aur y ceffyl, ac mewn rhai ardaloedd adwaenid ffermydd yn ôl nifer y ceffylau yr oedd eu hangen arnynt yn hytrach na nifer yr erwau. Byddai 'lle pâr o geffylau', er enghraifft, yn fferm gyda thir y gellid ei aredig gydag un pâr o geffylau ar gyfer hau mewn amser priodol. Cofnodwyd bod dros 60,000 o geffylau ar ffermydd siroedd Ceredigion, Caerfyrddin a Phenfro yn 1908.

The 19th century was the golden age of the horse, and in some areas farms were known by the number of horses which they required rather than the number of acres. A farm described as 'lle pâr o geffylau' (a two-horse farm), for example, would have land that could be ploughed with two horses for sowing in an appropriate time. It was recorded that there were over 60,000 horses in the counties of Ceredigion, Carmarthenshire and Pembrokeshire in 1908.

(D C Harries, c.1900)

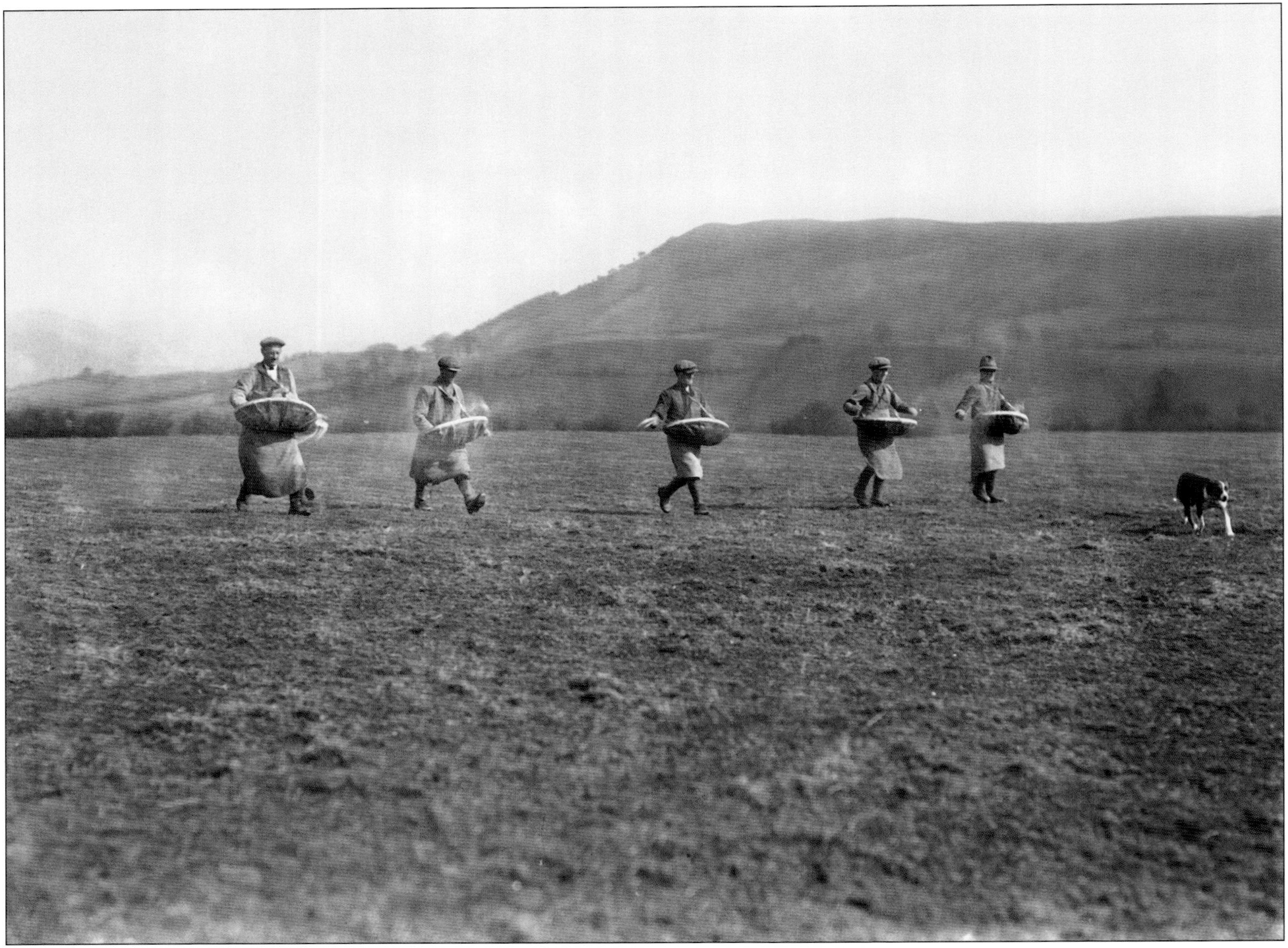

Pump mewn rhes yn defnyddio'r dull traddodiadol o wasgaru hadau â llaw ar fferm ym Mhowys tua 1930. Gan amlaf defnyddid sach flawd i ddal yr hadau ond math o fasged sydd gan yr heuwyr hyn.

Five in a row using the traditional method of scattering seeds by hand on a farm in Powys about 1930. It was more common to hold the seeds in a meal sack but a type of basket is being used by these sowers.

(P B Abery, c.1930)

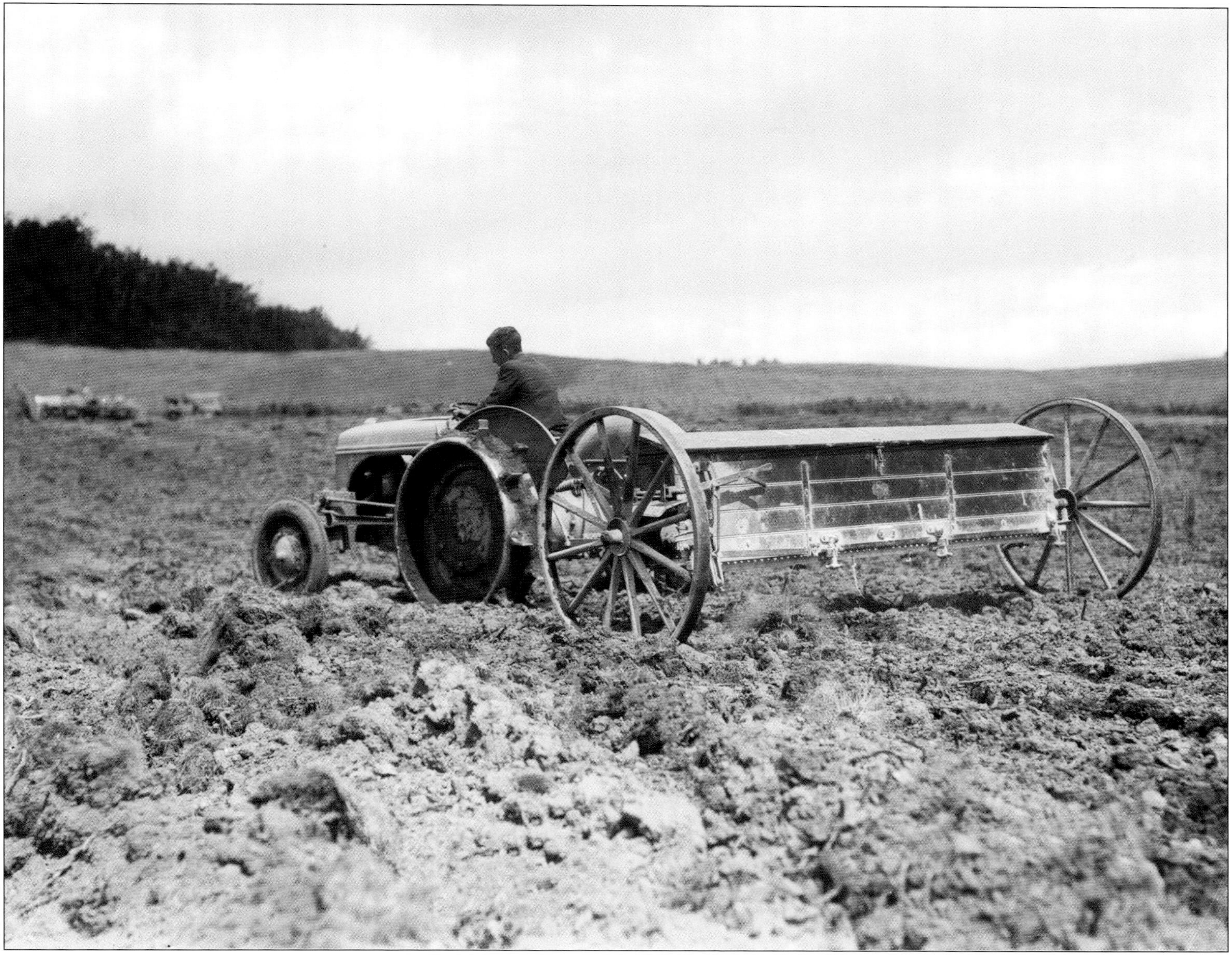

Erbyn yr 20fed ganrif, defnyddiwyd peiriannau i hadu, gan gyflymu'r broses yn aruthrol.

By the 20th century, machines were used for sowing, thereby speeding up the process considerably.

(P B Abery, c.1930)

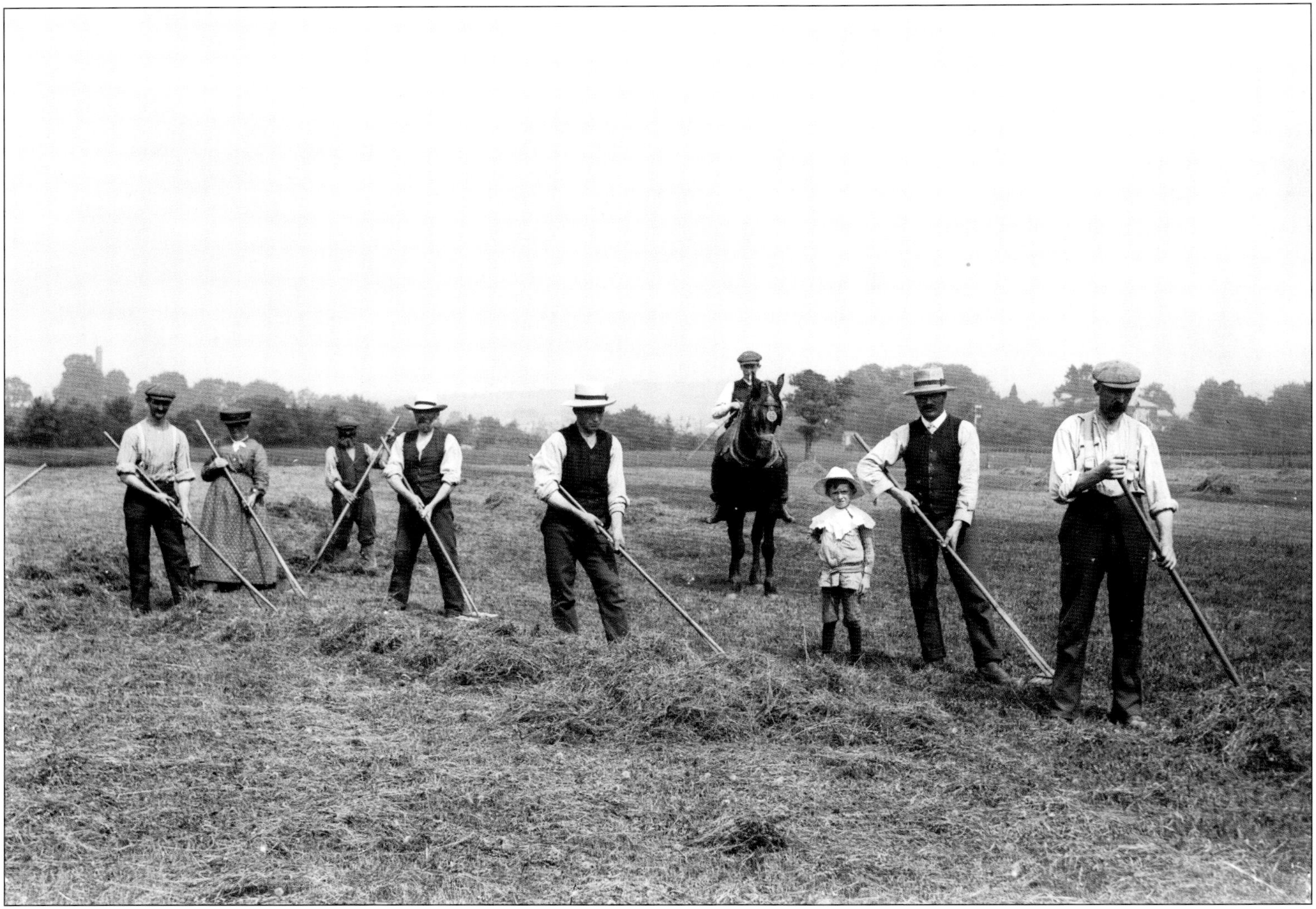

Byddai ffermwyr a'u gweision yn cydweithio yn ystod cyfnodau lladd gwair. Ar ôl ei dorri gyda phladur, taenwyd y gwair i sychu, a'i gribinio'n rhenciau (rhesi hir) i adael i'r ddaear sychu, ac yna'i daenu eto. Pan oedd yn ddigon sych, fe'i cribiniwyd yn rhenciau eto a'i godi ar wagenni.

Farmers and their farm hands collaborated during the haymaking period. After cutting it with a scythe, the hay was spread out to dry, then raked into 'rhenciau' (long heaps), to allow the ground to dry out, then spread out again. When it was dry enough, it was raked again into 'rhenciau' and pitched onto wagons.

(D C Harries, c.1890)

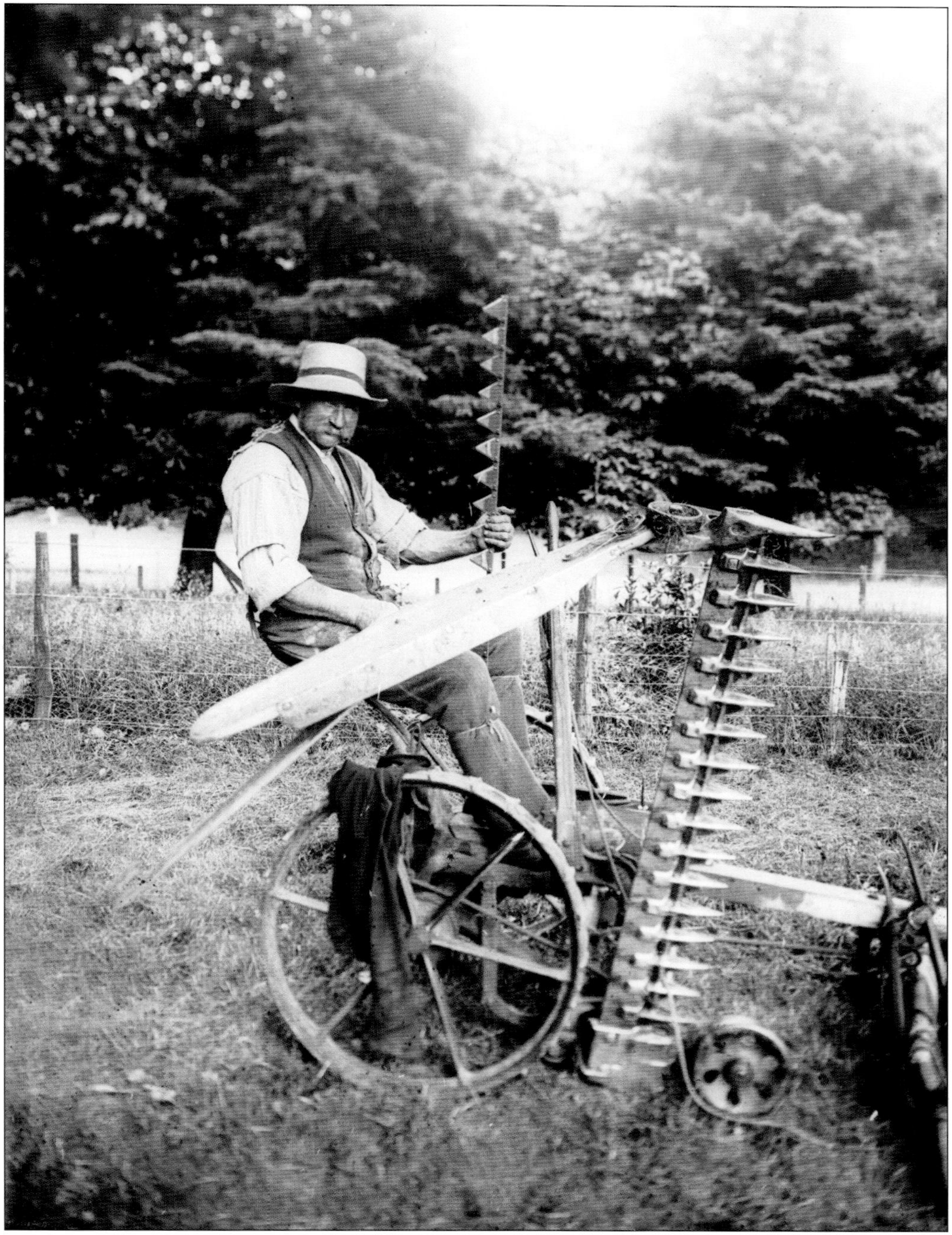

Daeth peiriannau torri gwair fel hwn yn gyffredin iawn erbyn diwedd y 19eg ganrif. Byddai'r cyllyll (yn ei law chwith) yn symud yn ôl a blaen yn y wain (ar y dde). Roedd yn hanfodol hogi'r llafnau'n gyson drwy'r dydd ac yn aml ceid trafferth gyda'r wain wrth i nythod llygod ei llenwi.

Mowing machines such as this became common by the end of the 19th century. The blades (in his left hand) moved up and down in the sheath (on the right). It was important to sharpen the blades regularly and often there would be problems with the sheath, as it tended to become blocked by the nests of field mice.

(D C Harries, c.1900)

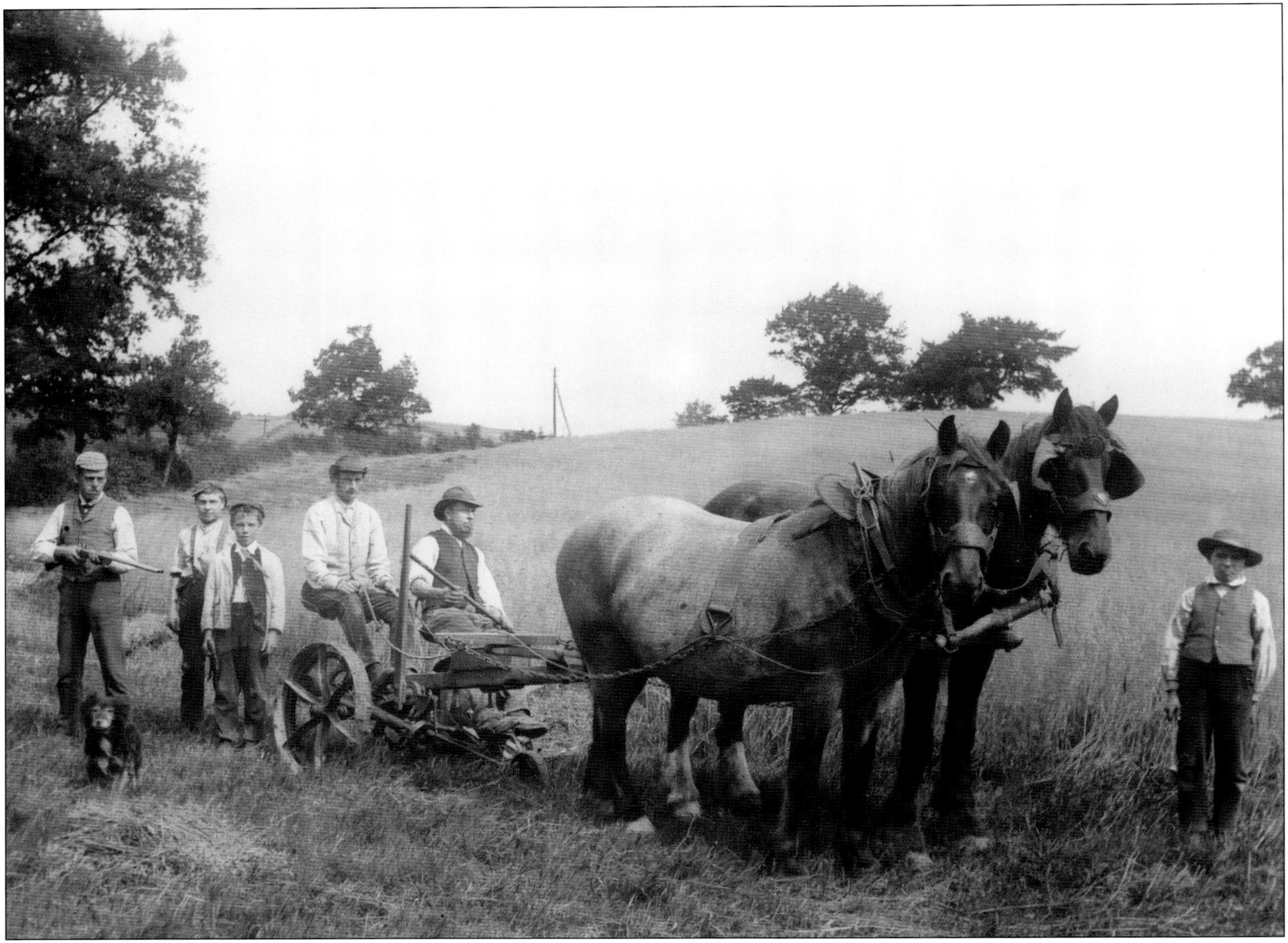

Peiriant torri llafur wrth ei waith. Mae dau ar gefn y peiriant hwn, un yn gyrru a'r llall yn lledrymu (sef rhwymo'r ŷd yn llac). Mae'r llanc ifanc ar y chwith yn barod am ei gyfle i saethu cwningen petai un yn ceisio dianc o'r cae.

A mowing machine at work. There are two on this machine, one driving and the other tying the corn loosely. The young man on the left is ready for an opportunity to shoot a rabbit if one were to try to escape from the field.

(John Thomas, c.1885)

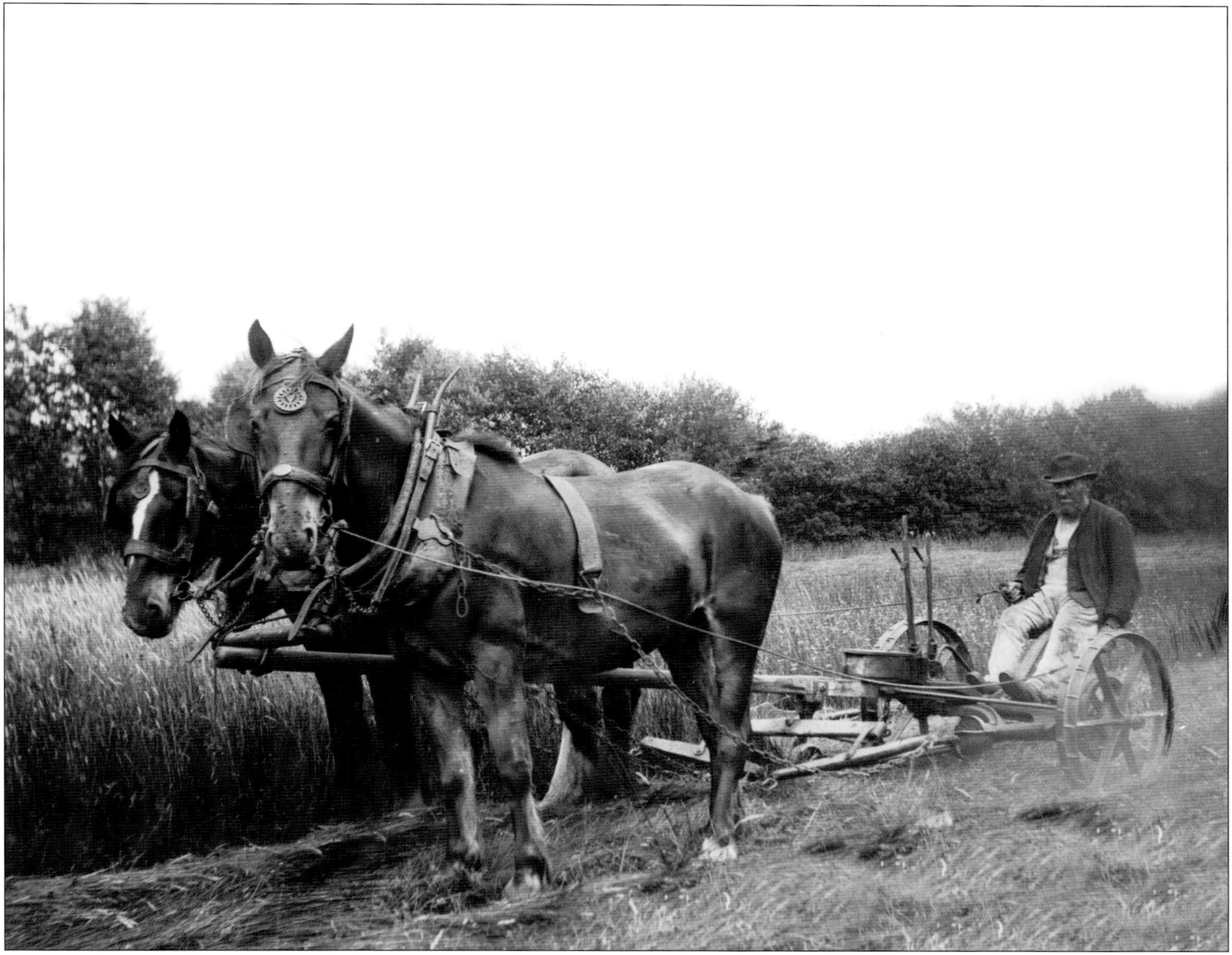

Peiriant torri llafur cynnar wrth ei waith ar fferm yn sir Gaerfyrddin.

An early mowing machine at work in Carmarthenshire.

(D C Harries, c.1890)

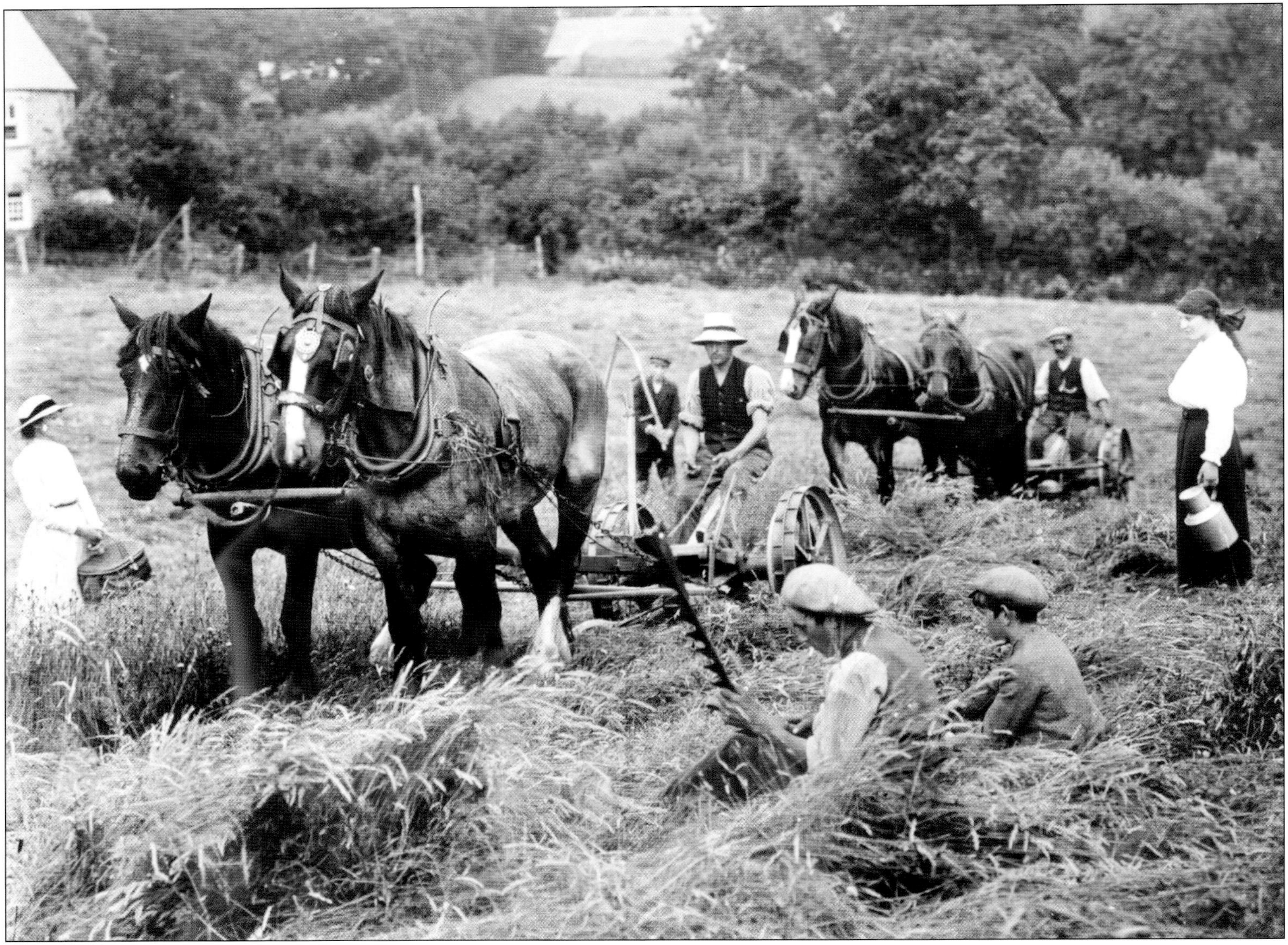

Diwrnod lladd gwair ar fferm Aberdyfan, Pont-rhyd-y-ceirt, ger Cilgerran, sir Benfro, yn 1913. Dyma gartref y ffotograffydd Tom Mathias. Ar y chwith mae ei wraig, ac ar y dde eu merch, Tilla, gyda'i brawd, James, nesaf ati ym mlaen y llun.

Haymaking day at Aberdyfan farm, Pont-rhyd-y-ceirt, near Cilgerran, Pembrokeshire, in 1913. This is the home of the photographer Tom Mathias. On the left is his wife, and on the right his daughter, Tilla, with her brother, James, next to her in the forefront.

(Tom Mathias, 1913)

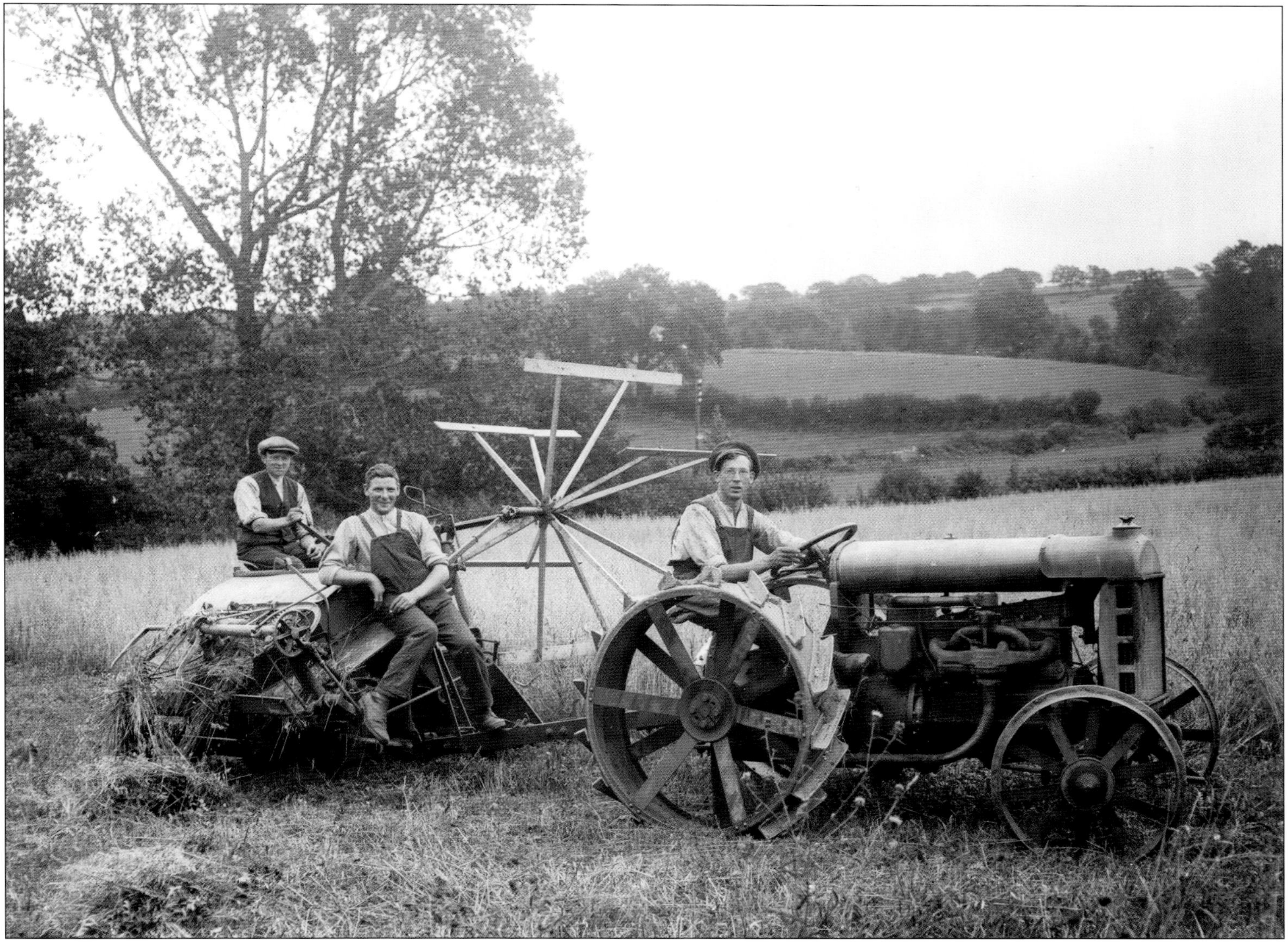

Tractor cynnar yn tynnu beindar. Roedd y peiriant hwn yn medru torri'r ŷd a'i rwymo'n ysgubau, ac felly gallai gyflawni'r gwaith a wnaed gan sawl person cynt. Bellach nid oedd angen cymaint o gymorth gan weision neu gymdogion.

An early tractor pulling a binder. This machine could cut the corn and tie it into a sheaf, and could thereby accomplish the work undertaken by several persons previously. Consequently there was no need for as much assistance from farm hands or neighbours.

(D C Harries, c.1920)

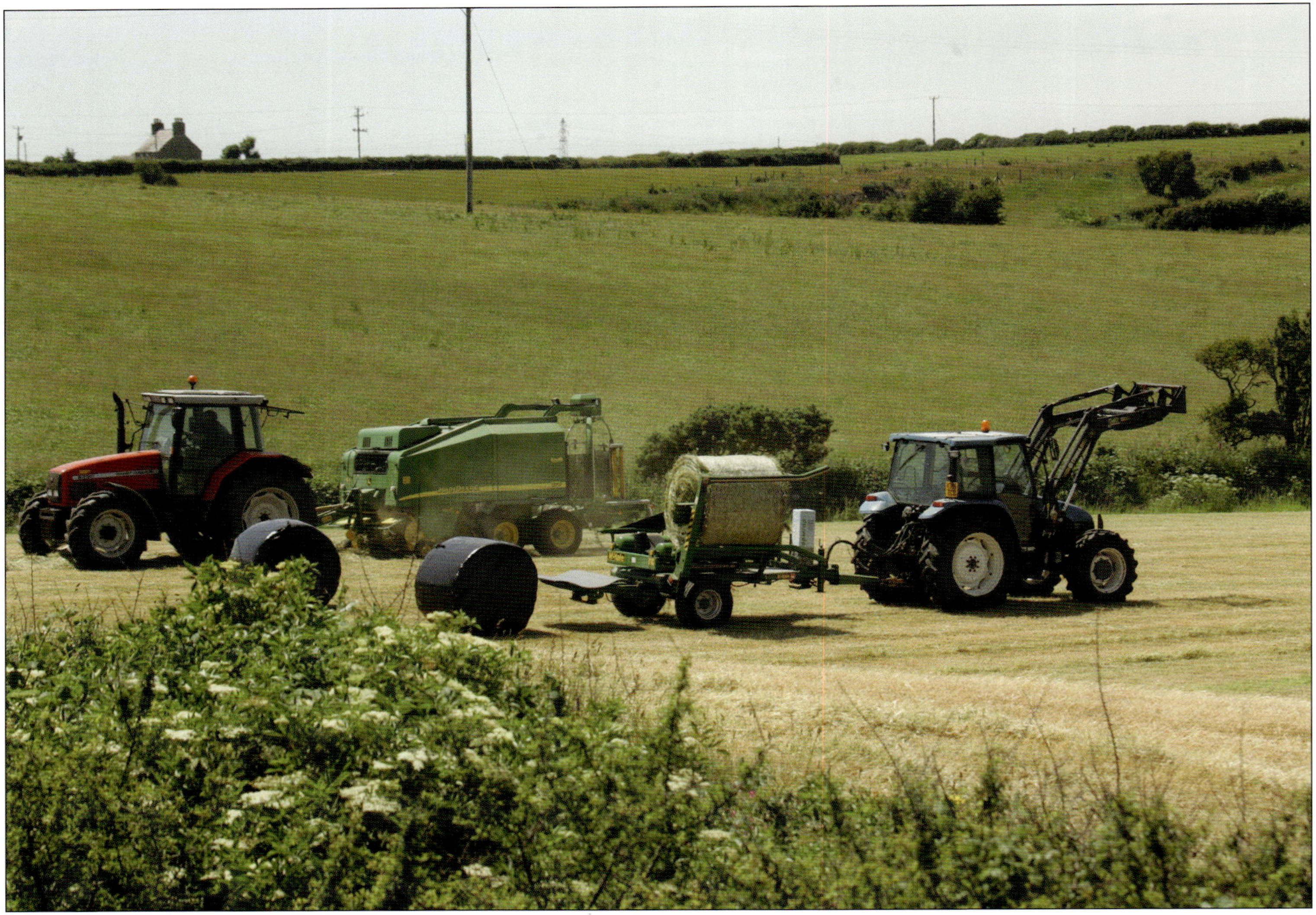

Yn negawdau olaf yr 20fed ganrif, defnyddiwyd peiriannau byrnio a godai'r gwair a'i bacio yn fyrnau silindrog, fel y gwelir ar y fferm hon ar Ynys Môn. Daeth silwair hefyd yn gynnyrch poblogaidd ar gyfer porthiant gaeaf.

In the final decades of the 20th century, balers were used to lift and pack large cylindrical bales, as seen on this farm in Anglesey. Silage also became a popular form of winter fodder.

(Arvid Parry-Jones, 2005)

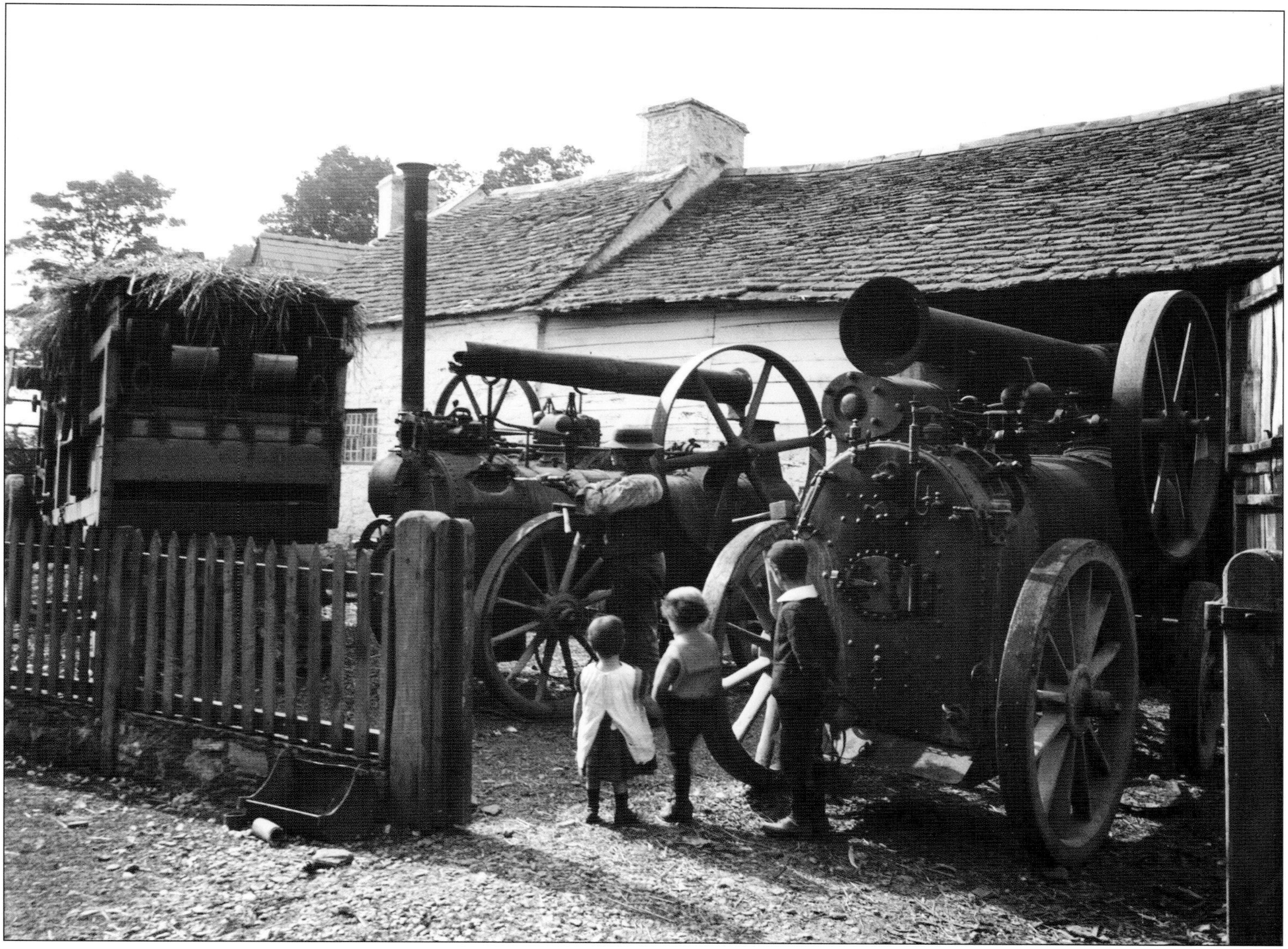

Erbyn diwedd y 19eg ganrif, defnyddid peiriannau tynnu mawr wedi'u gyrru gan stêm ar gyfer dyrnu a gweithgareddau eraill. Sylwer bod modd plygu'r simnai fawr er mwyn ei storio.

By the end of the 19th century, large steam-powered traction engines were used for threshing and other activities. Note that it was possible to fold the big chimney for storage.

(P B Abery, c.1910)

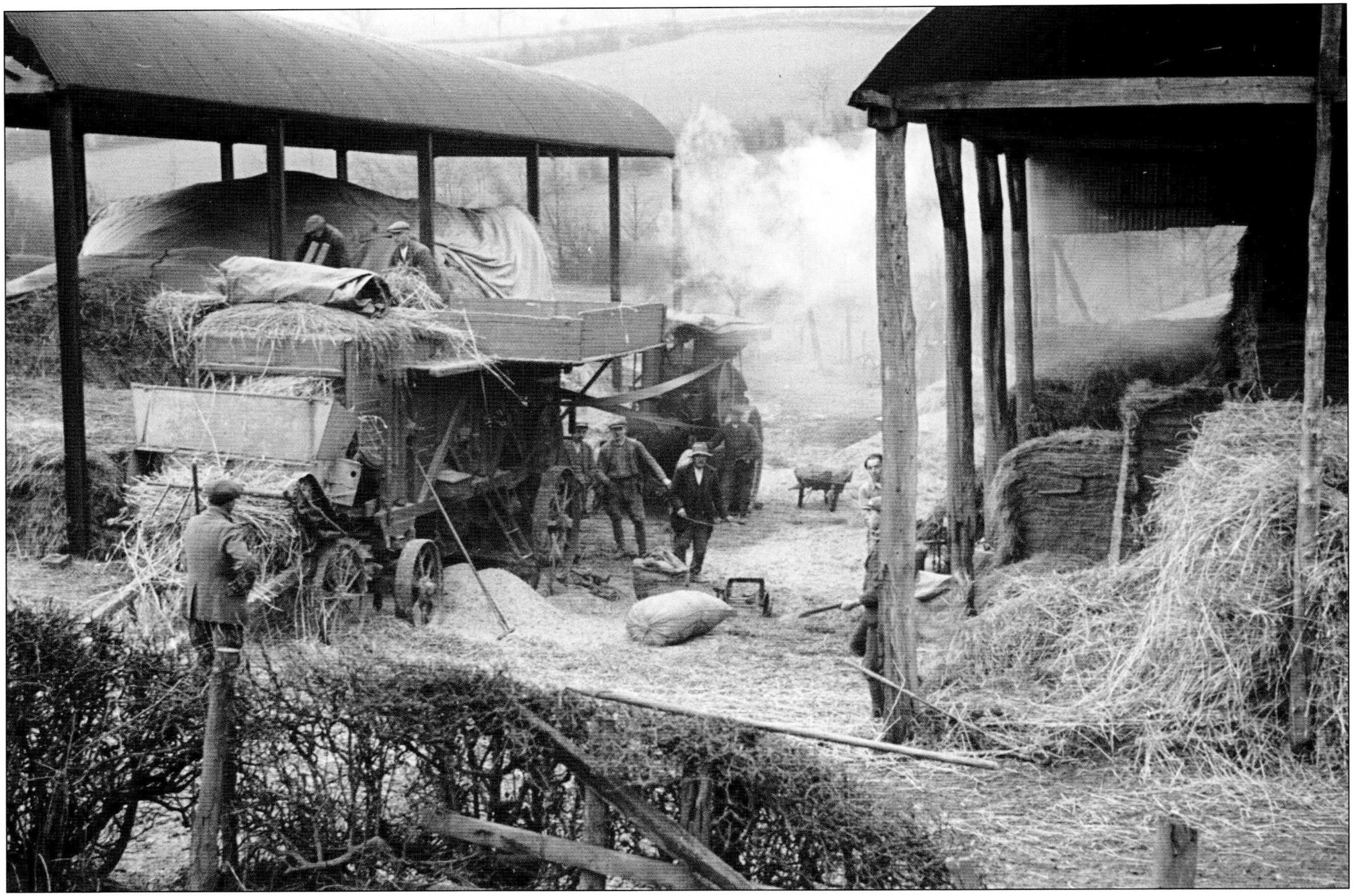

Defnyddiwyd yr injan dynnu ar gyfer dyrnu ar fferm Pinion, ger Aber-miwl, Powys, yn 1941. Er manteision y peiriant, roedd angen o leiaf ugain o weithwyr i ymgymryd â'r holl dasgau.

A traction engine was used for threshing on Pinion farm, near Abermule, Powys, in 1941. Despite the engine's advantages, there was still a need for at least twenty workers to undertake all the tasks.

(Geoff Charles, 1941)

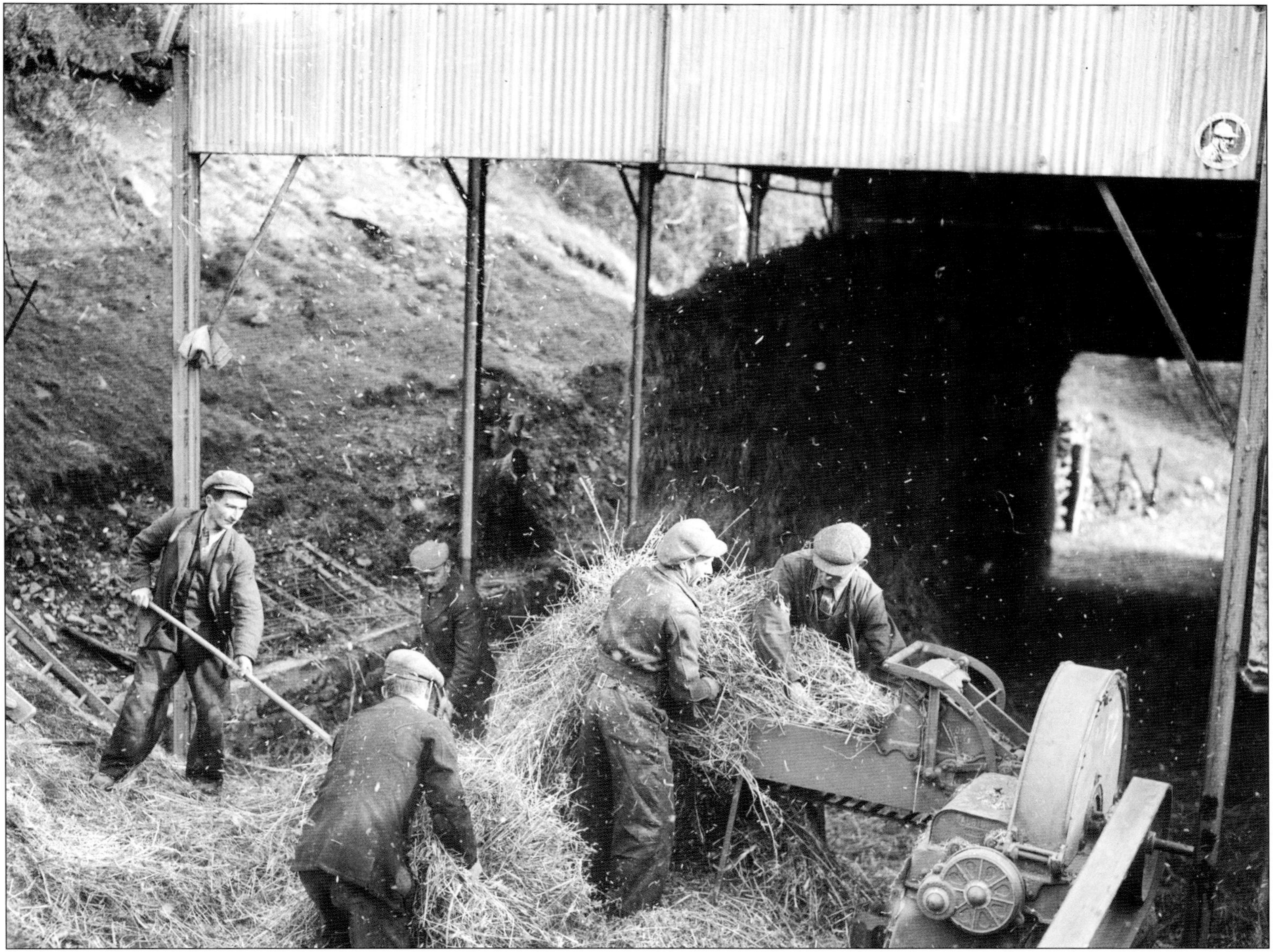

Criw o weithwyr yn defnyddio melin siaffo ar fferm Tŷ Mawr, Islawdre, Rhaeadr, Powys, yn 1952.

A group of workers using a chaffing mill on Tŷ Mawr farm, Islawdre, Rhayader, Powys, in 1952.

(Geoff Charles, 1952)

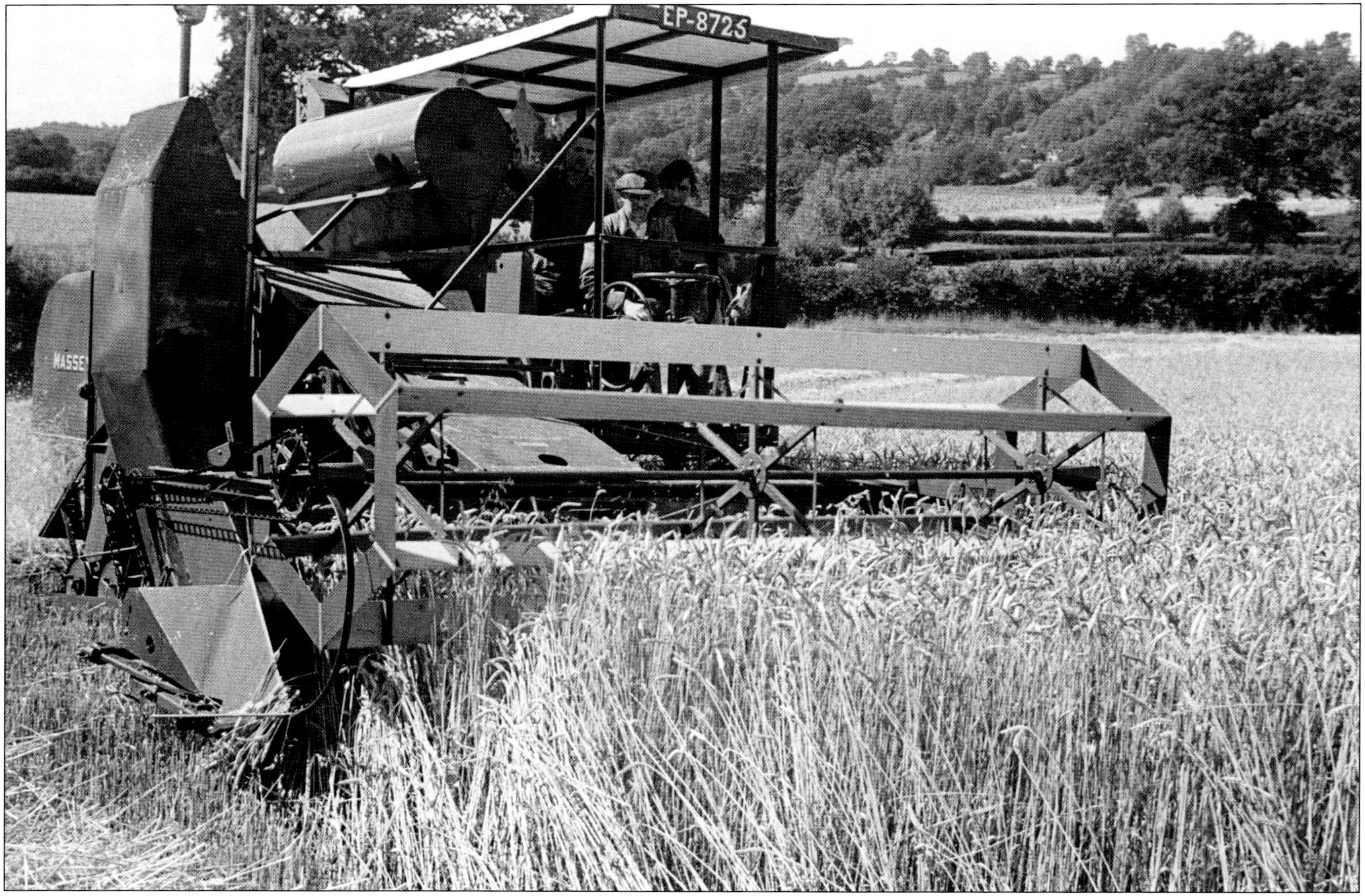

Roedd ffermwyr yr Unol Daleithiau yn defnyddio cynaeafwyr yn negawdau cynnar yr 20fed ganrif, ond ni welwyd hwy ar raddfa eang yng Nghymru tan y 1940au. Mae'n debyg mai'r cynaeafwr cyntaf i'w ddefnyddio yng ngogledd Powys oedd y peiriant hwn o eiddo W R Griffiths, fferm Coed-y-dinas, ger y Trallwm, yn 1941.

Farmers in the United States of America used combine harvesters during the early decades of the 20th century, but these were not widely seen in Wales until the 1940s. It is believed that the first farmer to use a combine harvester in north Powys was the owner of this machine, W R Griffiths, Coed-y-dinas farm, near Welshpool, in 1941.

(Geoff Charles, 1941)

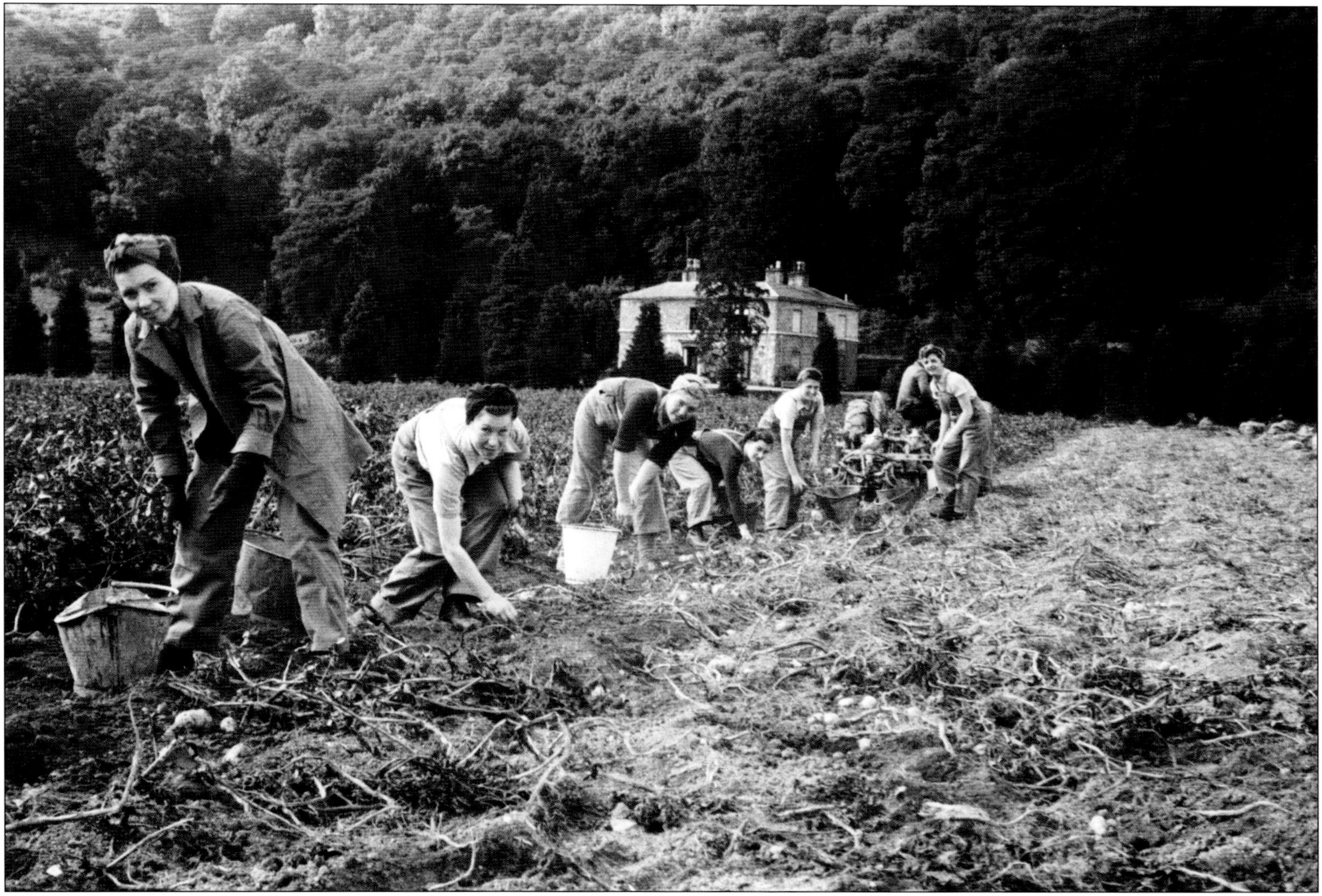

Yn ystod yr Ail Ryfel Byd roedd tyfu mwy o fwyd yn angenrheidiol a phlannwyd tatws ar raddfa eang. Cafwyd cymorth Merched y Tir ar gyfer plannu a chodi tatws a chnydau eraill, fel y rhain ar fferm Bacheiddon, Aberhosan, ger Machynlleth, Powys, yn 1942.

During the Second World War it was essential to grow more food and potatoes were planted on a widespread basis. Support was received from the Land Army in planting and harvesting potatoes and other crops, such as these at Bacheiddon farm, Aberhosan, near Machynlleth, Powys, in 1942.

(Geoff Charles, 1942)

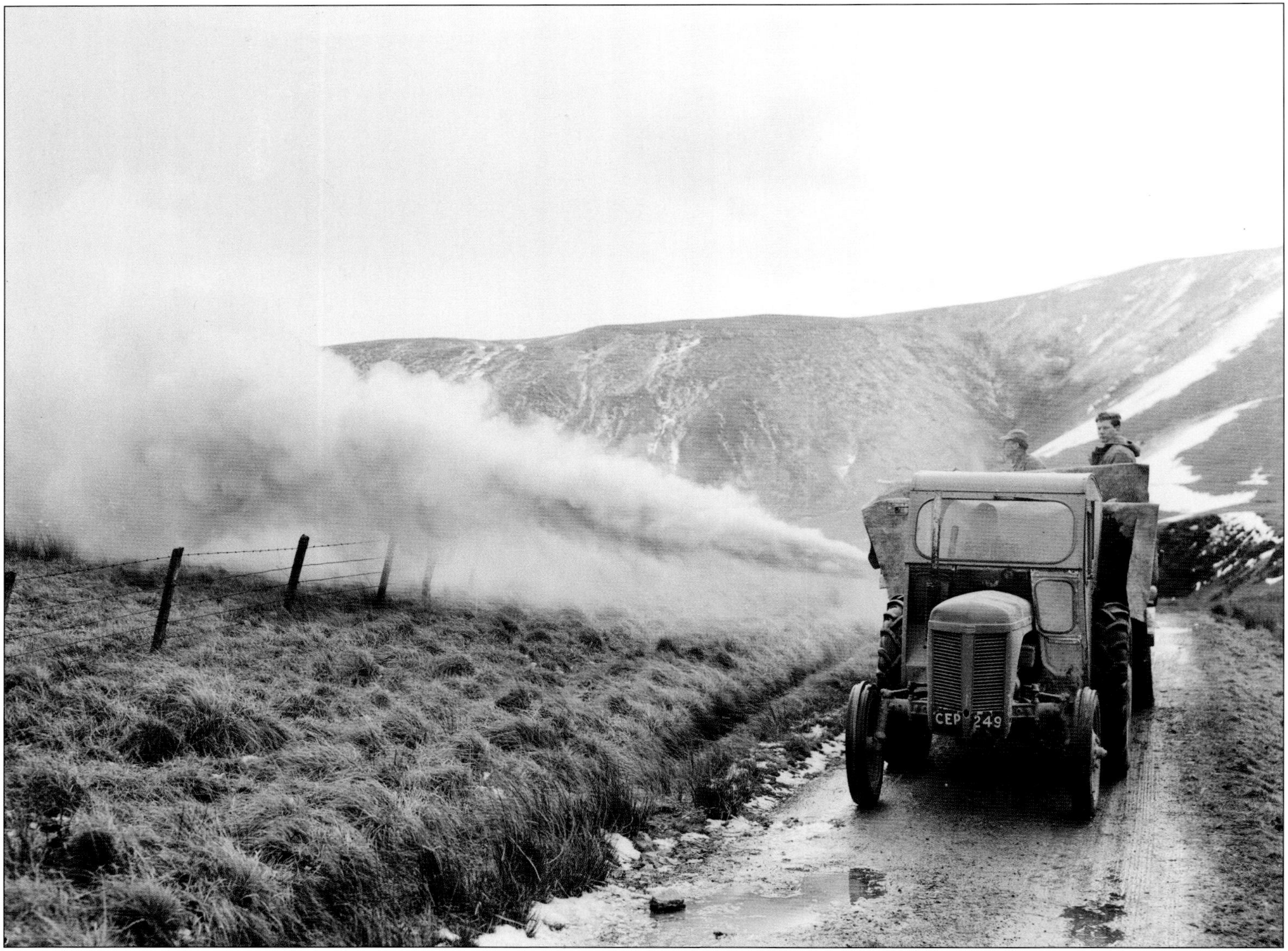

Yn 1952 dangoswyd peiriant newydd i wasgaru gwrtaith ar dir y Capten G L Bennett-Evans, Manod, Llangurig, Powys.

In 1952 a new machine for spreading fertiliser was demonstrated on land owned by Captain G L Bennett-Evans, Manod, Llangurig, Powys.

(Geoff Charles, 1952)

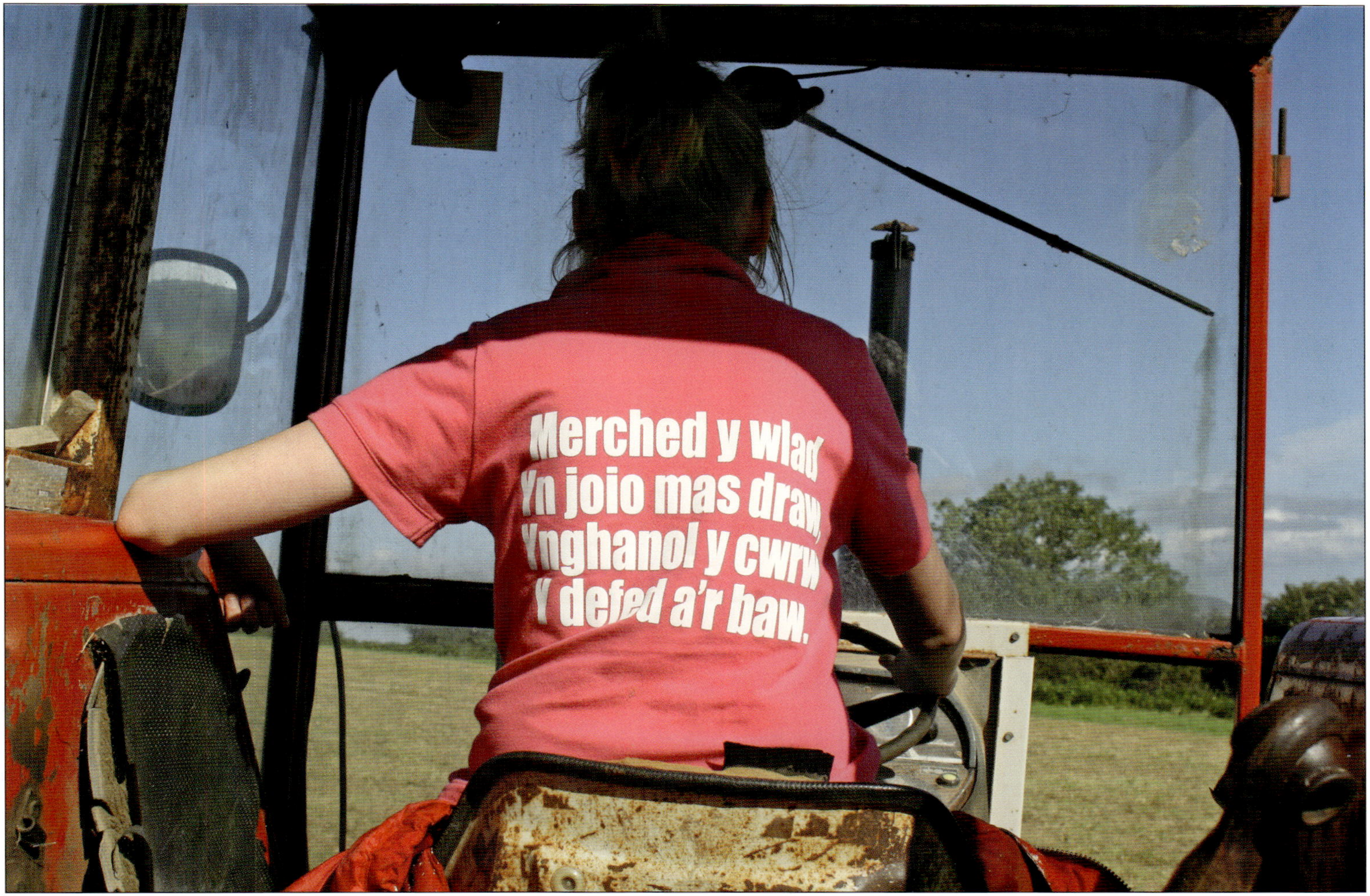

Bu gan wraig y fferm ran bwysig i gynnal y fferm erioed, a byddai'r gwragedd a'r morynion yn gweithio oriau hirach na'r dynion. Hwy fyddai'r cyntaf i godi a'r olaf i glwydo. Gyda dyfodiad peiriannau, mae gwragedd a merched y fferm yn gyfarwydd â throi eu llaw at bob gweithgaredd erbyn heddiw, fel ar fferm Cefn Hendre, Blaenpennal, Ceredigion.

The farmer's wife has always had an important part to play in maintaining the farm, and farmers' wives and female servants worked longer hours than the menfolk. They would be the first to rise and the last to bed. By today, with the advent of machinery, wives and daughters have become accustomed to turning their hands to all activities, as on Cefn Hendre farm, Blaenpennal, Ceredigion.

(Marian Delyth, 2007)

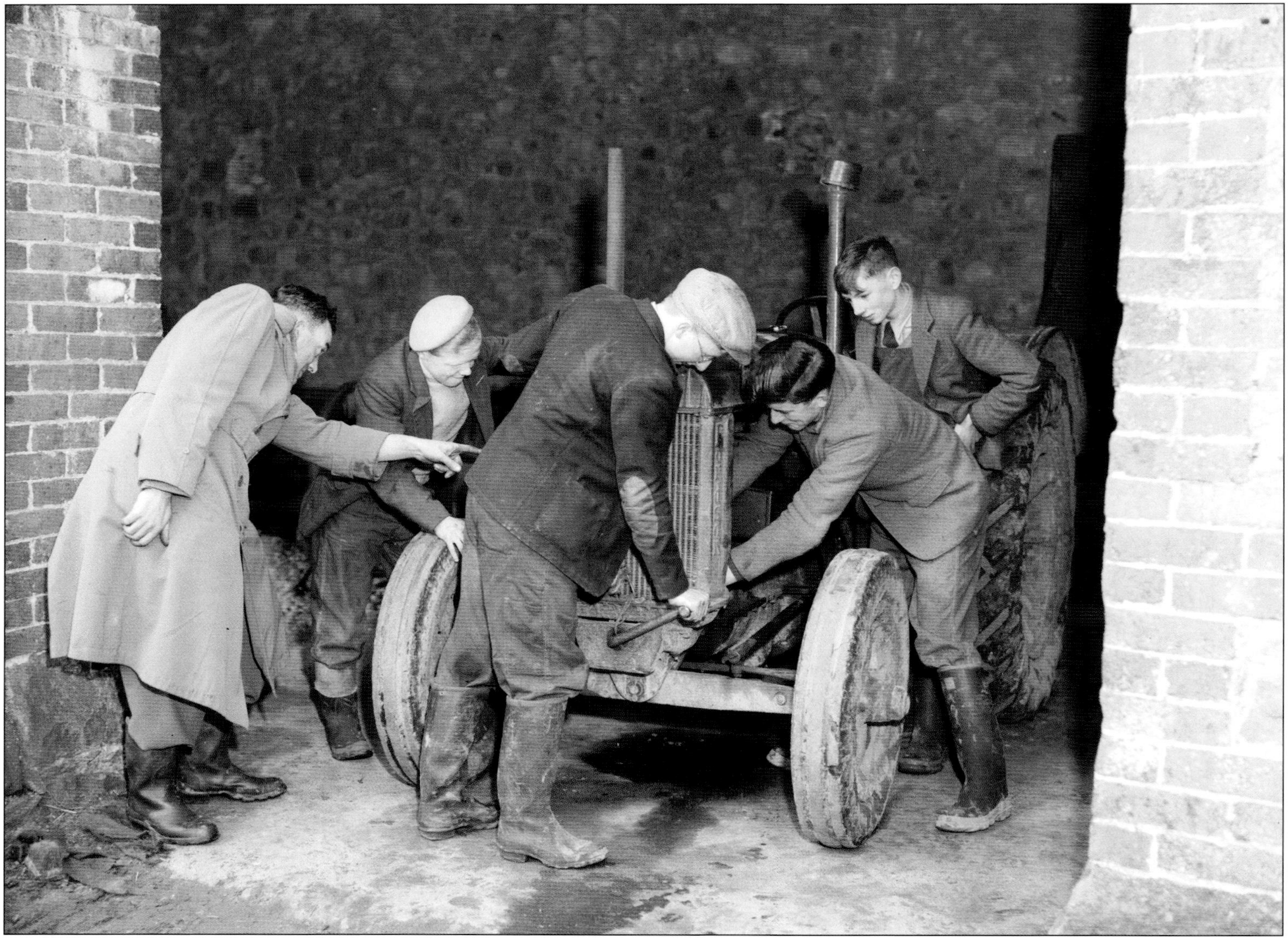

Roedd yn ddefnyddiol adnabod perfedd peiriant a chynhaliwyd gwersi i ffermwyr ifanc mewn colegau amaethyddol, fel Glynllifon, ar sut i ofalu am dractor a'i drwsio.

It was important to be familiar with the workings of machines and lessons for young farmers were held at agricultural colleges, such as Glynllifon, on how to take care of and repair a tractor.

(Geoff Charles, 1955)

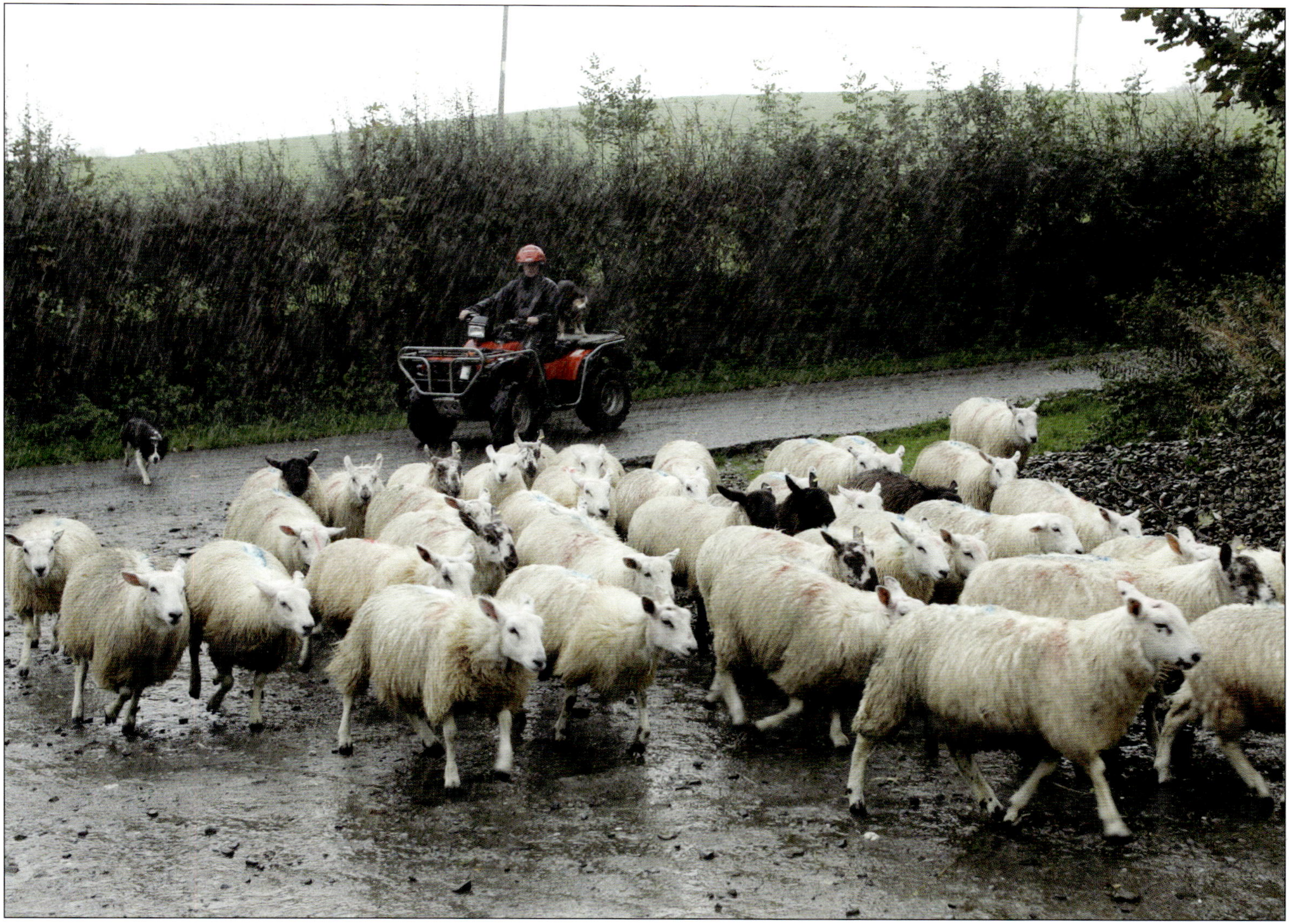

Golygfa gyffredin ar ffermydd heddiw yw beiciau cwad. Maent yn boblogaidd oherwydd eu cyflymdra a'u hôl-troed ysgafn.

Quad bikes are a common sight on farms today. They are popular because of their speed and light footprint.

(Arvid Parry-Jones, 2007)

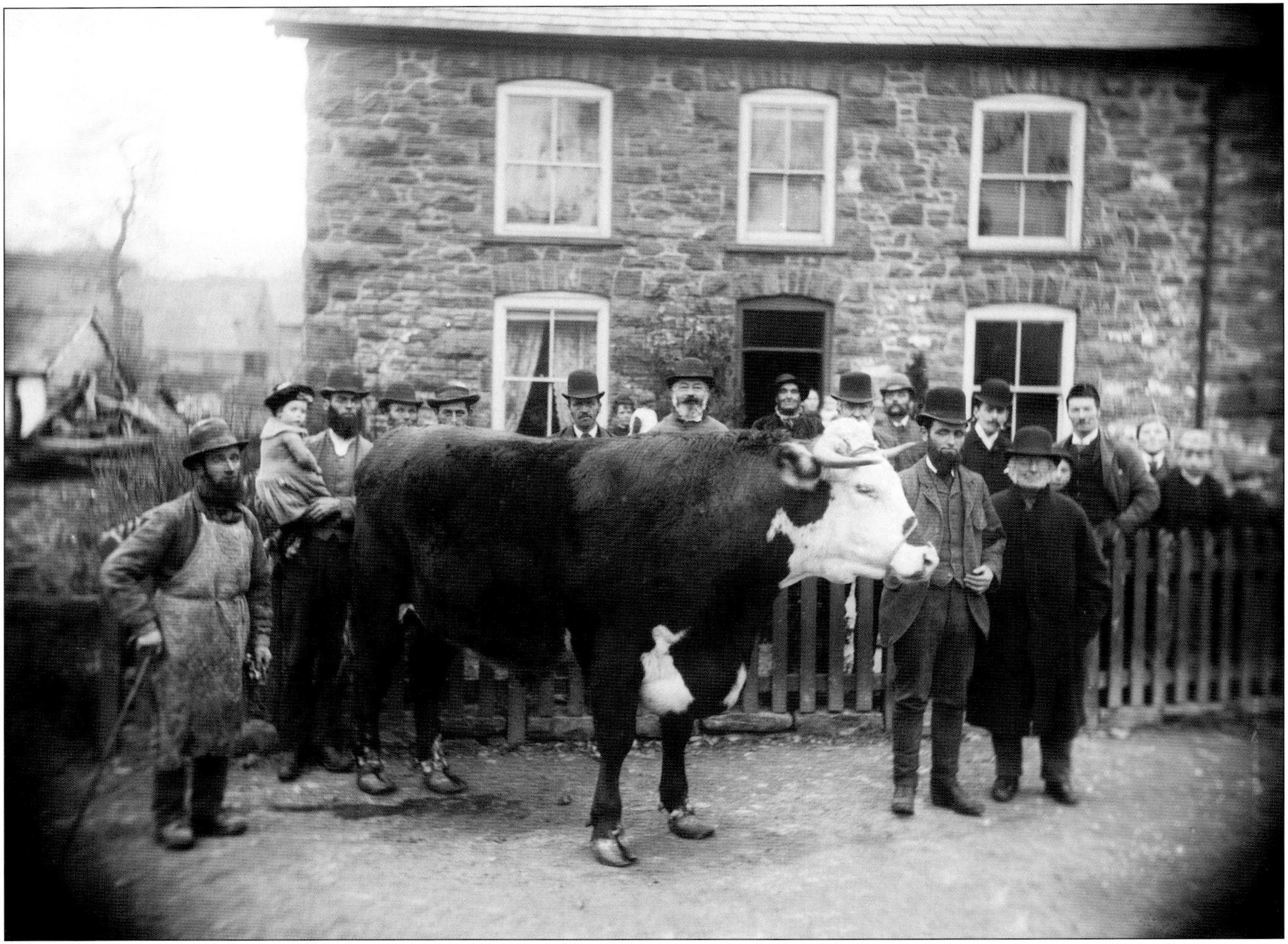

John Lewis, Glan-rhyd, Carno, Powys, yn dangos eidion Hereford sylweddol. Roedd Lewis yn werthwr gwartheg a chigydd oedd ei dad, William Lewis, a oedd yn byw drws nesaf iddo. Efallai mai ef yw'r hen ddyn barfog sy'n sefyll nesaf at John Lewis.

John Lewis, Glan-rhyd, Carno, Powys, showing a substantial Hereford ox. Lewis was a cattle salesman and his father, William Lewis, who lived next door to him, was a butcher. Perhaps he is the old bearded man standing next to John Lewis.

(John Thomas, c.1885)

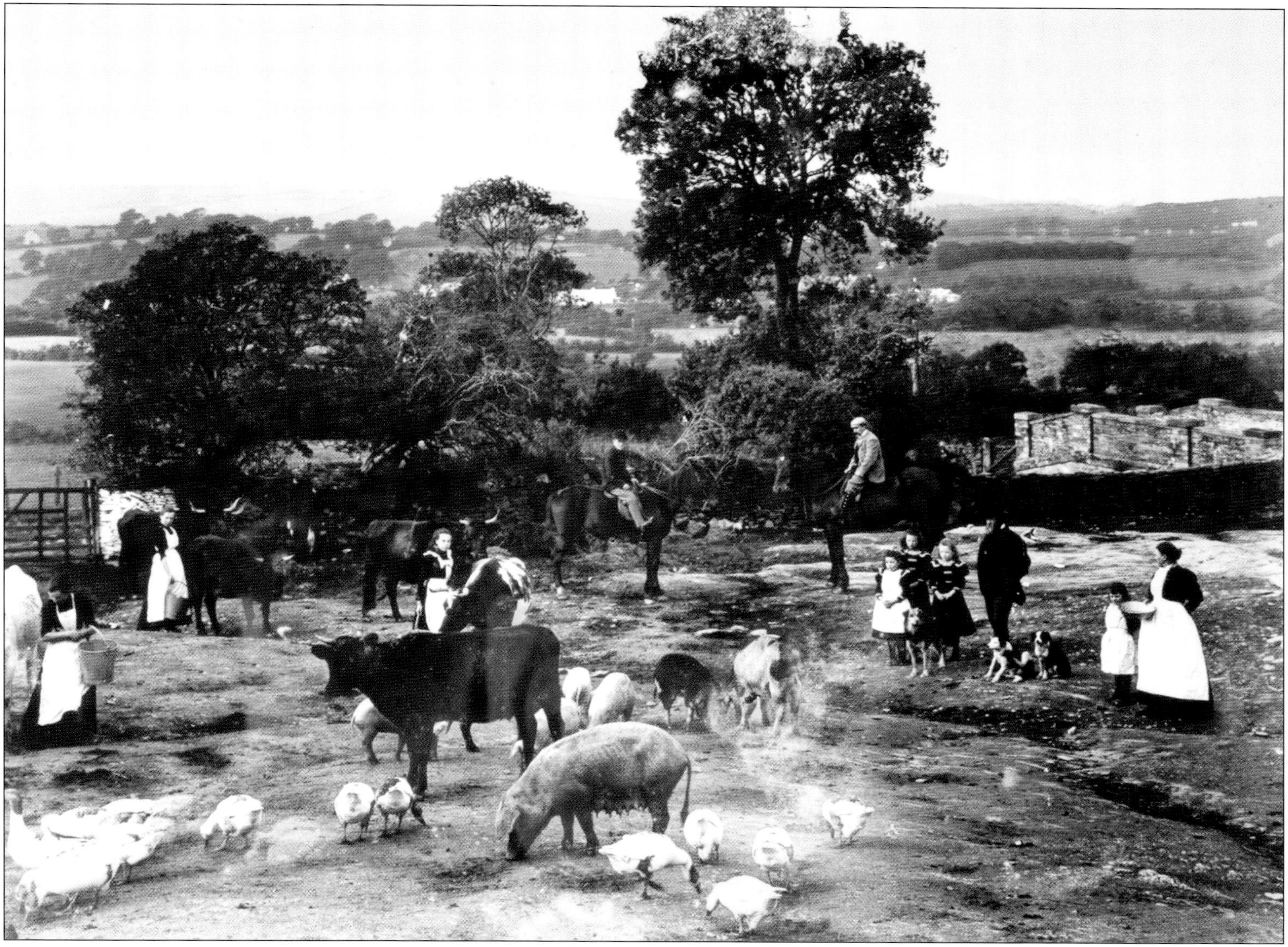

Buarth fferm Parc-y-neithur ger Cilgerran, sir Benfro. Ar wahân i'r anifeiliaid niferus, gwelir y ffermwr, Griff Davies, ei wraig a'u saith merch ac un mab, ynghyd ag Alfred y gwas.

The Parc-y-neithur farmyard, near Cilgerran, Pembrokeshire. Apart from the numerous animals, the farmer, Griff Davies, his wife and their seven daughters and one son, together with Alfred the farm hand, are to be seen here.

(Tom Mathias, c.1910)

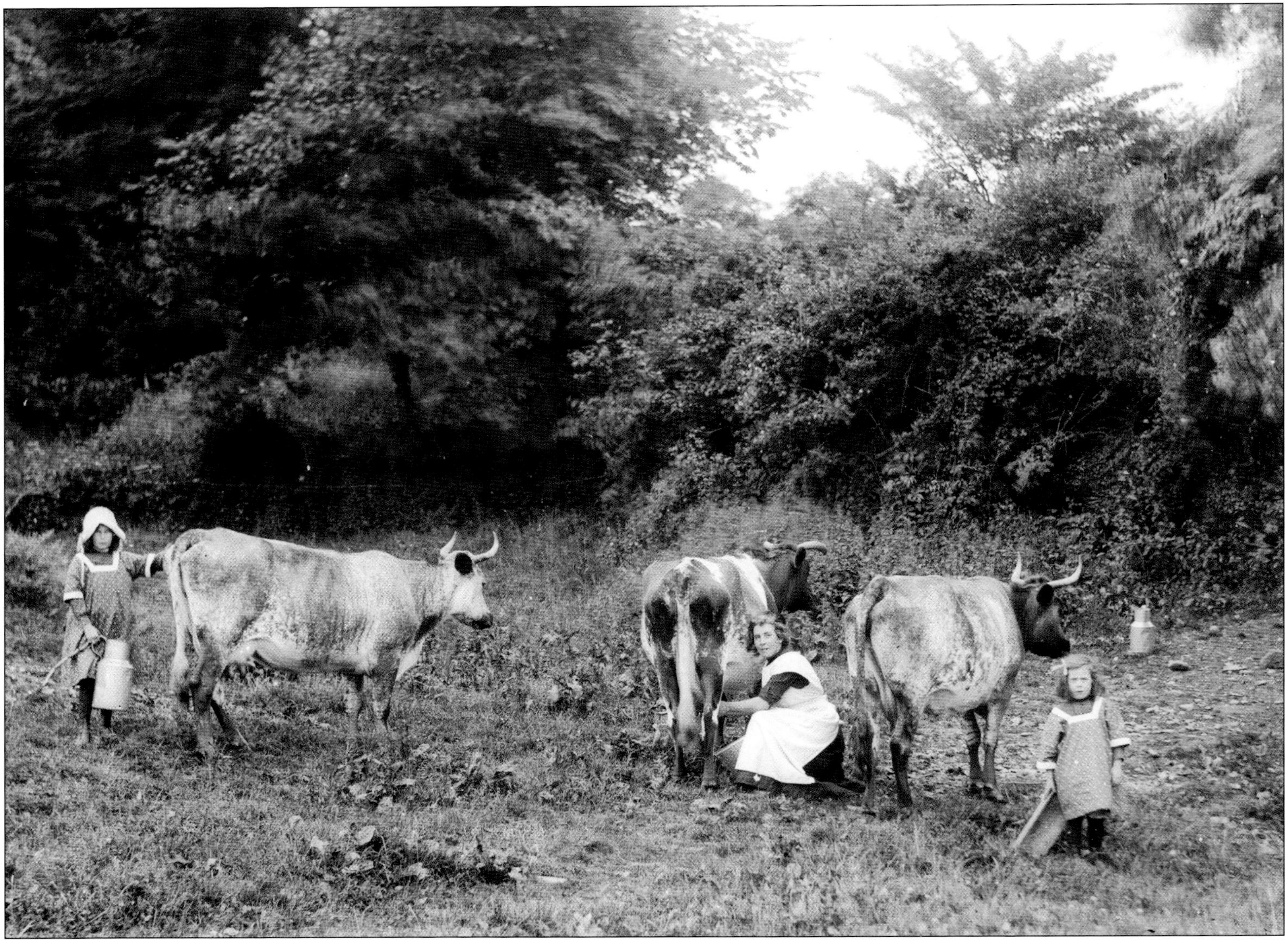

Gwartheg byrgorn yn cael eu godro ar fferm yn sir Gaerfyrddin tua 1910. Y wraig fferm neu'r forwyn laeth fyddai'n godro. Anodd iawn oedd cael dynion i ymgymryd â'r dasg yn ôl un adroddiad. Defnyddiwyd y llaeth i wneud menyn yn bennaf.

Short-horn cattle being milked on a farm in Carmarthenshire about 1910. Milking was done by the farmer's wife or the milkmaid. According to one report, it was difficult to get the men to undertake this task. The milk was usually used to make butter.

(D C Harries, c.1910)

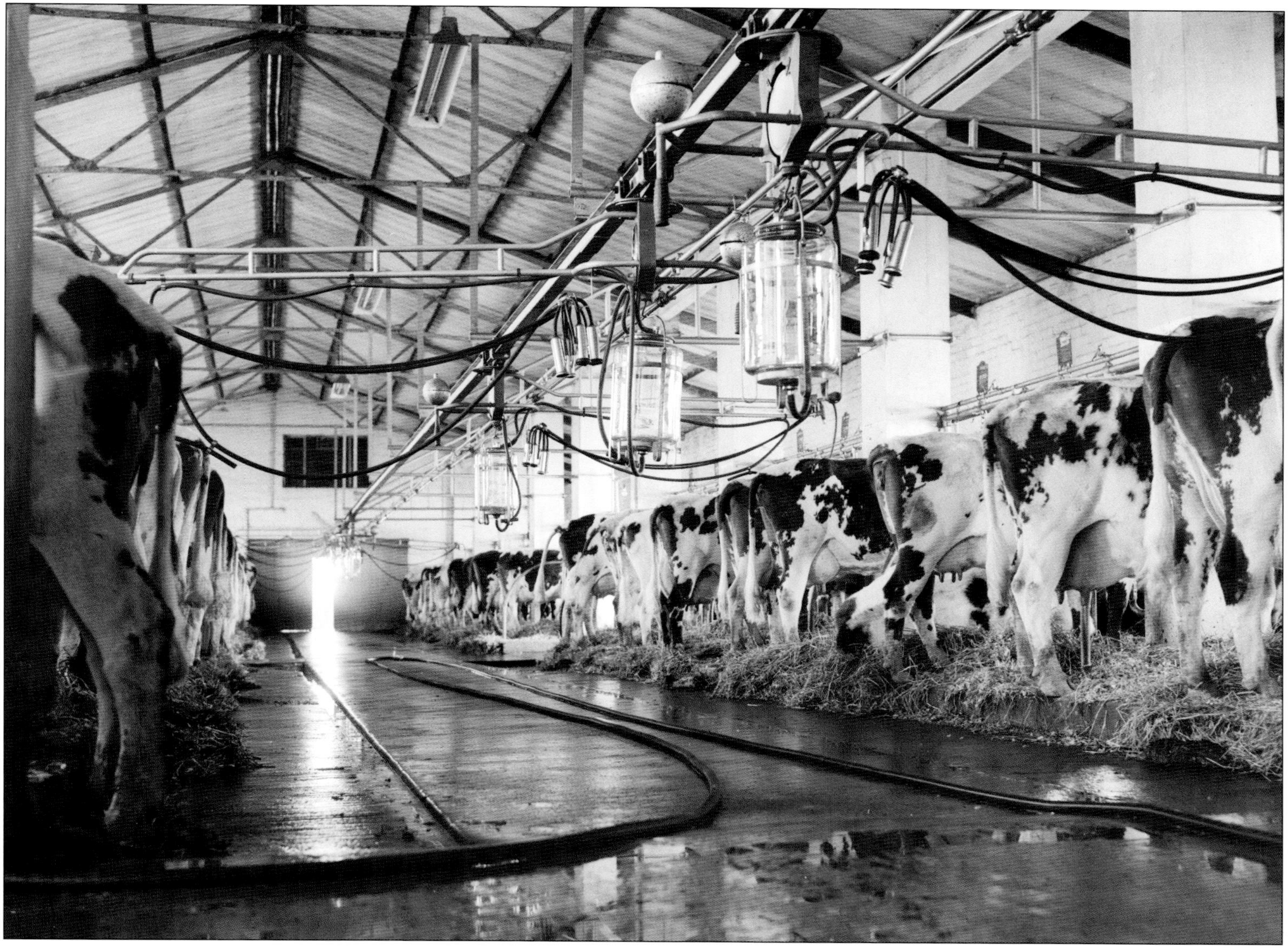

Hwyluswyd y gwaith o odro gwartheg gan beiriannau godro. Adeiladwyd parlyrau godro fel hwn ar stad Llanfarian, ger Bodorgan, Ynys Môn, sy'n dyddio o'r 1950au.

Milking machines made it easier to milk cows. Milking parlours were built, such as this one on the Llanfarian estate, near Bodorgan, Anglesey, which dates from the 1950s.

(Geoff Charles, 1955)

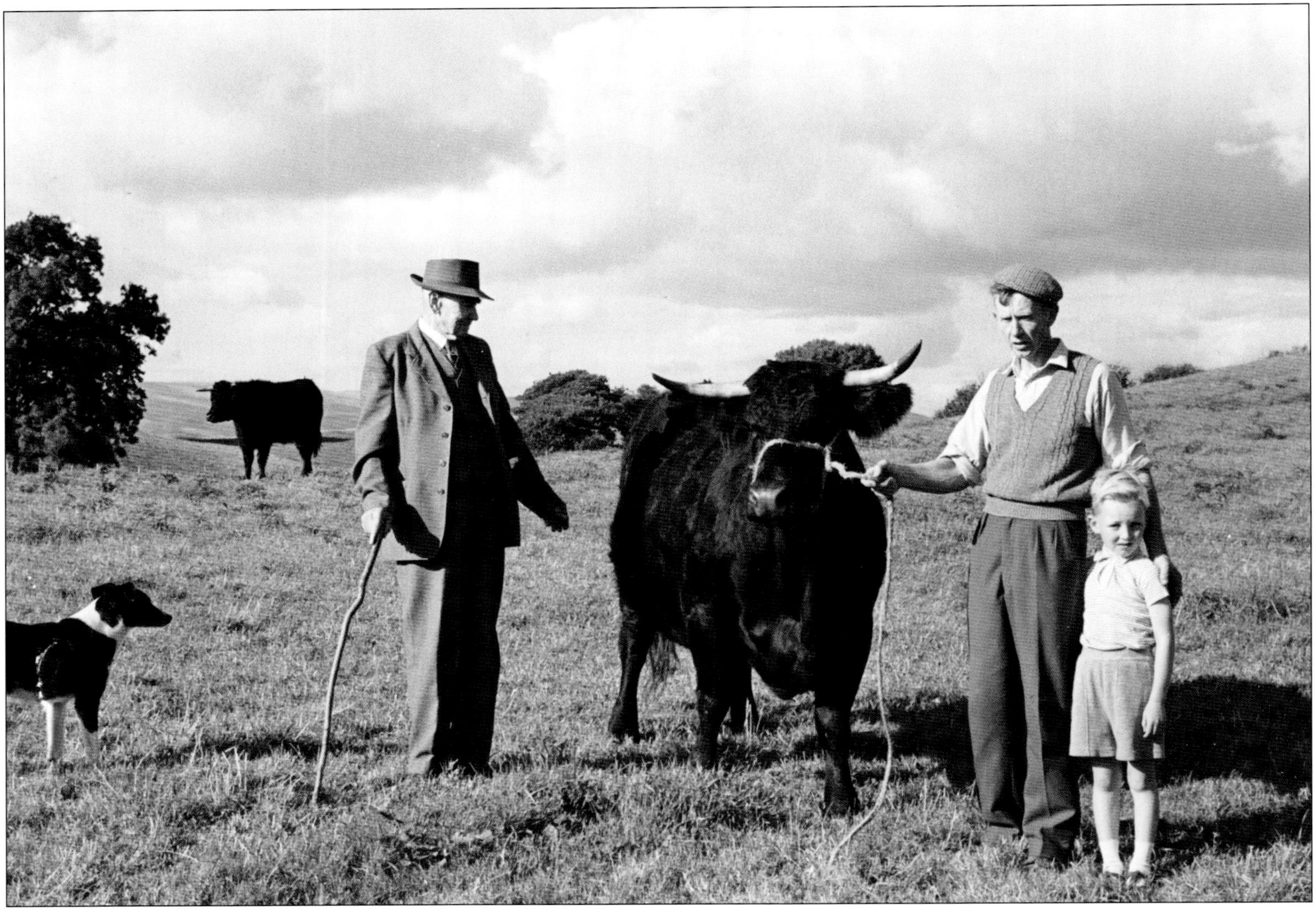

J M Jenkins (ar y chwith), un o sefydlwyr Cymdeithas y Gwartheg Duon Cymreig, a ddaeth i fodolaeth yn 1904. Roedd yn 89 mlwydd oed pan dynnwyd y llun hwn ohono ef yn 1965, gyda'i fab Hywel a'i ŵyr Owain, ar fferm Neuadd-yr-Ynys ym mhlwyf Llangynfelyn, gogledd Ceredigion. Roedd dros ei gant oed pan fu farw ddiwedd y 1970au.

J M Jenkins (on the left), one of the founders of the Welsh Black Cattle Society, which came into existence in 1904. He was 89 years old when this photograph was taken of him in 1965, with his son Hywel and grandson Owain, on Neuadd-yr-Ynys farm in the parish of Llangynfelyn, north Ceredigion. He was over a hundred years old when he died at the end of the 1970s.

(Geoff Charles, 1965)

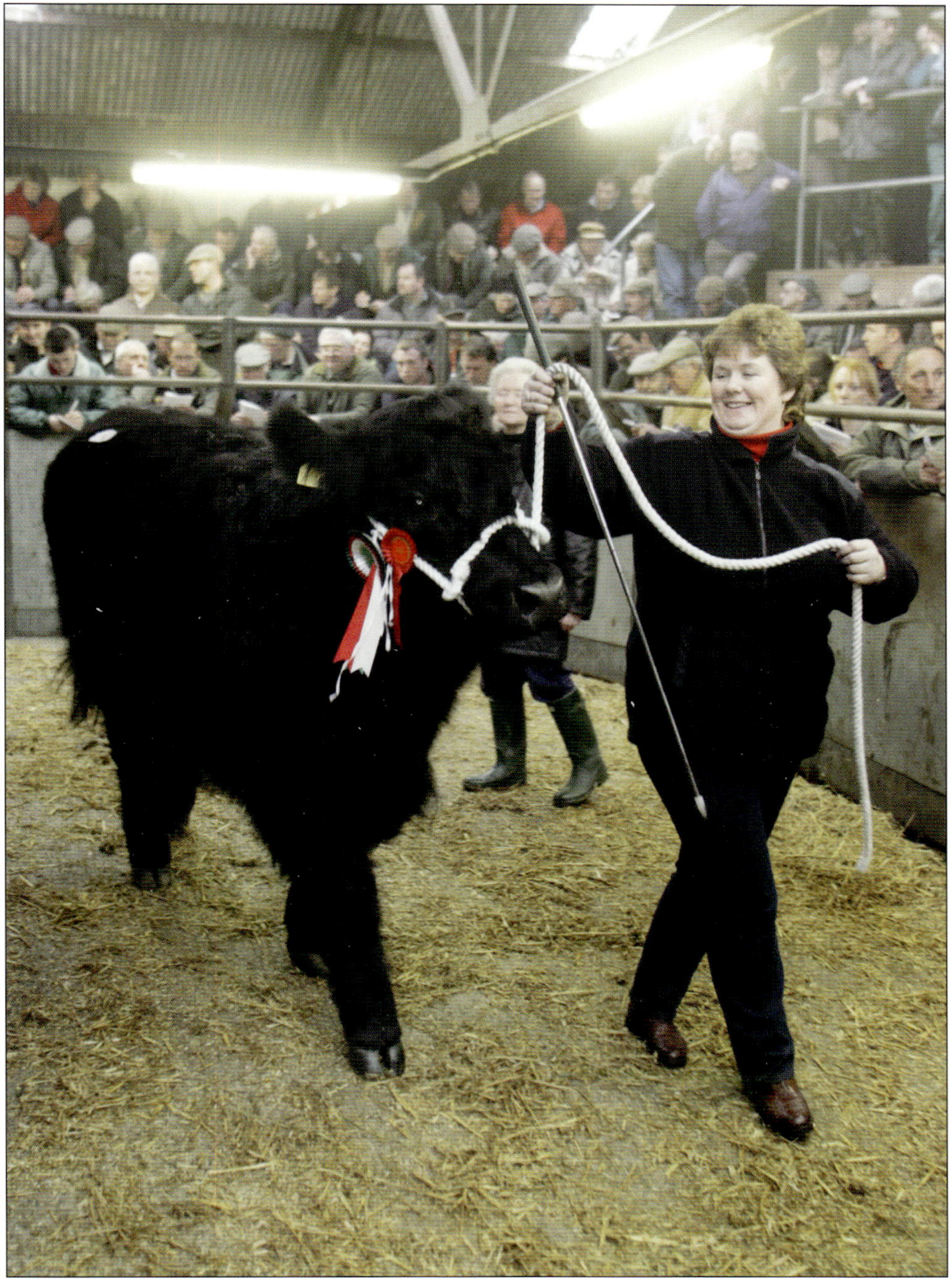

Mae Cymdeithas y Gwartheg Duon Cymreig yn parhau i ffynnu, gyda 990 o aelodau ledled Cymru.

The Welsh Black Cattle Society continues to thrive, with 990 members throughout Wales.

(Arvid Parry-Jones, 2005)

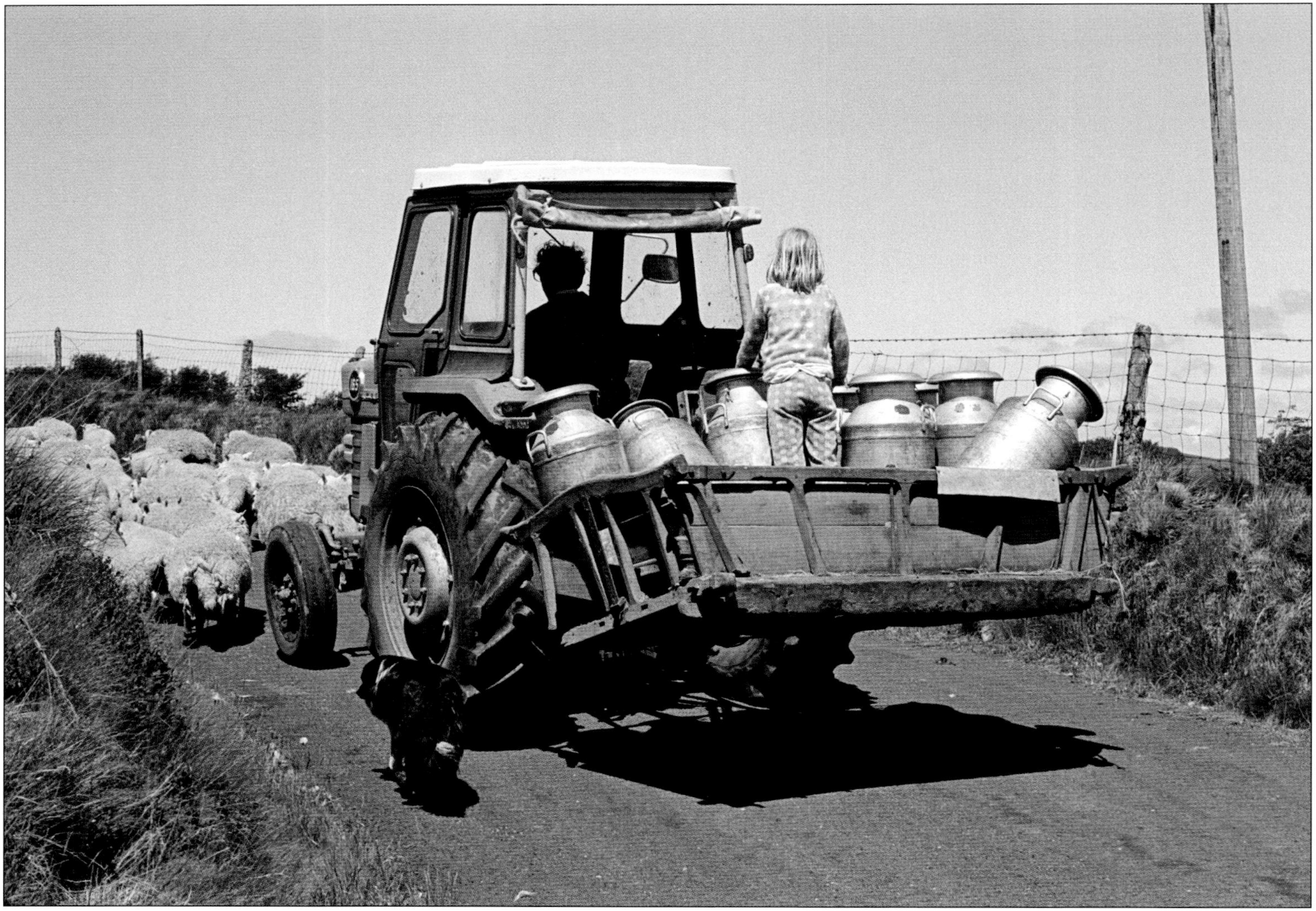

Golygfa gyffredin iawn yn yr 20fed ganrif oedd y standiau cerrig ar bwys y ffordd, lle y gosodwyd y buddeiau llaeth i'w casglu gan loriau a'u cludo i'r hufenfa. Emyr Hopkins, Brynwichell, Mynydd Bach, Ceredigion, sydd yn y llun hwn. Gyda dyfodiad tanceri crynswth, daeth yr arfer hwn i ben.

A common sight during the 20th century were the stone milk stands on the roadside where milk churns were placed to be collected by lorries for transport to the creameries. Emyr Hopkins, Brynwichell, Mynydd Bach, Ceredigion, is the farmer in this photograph. The advent of bulk tankers brought this activity to an end.

(Marian Delyth, 1977)

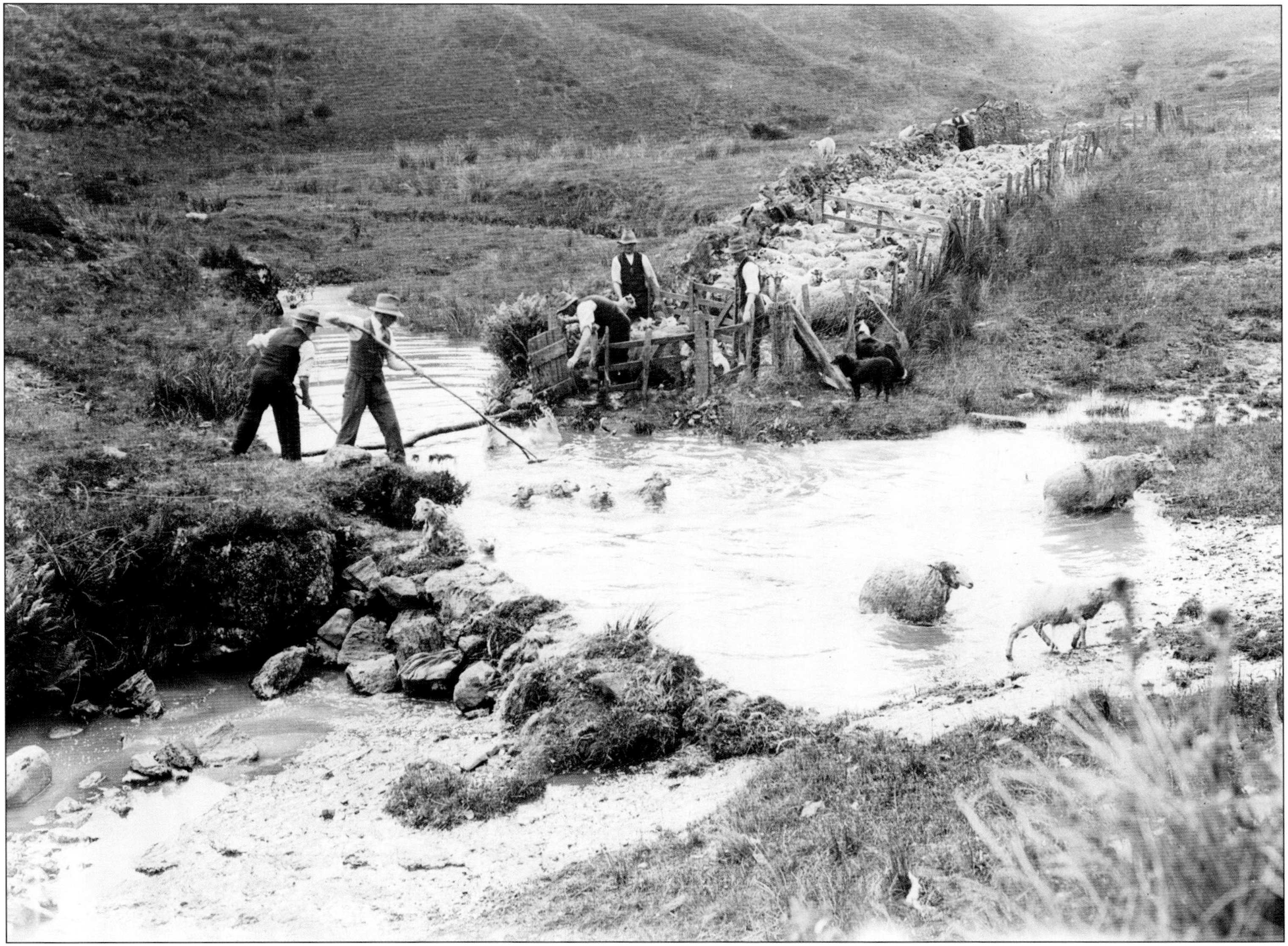

Golchi defaid cyn cneifio, yng Nghwm Elan, Powys, tua 1940. Yr arfer oedd golchi'r defaid bum niwrnod cyn cneifio er mwyn cael gwared â'r saim o'r cnu. Bellach mae'n well gan gneifwyr sy'n defnyddio peiriannau bod y saim yn aros yn y cnu.

Washing sheep before shearing, in the Elan Valley, Powys, about 1940. The practice was to wash the sheep five days before shearing to rid any grease from the fleece. Today shearers using machines prefer the grease to remain on the fleece.

(P B Abery, c.1940)

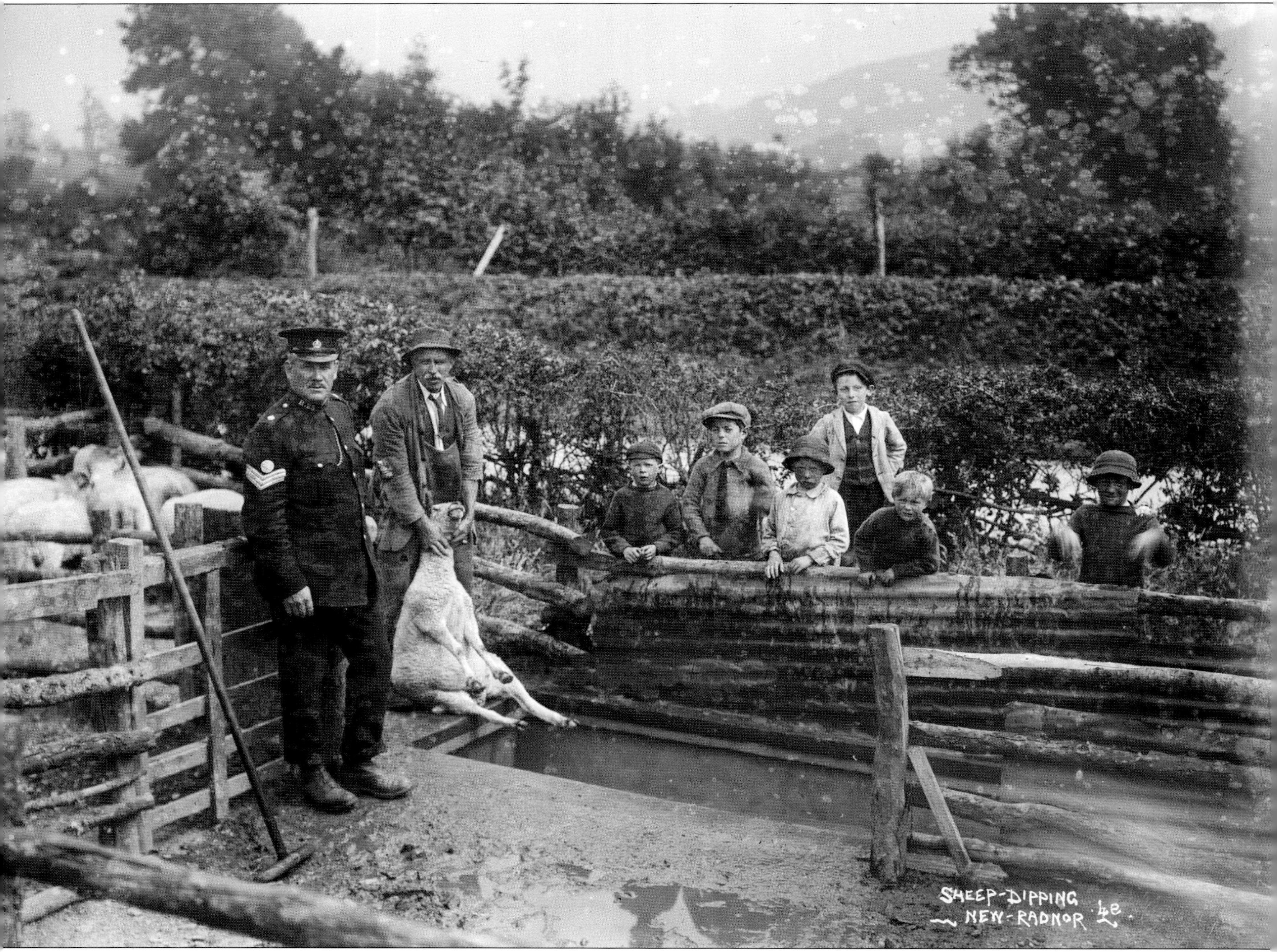
SHEEP-DIPPING
NEW-RADNOR

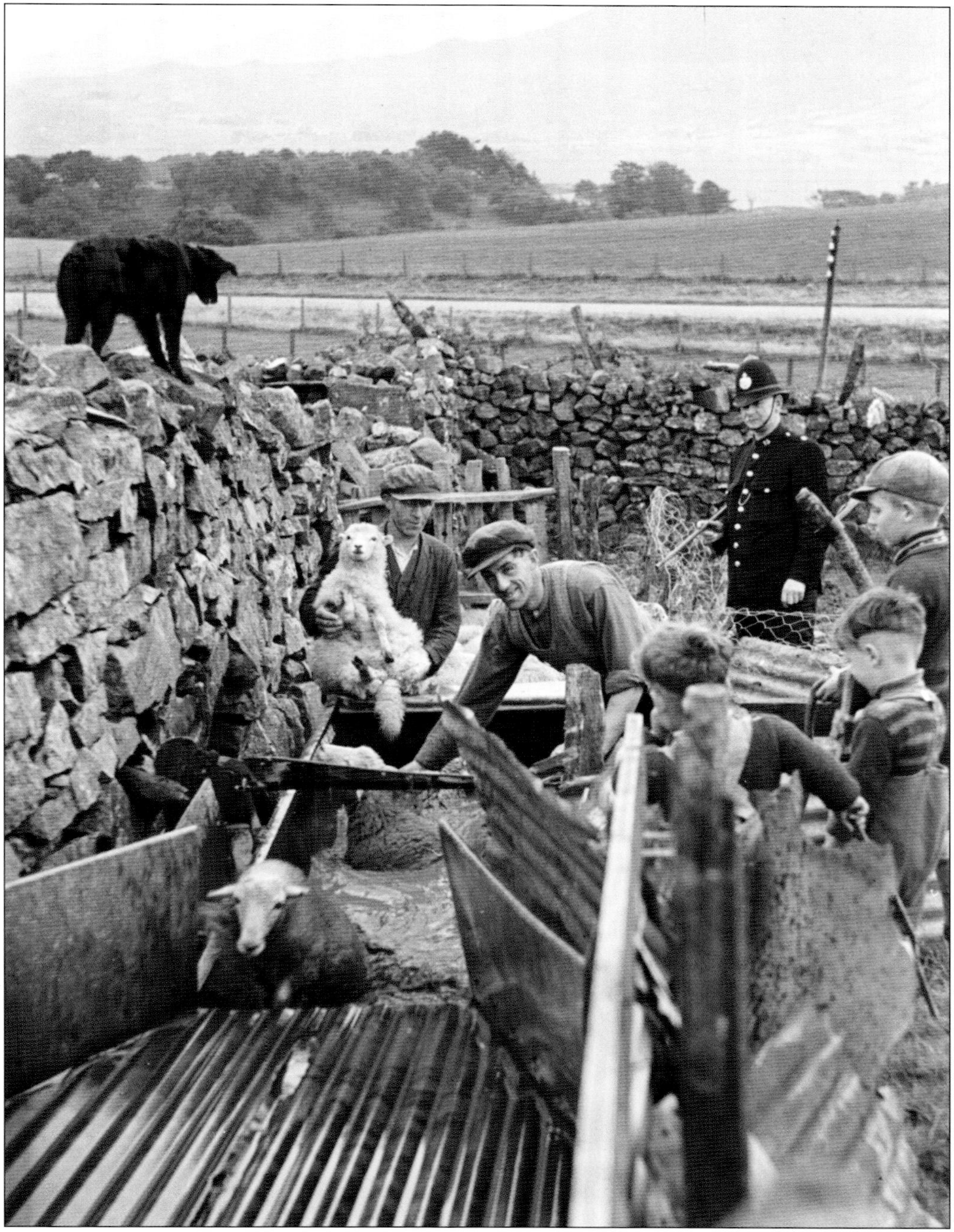

Roedd dipio defaid mewn pwll o hylif a gynhwysai bryfleiddiaid a ffwngleiddiaid yn orchwyl angenrheidiol yn yr hydref. Byddai'r dipio'n amddiffyn y ddafad rhag clefydau parasitig. Gwaith y plismon oedd sicrhau bod y ddafad yn aros dan y dŵr am funud gyfan. Mae sarjant yn goruchwylio ym mhentref Maesyfed, Powys, tua 1910 (tud 52), ond cwnstabl oedd yn cadw golwg ar y dipio ger Trawsfynydd, Gwynedd, yn 1944 (chwith).

Dipping sheep in a pool of liquid containing insecticide and fungicide was an essential task in the autumn. The dipping would protect the sheep from parasitic diseases. The work of the policeman was to ensure that the sheep stayed underwater for a full minute. A sergeant was responsible for overseeing at New Radnor, Powys, about 1910 (page 52), but it was a constable who kept an eye on the dipping near Trawsfynydd, Gwynedd, in 1944 (left).

(P B Abery, c.1910 / Geoff Charles, 1944)

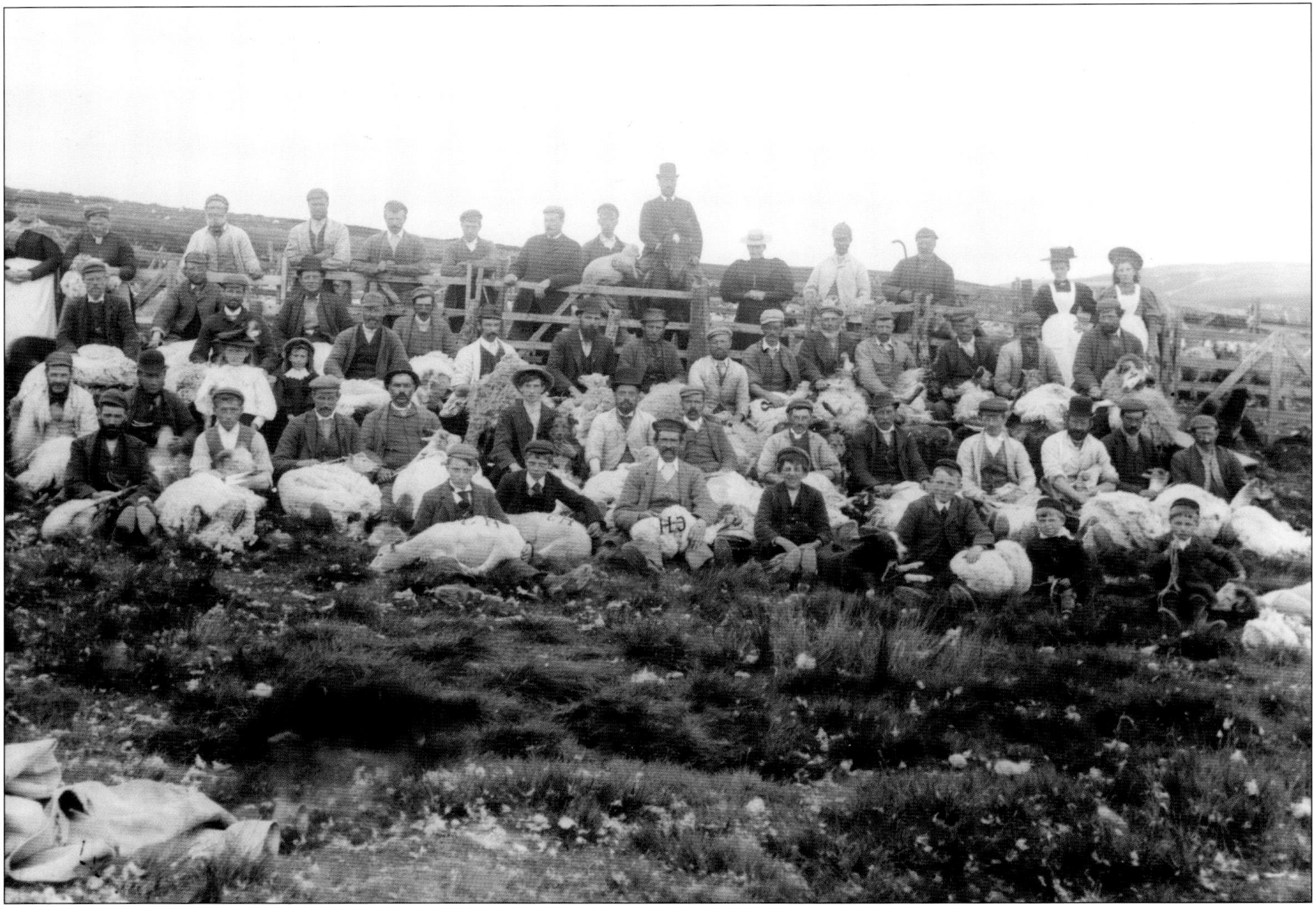

Criw cneifio ger Nantglyn, sir Ddinbych, yn y 1880au. Roedd trefn arbennig ar gyfer cneifio, gyda chymdogion yn dod at ei gilydd ar rota flynyddol gan symud o fferm i fferm dros ddwy neu dair wythnos ganol yr haf. Ar ddechrau'r 20fed ganrif daeth cymaint â 110 o weithwyr ynghyd ar ddiwrnodau cneifio ar un fferm fynydd a gadwai braidd o 4,000 o ddefaid.

A shearing group near Nantglyn, Denbighshire, in the 1880s. There was a particular order for shearing, with neighbours coming together on an annual rota and moving from farm to farm over a two- or three-week period in mid-summer. At the beginning of the 20th century as many as 110 workers came together on one mountain farm which kept a flock of 4,000 sheep.

(John Thomas, c.1885)

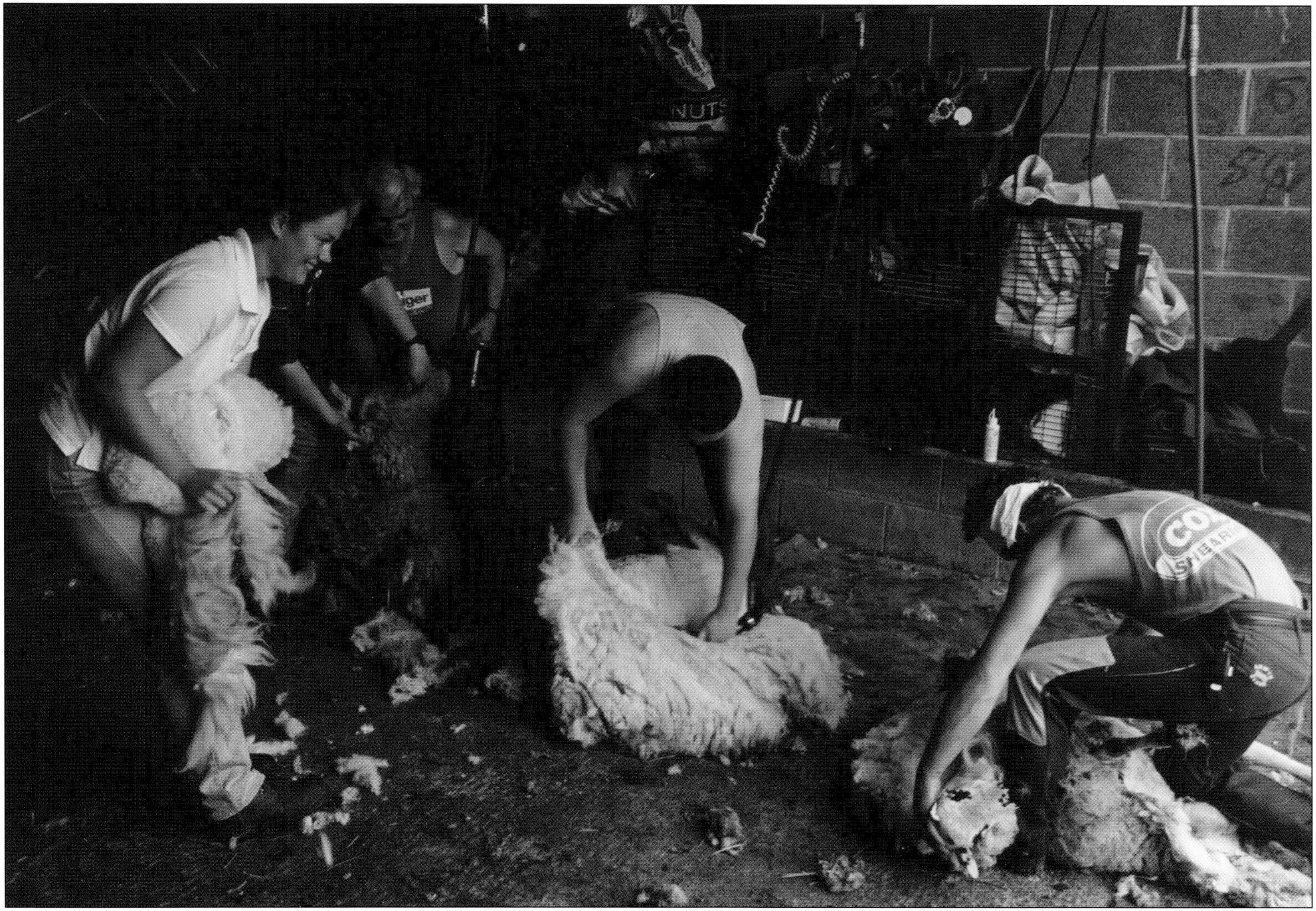

Cneifwyr cyfoes wrthi gyda pheiriannau cneifio. Maent yn defnyddio dull Godfrey Bowen, sef dull o gneifio a ddyfeisiwyd gan gneifiwr o Seland Newydd dros hanner canrif yn ôl.

Contemporary sheep-shearers with their shearing machines. They are using the Godfrey Bowen method, a means of shearing devised by a shearer from New Zealand over half a century ago.

(Bernard Mitchell, 2001)

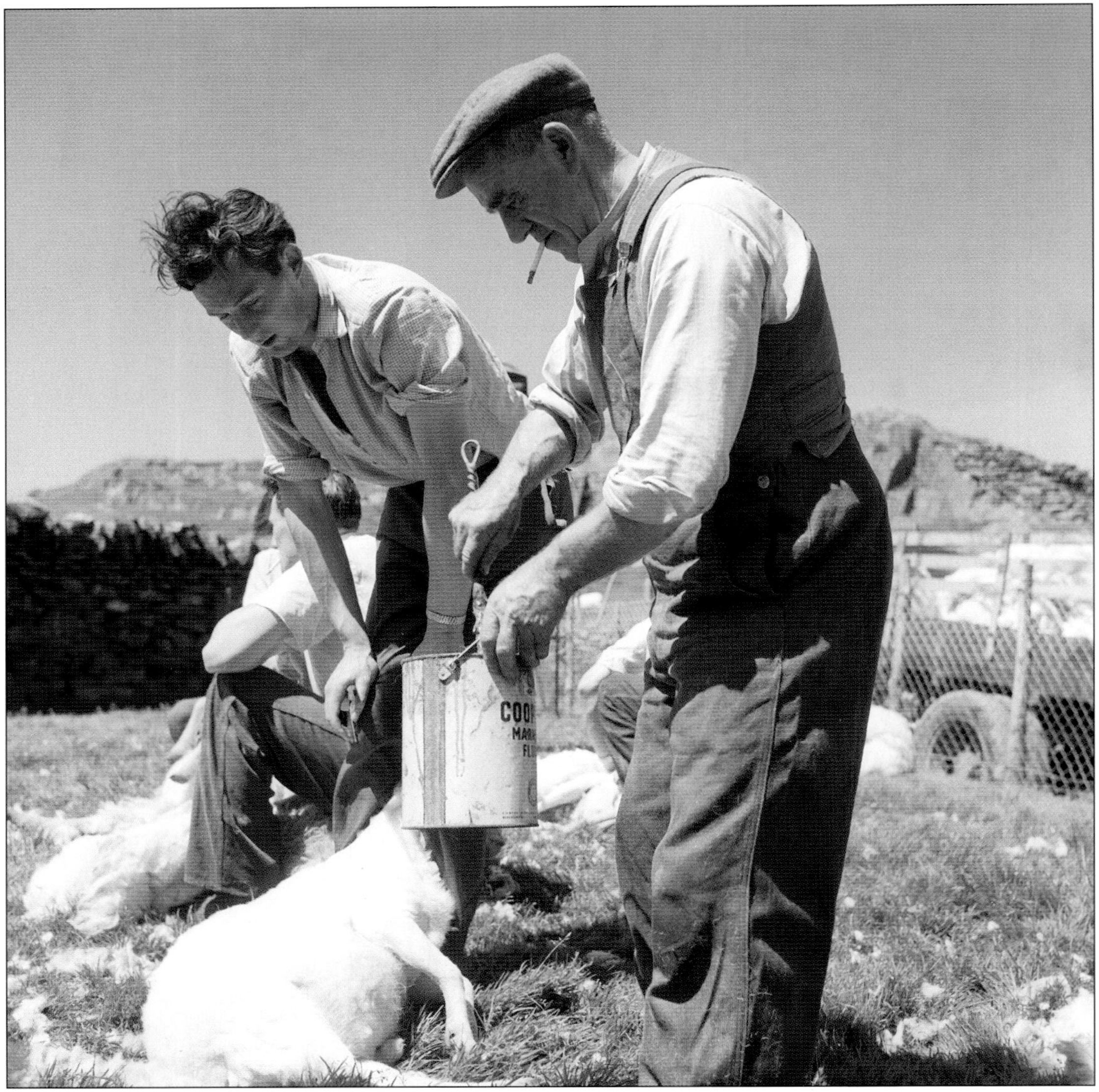

Pitsio defaid gyda llythyren y fferm ar ôl eu cneifio ar fferm Gorddinan, Dolwyddelan, sir Conwy, yn 1963. Defnyddir paent arbennig ers blynyddoedd ond yr hen ddull oedd defnyddio pits poeth.

Pitching sheep with the farm's letter after shearing on Gorddinan farm, Dolwyddelan, Conwy, in 1963. Special paint has been used for many years but the old method was to use hot pitch.

(Geoff Charles, 1963)

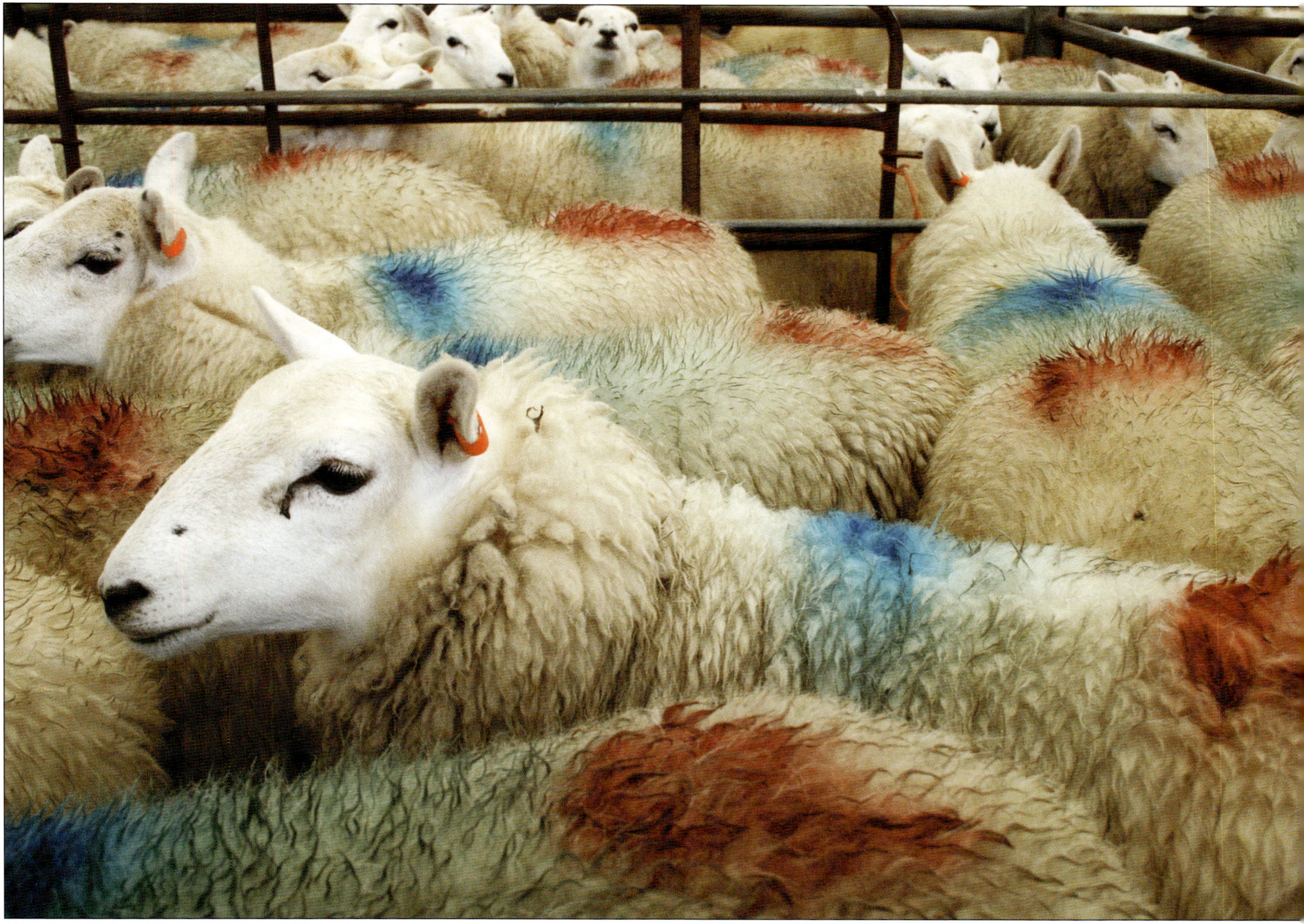

Mart Tregaron, Ceredigion, 2007. Mae pitsio defaid yn rhoi cyfle da i ffotograffwyr cyfoes.

Tregaron Mart, Ceredigion, 2007. Pitching sheep provides a good opportunity for contemporary photographers.

(Marian Delyth, 2007)

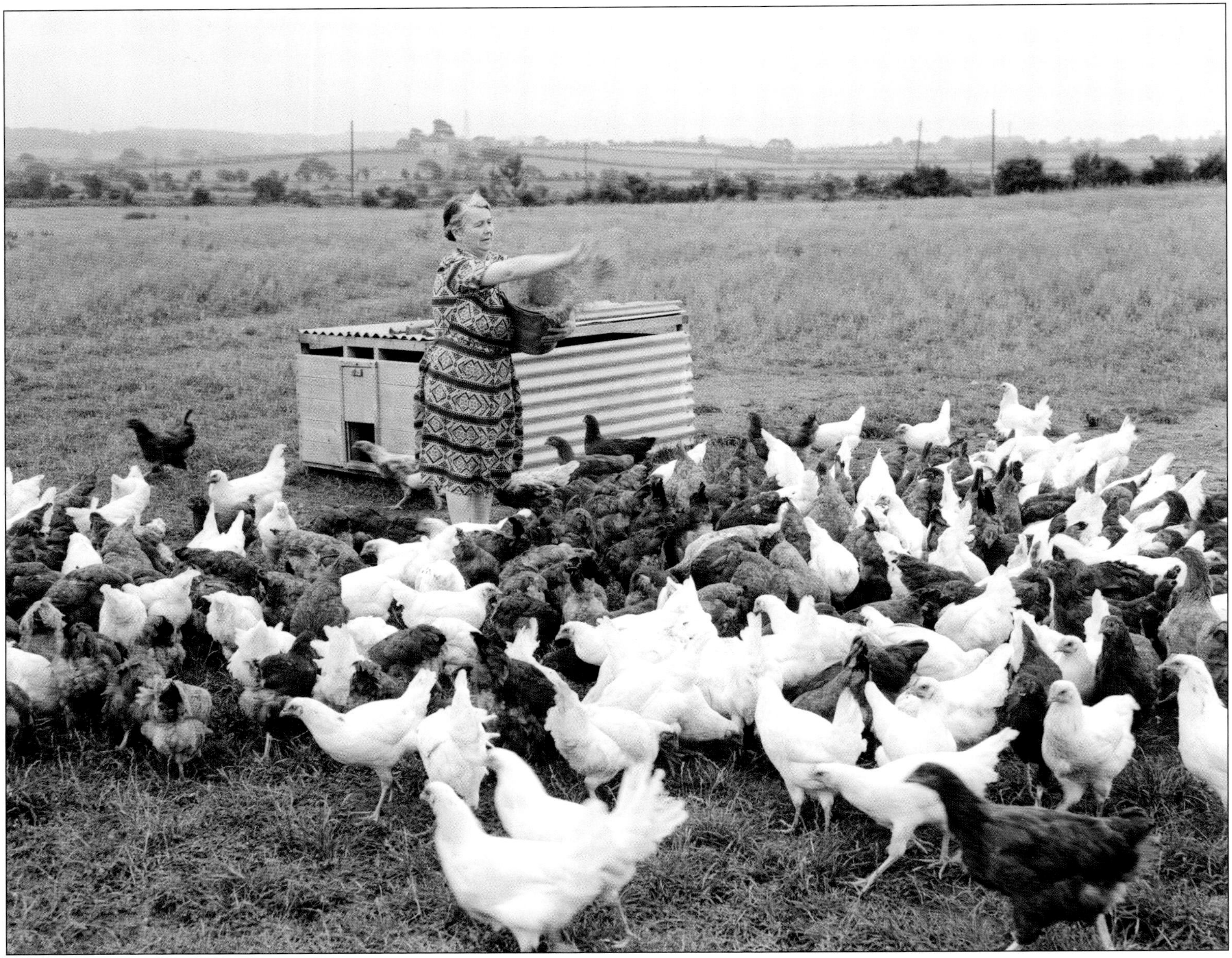

Bwydo ieir buarth yn y dull traddodiadol, 1960.

Feeding poultry in the traditional manner, 1960.

(Geoff Charles, 1960)

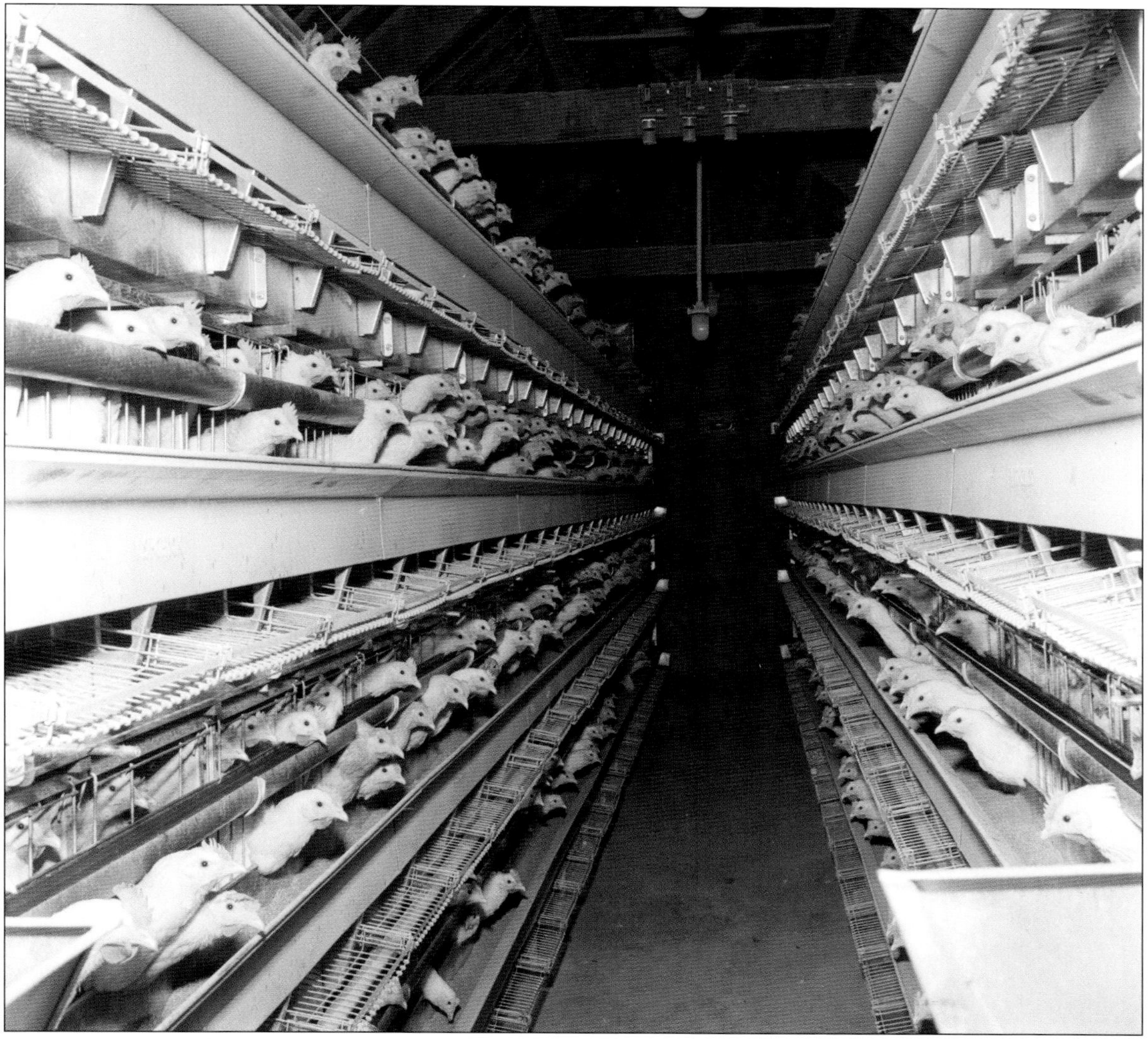

Ceisiwyd cynyddu'r cynnyrch wyau drwy ddulliau ieir batri, fel yn yr achos hwn ar fferm Penyrorsedd, Cemlyn, Ynys Môn, 1964. Dros y blynyddoedd beirniadwyd y dulliau hyn gan grwpiau hawliau anifeiliaid, a daw deddf newydd Ewropeaidd i rym yn 2012 a fydd yn ymestyn maint pob cawell.

Efforts were made to increase egg production through the use of battery hens, as seen in this case at Penyrorsedd farm, Cemlyn, Anglesey, 1964. Over the years this method was criticised by animal rights groups, and new European legislation will come into effect in 2012 which will require the size of all cages to be extended.

(Geoff Charles, 1964)

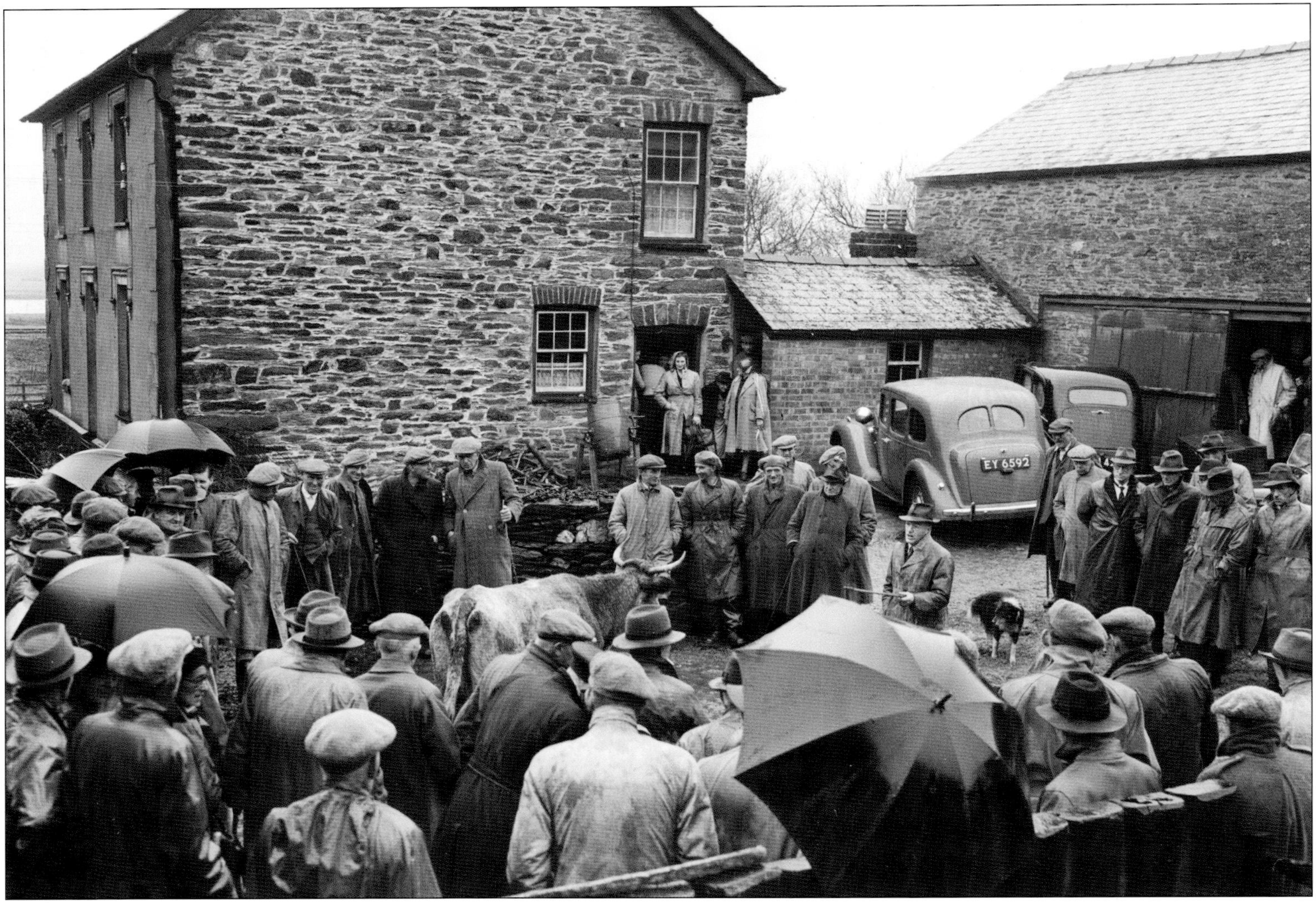

Cynhaliwyd yr ocsiwn hon o eiddo fferm Garreg, ger Machynlleth, Powys, yn 1950, gan fod gwas y fferm, Thomas Humphreys, yn ymddeol wedi 47 mlynedd o wasanaeth. Byddai'r ddwy hen chwaer, Elin a Marged Lewis (sydd ger y drws), yn aros yn y tŷ ond byddai'r gwas yn ymgartrefu mewn pentref cyfagos.

This auction on Garreg farm, near Machynlleth, Powys, in 1950, was held because the farm hand, Thomas Humphreys, was retiring after 47 years' service. The two old sisters, Elin and Marged Lewis (by the door), were to remain at the house but the servant was moving to live in a nearby village.

(Geoff Charles, 1950)

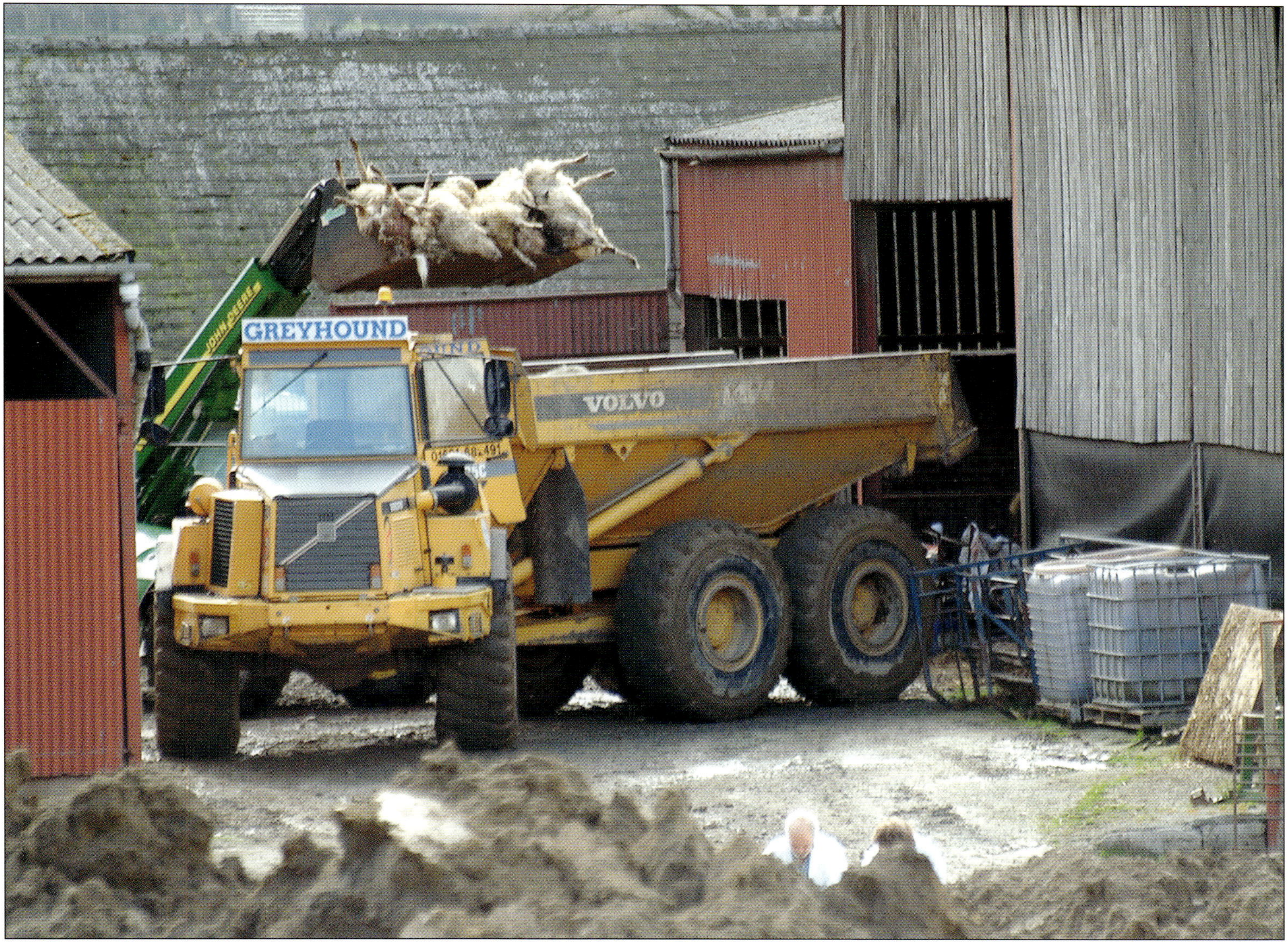

Gwelwyd golygfeydd truenus fel hyn ar ffermydd y Gororau yn ystod yr achosion o glwyf y traed a'r genau yn 2001. Cafodd tua 7 miliwn o anifeiliaid eu difa ym Mhrydain er mwyn ceisio atal y clwyf rhag ymledu.

Harrowing scenes such as this were common on farms in the Welsh marches as a result of the foot and mouth epidemic in 2001. About 7 million animals were slaughtered in Britain in an attempt to prevent the spread of the disease.

(Emma Davies, 2001)

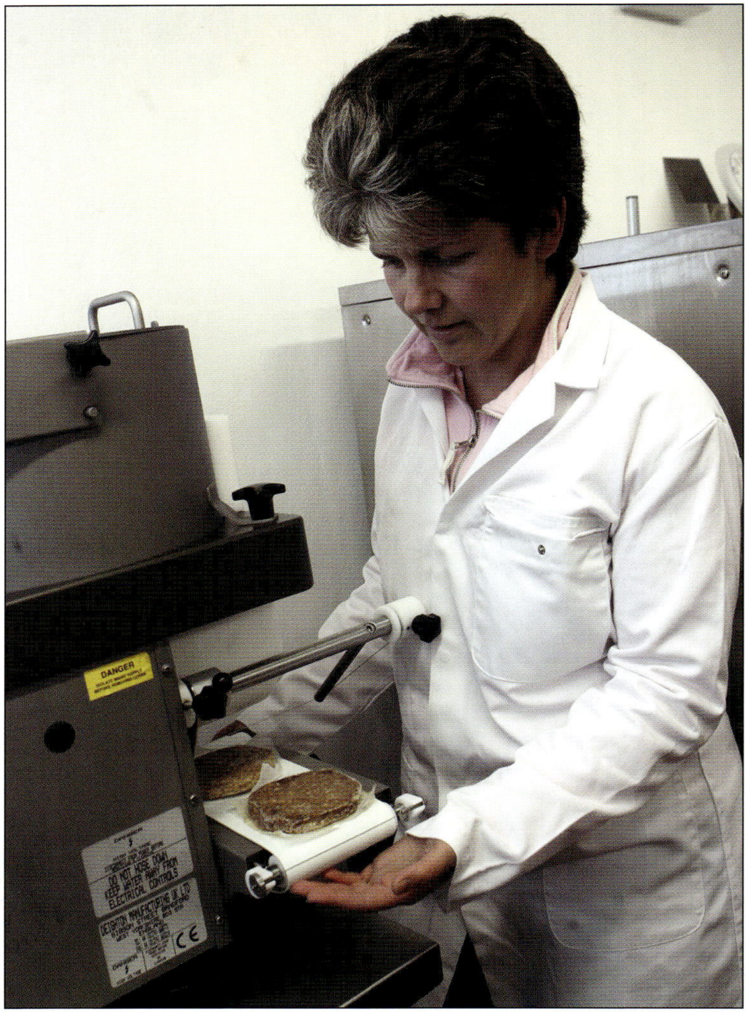

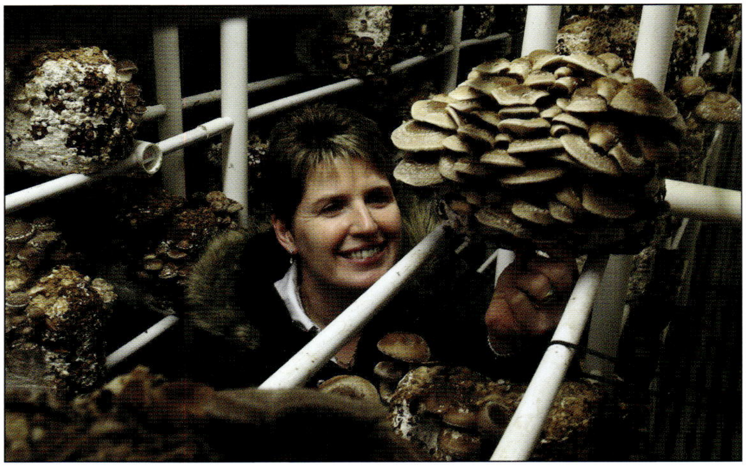

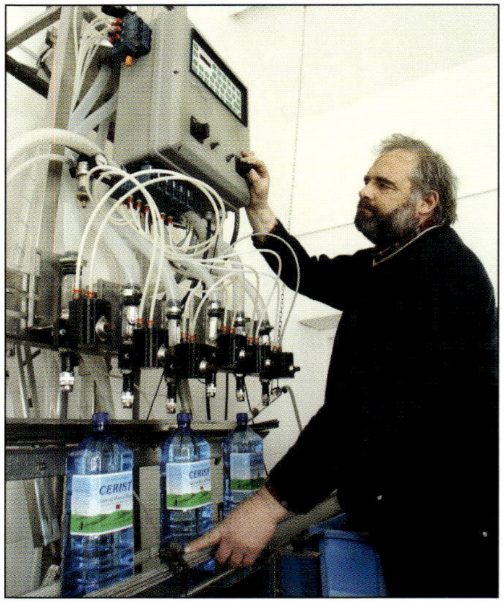

Ym mlynyddoedd olaf yr 20fed ganrif dechreuwyd hybu arallgyfeirio er mwyn cynyddu incwm ffermwyr. Tyfwyd madarch *gourmet* ar fferm yn Crai, Aberhonddu (uchod ar y dde); 'dŵr mwyn naturiol Cymru' oedd cynnyrch Llawr Cae, Dinas Mawddwy (isaf ar y dde); tra mai gwerthu cig oen maethlon o stondinau mewn digwyddiadau awyr-agored oedd y busnes a ddatblygwyd gan deulu Erw Faethlon, ger Tywyn, Gwynedd (chwith).

During the last years of the 20th century diversification to increase farm incomes was encouraged. Gourmet mushrooms were grown on Crai farm, Brecon, Powys (top right); pure natural Welsh water was bottled at Llawr Cae, Dinas Mawddwy, Gwynedd (bottom right); while selling nourishing lamb products from stalls in open-air events was the business developed by the Erw Faethlon family, near Tywyn, Gwynedd (left).

(Arvid Parry-Jones, 2006–7)

Prynu, gwerthu ac arddangos

Buying, selling and exhibiting

Ffair wartheg Llanybydder, sir Gaerfyrddin.
Cattle fair at Llanybydder, Carmarthenshire.
(John Thomas, 1891)

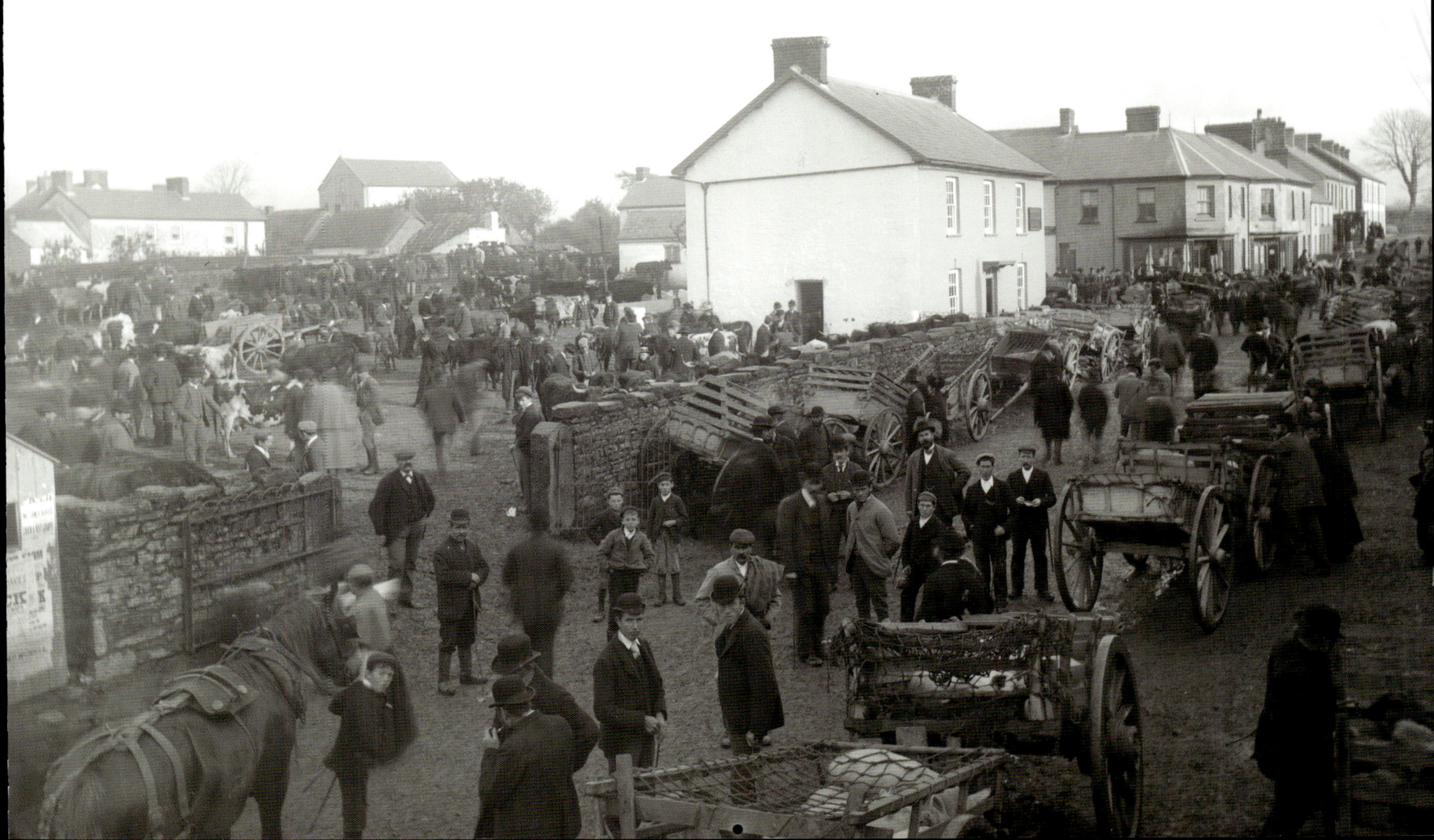

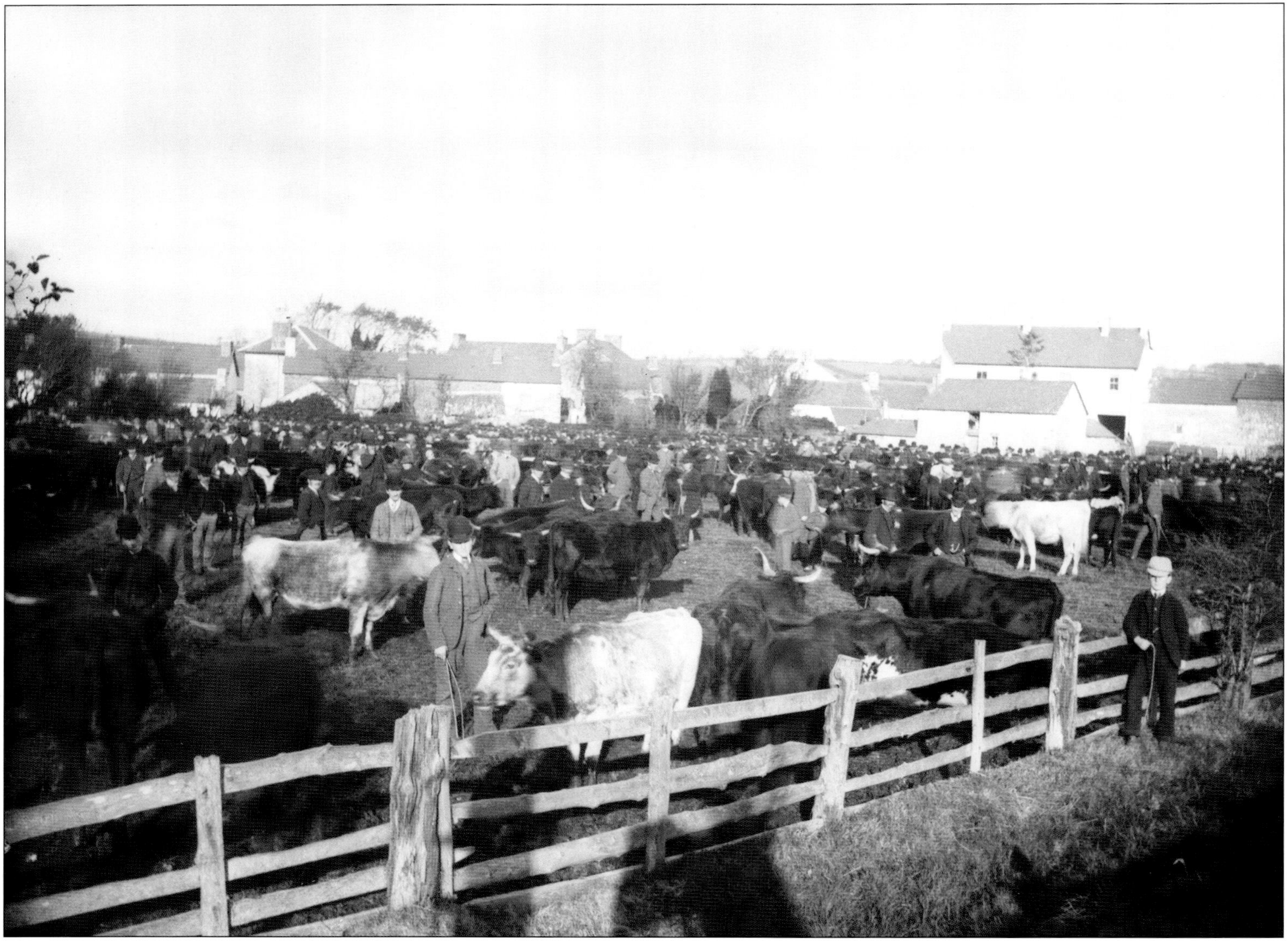

Cynhaliwyd marchnad Sanclêr, sir Gaerfyrddin, ar ddydd Mawrth cyntaf bob mis ac roedd John Thomas yno ar 1 Tachwedd 1898 i dynnu'r llun hwn.

St. Clears market, Carmarthenshire, was held on the first Tuesday of the month and John Thomas was there on 1 November 1898 to take this photograph.

(John Thomas, 1898)

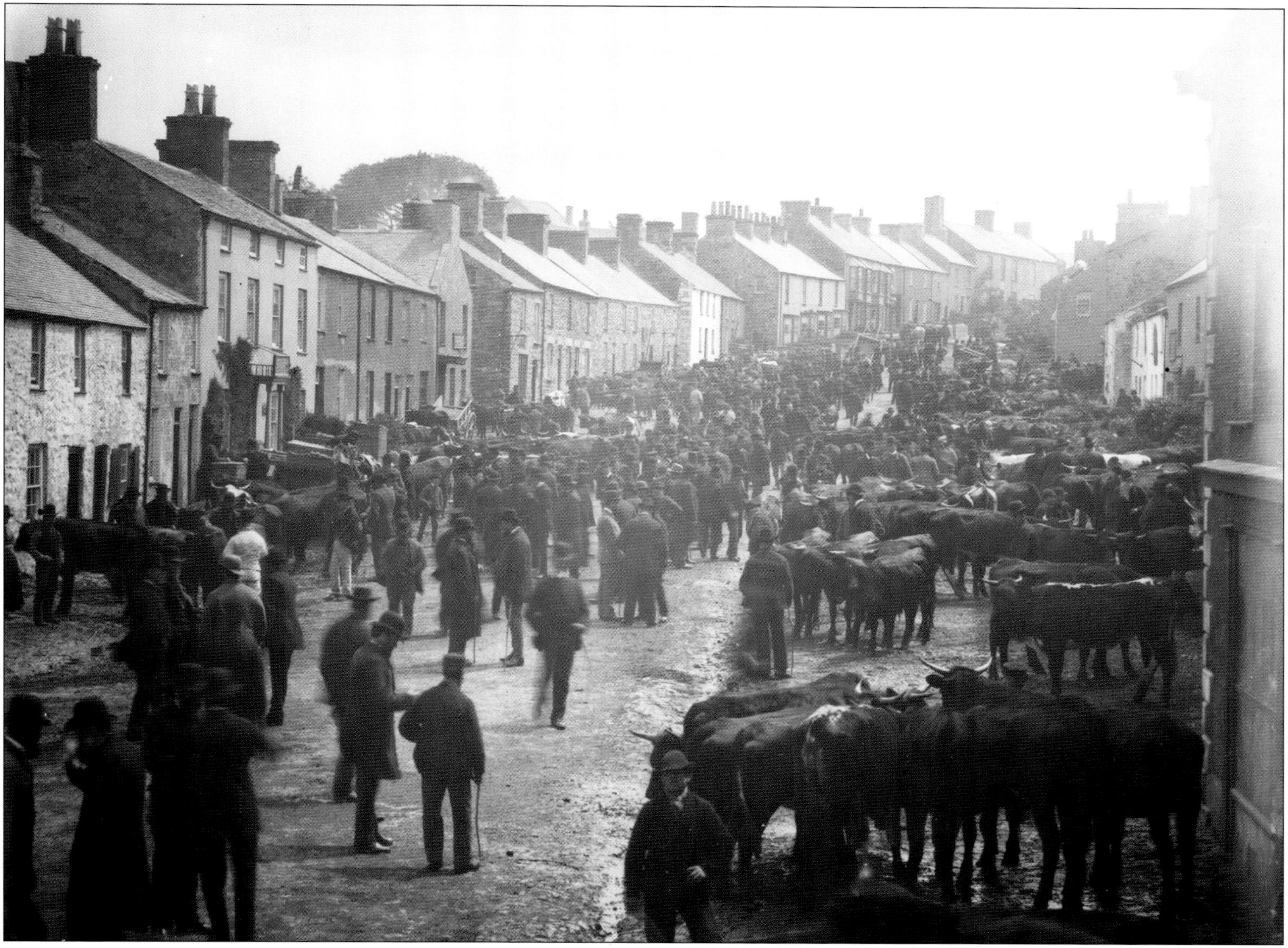

Achlysur pwysig yng nghefn gwlad oedd diwrnod y ffair. Cynhaliwyd ffeiriau ar ddydd Mercher unwaith y mis yn Llannerchymedd, Ynys Môn, a theirgwaith ym mis Rhagfyr, gan gynnwys ffair gyflogi gweision.

An important event in rural Wales was fair day. Fairs were held on Wednesdays once a month at Llannerchymedd, Anglesey, and three times in December, including the servant hiring fair.

(John Thomas, c.1885)

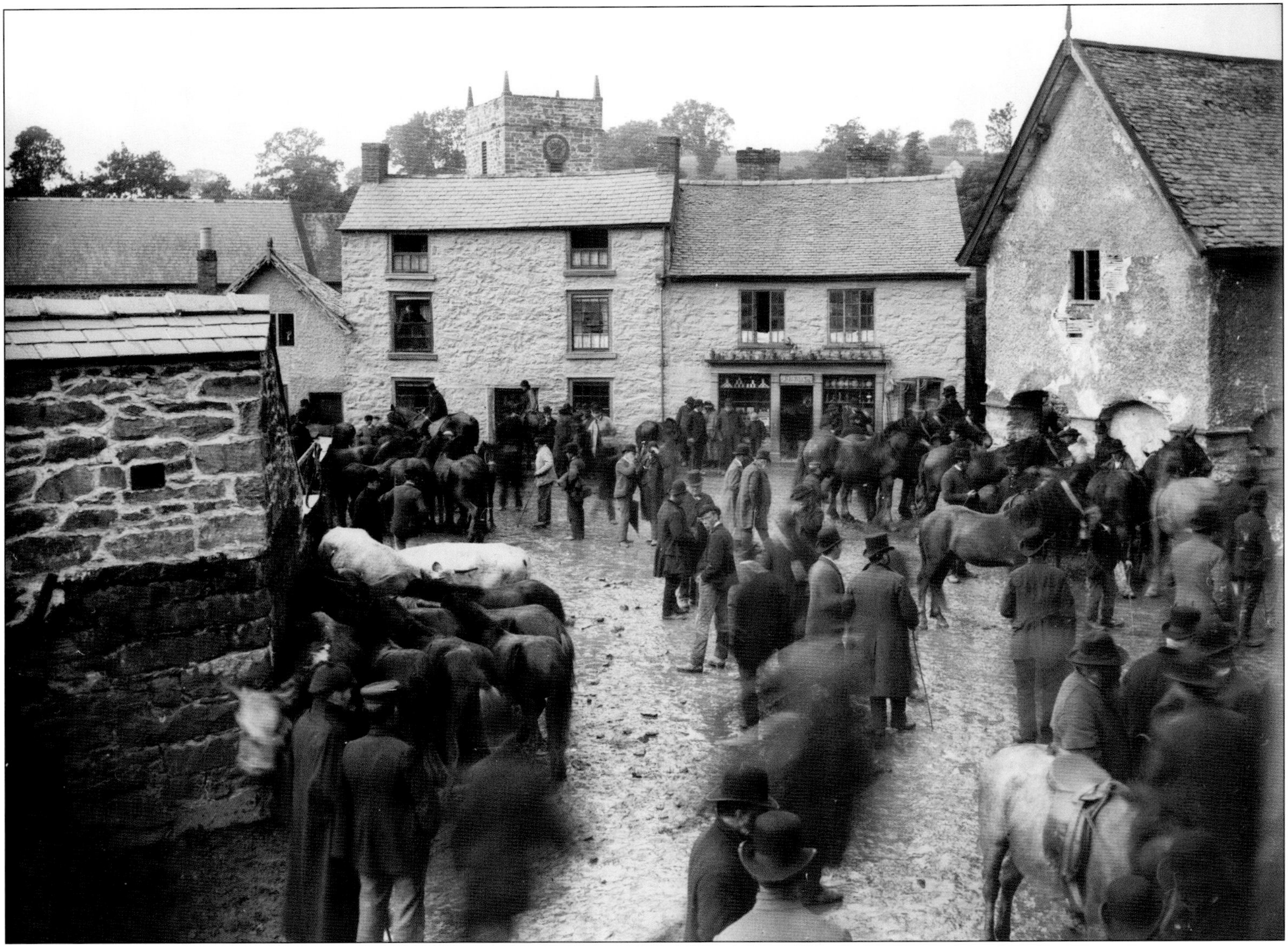

Tynnodd John Thomas nifer o luniau yn ffair geffylau Llanrhaeadr-ym-Mochnant, gogledd Powys, tua 1885, ond anodd oedd cadw pawb yn llonydd!

John Thomas took a number of photographs of the horse fair at Llanrhaeadr-ym-Mochnant, north Powys, about 1885, but it was difficult to keep everyone still!

(John Thomas, c.1885)

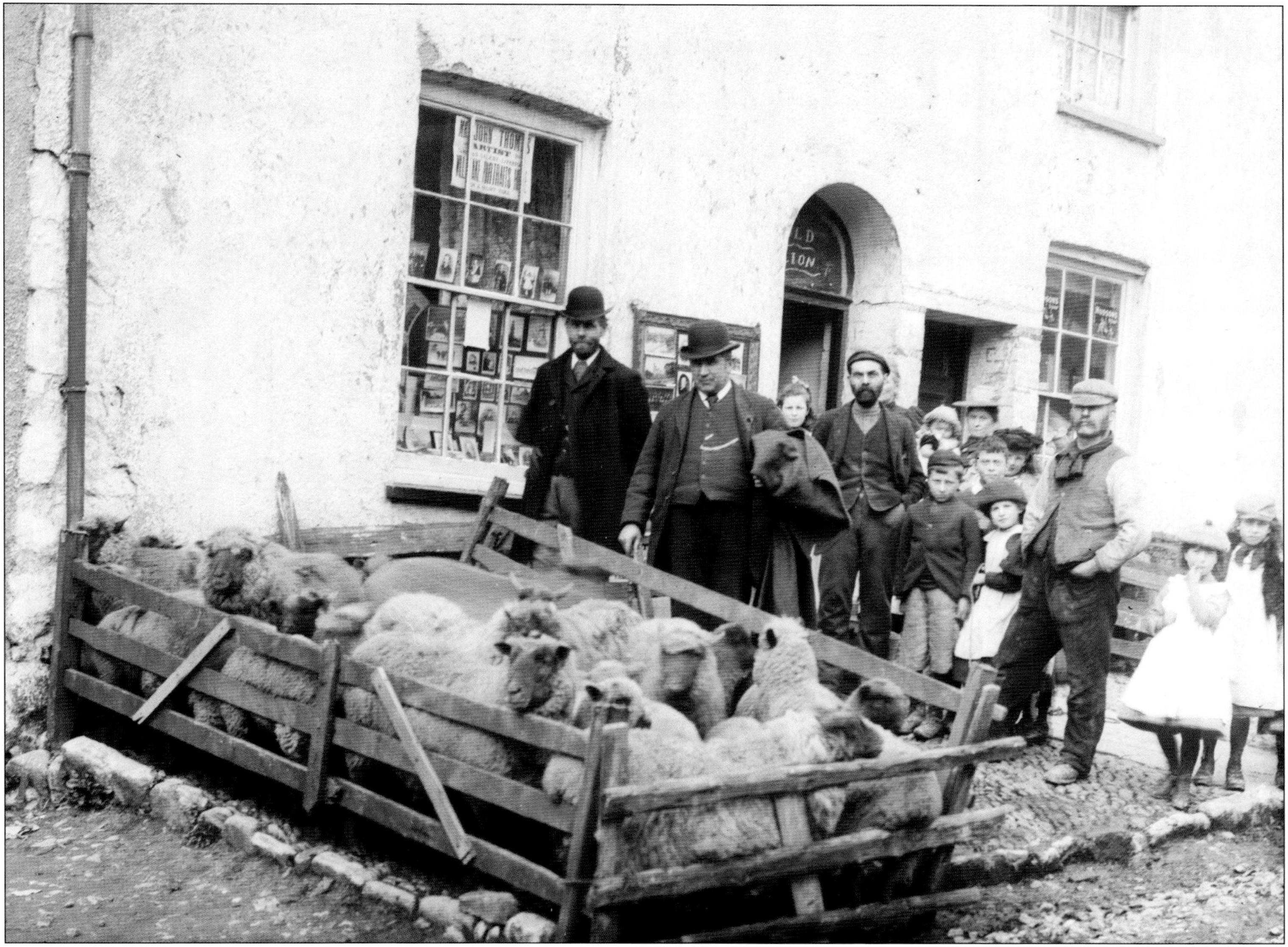

Yn ôl un cyfeirlyfr, dyddiedig 1880, byddai Arberth, sir Benfro, ar ddydd Iau'r farchnad yn llawn o gannoedd o bobl o gefn gwlad, oll yn eu dillad Cymreig amrywiol, yn gwerthu a bargeinio yn yr iaith frodorol.

According to a directory dated 1880, Narberth, Pembrokeshire, would be full of hundreds of people from the countryside for the Thursday market. They were all dressed in a variety of Welsh attire, selling and bargaining in their native tongue.

(John Thomas, c.1885)

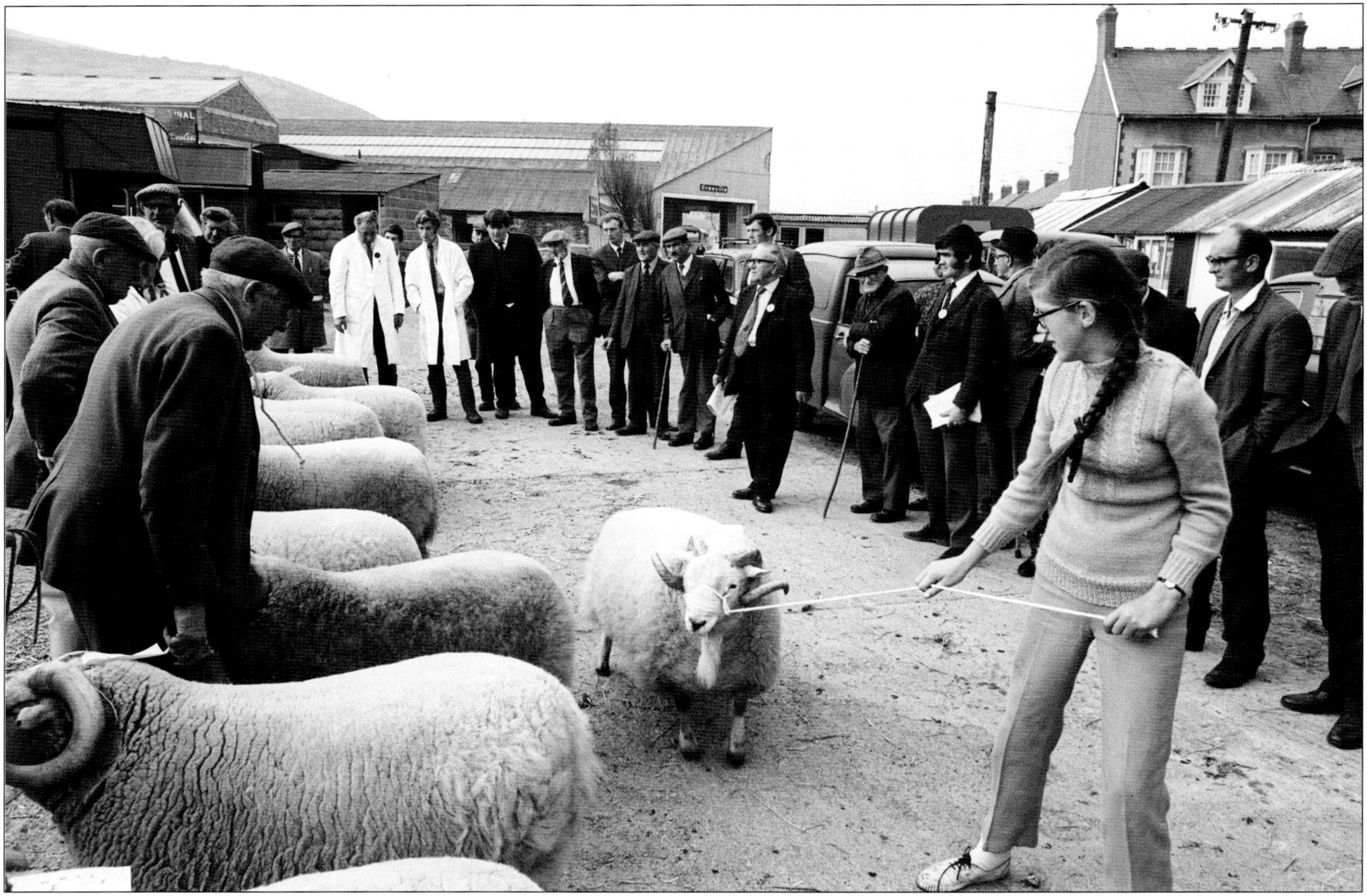

Sefydlwyd cymdeithasau defaid mynydd Cymreig yn ystod yr 20fed ganrif. Trefnwyd arwerthiannau blynyddol o hyrddod ac archwiliwyd a chofrestrwyd diadelloedd. Cynhaliwyd yr arwerthiant hwn o ddefaid pedigri yn Aberystwyth yn 1971.

Welsh mountain sheep societies were founded in the 20th century. Annual sales of rams were held and flocks inspected and recorded. This sale of pedigree sheep was held in Aberystwyth in 1971.

(Geoff Charles, 1971)

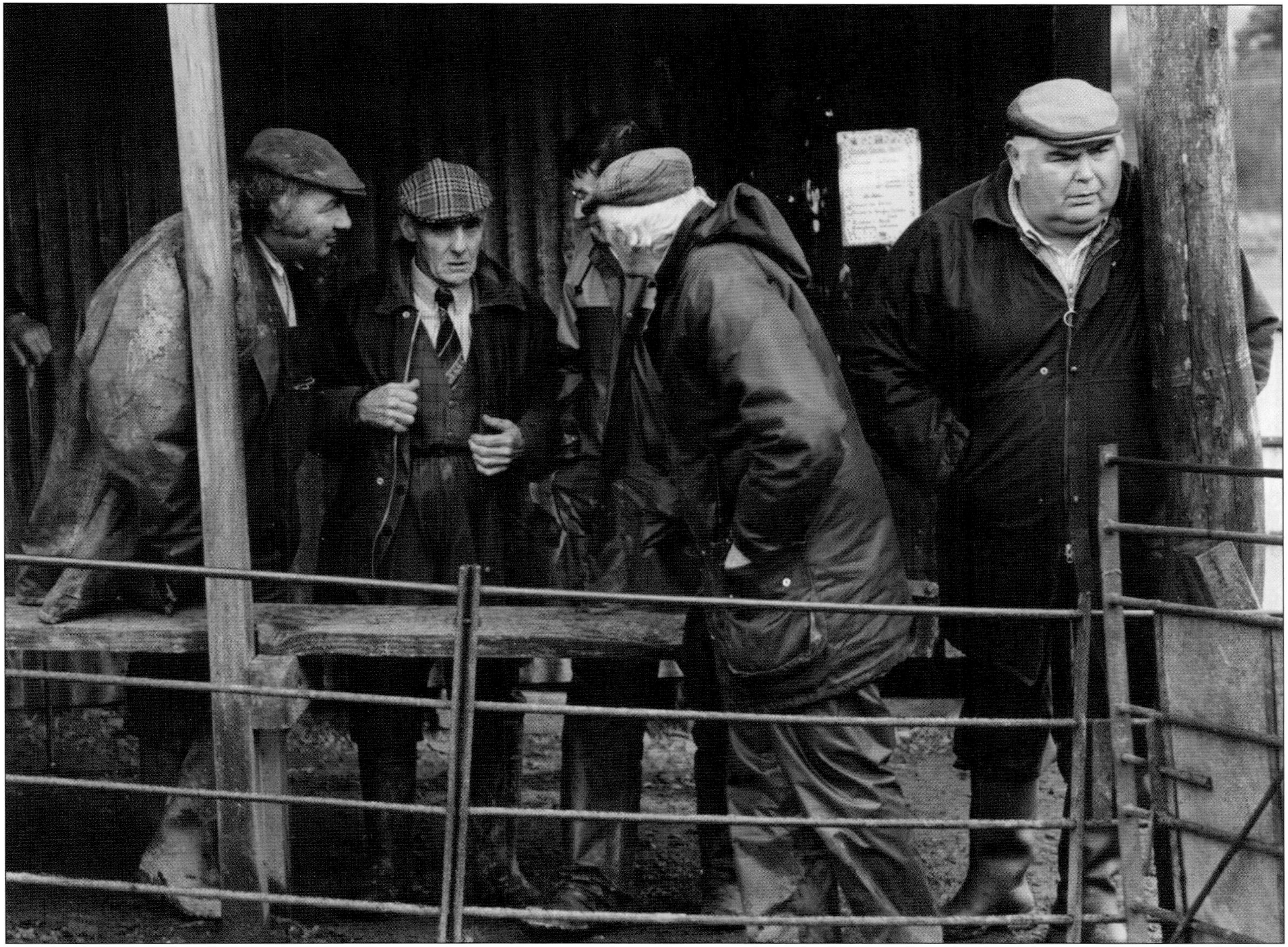

Bargeinio yn arwerthiant defaid Pontarfynach, Ceredigion, 2000.

Bargaining in Pontarfynach sheep sales, Ceredigion, 2000.

(Bernard Mitchell, 2000)

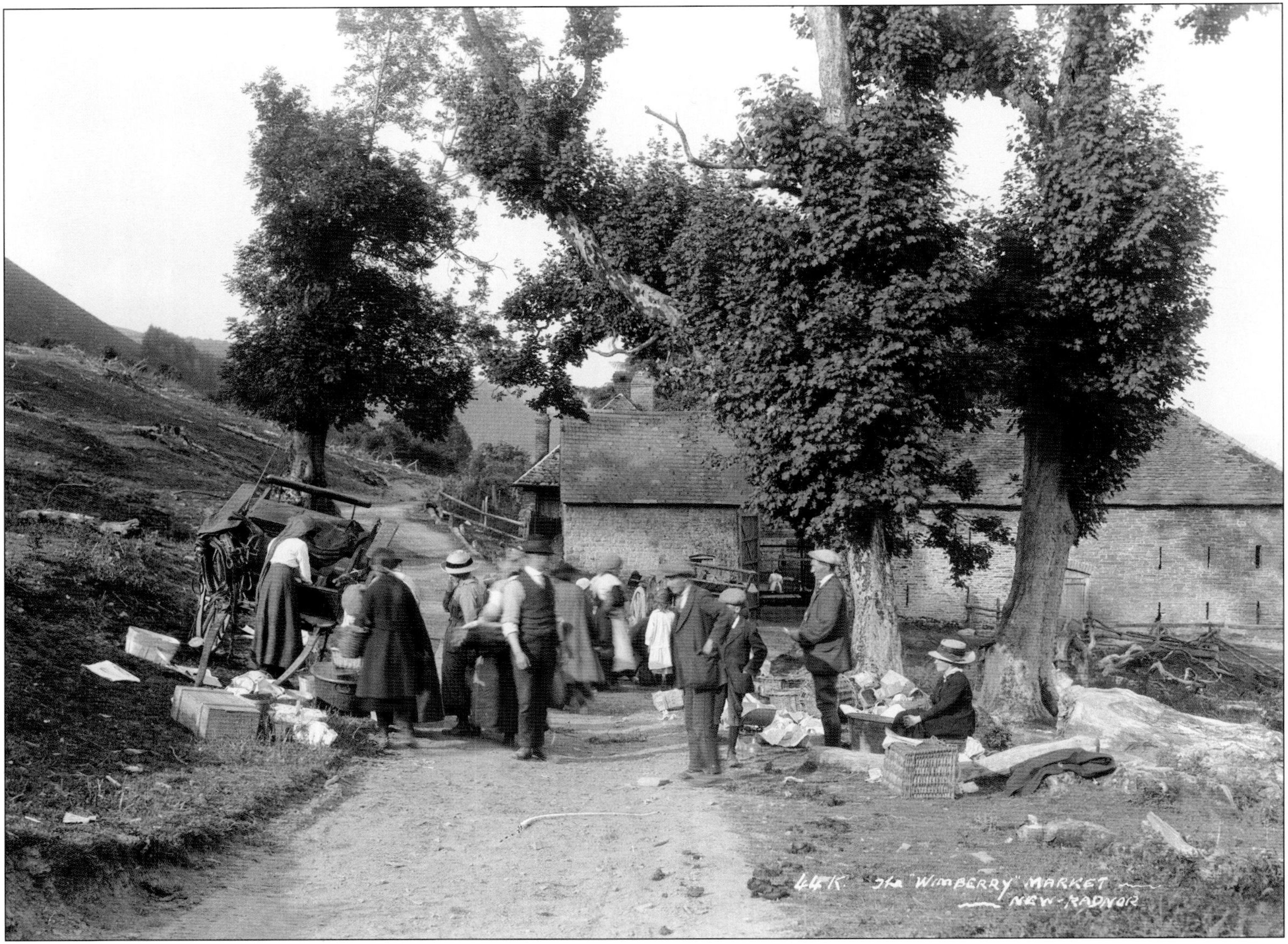

Ceir hen draddodiad o hela llus ar fynydd-diroedd Cymru er mwyn gwneud jam neu darten. Cynhaliwyd y farchnad llus hon ger pentref Maesyfed, Powys, tua 1910.

There is a long tradition of collecting wimberries on Welsh mountainsides to make jam or a tart. This wimberry market was held near New Radnor, Powys, about 1910.

(P B Abery, c.1910)

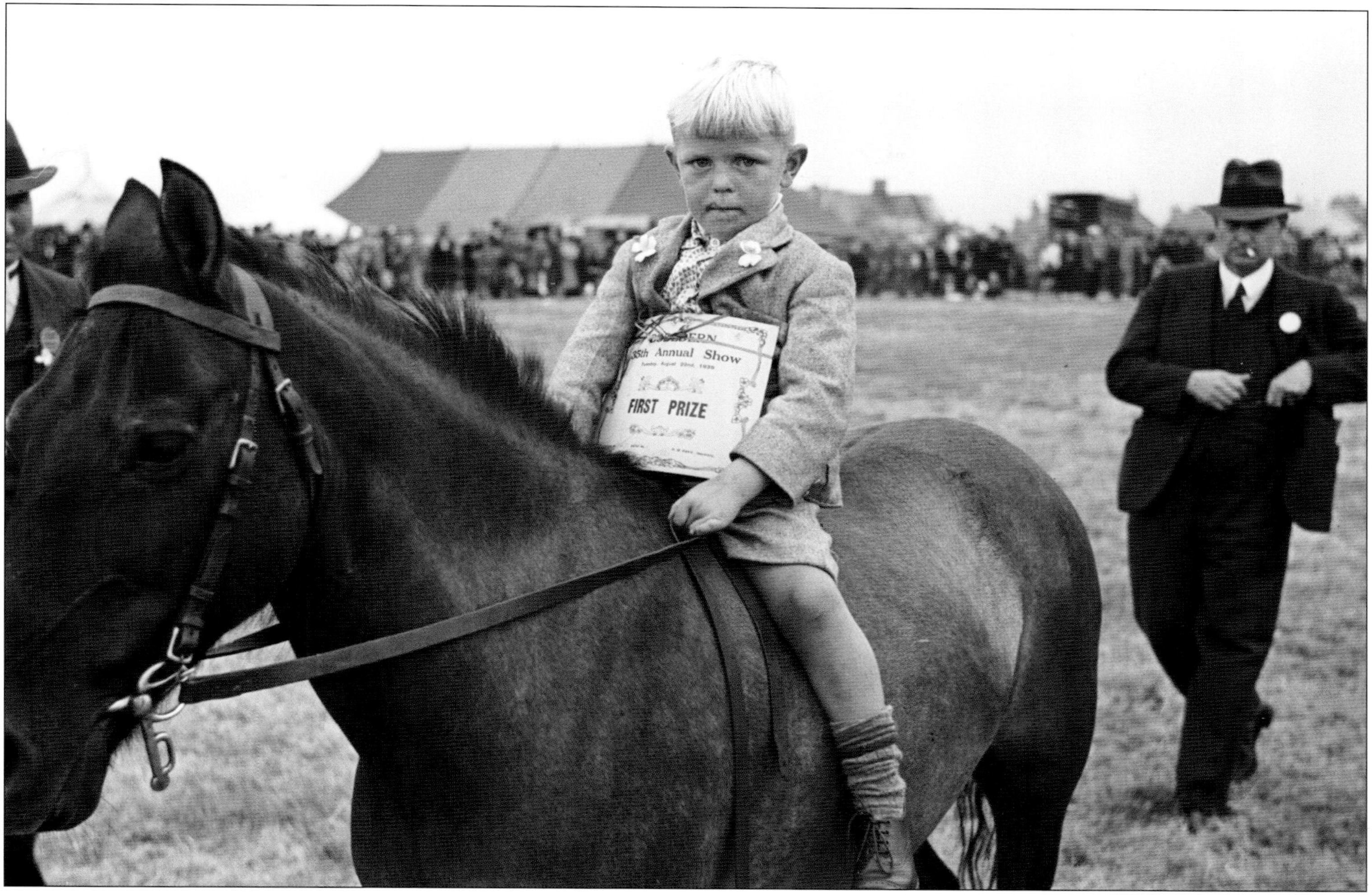

Denwyd miloedd i sioeau sirol a lleol dros y blynyddoedd, gan gynnwys y sioe hon ym Modedern, Ynys Môn, yn 1939. O fewn ychydig ddiwrnodau o dynnu'r llun hwn o Cledwyn Jones o Walchmai, bachgen 4 mlwydd oed diniwed yr olwg, aeth Prydain i ryfel gyda'r Almaen.

Thousands have been attracted to county and local shows over the years, including this show at Bodedern, Anglesey, in 1939. Within a few days of this photograph being taken of Cledwyn Jones of Gwalchmai, an innocent-looking 4-year-old, Britain went to war with Germany.

(Geoff Charles, 1939)

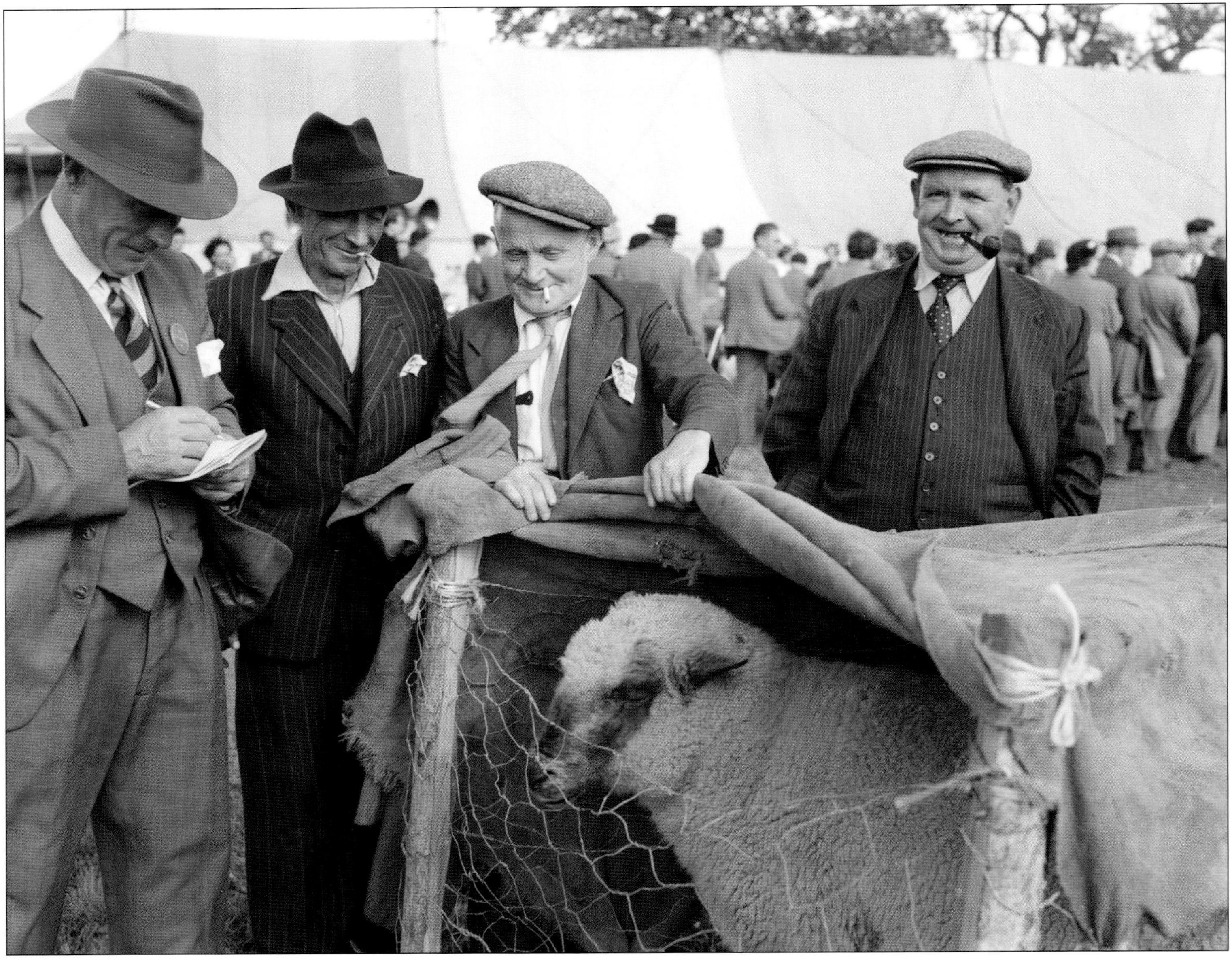

Dyfalu pwysau'r ddafad yn sioe Berriw, Powys, 1957.

Guessing the weight of a sheep at Berriw show, Powys, 1957.

(Geoff Charles, 1957)

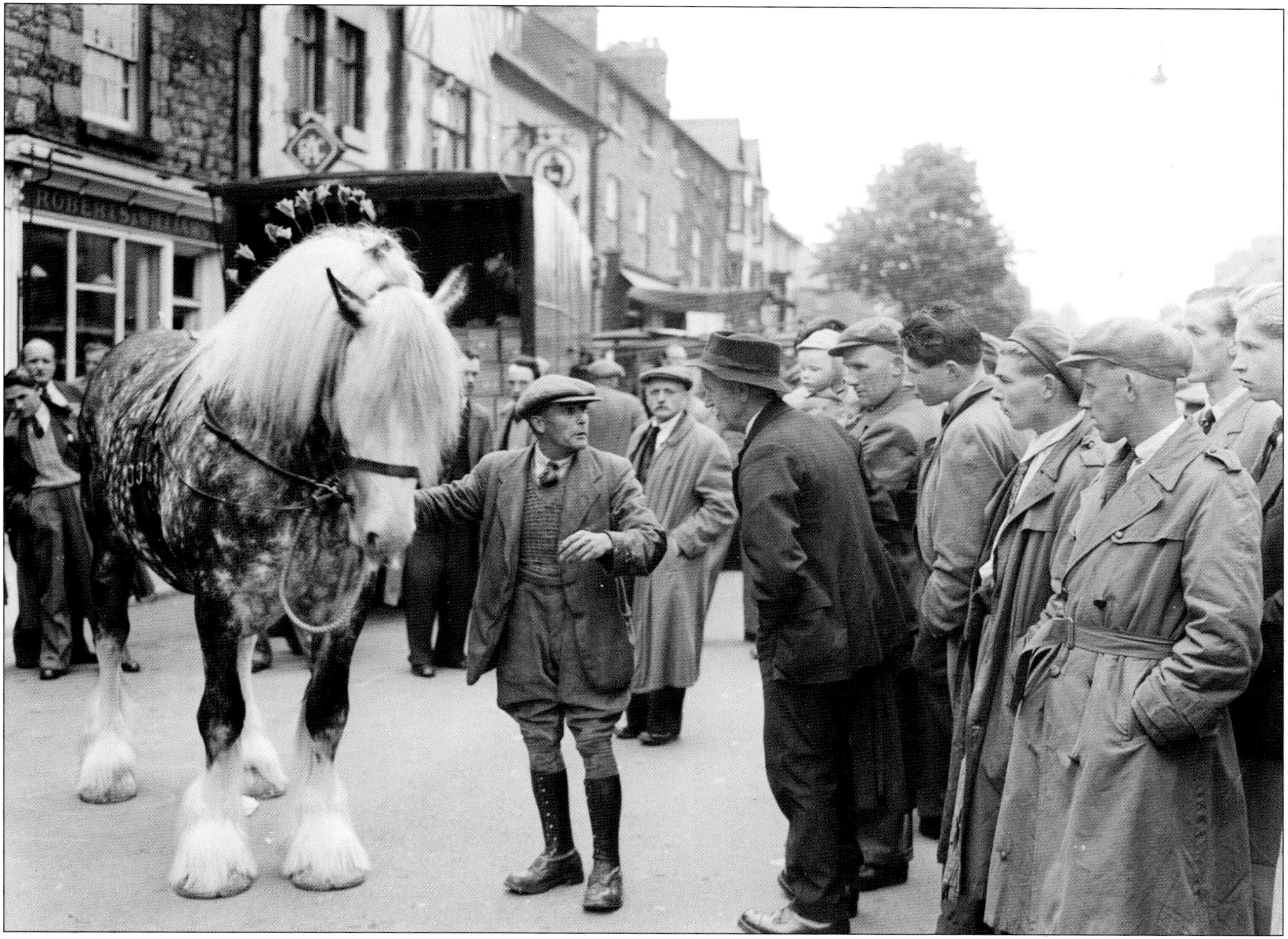

Roedd Ffair Glamai y Bala, Gwynedd, yn hynod boblogaidd ac, yn 1952, un o'r atyniadau oedd y ceffyl hardd *Wenlock Tysul*.

Glamai fair at Bala, Gwynedd, was extremely popular and, in 1952, one of the attractions was a horse called Wenlock Tysul.

(Geoff Charles, 1952)

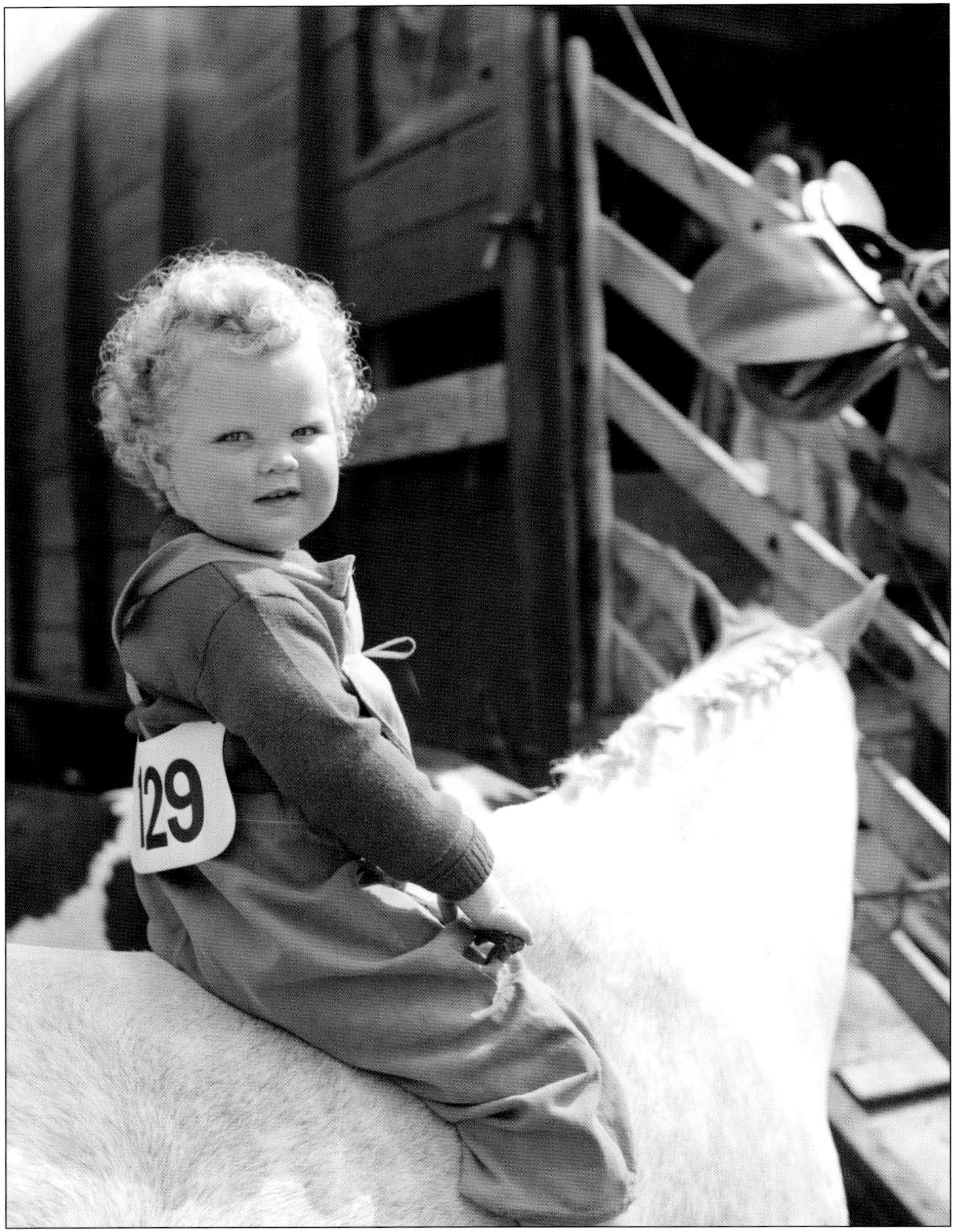

Testun i ddenu llygad beirniad neu ffotograffydd fel ei gilydd fyddai plentyn bach ar gefn ceffyl, fel hwn yn Sioe Maldwyn yn y Trallwm, Powys, yn 1956.

A subject to catch the eye of an adjudicator or photographer would be a young child on horseback, such as this one at the Montgomeryshire Show held at Welshpool, Powys, in 1956.

(Geoff Charles, 1956)

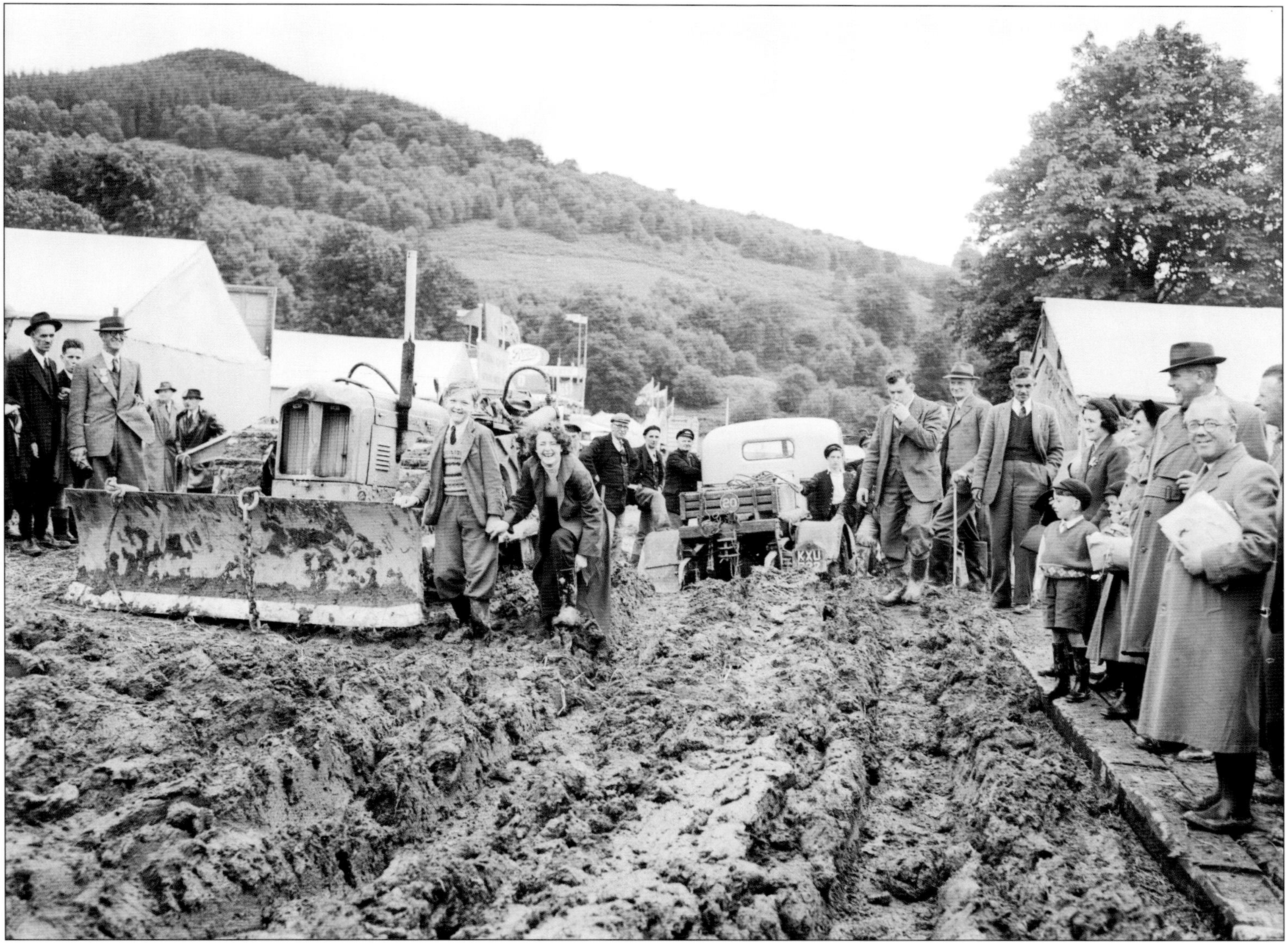

Teithio o le i le fyddai'r Sioe Frenhinol Amaethyddol hyd nes iddi ddarganfod cartref parhaol yn Llanelwedd, Powys, yn 1963. Roedd tywydd gwlyb yn medru achosi anhrefn, fel yn sioe 1954 a gynhaliwyd ym Machynlleth, ond mae pawb yn edrych yn eithaf hapus!

The Royal Welsh Agricultural Show moved from place to place until it found a permanent home at Llanelwedd, Powys, in 1963. Wet weather could cause chaos, as in the 1954 show held at Machynlleth, Powys, but everyone looks quite happy!

(Geoff Charles, 1954)

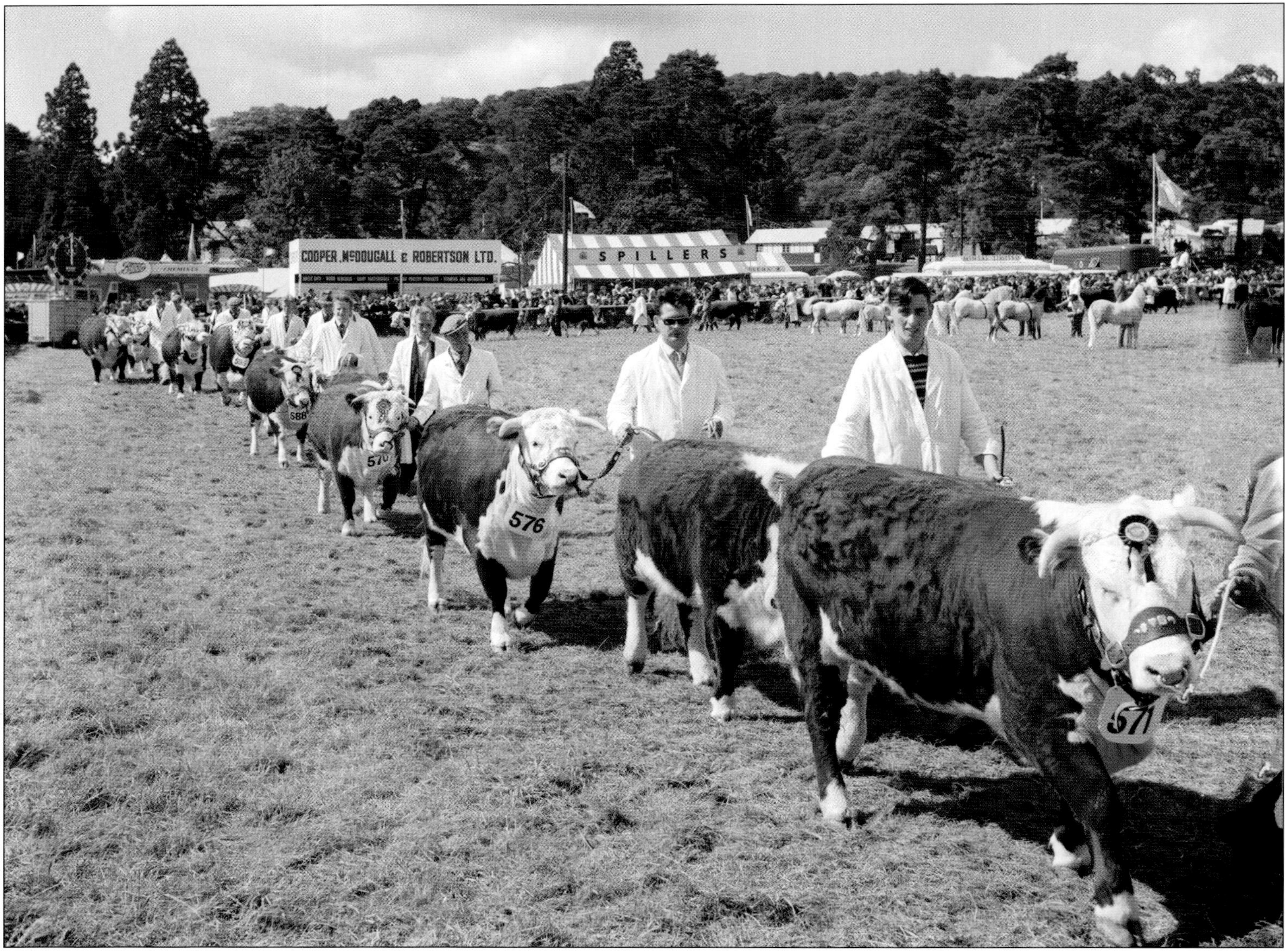

Y parêd yn y Sioe Frenhinol Amaethyddol yn Llanelwedd yng Ngorffennaf 1964...

The parade at the Royal Welsh Agricultural Show at Llanelwedd in July 1964...

(Geoff Charles, 1964)

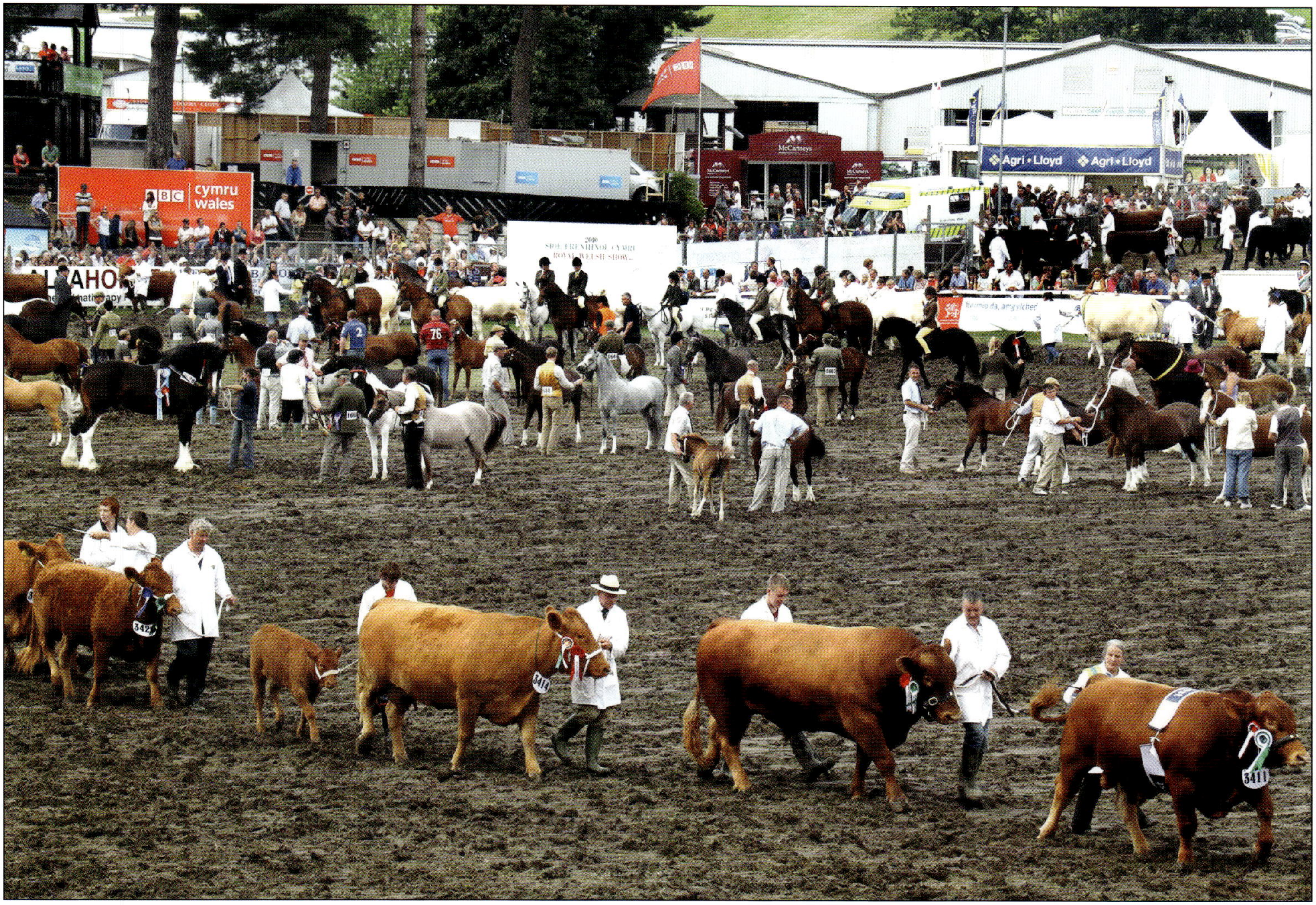

… ac felly hefyd yn sioe 2010, sioe'r Cardis.

… and likewise at the 2010 show.

(Robert Parry-Jones, 2010)

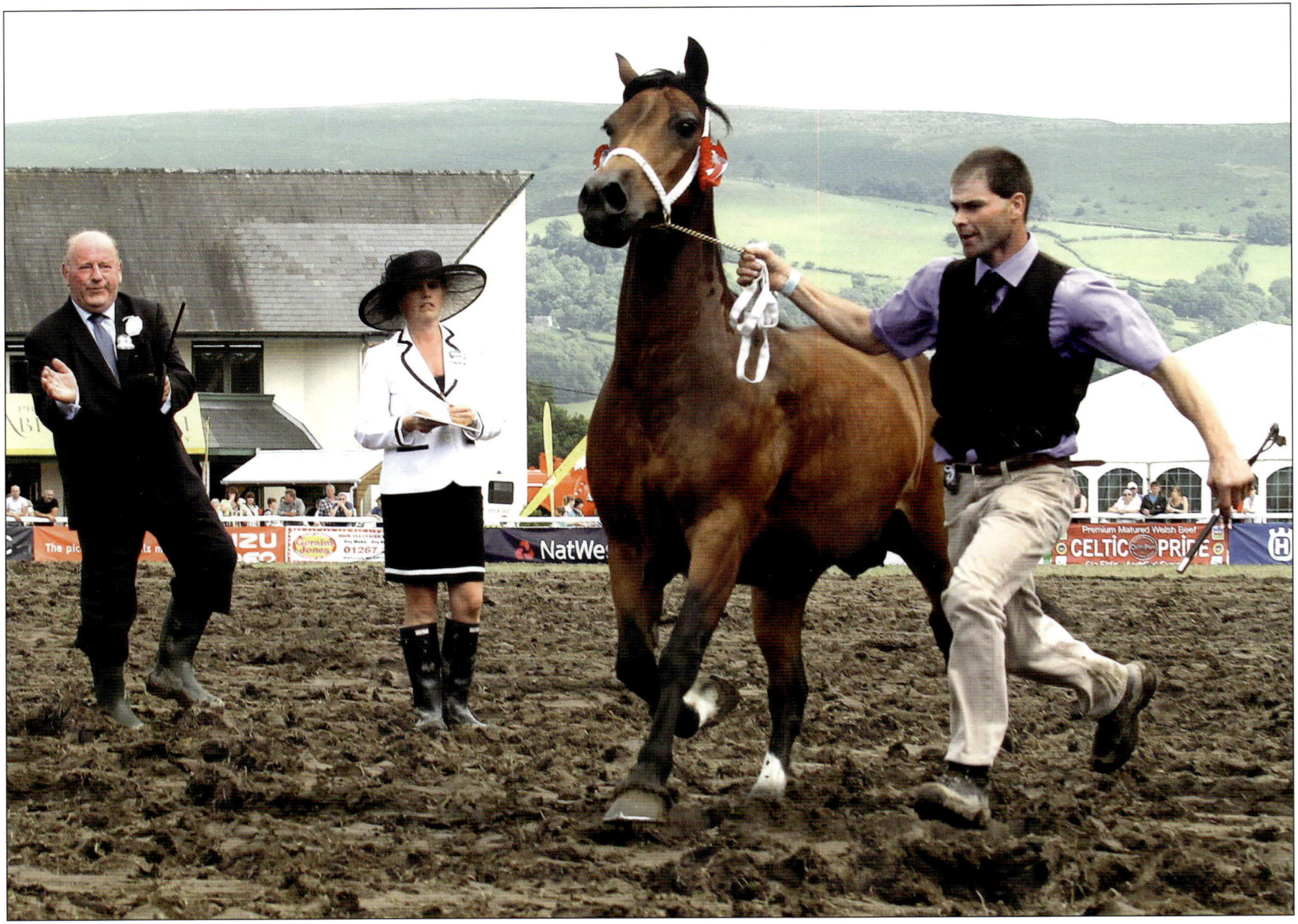

Roedd angen welis yn sioe'r Cardis!

Wellies were needed at the 2010 show!

(Robert Parry-Jones, 2010)

Byw yn y wlad
Living in the countryside

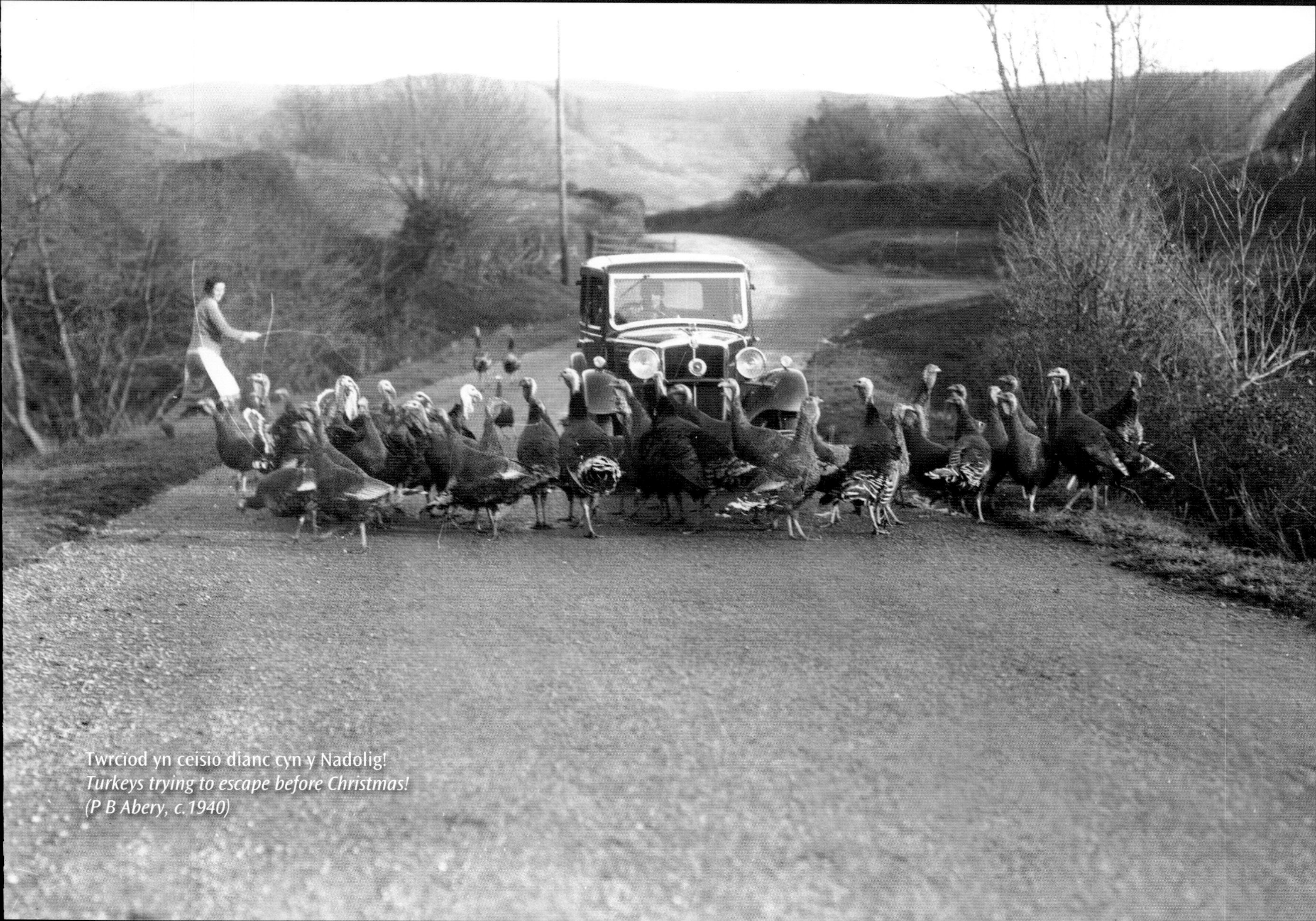

Twrciod yn ceisio dianc cyn y Nadolig!
Turkeys trying to escape before Christmas!
(P B Abery, c.1940)

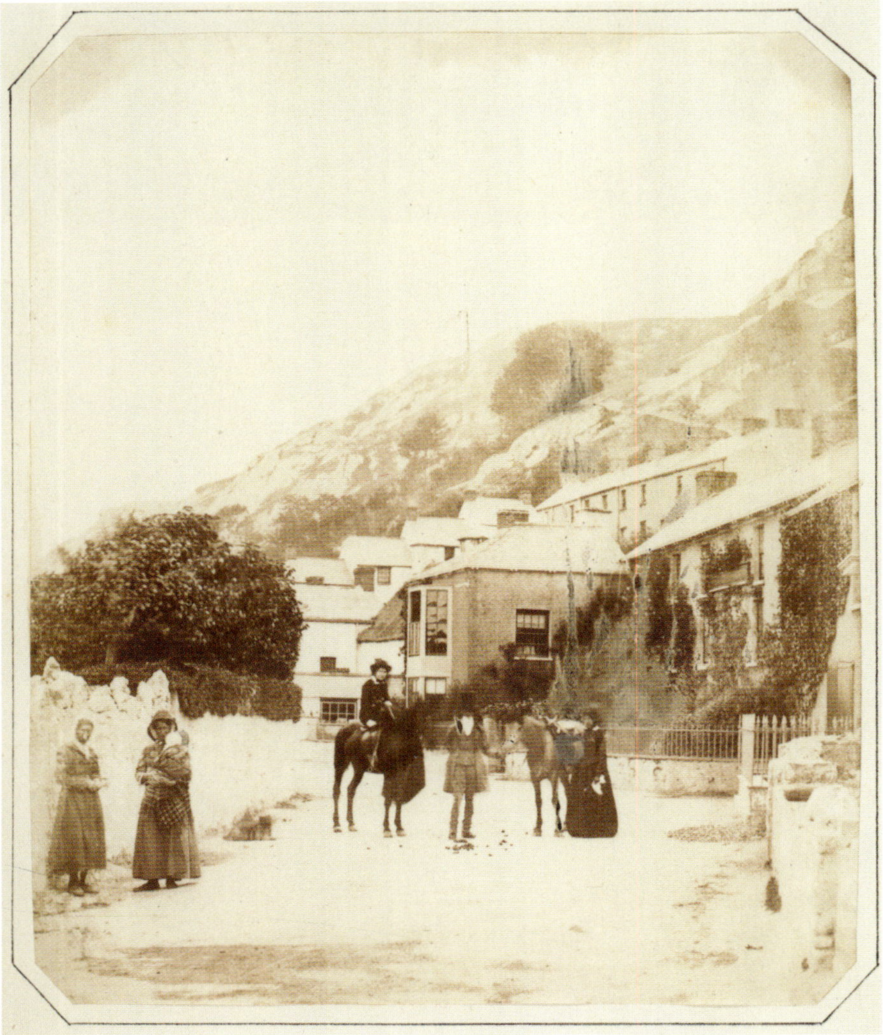

Efallai mai dyma'r ffotograff cyntaf o bentref yng Nghymru. Fe'i tynnwyd yn y Mwmbwls, bro Gŵyr, tua 1850 gan Mary Dillwyn, chwaer ieuengaf yr arloeswr ffotograffiaeth John Dillwyn Llewelyn. Eithaf tlodaidd oedd y pentref yn y cyfnod hwnnw ond bellach mae'r Mwmbwls yn gartref i sêr cyfoethog, gan ennill y llysenw 'Monaco Cymru'.

Perhaps this is the first photograph of a village in Wales. It was taken in the Mumbles, Gower, about 1850 by Mary Dillwyn, the younger sister of the pioneer photographer John Dillwyn Llewelyn. The village was quite shabby in this period but today Mumbles is the home of rich celebrities, gaining the nickname 'the Monaco of Wales'.

(Mary Dillwyn, c.1850)

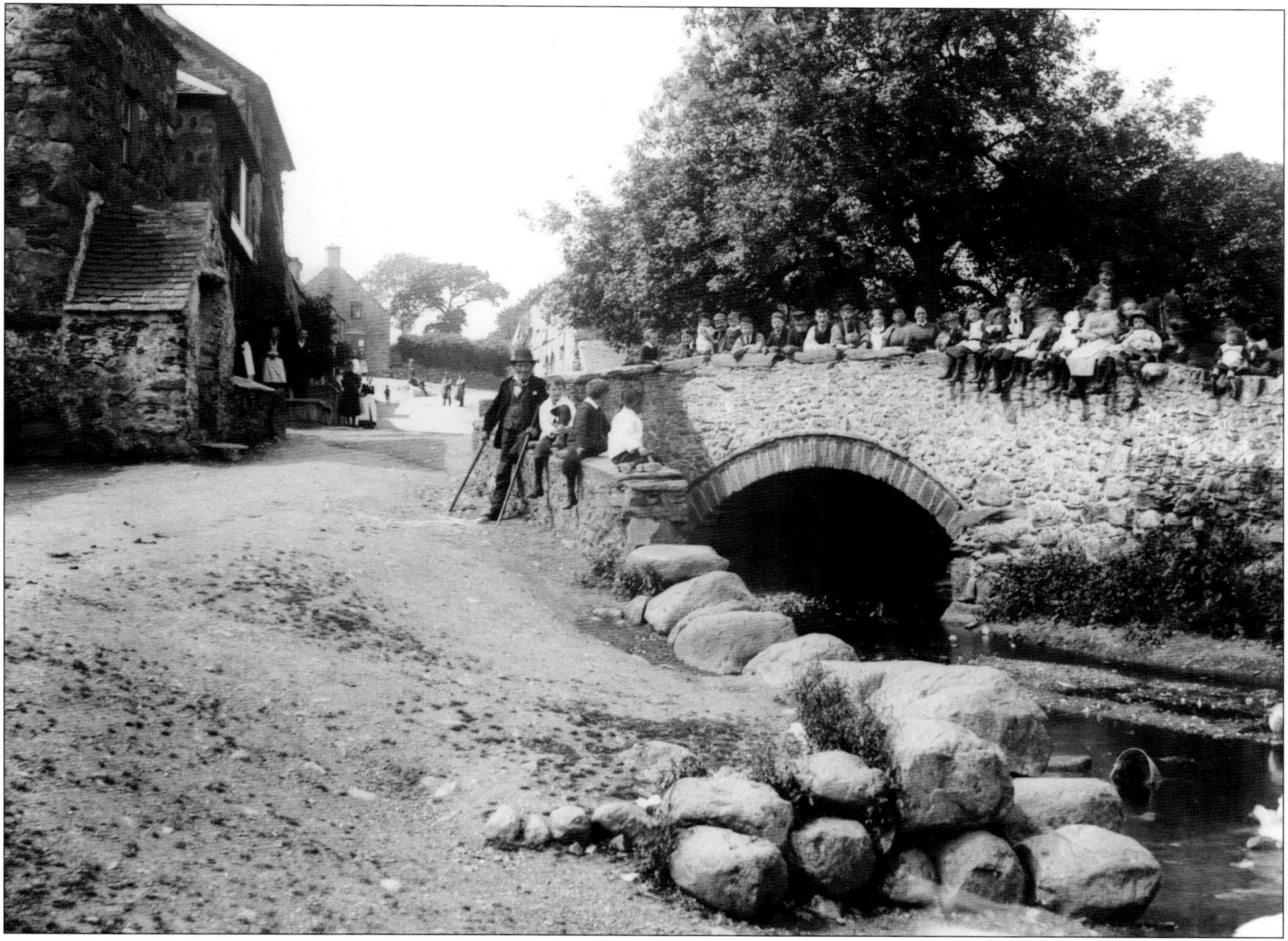

Canolfan i lawer i bentref oedd y bont dros yr afon, lle byddai'r hen a'r ifanc yn cwrdd am glonc. Tynnwyd y llun hwn o bont Llanegryn, Gwynedd, tua 1885.

The central point of many villages was the bridge over the river, where young and old would meet to gossip. This photograph was taken at the bridge at Llanegryn, Gwynedd, about 1885.

(John Thomas, c.1885)

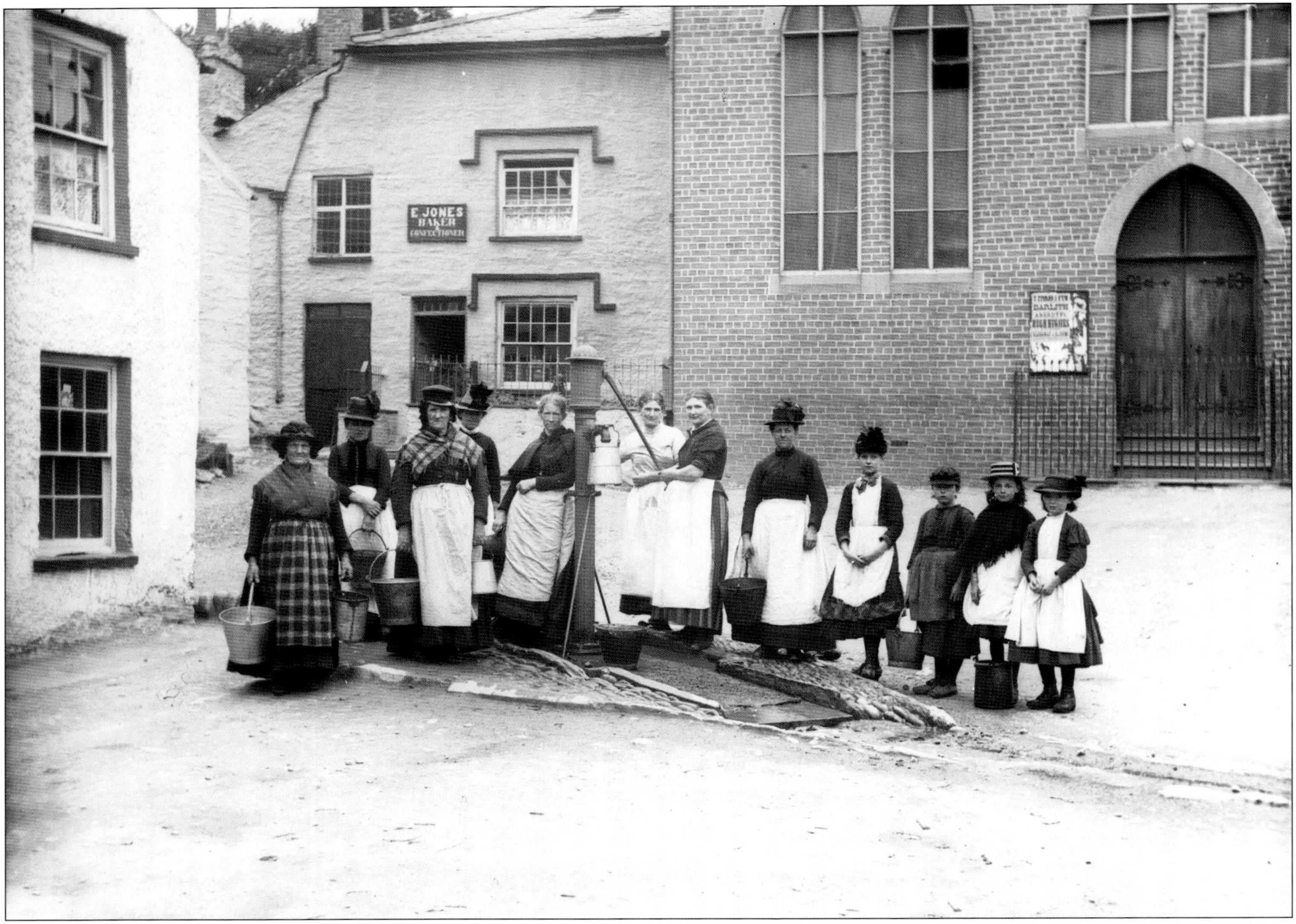

Lle da arall i ymgynnull oedd y pwmp dŵr, fel hwn o flaen capel Bethel, Aberdyfi, Gwynedd, tua 1885. Roedd dŵr glân y pwmp yn lleihau'r siawns o afiechydon a ddeilliai o yfed dŵr llygredig afonydd a nentydd. Mae'n debyg y cafwyd gwared â'r pwmp dŵr hwn yn 1898.

Another good place to meet was the water pump, such as this one in front of Bethel chapel, Aberdyfi, Gwynedd, about 1885. The clean water from the pump reduced the chance of disease, unlike polluted water drunk from rivers and streams. It appears that this water pump was removed in 1898.

(John Thomas, c.1885)

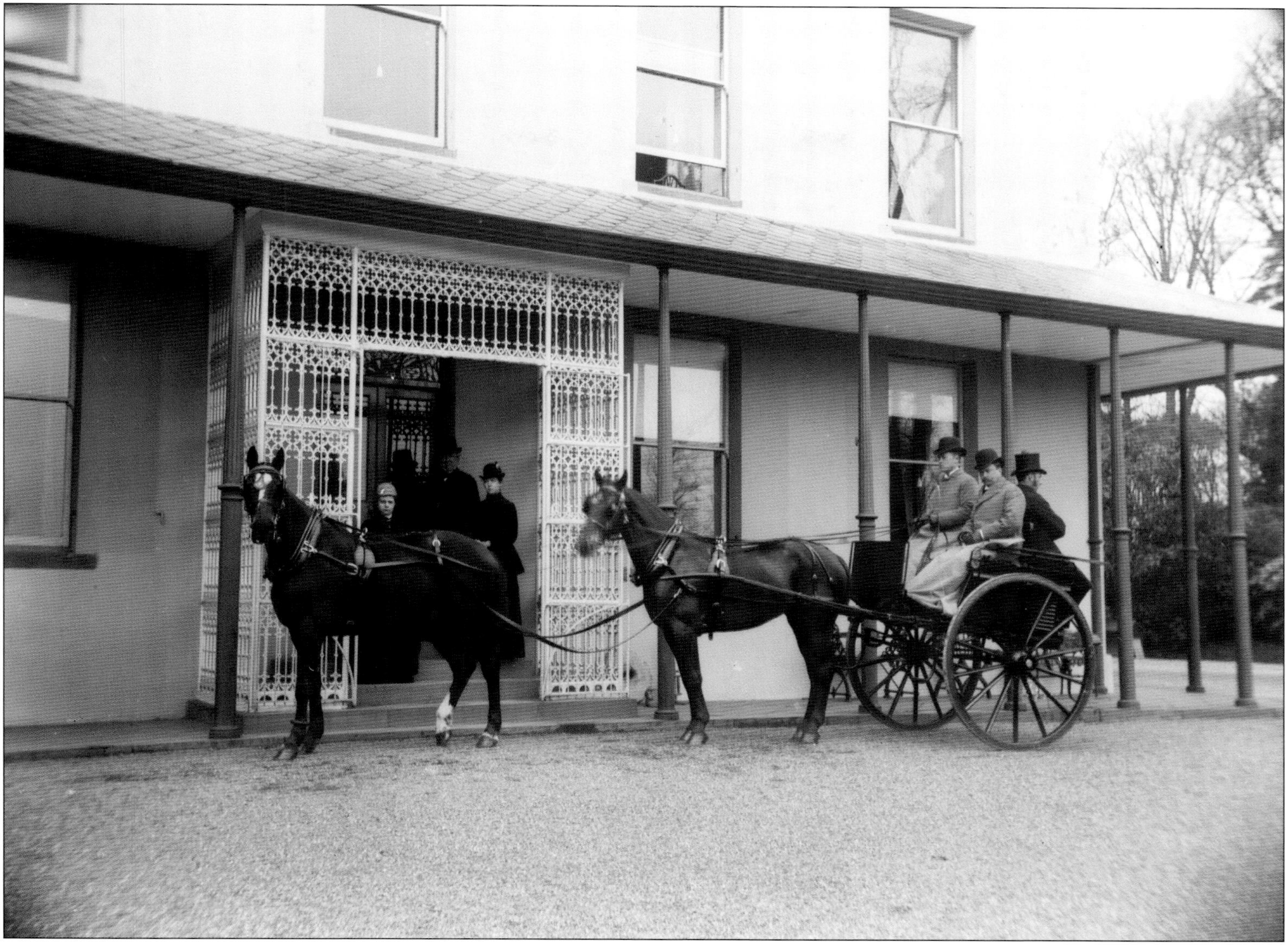

Roedd dylanwad y plas a boneddigion, fel y rhain yn Broom Hall, Gwynedd, yn sylweddol ar y gymdeithas wledig yn y 19eg ganrif. Yn y 1880au adroddwyd bod 90 y cant o dir Cymru yn eiddo i landlordiaid, gyda thua 400 o stadau dros 1,000 hectar.

The influence of the gentry, such as these at Broom Hall, Gwynedd, on rural society in the 19th century was substantial. In the 1880s it was reported that 90 per cent of Welsh land was owned by landlords, with about 400 estates of over 1,000 hectares.

(John Thomas, c.1885)

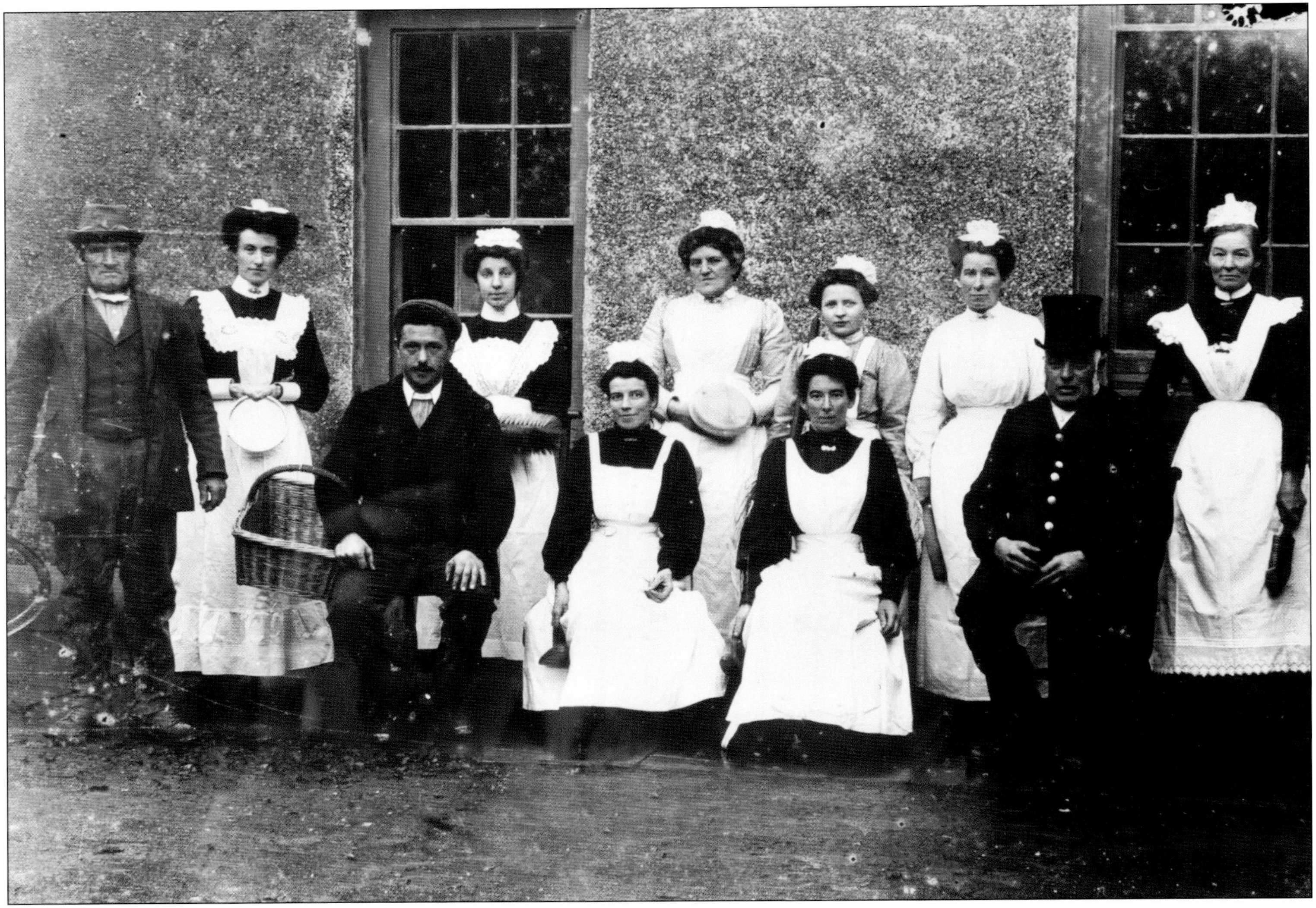

Cyflogwyd gweision a morynion gan sgweier y plas. Dyma staff Plas Coedmor, ger Aberteifi, lle y cyflogwyd, yn ôl cyfrifiad 1901, gwraig cadw tŷ, cogyddes, morwyn barlwr, morynion y tŷ, morynion y gegin, morwyn laeth a choetsmon. Roedd hwsmon, cipar, gwas stabl a garddwyr yn byw mewn tai cyfagos.

Servants and maids were employed by the squire. Here are the staff of Coedmor mansion, near Cardigan, where, according to the 1901 census, the following were employed: housekeeper, cook, parlour maid, housemaids, kitchenmaids, milkmaid and coachman. A farm bailiff, gamekeeper, stableboy and gardeners lived in nearby houses.

(Tom Mathias, c.1900)

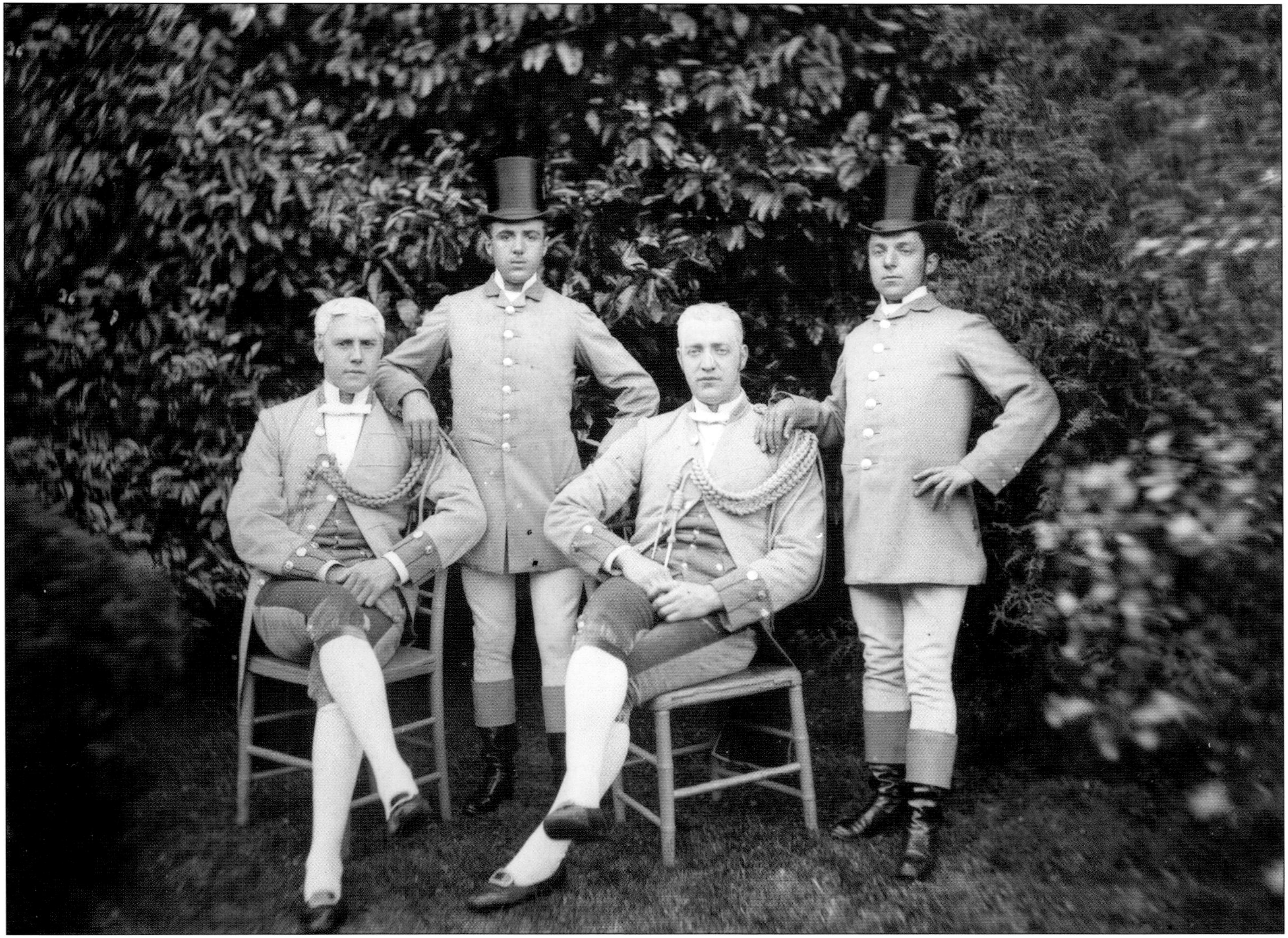

Cawsai rhai gweithwyr ym mhlas y Faenol, ger y Felinheli, Gwynedd, y fraint o wisgo lifrai trwsiadus, ond ni chyflogwyd gweithwyr lleol ar gyfer y gwaith hwn. Deuai'r coetsmyn a'r gweision lifrog o Loegr neu o'r gogledd-ddwyrain.

Some employees at y Faenol, near Felinheli, Gwynedd, had the privilege of wearing smart livery, but local workers were not employed for this work. The coachmen and liveried staff came from England or north-east Wales.

(John Thomas, c.1885)

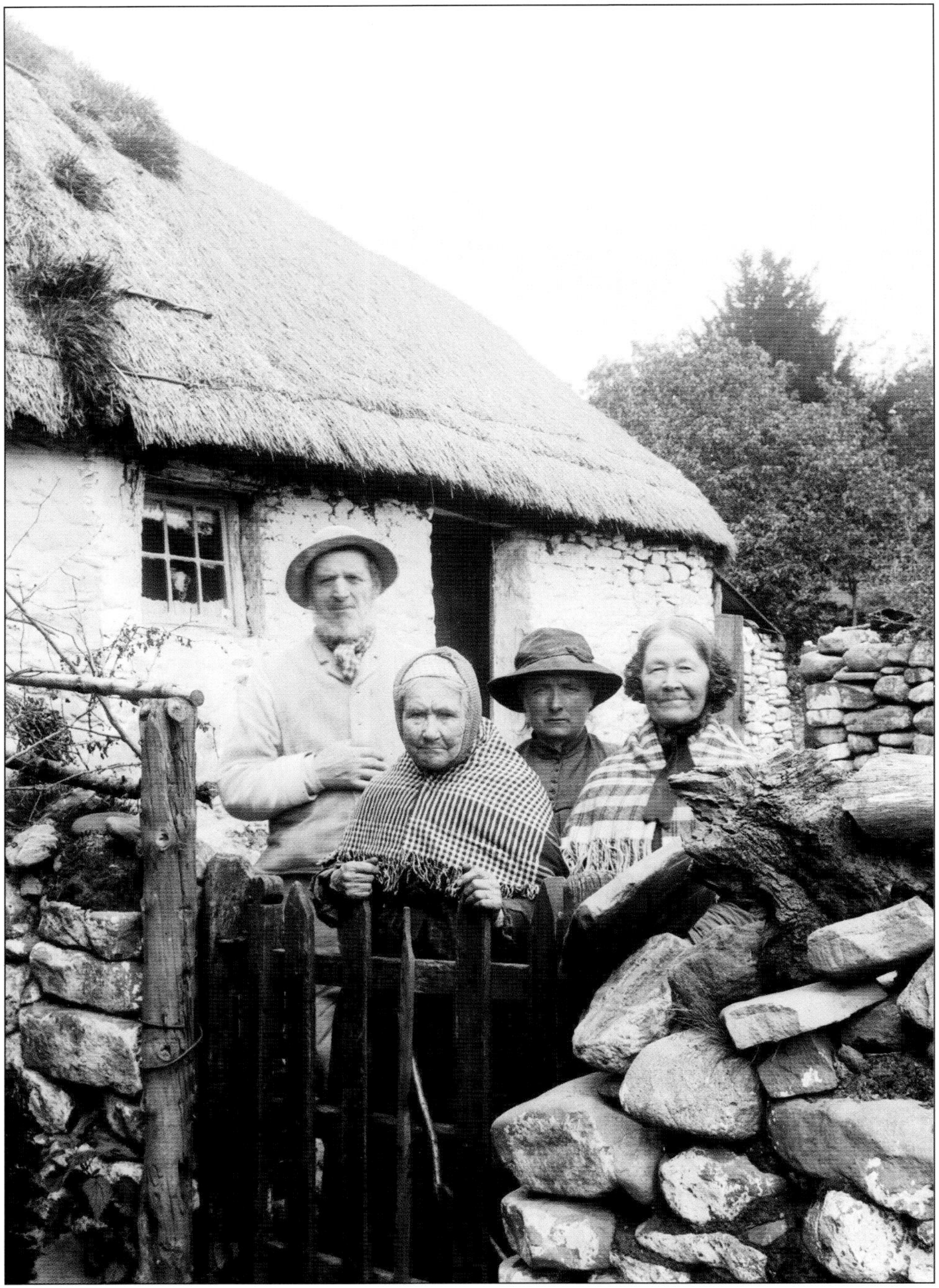

Roedd angen gwytnwch arbennig i fyw ar gyflog bach mewn bythynnod cyfyng. Yn y 1890au, byddai gwas fferm mewn rhai ardaloedd yn ennill tua 15 swllt yr wythnos ynghyd â bwthyn bach ac ambell i fraint fel llwyth o fawn neu ddarn o dir i dyfu tatws. Roedd diffyg glanweithdra yn y bwthyn yn gyffredin a diffygion yn yr adeiladwaith; adroddodd un tyst ei fod wedi deffro i weld eira'n gorwedd ar y gwely.

Considerable tenacity was required to live on small wages in cramped cottages. In the 1890s, a farm hand in some areas earned about 15 shillings a week together with a small cottage and a few perks such as a load of peat or a plot of land for growing potatoes. The lack of sanitation was common in cottages together with poor construction; one witness stated that he woke to see snow lying on his bed.

(D C Harries, c.1900)

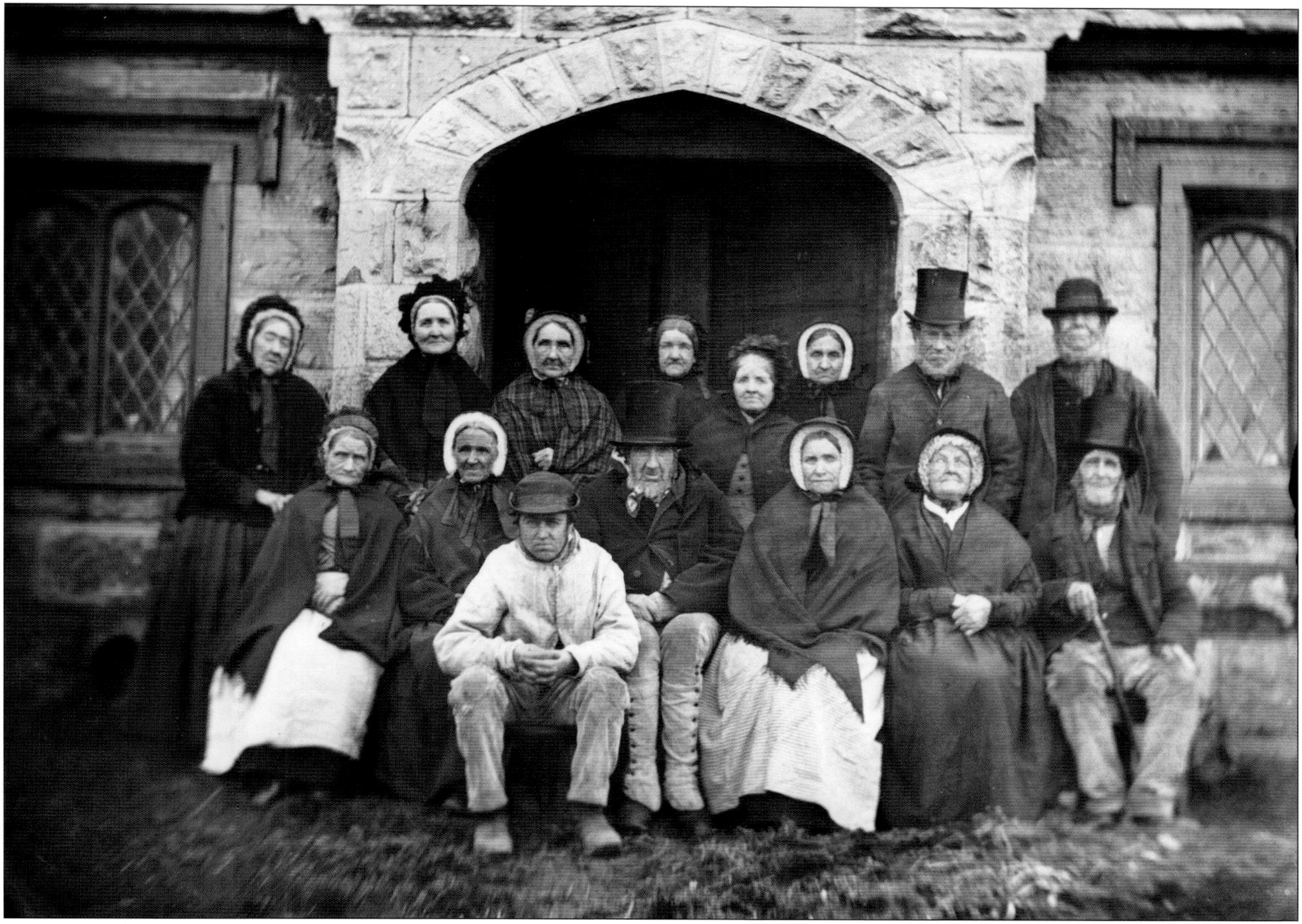

Yn y 19eg ganrif, byddai'r diymgeledd yn cael eu bwrw i'r wyrcws oni bai fod elusendai fel un Llan-rhudd, Rhuthun, sir Ddinbych, ar gael i gartrefu'r hen a'r anghenus.

In the 19th century, the destitute would be sent to the workhouse, unless almshouses such as the one at Llanrhudd, Ruthin, Denbighshire, were available to provide a home for the old and needy.

(John Thomas, c.1875)

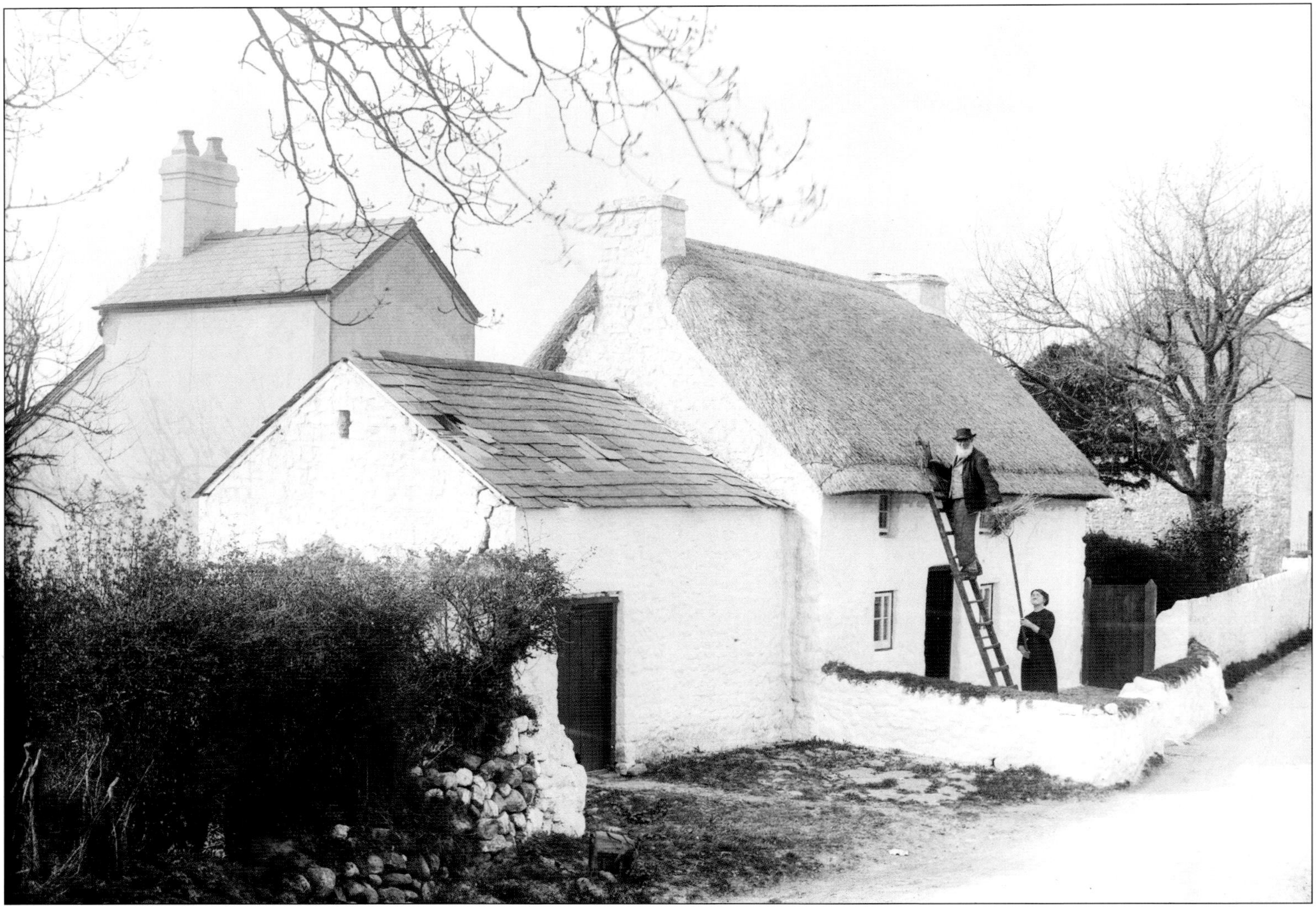

Erbyn ail hanner y 19eg ganrif roedd y defnydd o wellt, cyrs neu frwyn ar gyfer toeon bythynnod yn diflannu yn wyneb y defnydd o lechi a theils. Roedd angen trwsio toeon gwellt yn gyson ac roedd galw ar wasanaeth hen grefftwyr fel hwn, sef Thomas Mandry, Garnswllt, sir Gaerfyrddin.

By the second half of the 19th century the use of straw, reed or rush for roofing cottages disappeared in the face of competition from slates and tiles. Thatched roofs needed to be repaired on a regular basis and there was demand for the services of old craftsmen such as Thomas Mandry, Garnswllt, Carmarthenshire.

(D C Harries, c.1900)

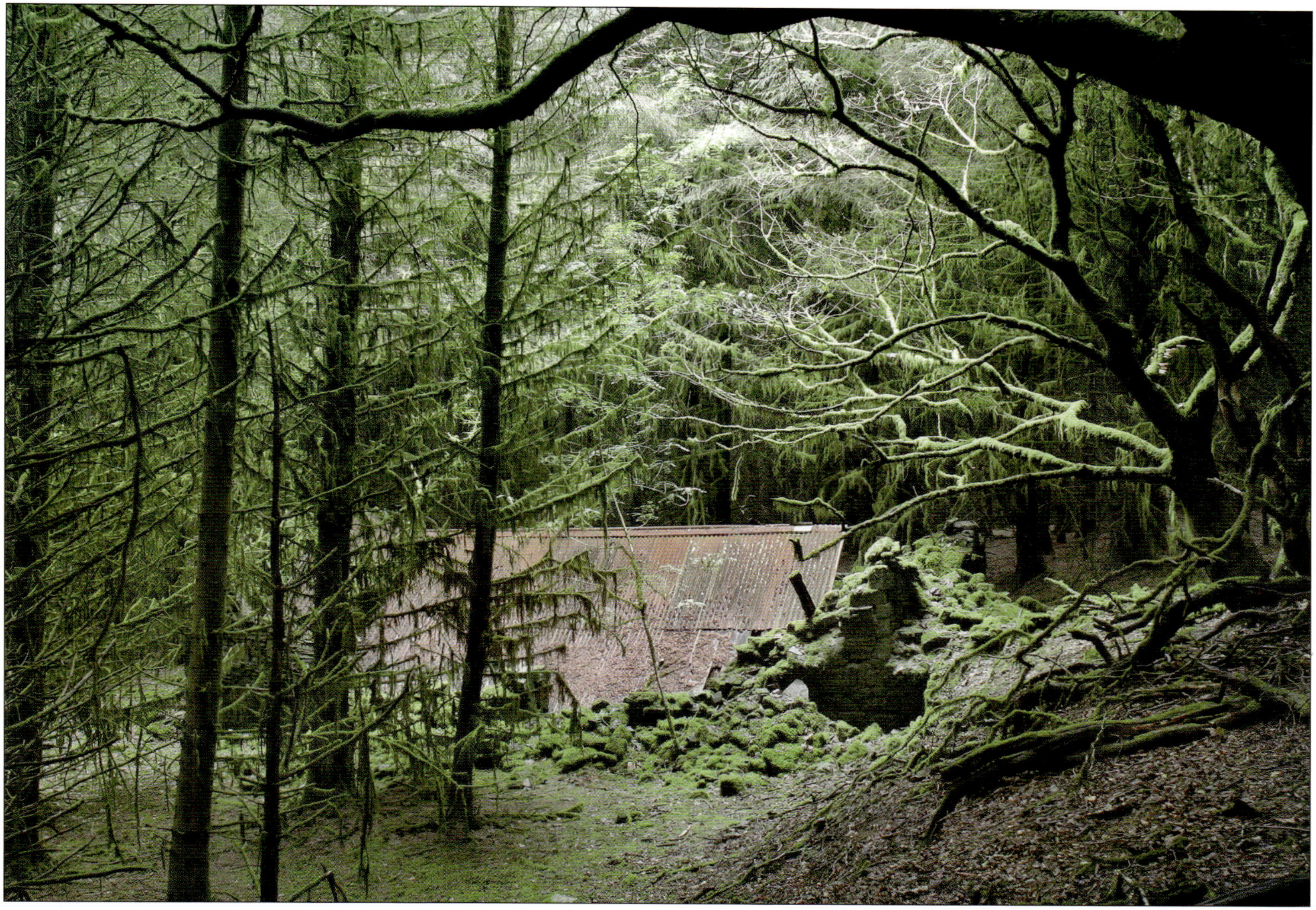

Flynyddoedd yn ôl, hawliwyd ei bod yn gyfreithiol i godi bwthyn amrwd ar dir comin, mewn un noson, gan sicrhau bod mwg yn codi o'r simnai cyn toriad gwawr. Mae llawer o'r tai unnos hyn bellach yn adfeilion ar rostir mynyddig a rhai, fel y bwthyn hwn, Bryn'rodyn, Mynydd Bach, yng Ngheredigion, bron wedi'i orchuddio gan goed.

Years ago, it was claimed that it was legal to build a rough cottage on common land, over one night, ensuring that smoke rose from the chimney before the break of dawn. Many of these 'tai unnos' are now ruins on upland moors and some, such as this cottage, Bryn'rodyn, Mynydd Bach, in Ceredigion, have been covered by trees.

(Marian Delyth, 2007)

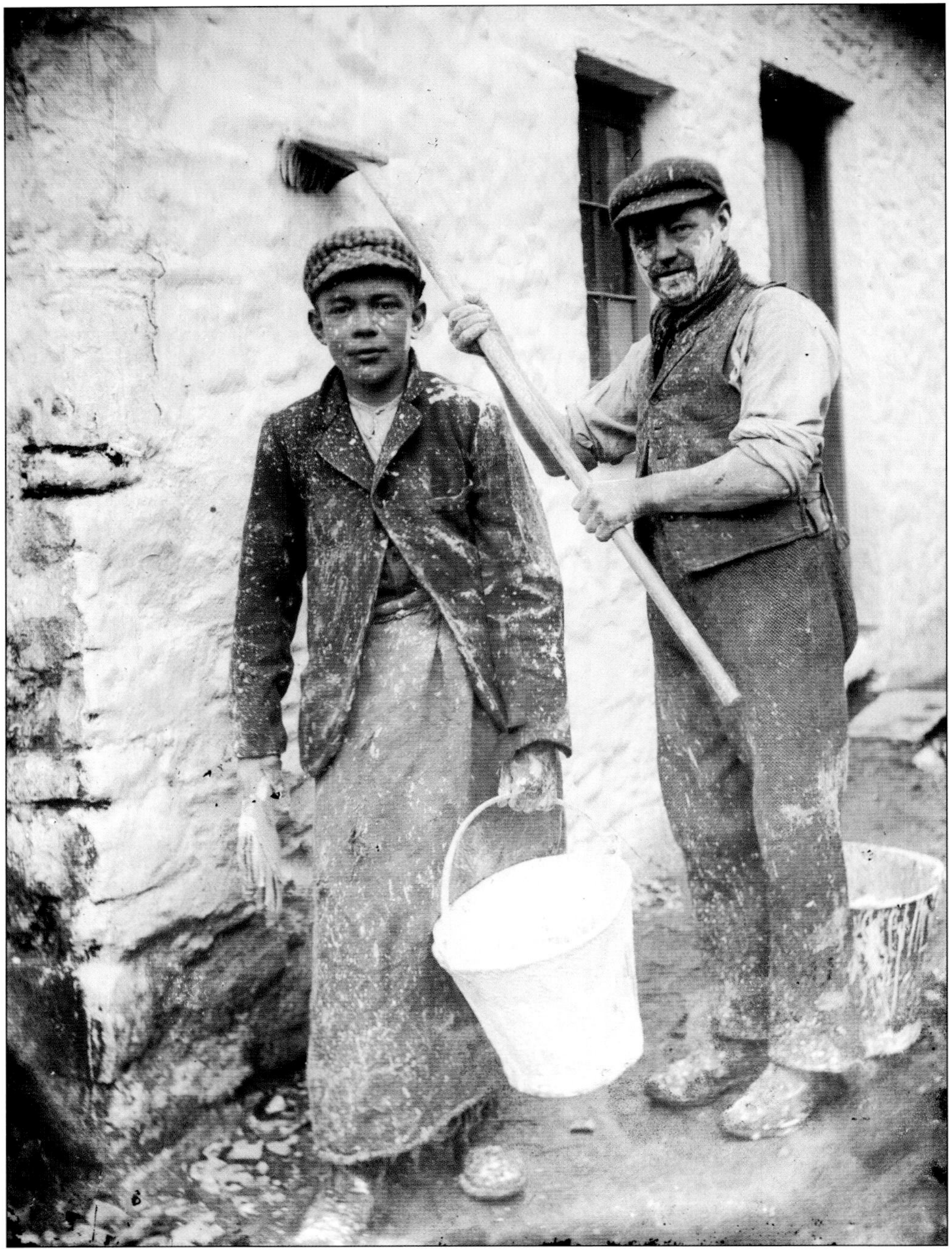

Gwyngalchwyd waliau rhai bythynnod yn flynyddol, fel arfer yn y gwanwyn. Gwnaed y gwyngalch o galch tawdd, gwêr a dŵr poeth. Roedd y gwêr yn atal dŵr rhag ymdreiddio trwy'r wal a hefyd yn sicrhau bod y gwyngalch yn cydio i'r wal. Roedd y gwyngalch yn fandyllog ac yn amsugno lleithder oddi ar y wal, gan sicrhau bod niwed gan halen neu lwydrew yn digwydd yn y calch yn hytrach nag yn y wal. Tasg annifyr oedd gwyngalchu, gan fod y calch yn llosgi'r croen.

Cottage walls were whitewashed annually, usually in the spring. The limewash was made from slaked lime, tallow and hot water. The tallow prevented water from seeping through the wall and also ensured that the limewash clung to the wall. The limewash was porous and absorbed moisture from the wall, ensuring that any salt or frost damage occurred in the lime rather than the wall. Whitewashing was an unpleasant activity as the lime burnt the skin.

(D C Harries, c.1900)

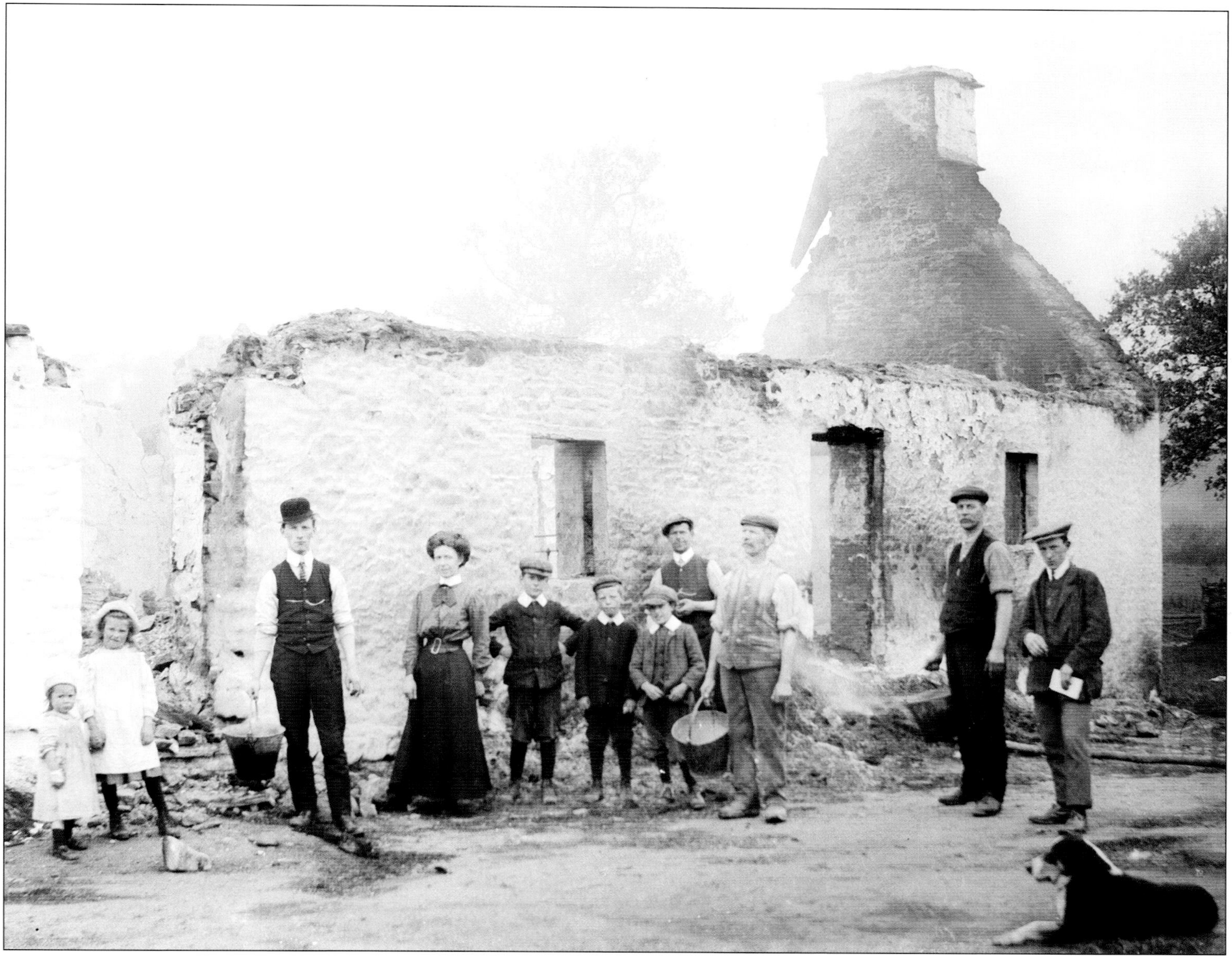

Gallai tân agored mewn bwthyn achosi trychineb, fel yn yr achos hwn yn sir Gaerfyrddin, tua 1900.

An open fire in a cottage could lead to disaster, as in this case in Carmarthenshire, about 1900.

(D C Harries, c.1900)

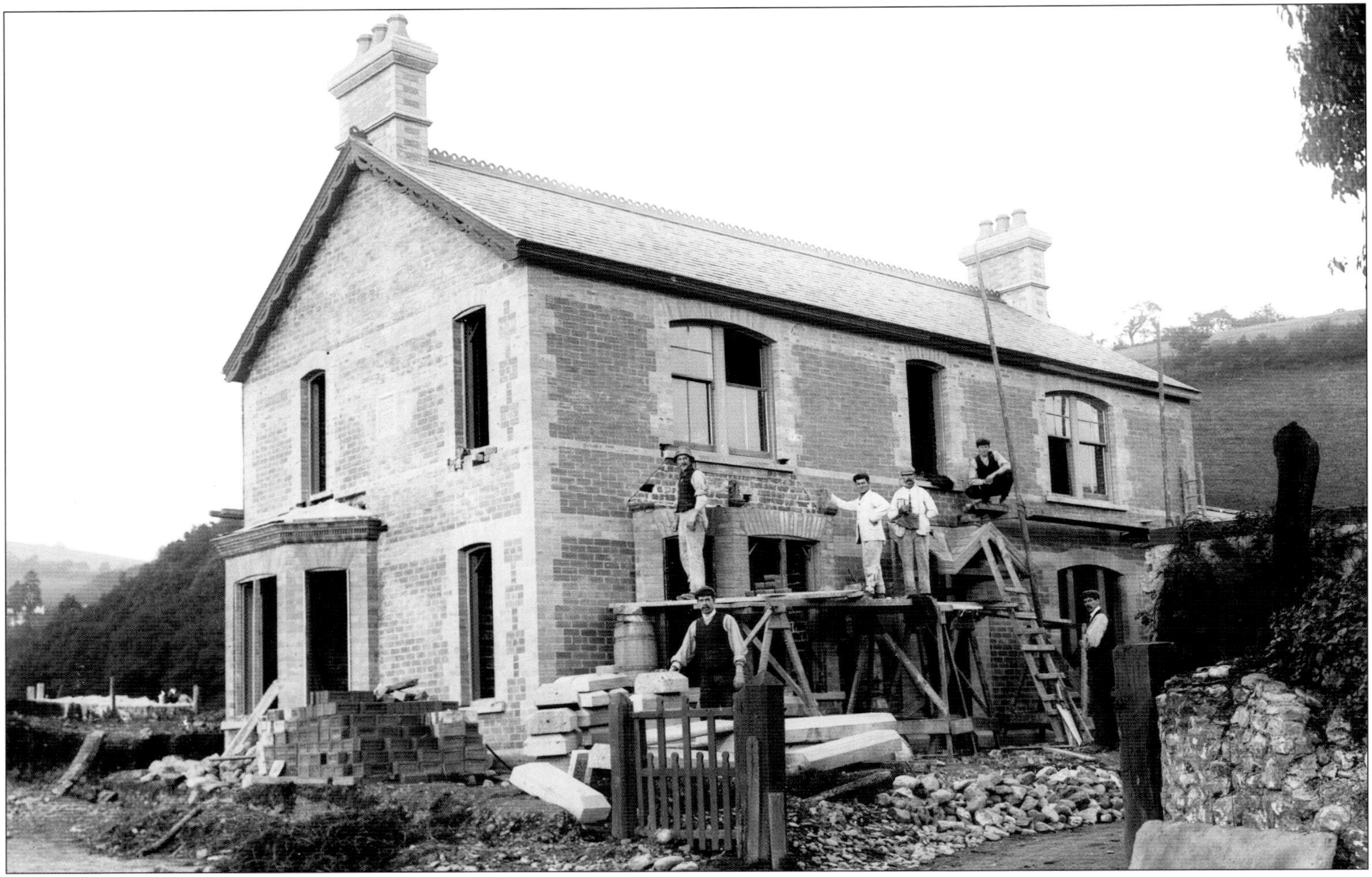

Adeiladwyd tai mwy cadarn o gerrig neu frics ym mlynyddoedd olaf y 19eg ganrif, fel y tŷ hwn yn sir Gaerfyrddin.

More robust houses of stone or bricks were built in the last years of the 19th century, such as this house in Carmarthenshire.

(D C Harries, c.1908)

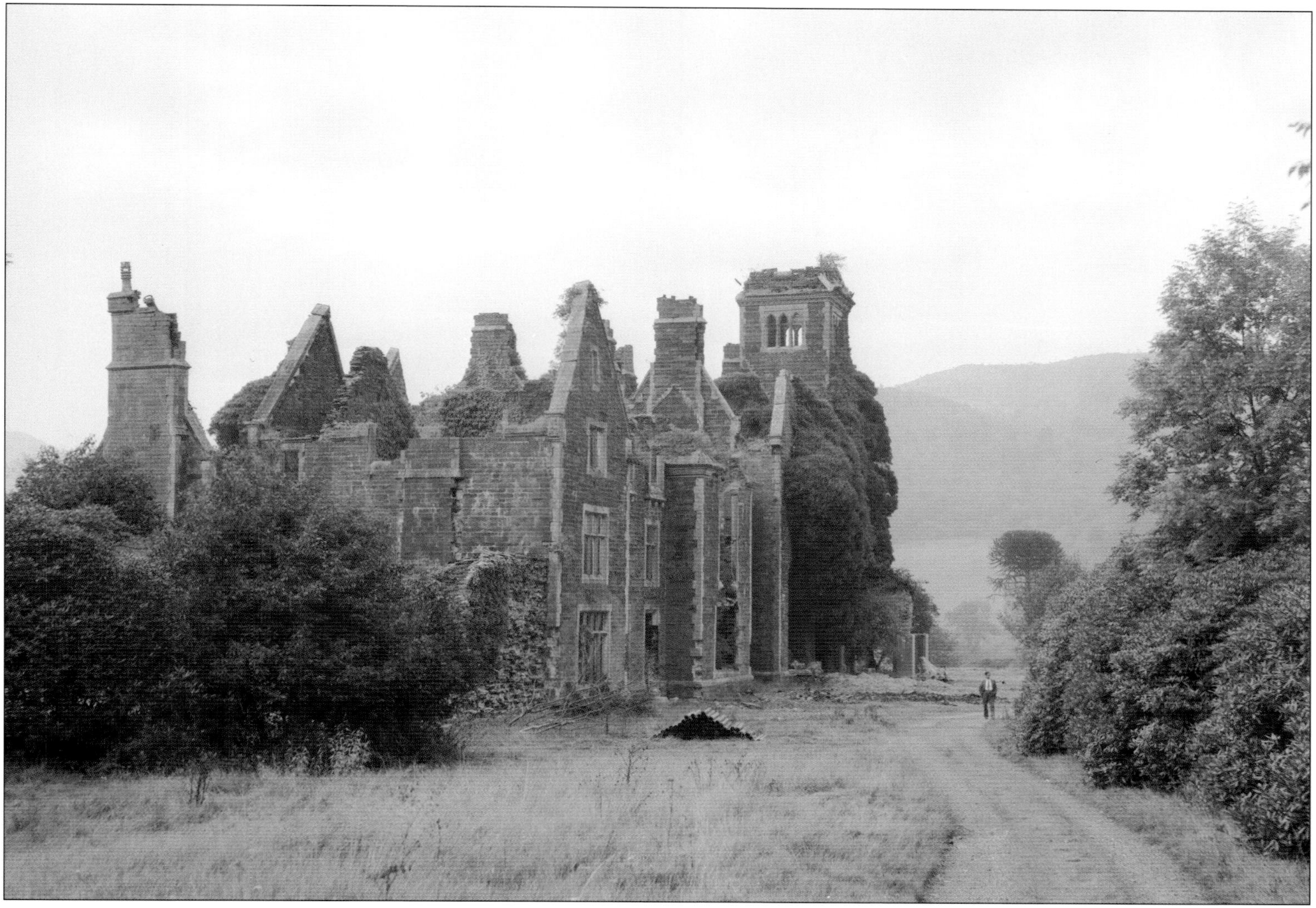

Edwinodd dylanwad y plas yn ystod yr 20fed ganrif. Defnyddiwyd rhai plastai at bwrpasau eraill, fel colegau neu westai. Gwelwyd llawer yn dadfeilio, fel Plas Dinas Mawddwy a adeiladwyd ar gyfer Syr Edmund Buckley yn 1872, ond a ddioddefodd o ganlyniad i dân mawr yn 1917. Chwalwyd yr adeilad yn llwyr tua 1959, yn fuan wedi i'r ffotograff hwn gael ei dynnu.

The influence of the gentry declined during the 20th century. Some mansions were used for other purposes, such as colleges or hotels. Many decayed, such as Plas Dinas Mawddwy which was built for Sir Edmund Buckley in 1872, but which was damaged in a great fire in 1917. The building was demolished in about 1959, soon after this photograph was taken.

(Geoff Charles, 1959)

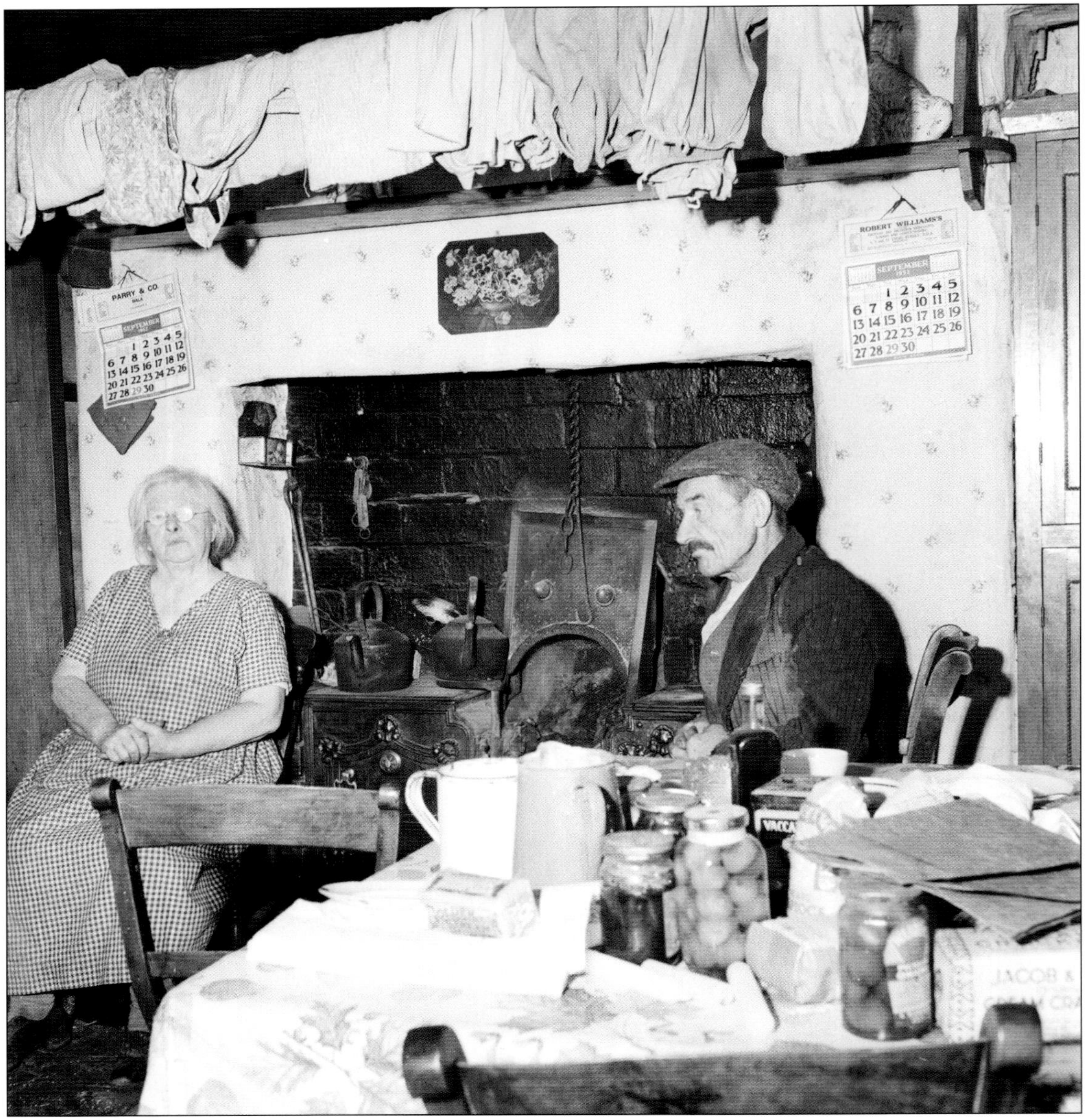

Y gegin yn nhyddyn John Roberts a'i wraig ym Meini Hirion, Parc, Gwynedd, 1953. Roedd y ddau ar fin gadael eu cartref i fynd i fyw i'r Bala.

John Roberts with his wife in their kitchen at Meini Hirion, Parc, Gwynedd, 1953. The couple were about to leave their home to go to live in Bala.

(Geoff Charles, 1953)

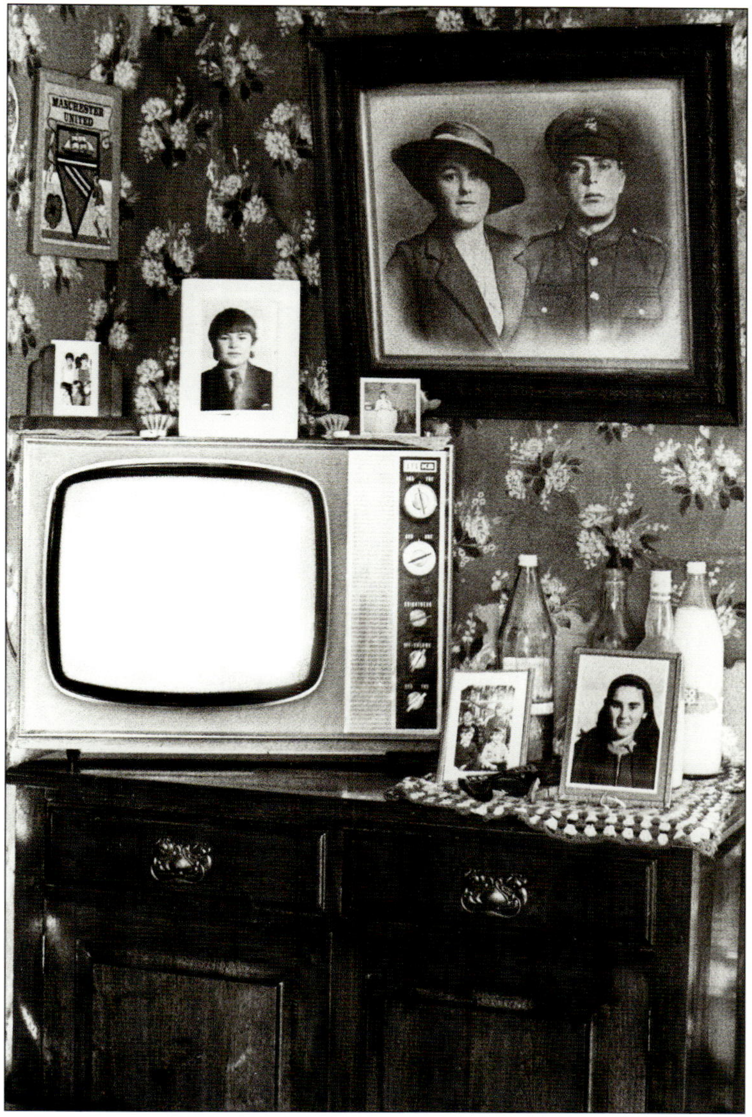

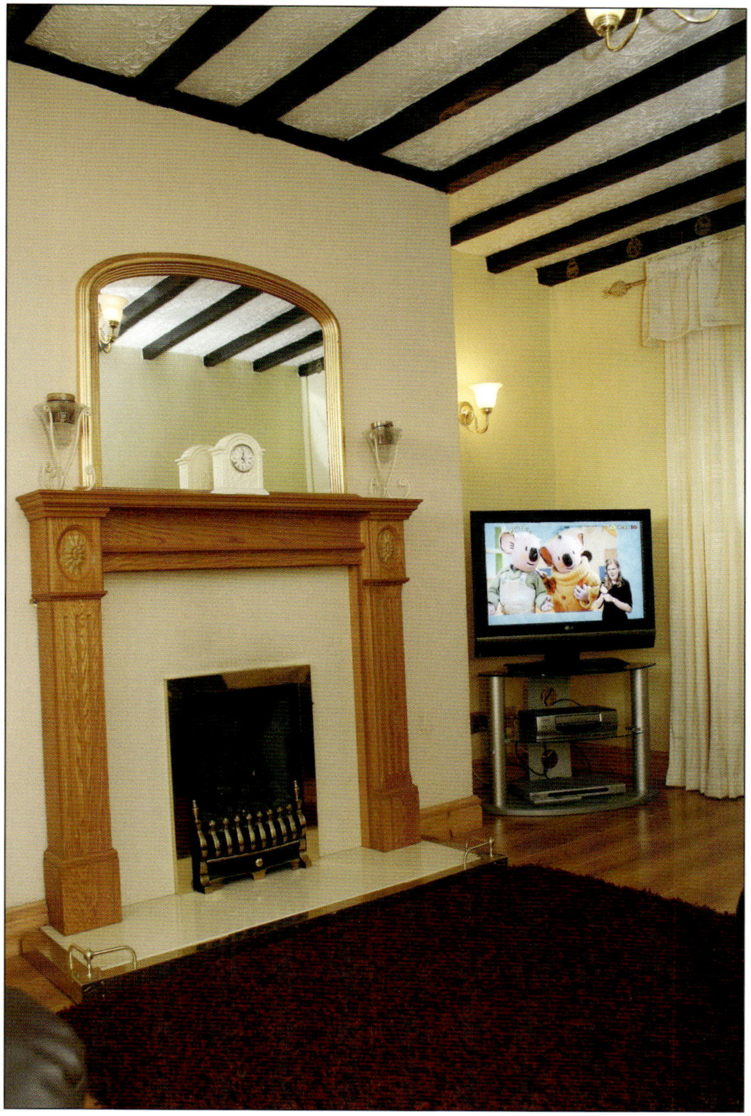

Yr un ystafell fyw mewn tŷ, Bwthyn Cofadail, Mynydd Bach, yng Ngheredigion yn y 1970au ac yn 2007. Deuai'r teledu, ac wedyn y cyfrifiadur, â'r byd i'r ardaloedd mwyaf anghysbell.

The same living room in a house, Bwthyn Cofadail, Mynydd Bach, in Ceredigion in the 1970s and in 2007. The television, and subsequently the computer, brought the world to the remotest of places.

(Marian Delyth, 1976 / 2007)

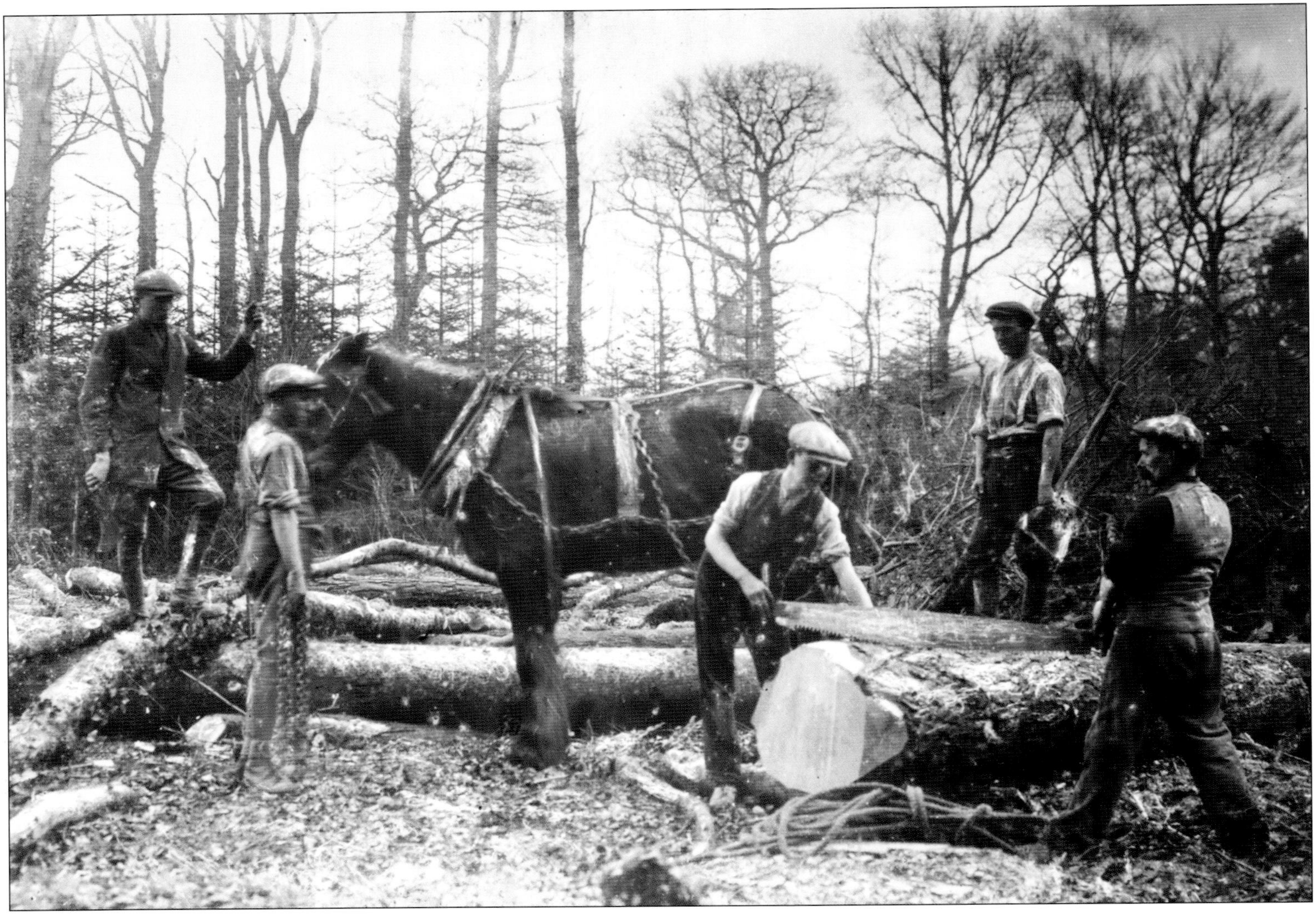

Enillai rhai eu bywoliaeth drwy weithio fel coedwigwyr, gan dorri coed ar gyfer busnesau lleol. Yma mae'r llifwyr wrthi mewn coedwig ger Cilgerran, sir Benfro, gyda'r bwriad o gludo'r boncyffion i felin goed Cilgerran, i'w llifio'n estyll. Lladdwyd un o'r coedwigwyr hyn, W G Griffiths (yr ail o'r dde), Ffynnonrhys, mewn damwain pan oedd yn 27 mlwydd oed.

Some earned a living by working as foresters, cutting wood for local businesses. Here the sawyers are working in a forest near Cilgerran, Pembrokeshire, with the intention of transporting the treetrunks to the Cilgerran sawmill, for sawing into planks. One of the sawyers here, W G Griffiths (second from the right), Ffynnonrhys, was killed in an accident at the age of 27.

(Tom Mathias, c.1900)

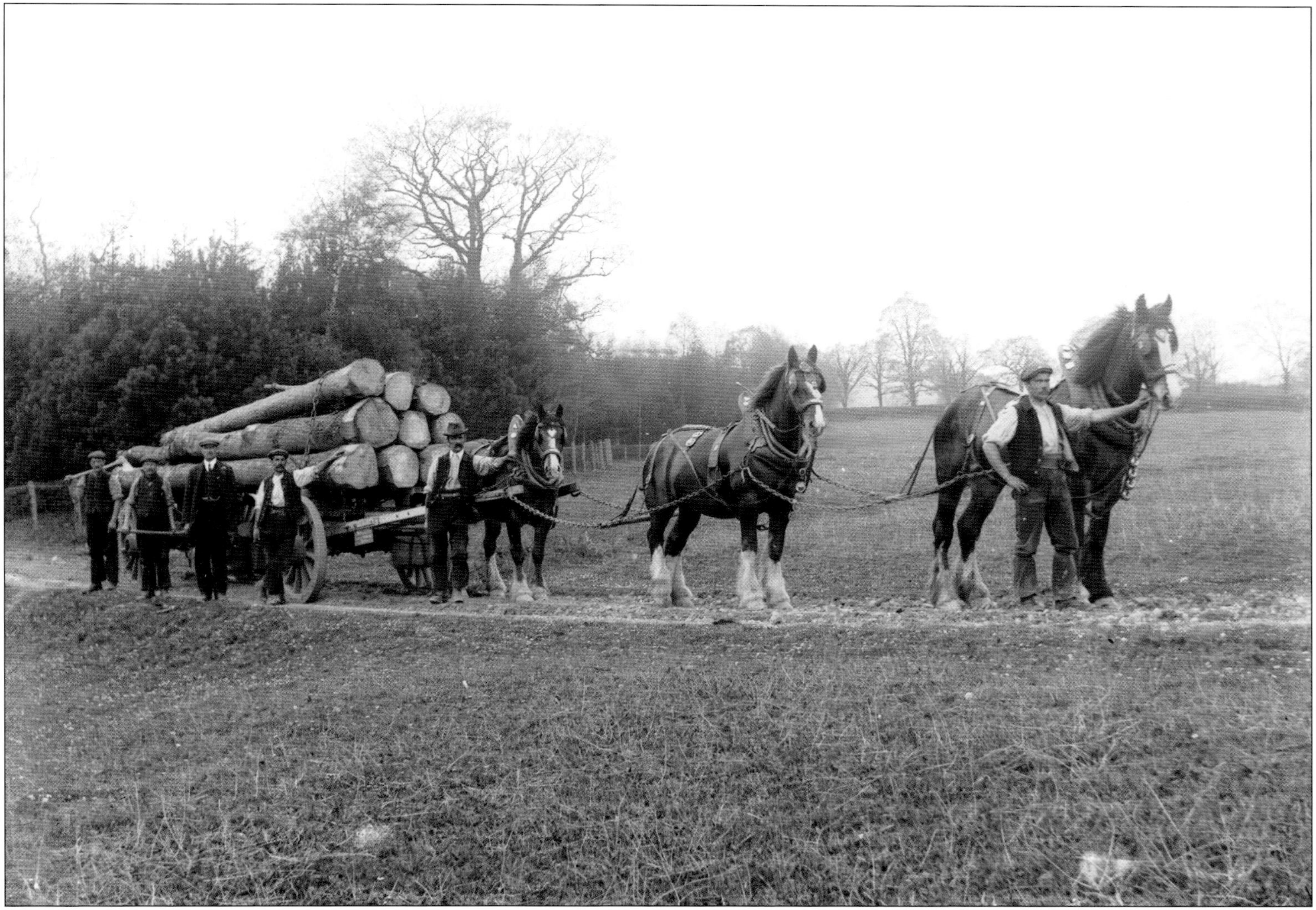

Roedd angen tri cheffyl nobl i gludo'r boncyffion hyn o'r goedwig ar stad Dinefwr, sir Gaerfyrddin, tua 1910. Er y torri coed, erbyn dechrau'r 21ain ganrif roedd 14 y cant o dirwedd Cymru wedi'i gorchuddio gan goed, 2 y cant yn uwch na'r cyfartaledd dros Brydain. Plannwyd llawer o'r coed gan y Comisiwn Coedwigaeth a sefydlwyd yn 1919.

Three fine horses were required to transport these treetrunks from the forest on the Dynevor estate, Carmarthenshire, about 1910. Despite the treecutting, by the beginning of the 21st century, 14 per cent of the Welsh landscape was covered by trees, 2 per cent higher than the average for Britain. Many of the trees were planted by the Forestry Commission which was established in 1919.

(D C Harries, c.1910)

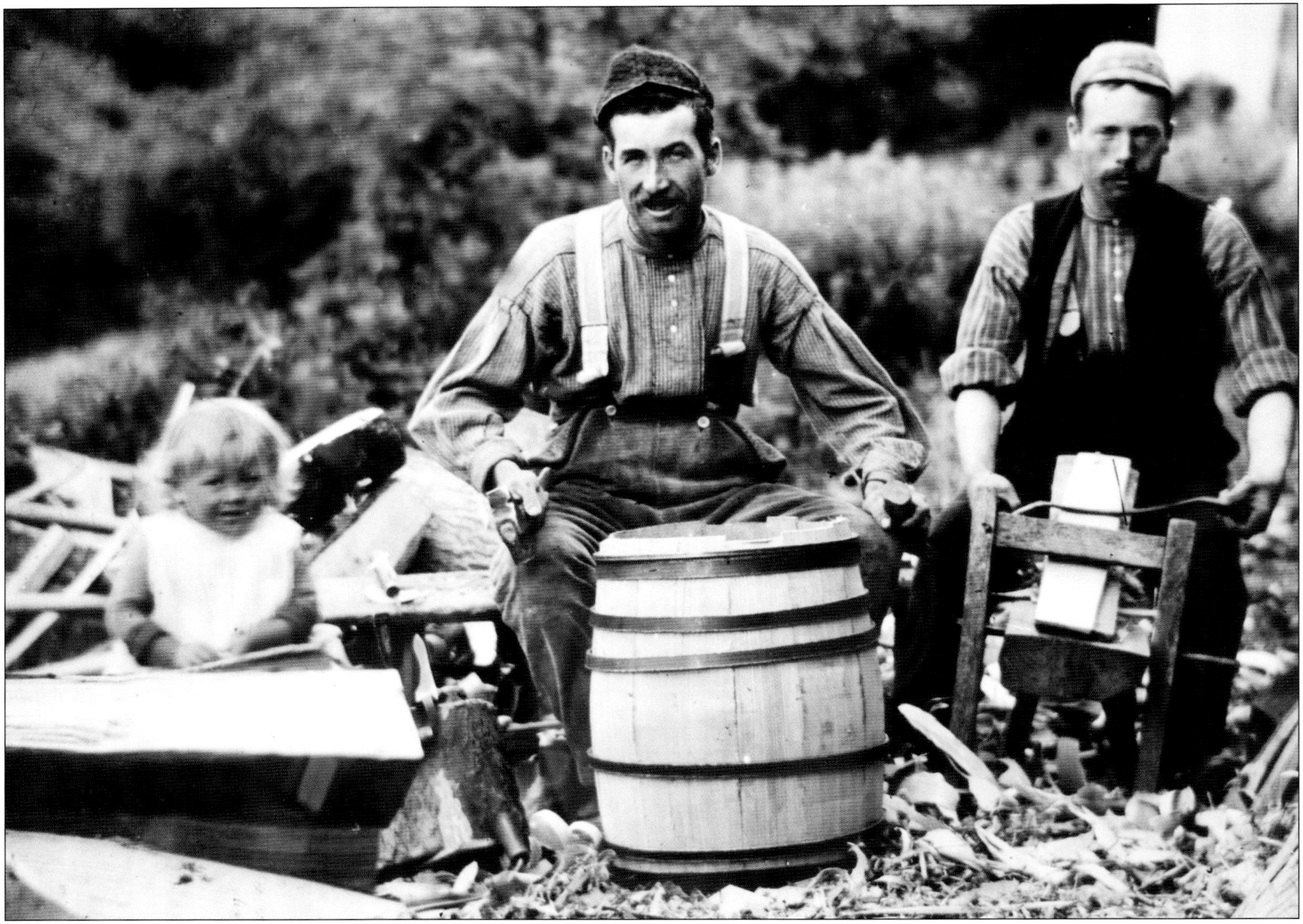

Ymhlith y crefftwyr a ddefnyddiai goedydd lleol roedd cowperiaid neu gasgenwyr. Roedd y teulu hwn, o'r enw Thomas, yn gweithio o'u cartref, Cnwcau, Cilgerran, sir Benfro. Yn 1851 roedd dros 900 o gowperiaid yn gweithio yng Nghymru ond erbyn 1961 roedd y nifer wedi gostwng i lai nag 80.

Among the craftsmen who used local trees were coopers or barrel-makers. This family, by the name of Thomas, worked from their home, Cnwcau, Cilgerran, Pembrokeshire. In 1851 there were over 900 coopers working in Wales but by 1961 their number had fallen to fewer than 80.

(Tom Mathias, c.1900)

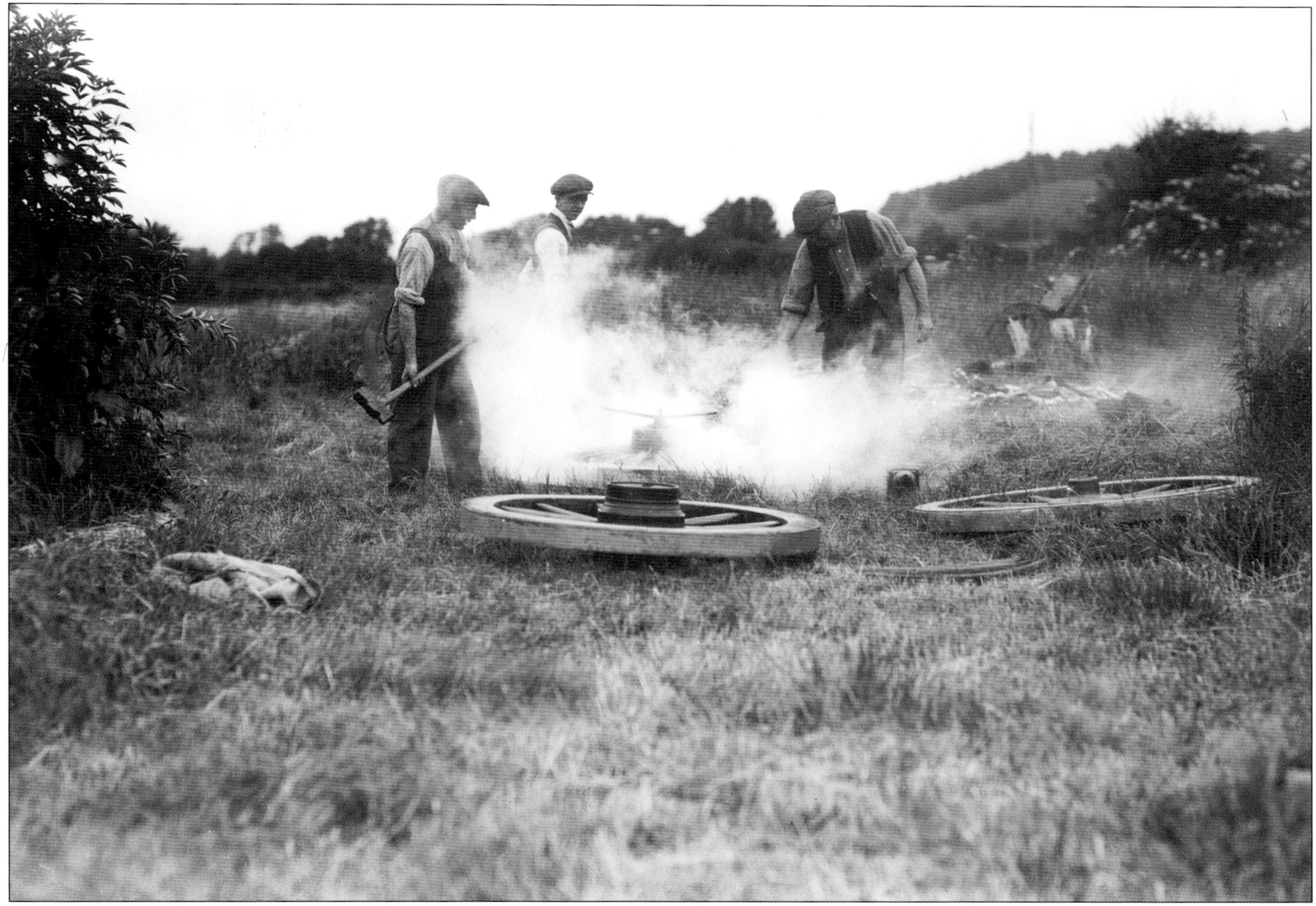

Crefft arbenigol iawn oedd creu olwynion ar gyfer certi o bob math. Fe'u gwnaed fel arfer yn ystod yr haf, gan y byddai'r coed yn sychu'n gyflymach. Defnyddiwyd pren onnen ar gyfer yr olwyn, gyda'r both a'r sbôcs o bren derw. Mae'r crefftwyr yn y llun wrthi'n gosod cylchoedd haearn ar yr olwynion, gweithgaredd a oedd yn ofynnol i'w gyflawni'n weddol gyson.

A specialist craft was the production of wheels for carts of all types. They were usually made during the summer, as the wood would dry more quickly. Wood from ash trees was used for the wheel, with oak being used for the nave and the spokes. The craftsmen in the photograph are laying iron rims on the wheels, an activity required to be undertaken on a regular basis.

(P B Abery, c.1930)

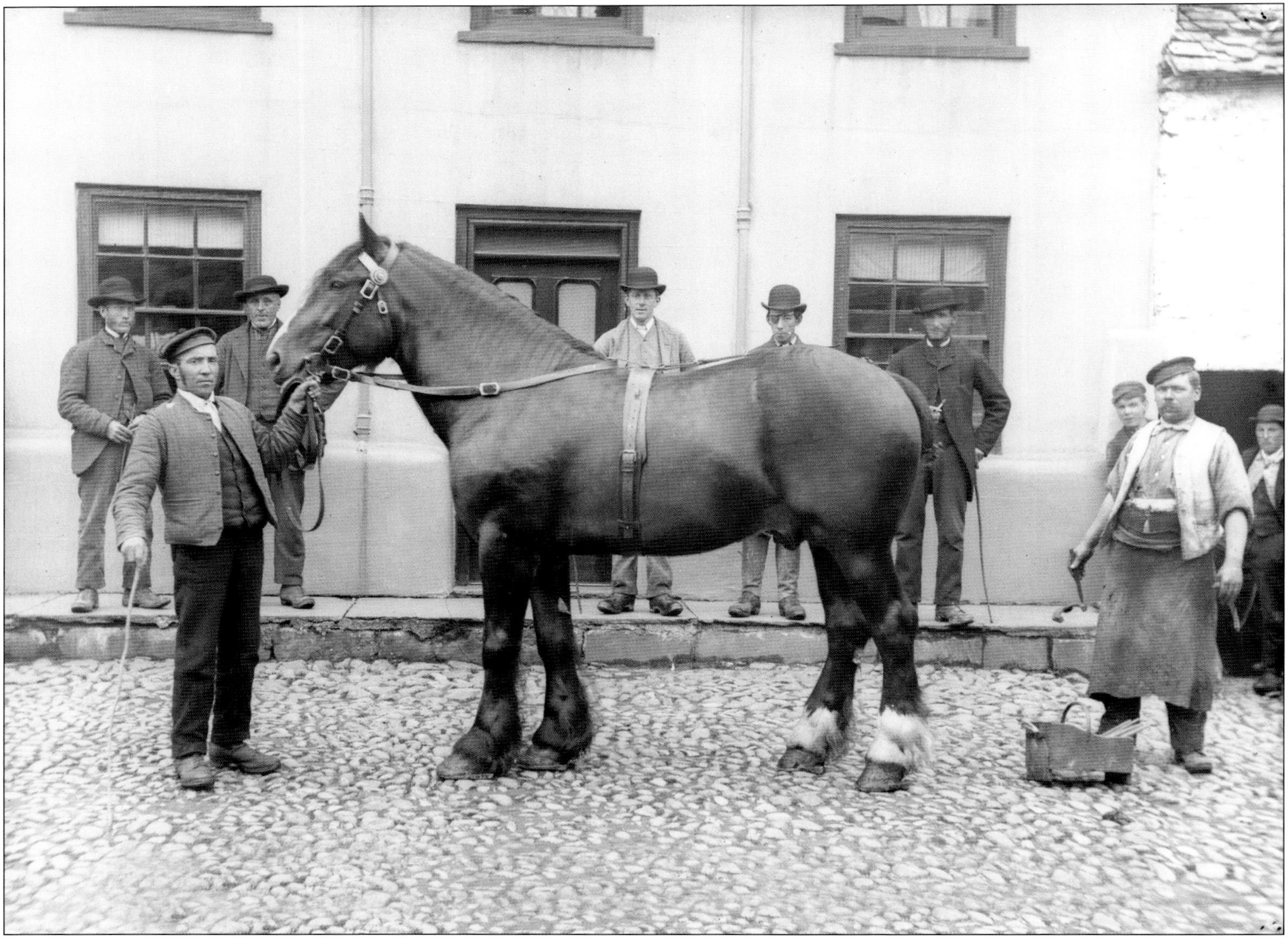

Os mai'r 19eg ganrif oedd oes aur y ceffyl, yna roedd yn bwysig edrych ar ôl pob ceffyl. Mae'n amlwg fod y perchennog hwn yn falch iawn o'i geffyl wrth iddo gael ei bedoli gan y gof yn y Bala. Byddai angen pedol drom 7 modfedd ar ei thraws ar gyfer ceffyl gwaith fel hwn.

If the 19th century was the golden age of the horse, then it was essential to look after all horses. It is obvious that this owner is very proud of his horse as it is shoed by the blacksmith in Bala. A heavy 7 inch horseshoe was required for a working horse such as this.

(John Thomas, c.1885)

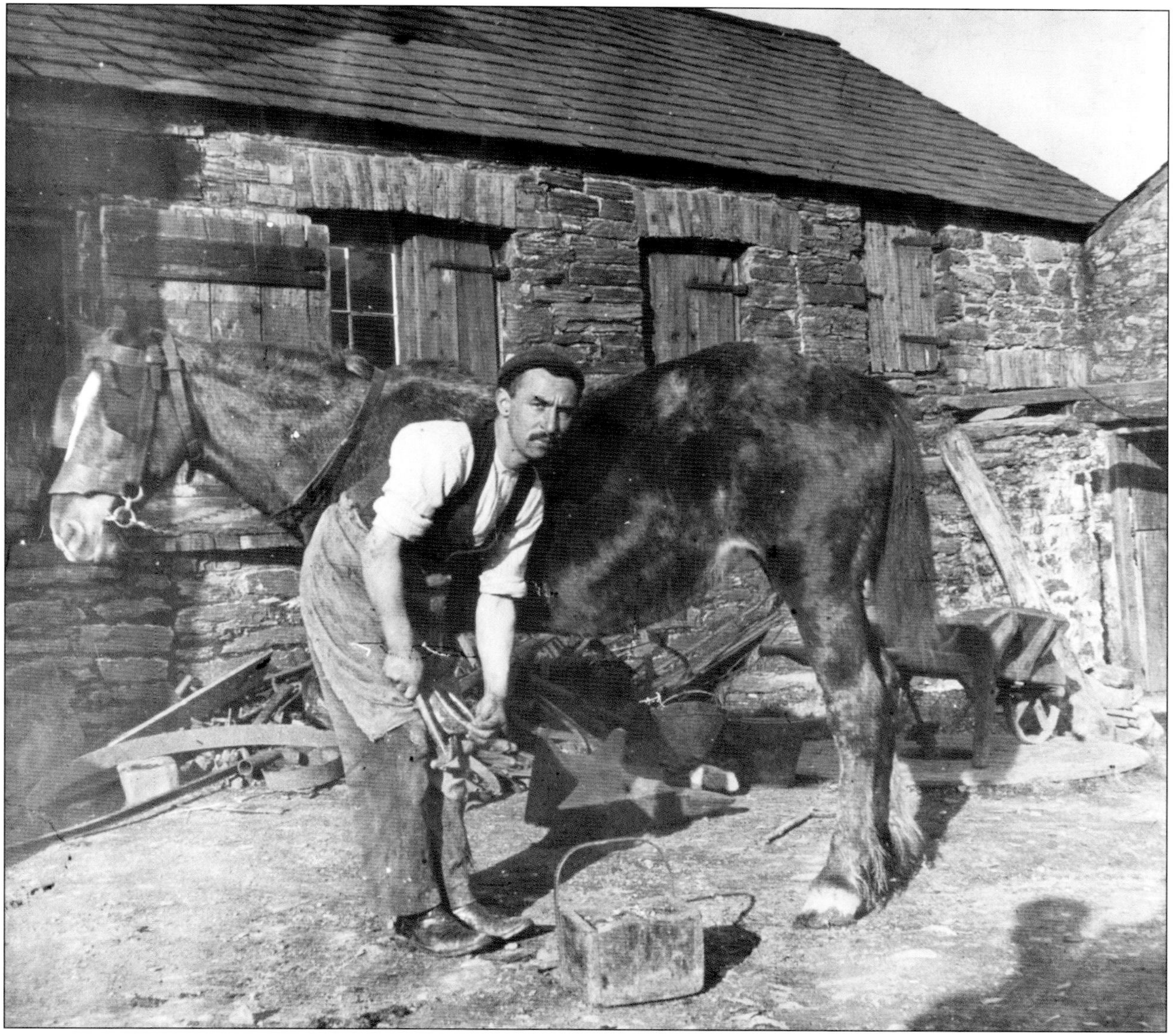

John Morgan, gof Tal-y-bont, Ceredigion, wrth ei waith. Yn ogystal â phedoli ceffylau, byddai'n trin erydr, gan amlaf ym mis Hydref, yr un mis pryd y setlid bil y gof ar ddiwrnod ffair y pentref.

John Morgan, the blacksmith of Tal-y-bont, Ceredigion, at work. As well as shoeing horses, he would repair ploughs, usually in October, the same month as the blacksmith's accounts were settled on the day of the village fair.

(E O Jones, c.1910)

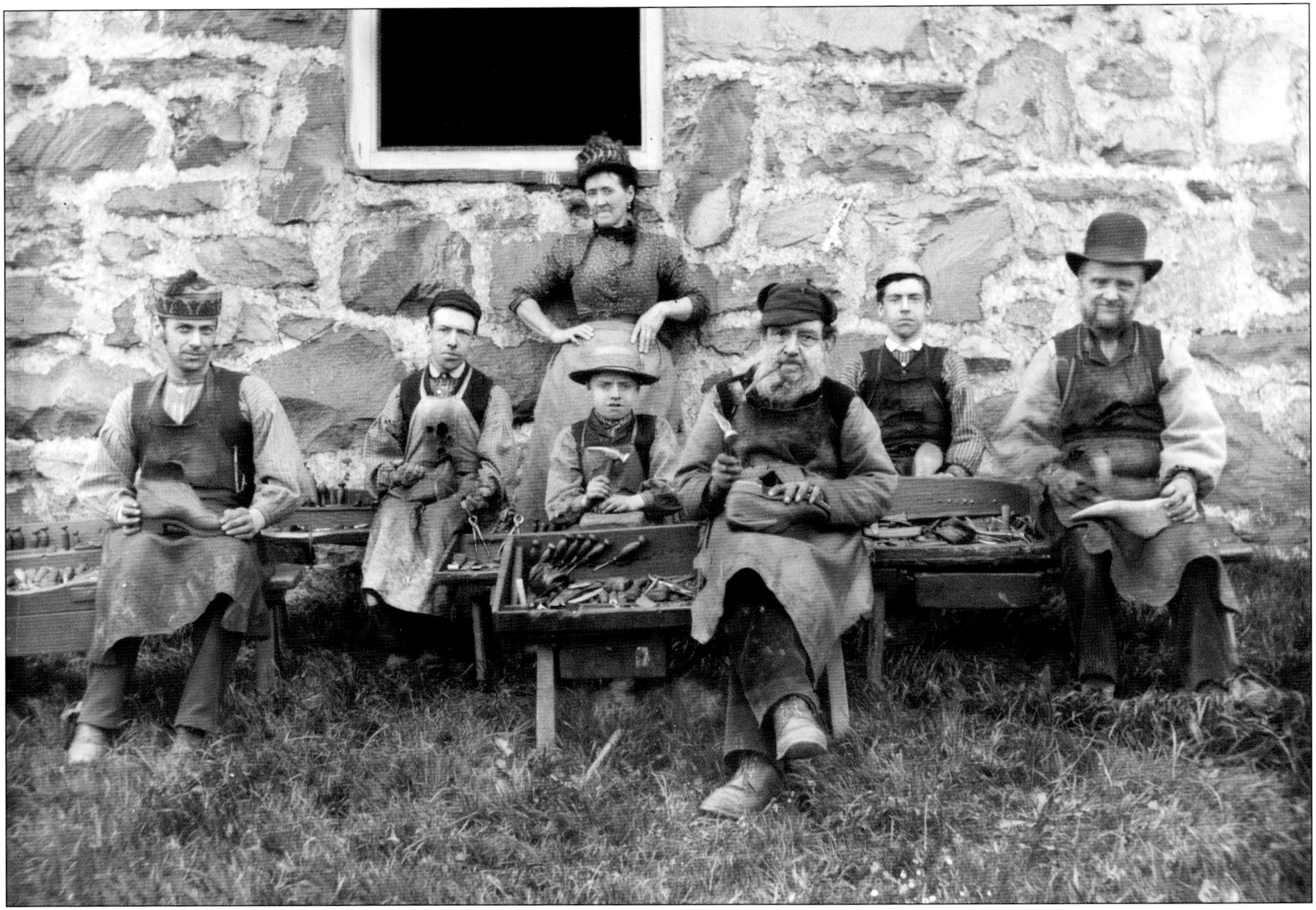

Roedd pâr o sgidiau gwydn yn hanfodol i weithwyr cefn gwlad, ac o'u trwsio'n ofalus gan grydd crefftus gallent bara am oes. Byddai gan bob pentref sylweddol grydd, a cheid sawl un mewn trefi bach, fel y rhain o Drawsfynydd. Cofnodwyd bod 13,347 o gryddion yng Nghymru yn 1851.

A sound pair of boots was essential for rural workers, and if repaired carefully by a skilful cobbler a pair could last for life. All large villages would have a cobbler or shoemaker, and there would be several in small towns, such as these from Trawsfynydd. It was recorded that there were 13,347 cobblers or shoemakers in Wales in 1851.

(John Thomas, c.1885)

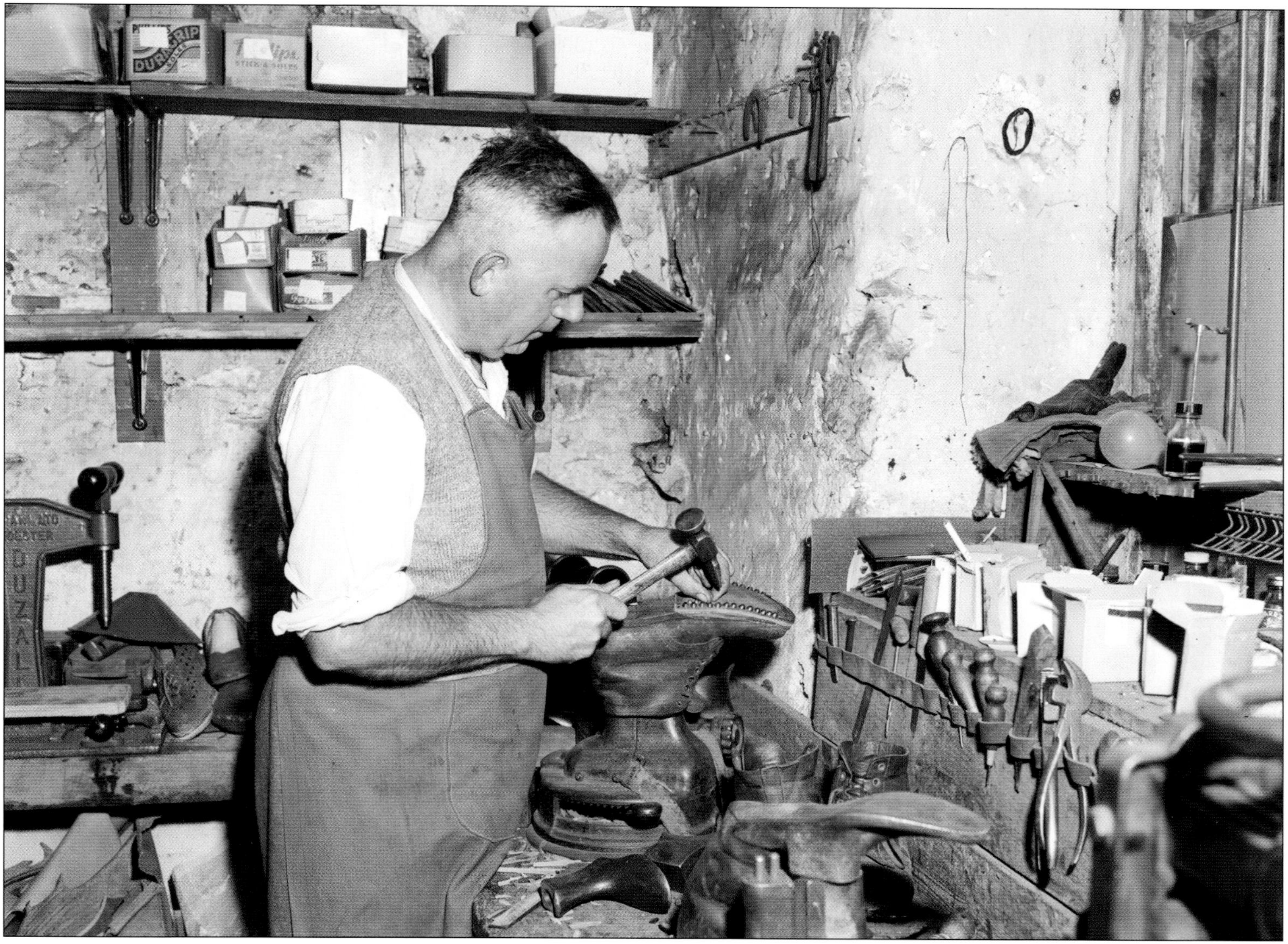

Erbyn 1961 roedd nifer y cryddion yng Nghymru wedi gostwng i ychydig dros 1,000, gyda chrydd Llanrhaeadr-ym-Mochnant ymhlith y rhai olaf i ennill bywoliaeth o'r grefft.

By 1961 the number of cobblers in Wales had declined to a little over 1,000, with Llanrhaeadr-ym-Mochnant's cobbler among the last to earn a living from the craft.

(Geoff Charles, 1955)

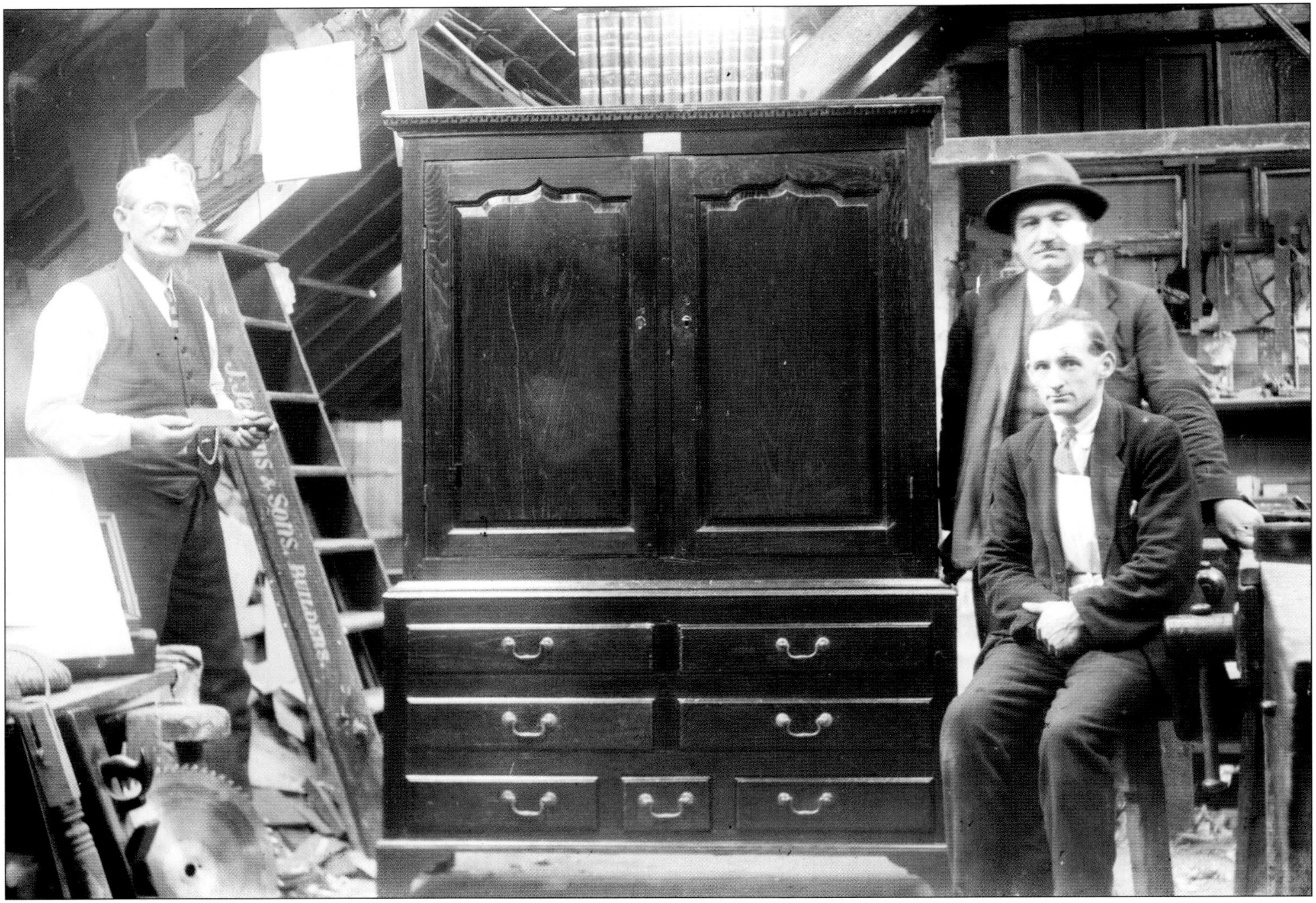

Roedd seiri crefftus i'w cael ym mhob cymuned. Crefftwr dihafal oedd Thomas Herbert Phillips, Penparcau (ar y chwith), a welir yng ngweithdy J Jenkins a'i fab, Stryd y Bont, Aberystwyth. Ar y dde mae Edward Jenkins, y perchennog, a mab Tom Phillips, Iorwerth. Yn y 1930au, enillai Tom Phillips gyflog o £3 yr wythnos, a'i fab hanner coron yn llai.

There were skilful carpenters in all communities. A peerless craftsman was Thomas Herbert Phillips, Penparcau (on the left), seen here at the workshop of J Jenkins and son, Bridge Street, Aberystwyth. On the right is Edward Jenkins, the owner, and Tom Phillips's son, Iorwerth. In the 1930s, Tom Phillips earned a wage of £3 a week, and his son half a crown less.

(Arthur Lewis, c.1937)

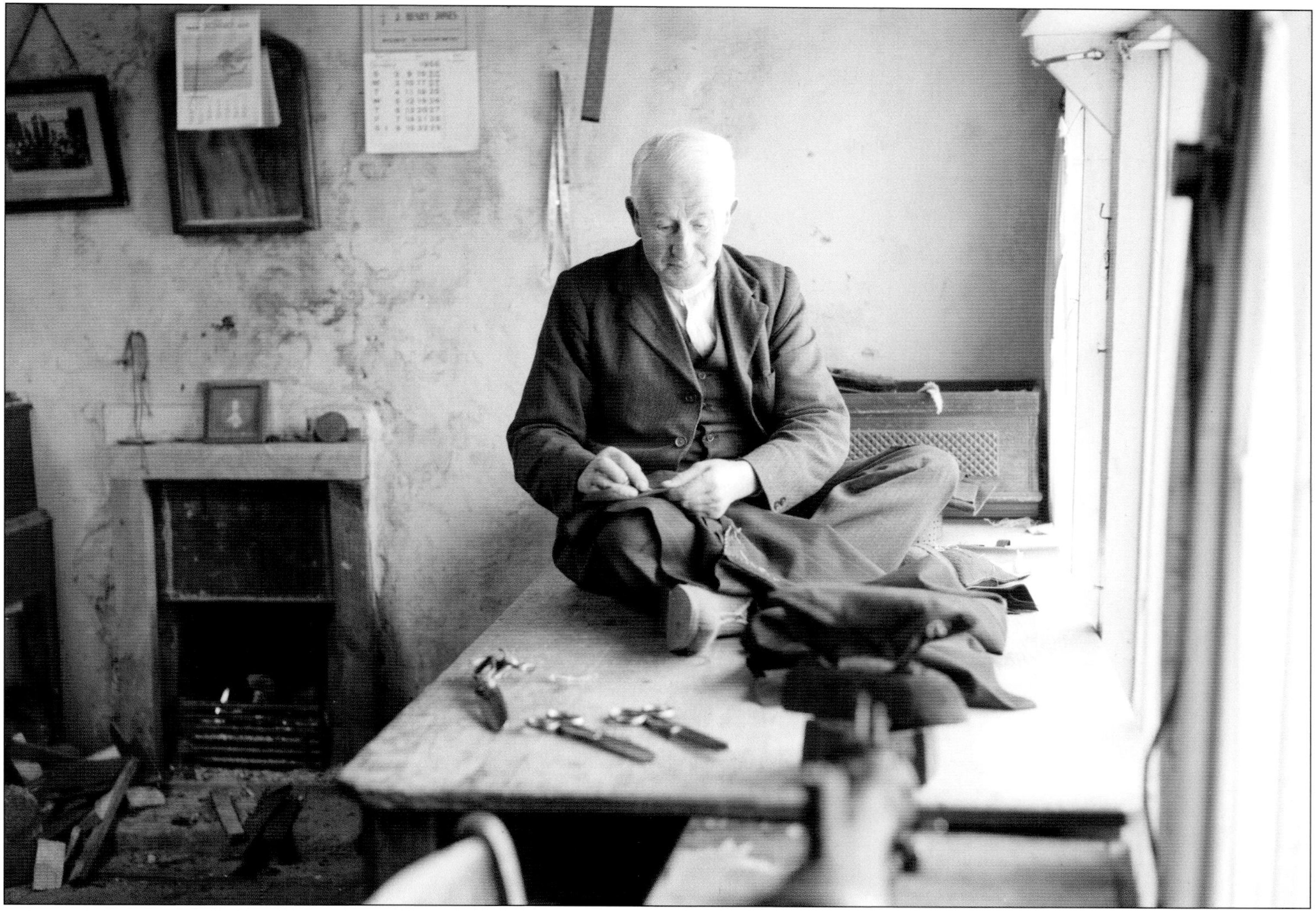

W M Parry, Fourcrosses, Gwynedd, yn dilyn traddodiad y teiliwr o eistedd ar fwrdd i weithio. Pan dynnwyd y llun hwn yn 1955, prin iawn y gwelwyd y teiliwr pentref yng Nghymru, ac addasu neu drwsio dillad fyddai llawer o'i waith yn hytrach na gwneud siwt o frethyn cartref. Roedd dros 7,000 o deilwriaid yng Nghymru ganol y 19eg ganrif ond llai na 400 erbyn 1961.

W M Parry, Fourcrosses, Gwynedd, following the tailor's tradition of sitting on a table to work. When this photograph was taken in 1955, there were few village tailors left in Wales, and altering or repairing clothes would have been their main occupation rather than making a homespun suit. There were over 7,000 tailors in Wales in the middle of the 19th century but fewer than 400 by 1961.

(Geoff Charles, 1955)

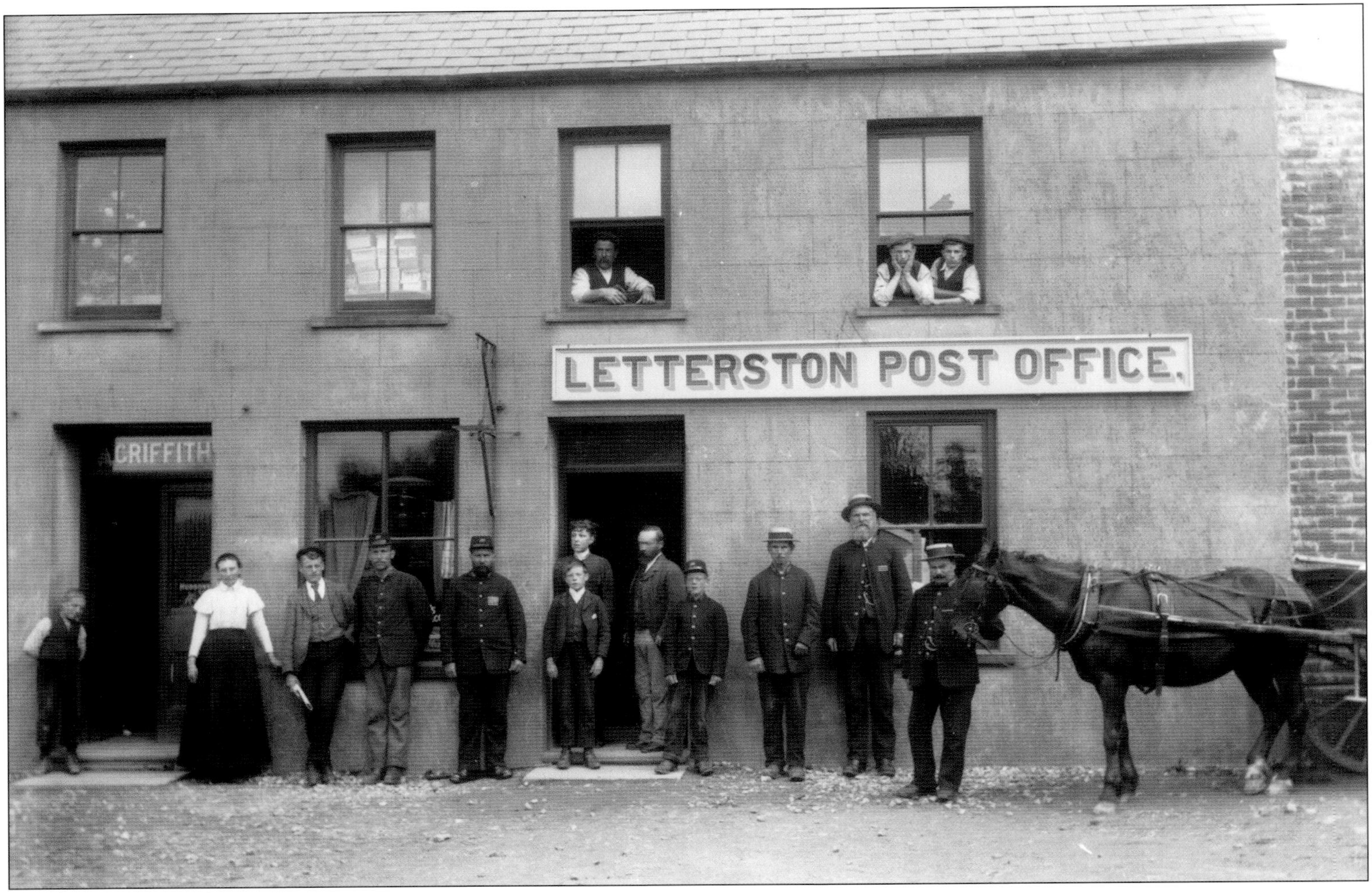

Erbyn ail hanner y 19eg ganrif roedd gan hyd yn oed y pentrefi lleiaf lythyrdy. Tua 500 oedd poblogaeth Treletert, sir Benfro, yn y cyfnod hwn ond byddai'r postmyn yma yn gwasanaethu ardal wledig ehangach. Gwraig weddw o'r enw Mary A Devonald oedd yr is-bostfeistres yn y cyfnod hwn a chyflogwyd clerc yn ogystal â *letter carrier* a *post messenger* ifanc. Yn wahanol i nifer o bentrefi gwledig erbyn hyn, mae gan Dreletert lythyrdy o hyd, yn rhan o siop sy'n gwerthu cig o ffermydd lleol a phopty gyda bara lleol a chacennau cartref.

By the middle of the 19th century even the smallest villages had a post office. The population of Letterston, Pembrokeshire, in this period was about 500, but these postmen would have served a wider rural area. A widow called Mary A Devonald was the sub-postmistress at this time, and a clerk, together with a letter carrier and a young post messenger, were employed. Unlike many rural villages these days, Letterston still has a post office, being part of a shop selling meat from local farms and a bakehouse with local bread and home-baked cakes.

(John Thomas, c.1885)

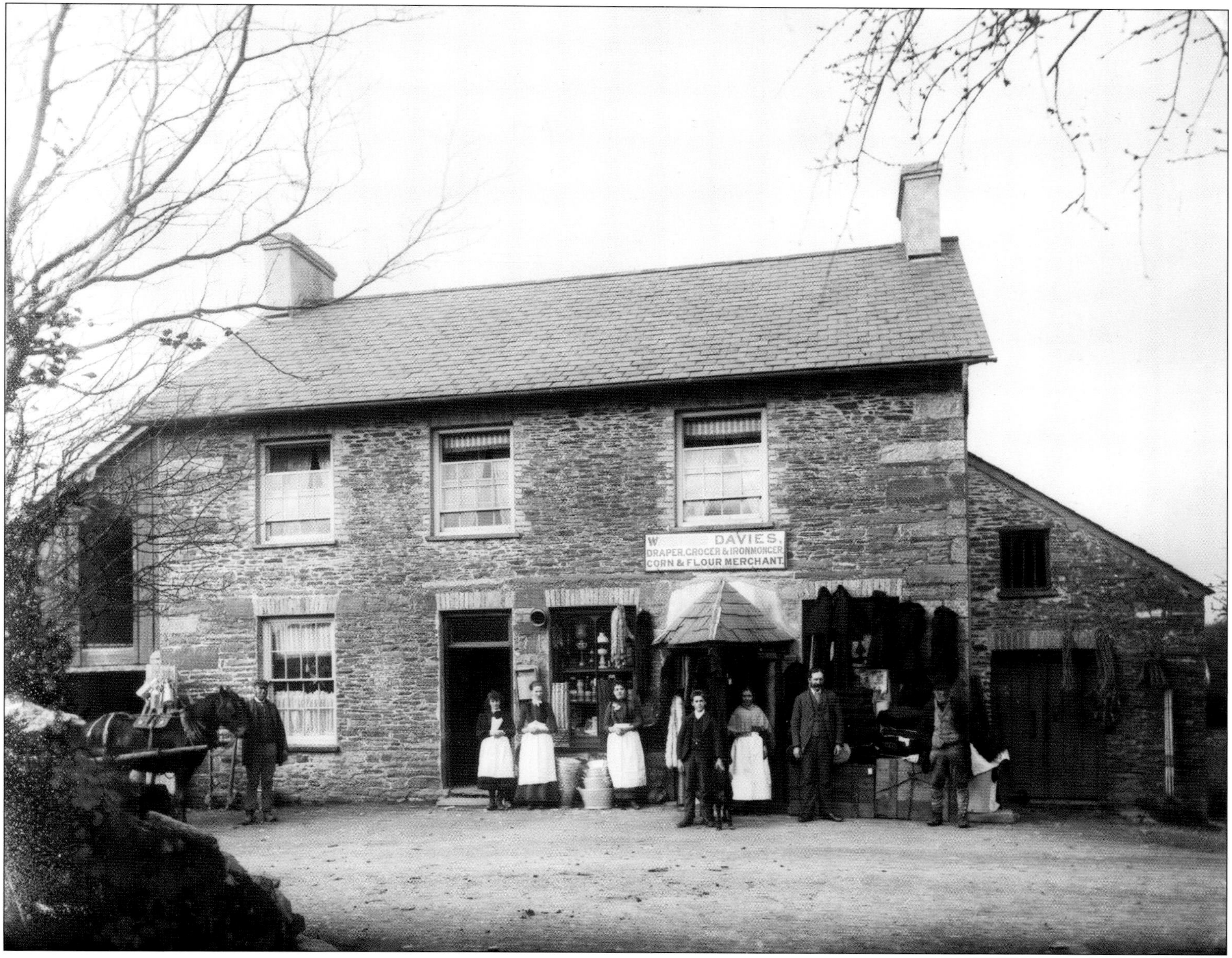

Ddiwedd y 19eg ganrif byddai siopau pentref fel siop Davies, Llanfair Caereinion, Powys, yn gwerthu bwyd a nwyddau o bob math.

In the late 19th century, shops such as the Davies store, Llanfair Caereinion, Powys, sold foodstuffs and all types of other merchandise.

(John Thomas, c.1885)

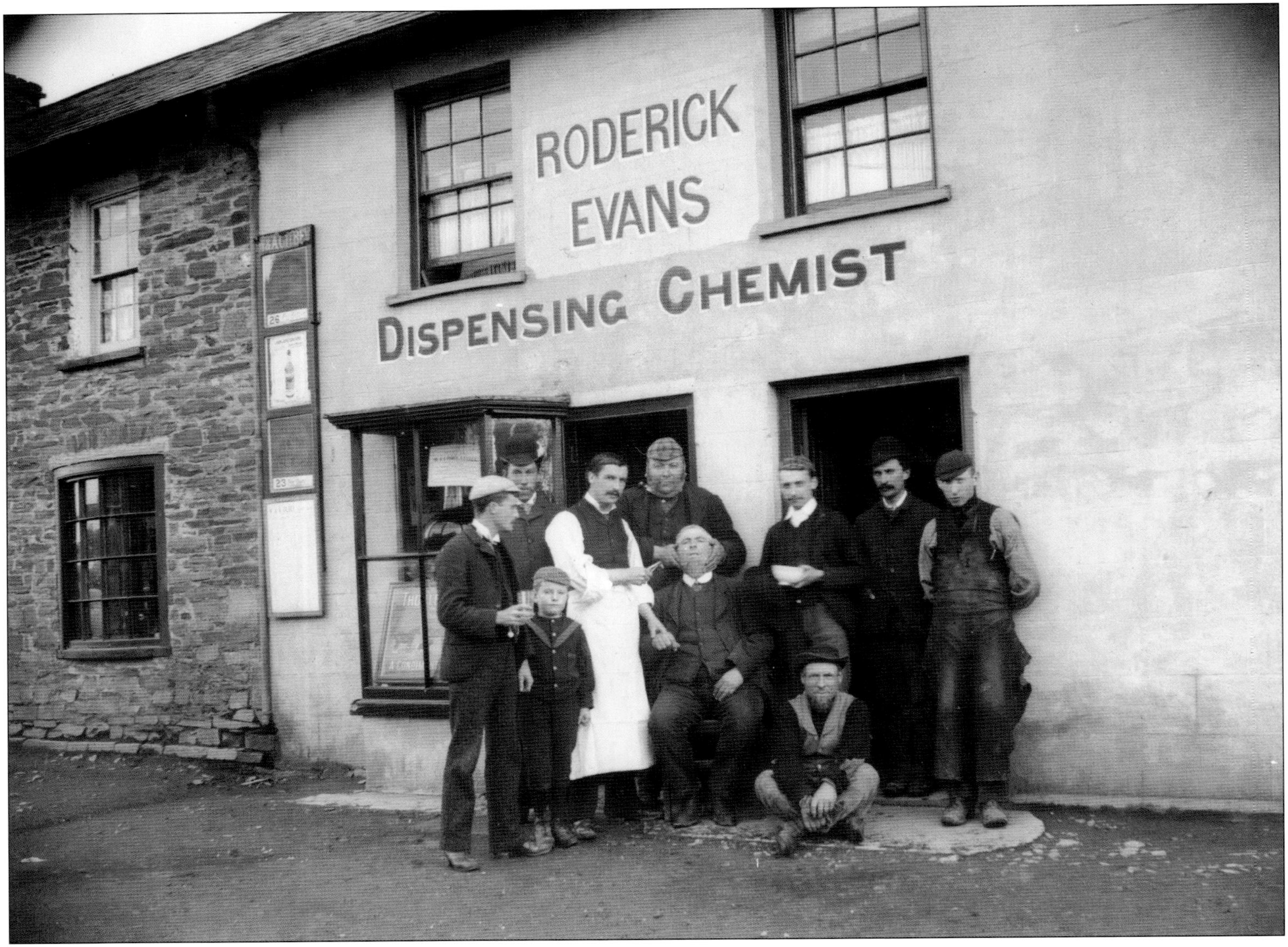

Roedd y fferyllydd Roderick Evans yn gweithredu fel fferyllydd a deintydd yn Llambed a Llanybydder yn negawdau olaf y 19eg ganrif. Y tu allan i'w siop yn Llanybydder mae'n tynnu dant, gyda chymorth trigolion lleol.

The chemist Roderick Evans worked as a pharmacist and dentist in Lampeter and Llanybydder in the last decades of the 19th century. Here he is outside his shop in Llanybydder extracting a tooth, with the aid of some locals.

(John Thomas, c.1885)

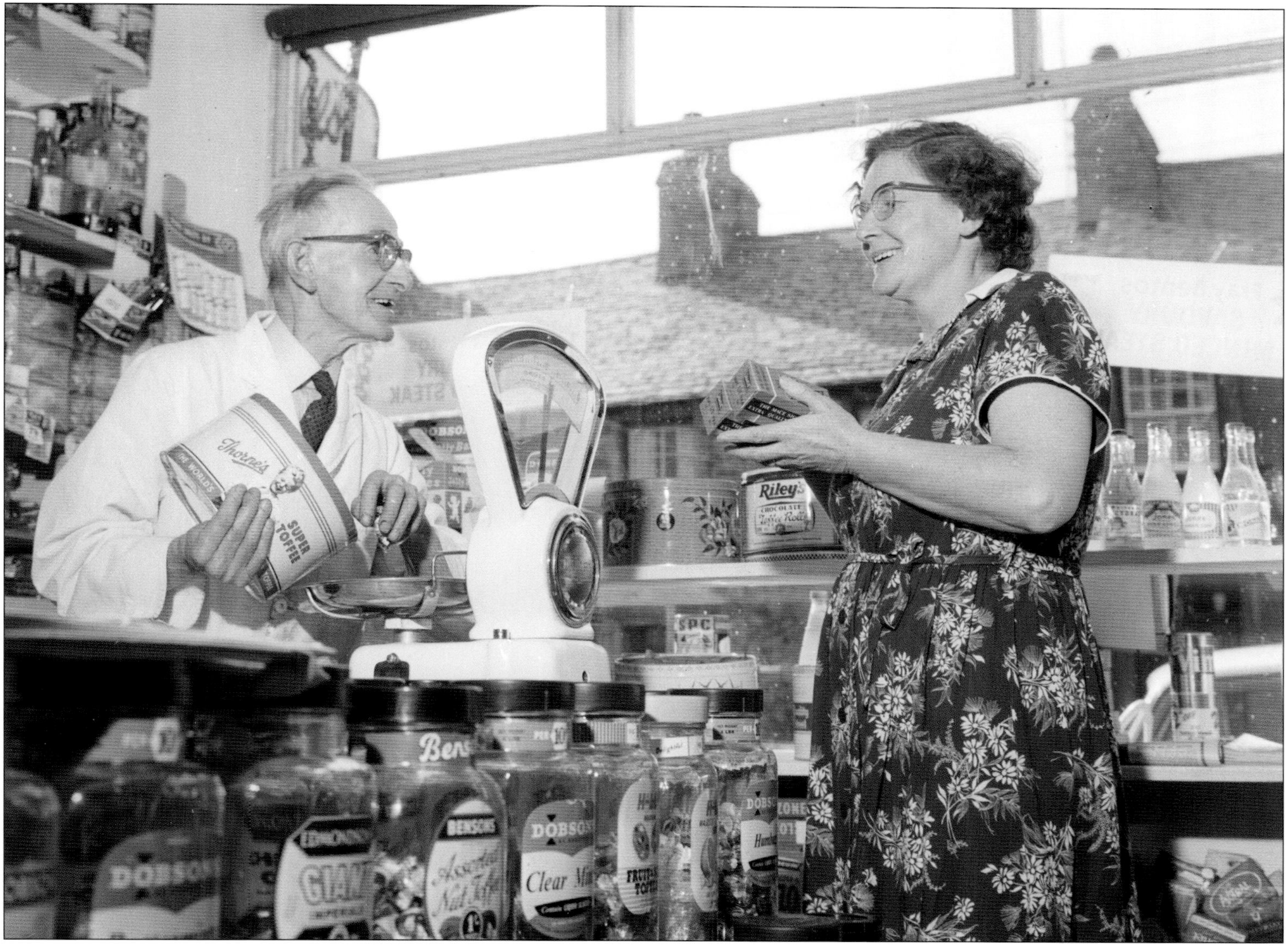

Cyn dyddiau'r archfarchnadoedd, roedd siop y pentref yn wasanaeth hanfodol i gymunedau gwledig. Ac yntau yn ei wythdegau, roedd Owen R Owen yn parhau i gadw siop yn Chwilog pan dynnwyd y ffotograff hwn yn 1963.

Before the days of supermarkets, the village shop was a vital service for rural communities. Despite being in his eighties, Owen R Owen continued to run his shop in Chwilog, Gwynedd, when this photograph was taken in 1963.

(Geoff Charles, 1963)

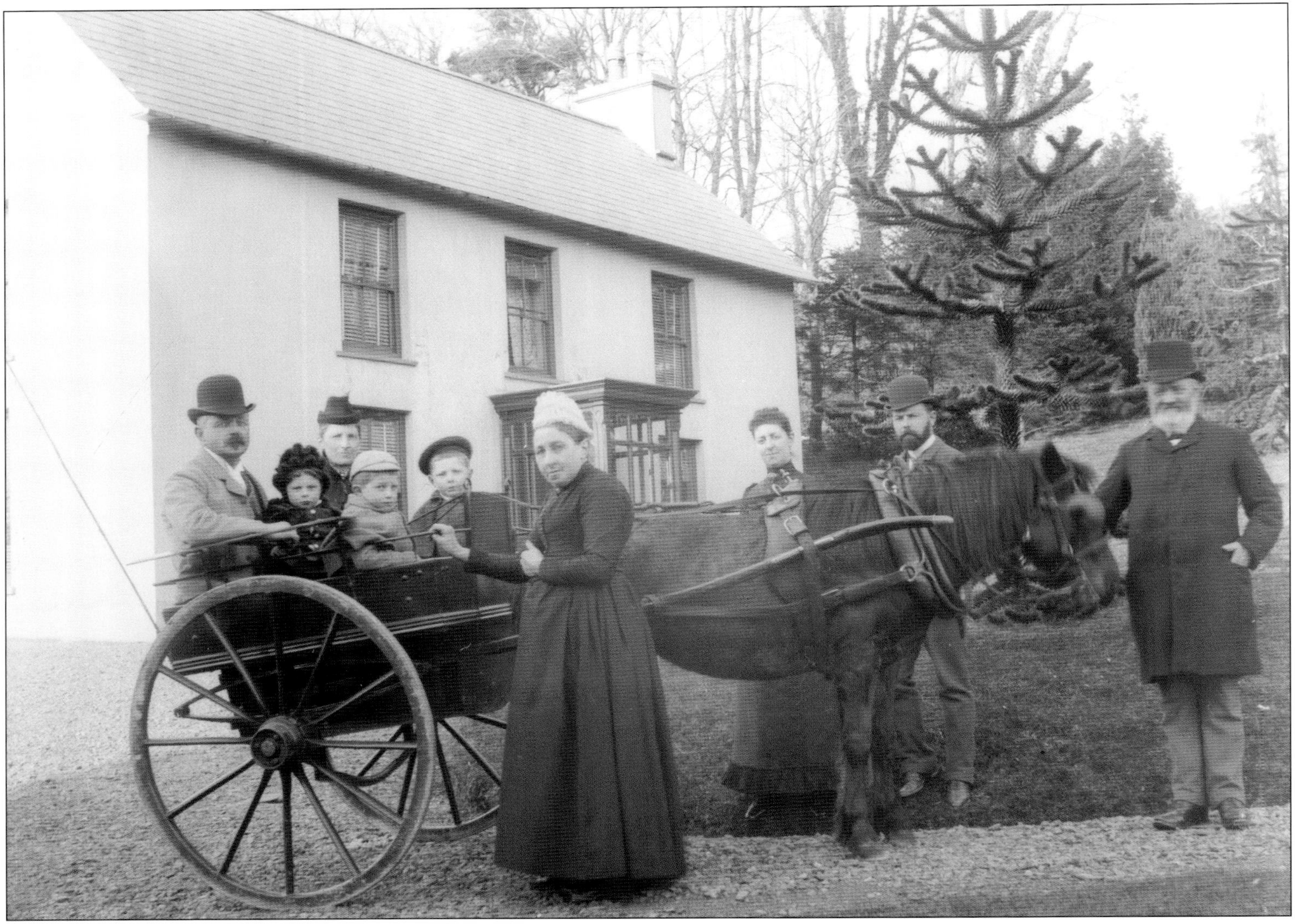

Roedd poni a thrap a allai deithio'n gyflym ar lonydd cul yn ddefnyddiol iawn i feddyg cefn gwlad, fel Dr Ebenezer Richard Evans, Llandysul, Ceredigion. Yma mae'n mynd ar ymweliad teuluol gyda'i wraig a'i blant. Dechreuodd Dr Evans ei yrfa yn brentis fferyllydd yn Aberteifi.

A pony and trap which could travel speedily on narrow lanes was extremely useful for rural doctors, such as Dr Ebenezer Richard Evans, Llandysul, Ceredigion. Here he is making a family visit with his wife and children. Dr Evans began his career as an apprentice pharmacist in Cardigan.

(John Thomas, c.1885)

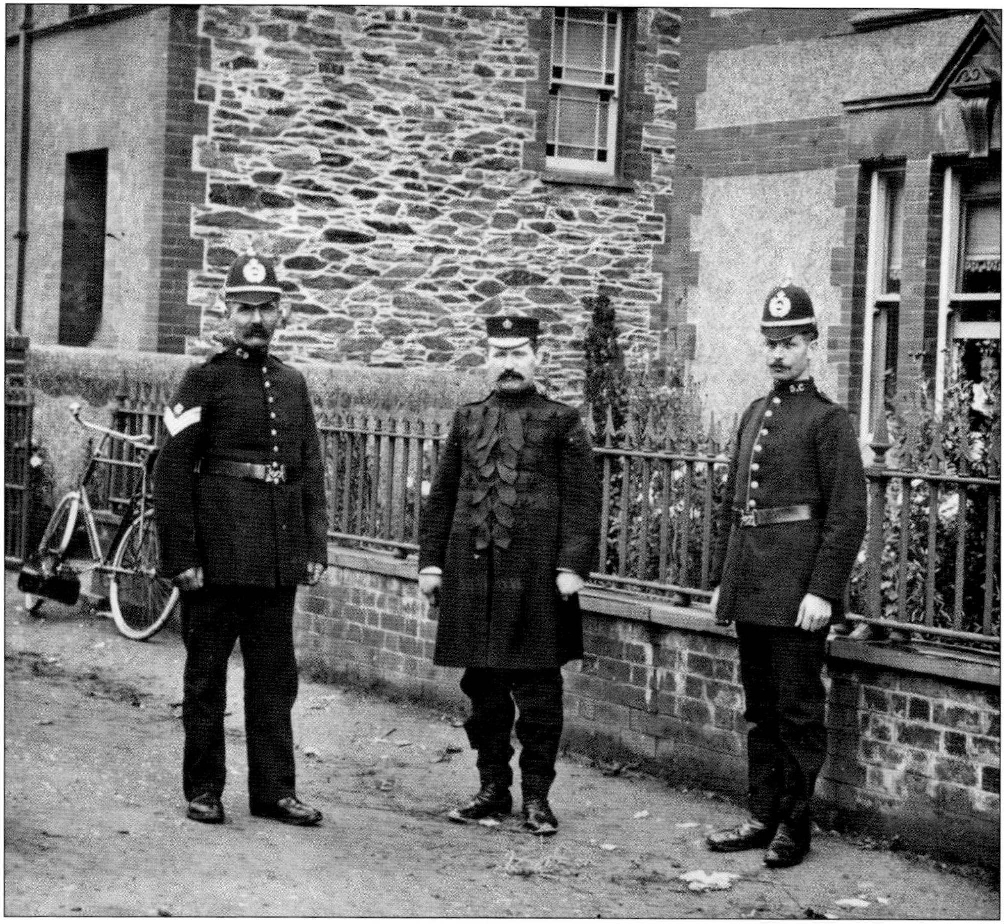

Er i blismyn ymddangos ar strydoedd Aberhonddu am y tro cyntaf yn 1829, ni sefydlwyd heddluoedd yng nghefn gwlad tan y 1840au, gyda chwnstablaethau Caerfyrddin (1843) a Cheredigion (1844) yn ymateb i Helynt y Beca. Tynnwyd y llun hwn y tu allan i orsaf heddlu Tal-y-bont, Ceredigion (cartref Y Lolfa erbyn hyn) tua 1907. Sarjant David Jones (tad-cu yr Arglwydd Elystan Morgan) sydd ar y chwith, yn y canol mae'r Uwch-arolygydd Richard Jones, Aberystwyth (Prif Gwnstabl Meirionnydd wedi hynny), a'r Cwnstabl David Mathias, Bow Street, ar y dde. Y beic oedd y dull mwyaf hwylus i batrolio cefn gwlad yn y dyddiau hynny.

Although policemen appeared on the streets of Brecon for the first time in 1829, police forces were not established in rural areas until the 1840s, with the constabularies for Carmarthen (1843) and Ceredigion (1844) being a response to the Rebecca Riots. This photograph was taken outside Tal-y-bont police station, Ceredigion (the home of the publishers Y Lolfa by now) about 1907. Sergeant David Jones (Lord Elystan Morgan's grandfather) is on the left, in the centre is Chief Inspector Richard Jones, Aberystwyth (later Chief Constable of Merioneth), and Constable David Mathias, Bow Street, on the right. The bicycle was the most expedient means of patrolling the countryside in those days.

(E O Jones, c.1907)

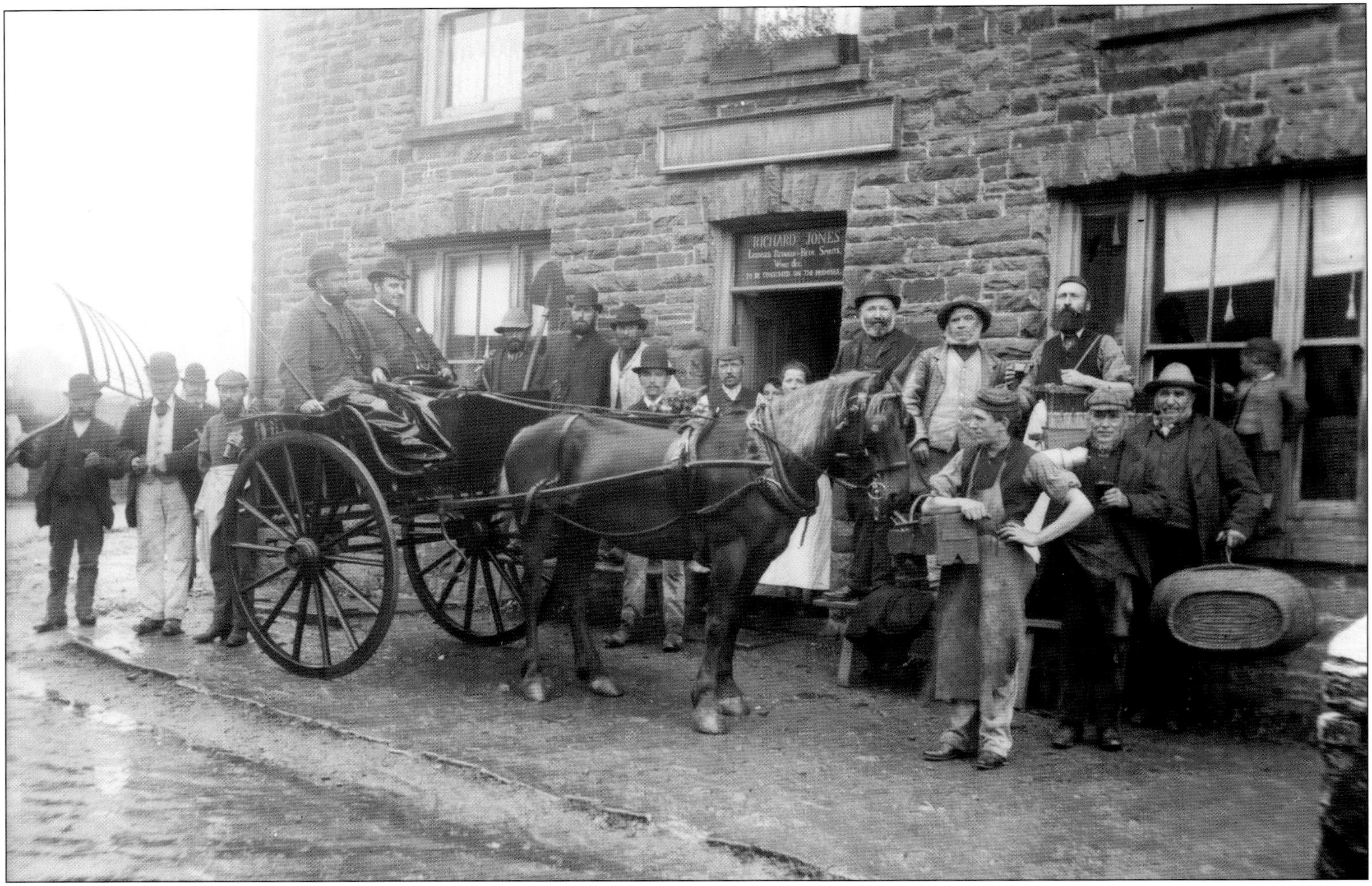

Roedd tafarndai fel Tafarn y Bont (Bridge Inn) (dde), Llangernyw, Conwy, a'r Swan Inn (uchod), Llansawel, sir Gaerfyrddin, yn croesawu amrywiaeth o drigolion lleol sychedig ac ambell i deithiwr. Er mai enw Richard Jones sydd uwchben drws y Swan, roedd yntau'n ennill ei fywoliaeth fel gwehydd yn ôl cyfrifiad 1891, a'i wraig Margaret oedd yn cadw'r dafarn. Mae'n debyg mai hi sy'n sefyll wrth y drws. Erbyn heddiw, mae'r Swan wedi cau, ond mae Tafarn y Bont yn dal i ffynnu, gan gynnig 'a cosy friendly atmosphere'.

Inns such as the Bridge Inn (right), Llangernyw, Conwy, and the Swan Inn (above), Llansawel, Carmarthenshire, welcomed a range of thirsty locals and the odd traveller. Although Richard Jones's name appears above the door of the Swan, he earned his living as a weaver according to the 1891 census, and his wife Margaret kept the tavern. It is likely that she is the woman standing in the doorway. By now the Swan has closed, but the Bridge Inn continues to thrive, offering 'a cosy friendly atmosphere'.

(John Thomas, c.1885)

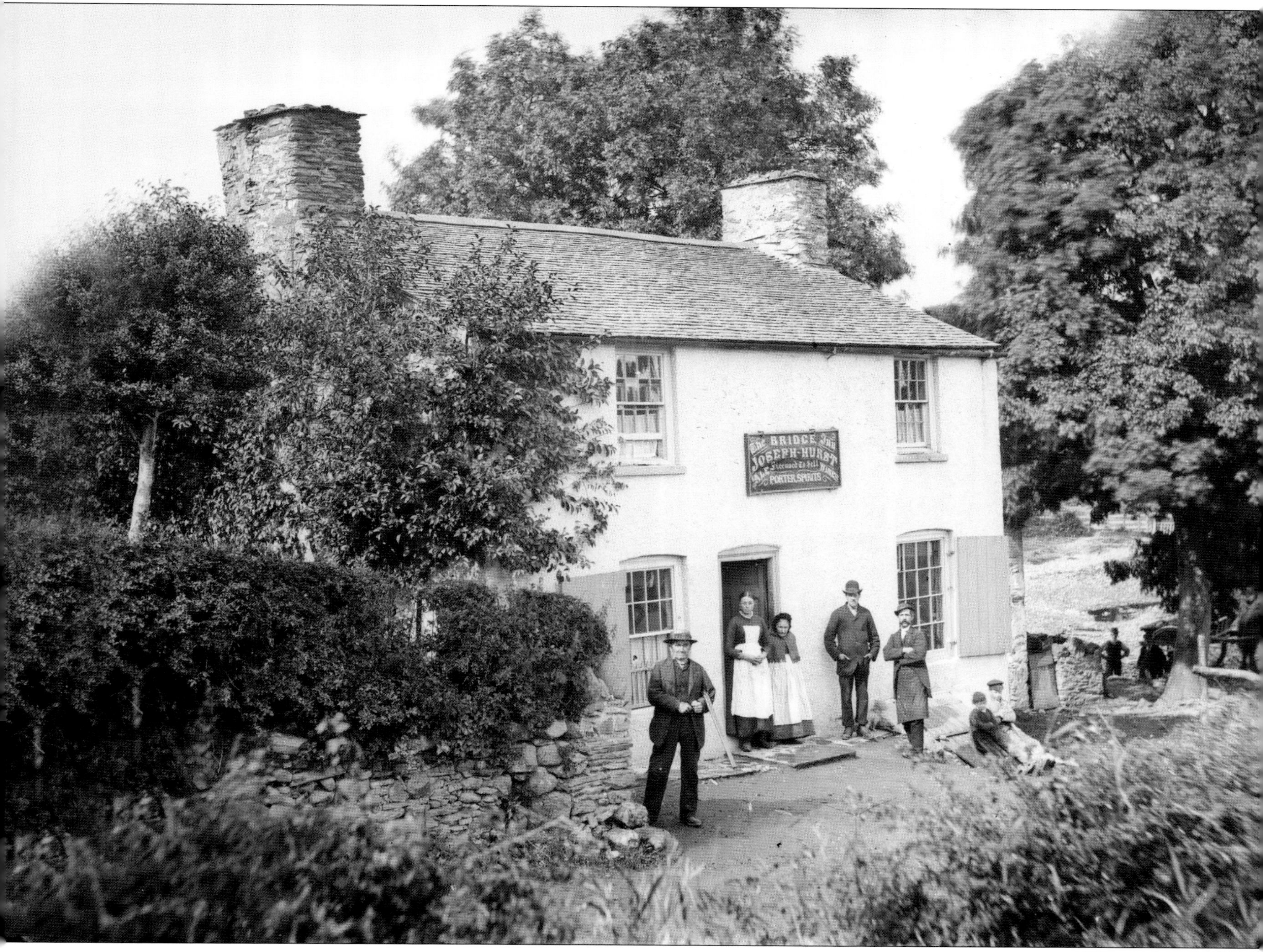
BRIDGE
JOSEPH HURST
PORTER SPIRITS

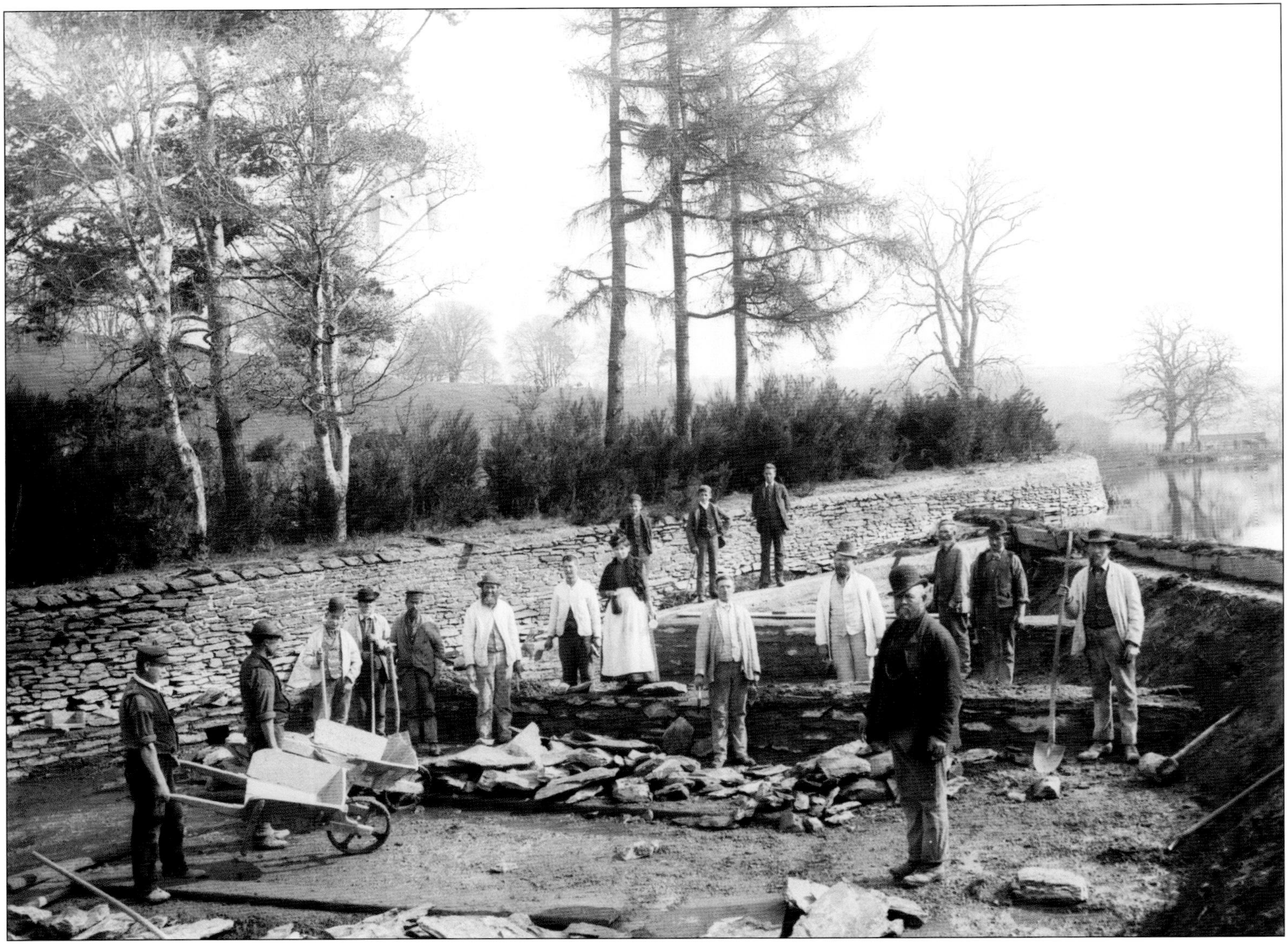

Gweithwyr wrthi'n codi cored a thramwyfa bysgod ar yr afon Teifi ger Castell-newydd Emlyn yn y 1890au. Ganrif yn ddiweddarach, oherwydd diffyg trwsio, ychydig ohoni sydd yn weithredol bellach.

Workers constructing a weir and fishpass on the river Teifi near Newcastle Emlyn in the 1890s. A century later, because of the lack of maintenance, little of it is operational.

(John Thomas, c.1890)

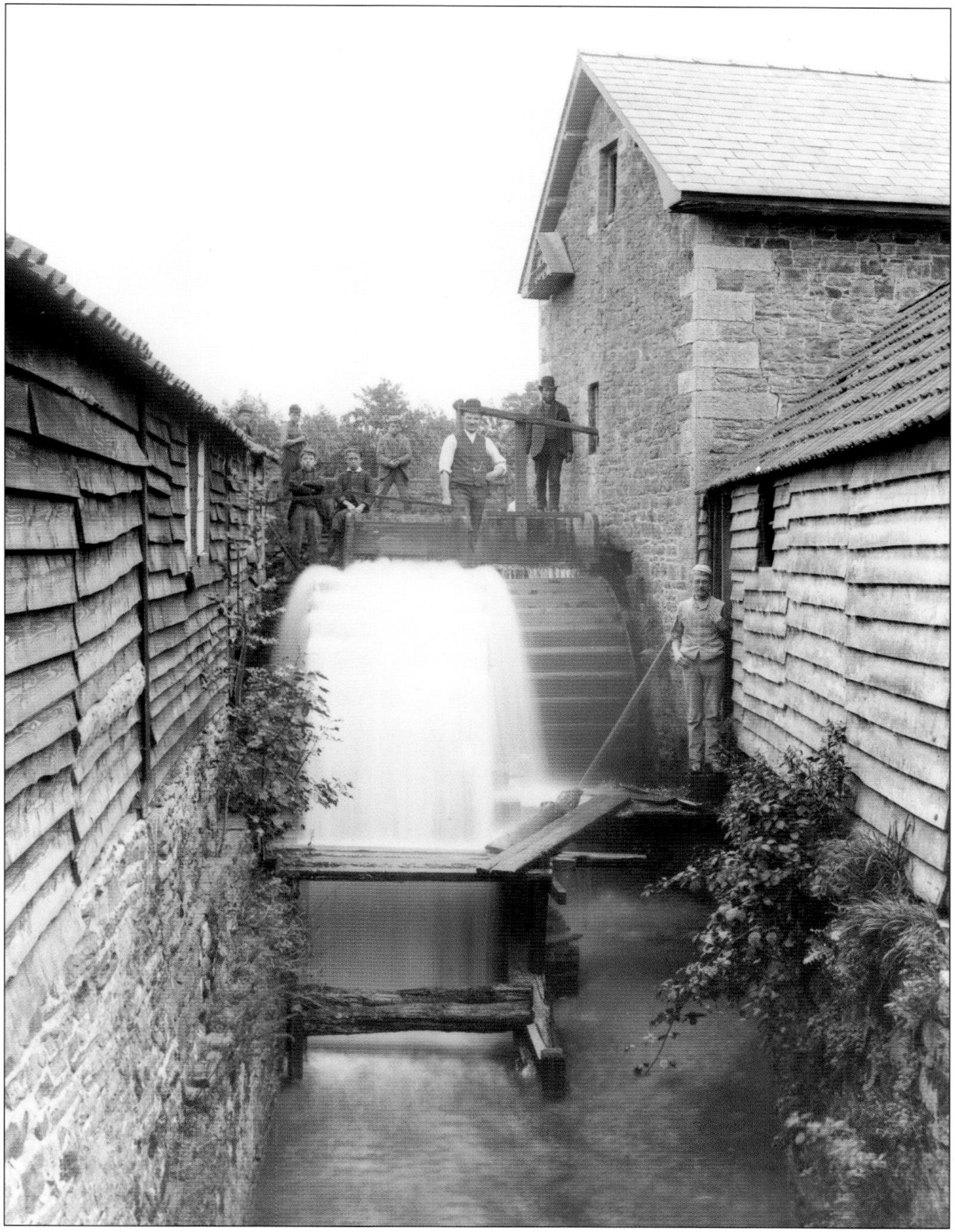

Adeiladwyd melinau blawd ger afonydd, fel melin Glansefin ar yr afon Brân ger Llangadog, sir Gaerfyrddin. Mae'n debyg mai'r melinydd yn y llun yw William Jones. Gallai'r ffotograffydd ei gael ef a'r bechgyn a'r dynion eraill i sefyll yn stond, ond anos oedd atal y dŵr rhag llifo!

Corn mills were built near rivers, such as the Glansefin mill on the river Brân near Llangadog, Carmarthenshire. It is likely that the miller in the photograph is William Jones. The photographer could get him, his sons and the other men to stand still, but it was harder to keep the water from flowing!

(John Thomas, c.1885)

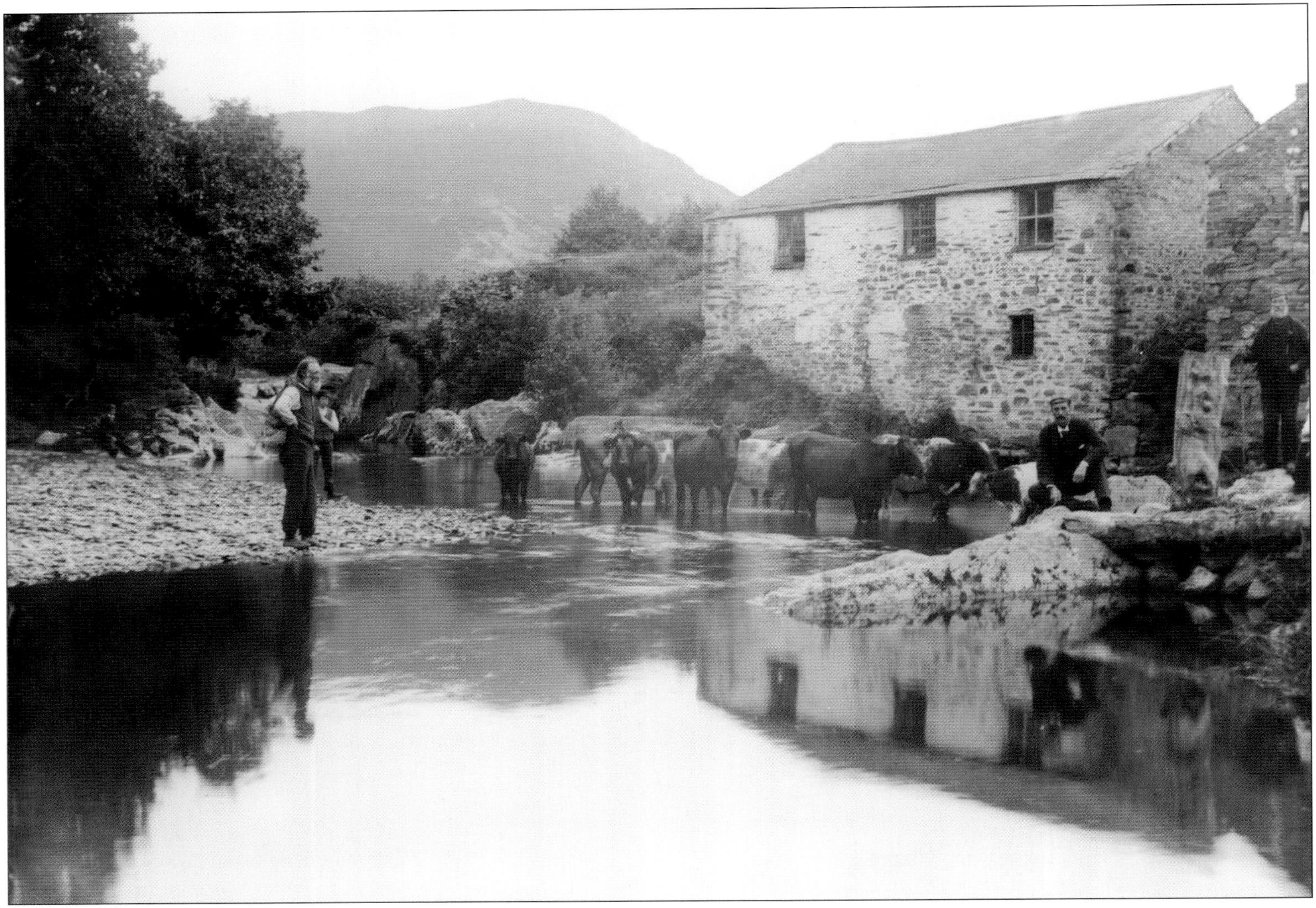

Melin o fath gwahanol oedd melin Dolgau ger Machynlleth. Melin wlân oedd hon a adeiladwyd ar yr afon Dulais ger fferm Dolgau. Yn draddodiadol byddai ffermwyr yn mynd â'r gwlân a gneifiwyd i'r felin leol gan archebu edafedd gwau a hydau o wlanen, blancedi a brethyn at ddefnydd y ffermwr a'i deulu.

A mill of a different nature was the Dolgau mill near Machynlleth. This was a woollen mill built on the river Dulais at Dolgau farm. Traditionally farmers would take the sheared wool to the local mill and order knitting yarn and lengths of flannel, blankets and cloth for the use of the farmer and his family.

(John Thomas, c.1885)

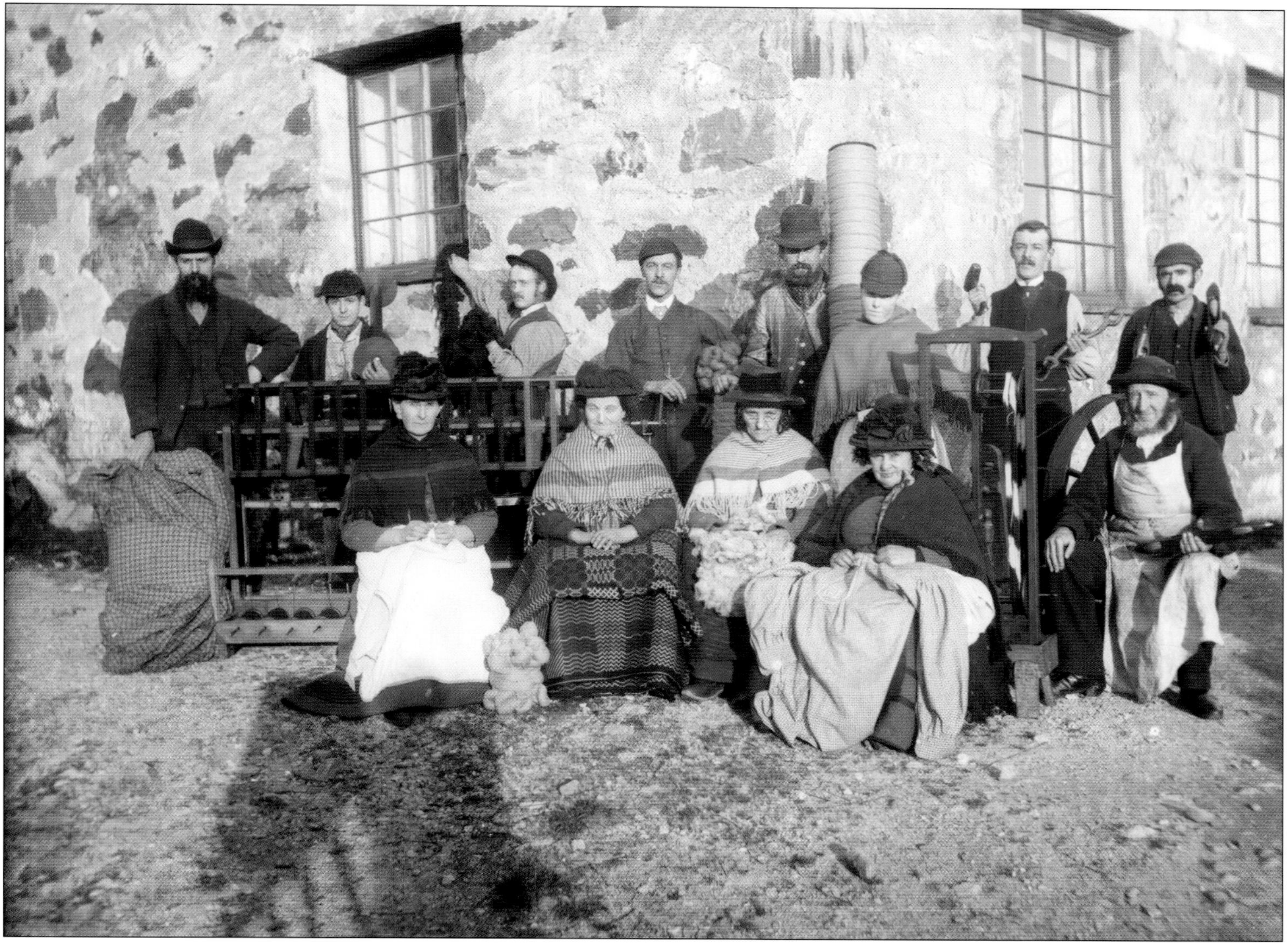

Gweithwyr melin wlân yn ardal Sarn Mellteyrn, Gwynedd, yn arddangos yr offer a ddefnyddiwyd, a'r brethyn a gynhyrchwyd.

Woollen mill workers in the Sarn Mellteyrn area, Gwynedd, exhibiting the implements used by them and the cloth produced.

(John Thomas, c.1885)

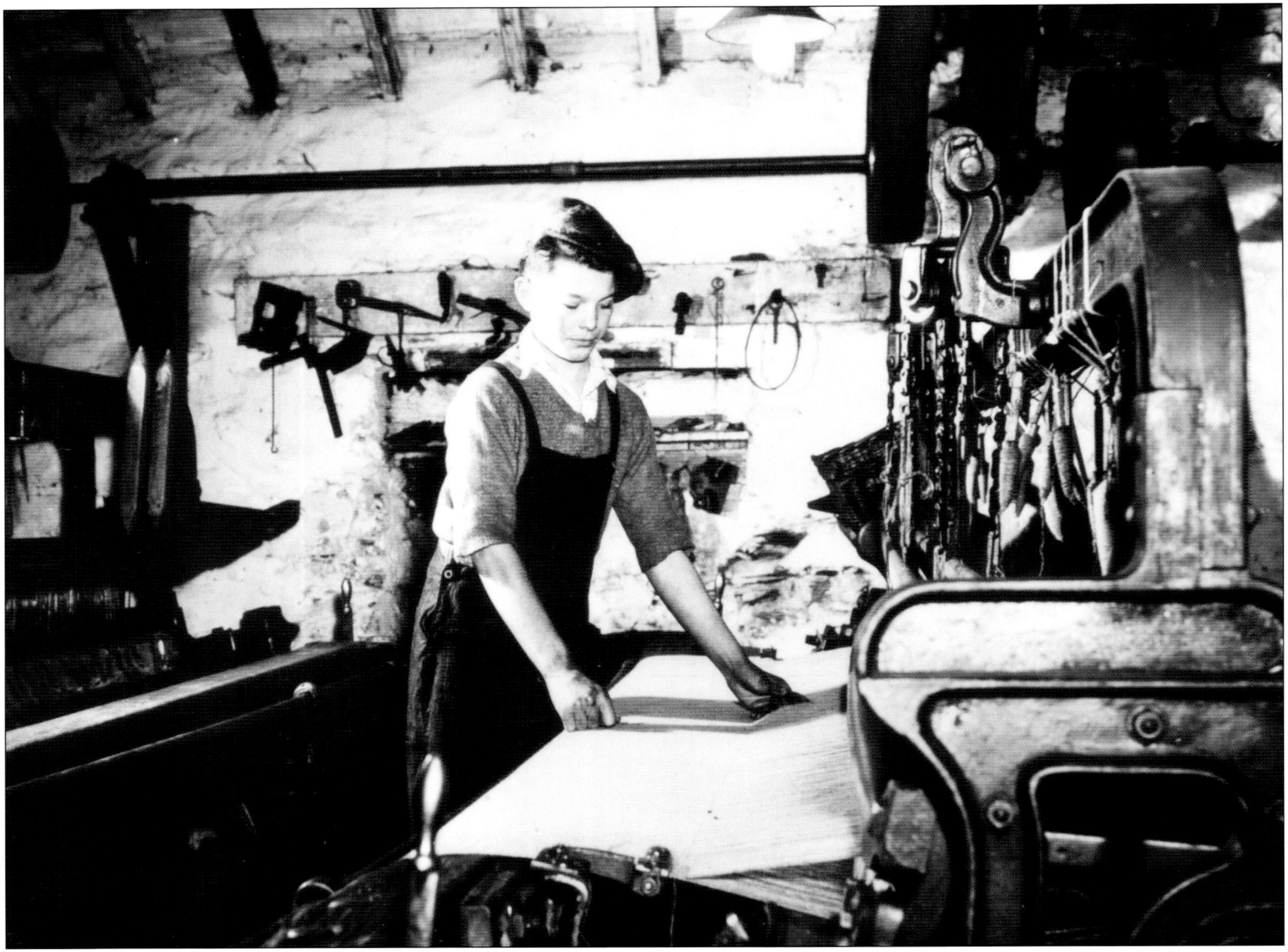

Erbyn yr Ail Ryfel Byd, ychydig o felinau gwlân oedd wedi goroesi. Sefydlwyd melin Penmachno, Dyffryn Conwy, yn 1839 ac roedd yn parhau yn weithredol yn ail hanner yr 20fed ganrif. Tynnwyd y llun hwn o Arfon Davies, yr aelod ieuengaf o weithwyr y felin, wrth ei waith yn 1952.

By the Second World War, few woollen mills had survived. Penmachno mill, in the Conwy Valley, was established in 1839 and was still operating during the second half of the 20th century. This is a photograph of Arfon Davies, the youngest member of the mill's workforce, at work in 1952.

(Geoff Charles, 1952)

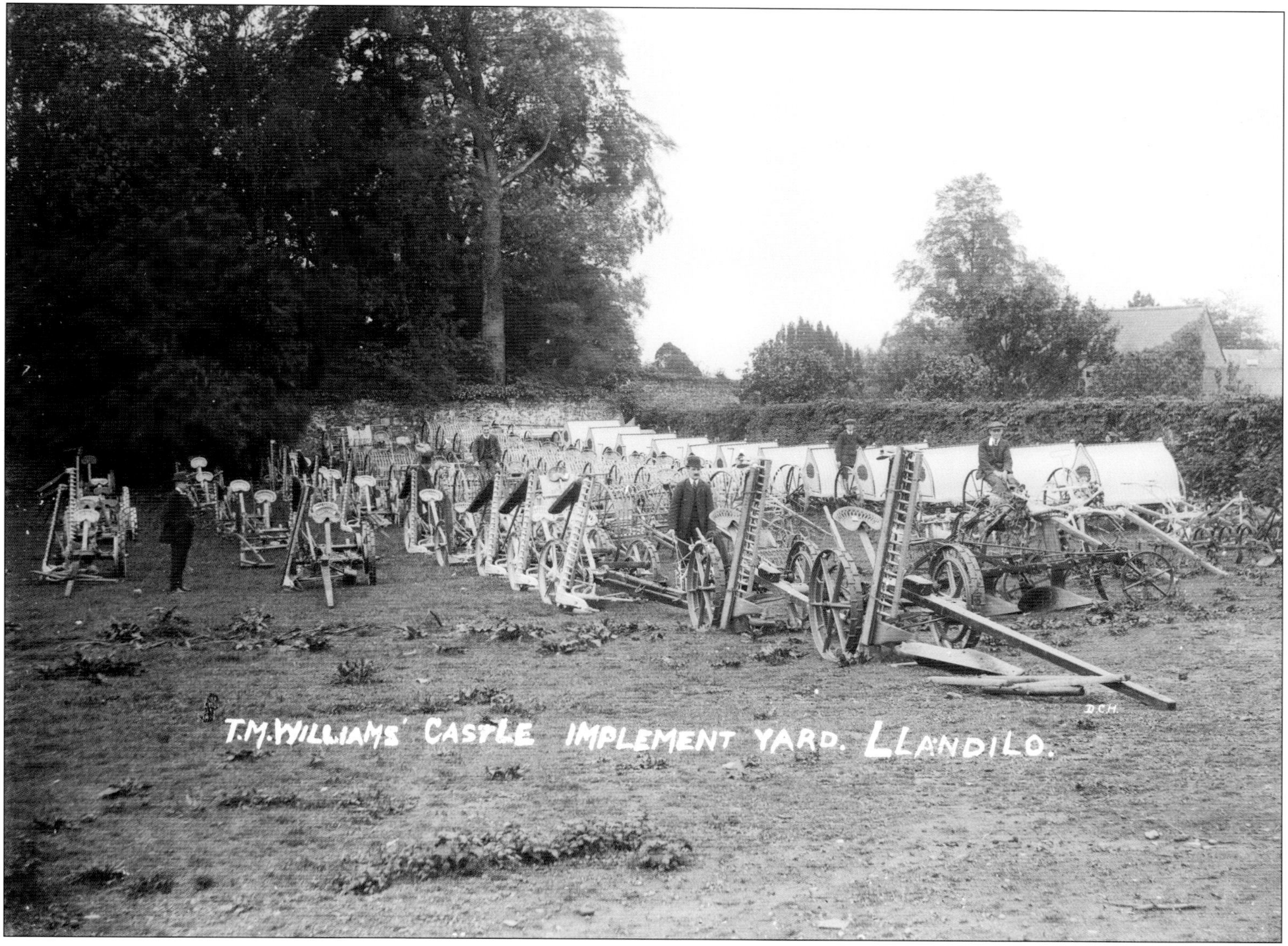

Gyda'r cynnydd yn y defnydd o beiriannau amaethyddol, daeth cyfle i fusnesau lleol ddarparu ar gyfer ffermwyr y cylch. Un a fanteisiodd ar y sefyllfa oedd y gwerthwr nwyddau haearn o Landeilo, T M Williams.

With the increase in the number of agricultural machines, an opportunity was afforded for local businesses to supply farmers. One who took advantage of the situation was the ironmonger T M Williams, Llandeilo.

(D C Harries, c.1910)

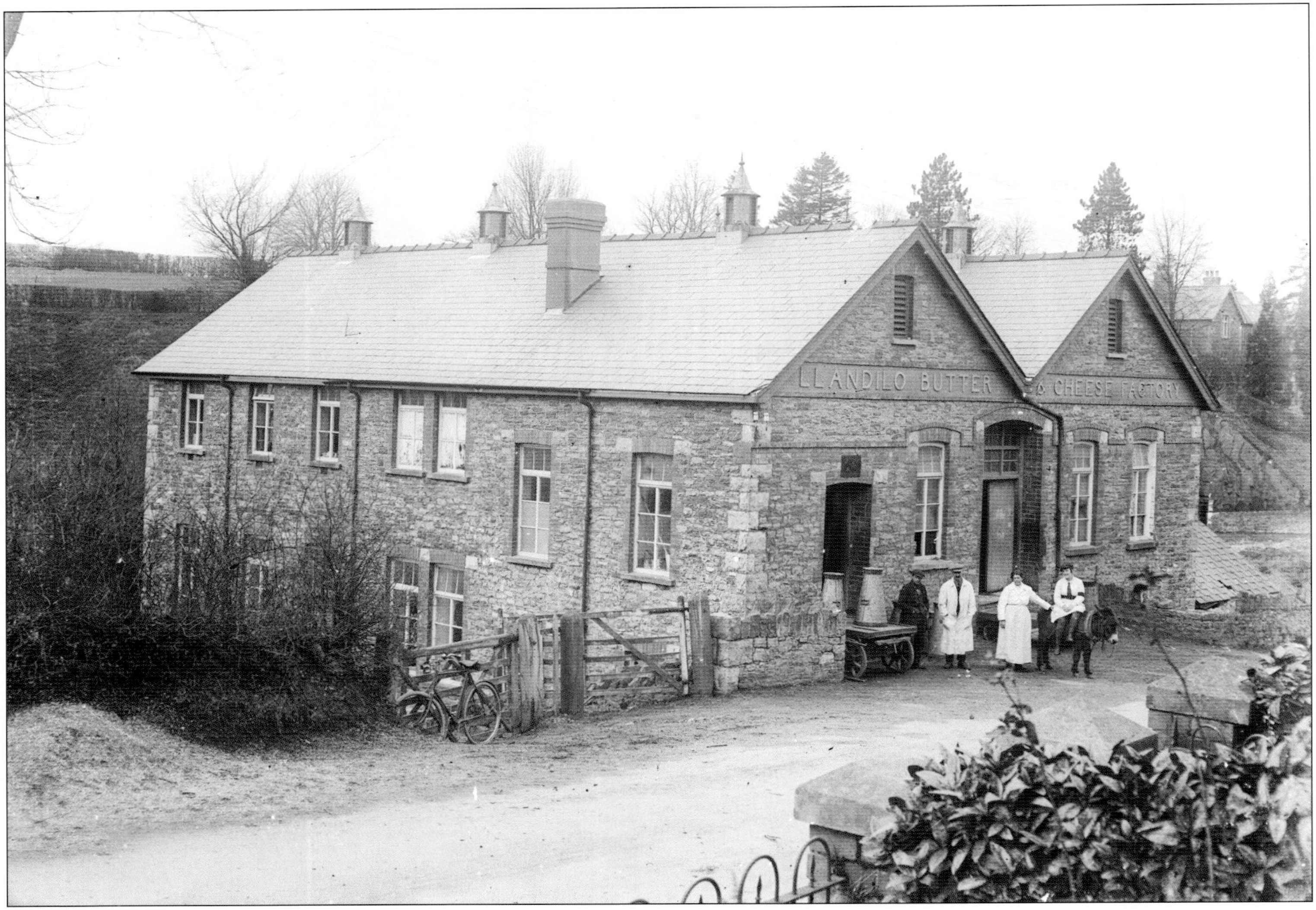

Yn hanesyddol, ystyrid sir Gaerfyrddin fel y prif ddarparwr cynhyrchion llaeth yng Nghymru. Daeth yr hufenfa hon yn Ffairfach yn eiddo i'r Co-op (CWS) gan gyflenwi siopau lleol y cwmni. Yn yr achos hwn, nid oedd y llysenw a roddwyd i CWS, sef 'caws wedi sychu', yn briodol o ystyried cynnyrch safonol yr hufenfa. Bellach mae'r hufenfa wedi cau, gan ddod yn gartref i garej a chyflenwyr teiars.

Historically, Carmarthenshire was considered to be the prime producer of dairy produce in Wales. This creamery in Ffairfach was taken over by the Co-op (CWS) to supply the company's local stores. In this case, the nickname given to CWS, 'caws wedi sychu' (dried cheese), was not appropriate given the quality of the creamery's products. The creamery has long since closed, becoming a garage and tyre supplier.

(D C Harries, c.1920)

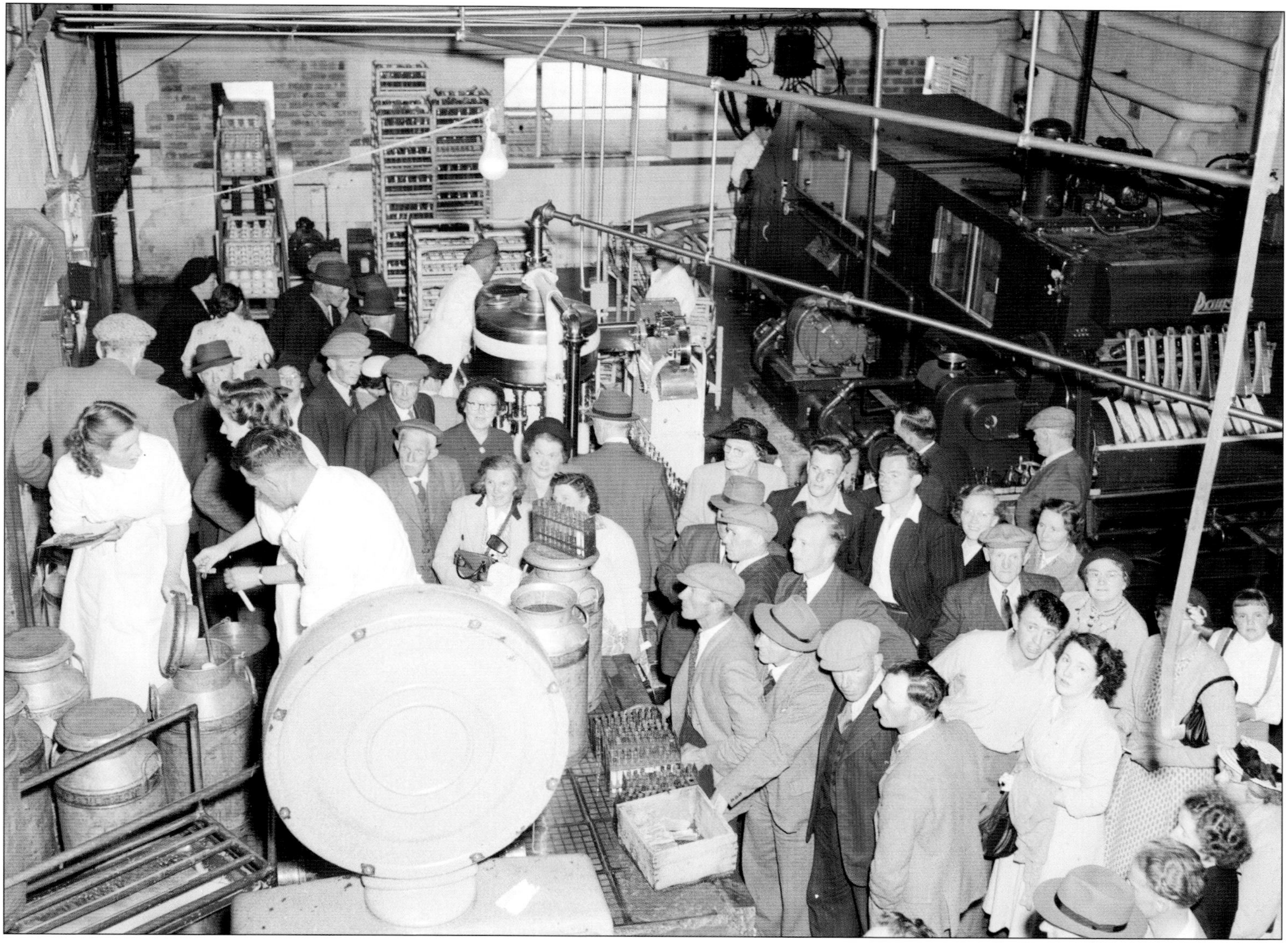

Un o lwyddiannau mawr cefn gwlad yn yr 20fed ganrif oedd y cymdeithasau cydweithredol a sefydlodd hufenfeydd, fel yr un yn Rhydymain, Gwynedd. Yn 1954 cynhaliwyd diwrnod agored i arddangos i'r byd a'r betws holl weithgaredd yr hufenfa.

A great success in rural Wales in the 20th century were the co-operative societies which established creameries, such as this one at Rhydymain, Gwynedd. In 1954 an open day was held to exhibit the creamery's activities to the world.

(Geoff Charles, 1954)

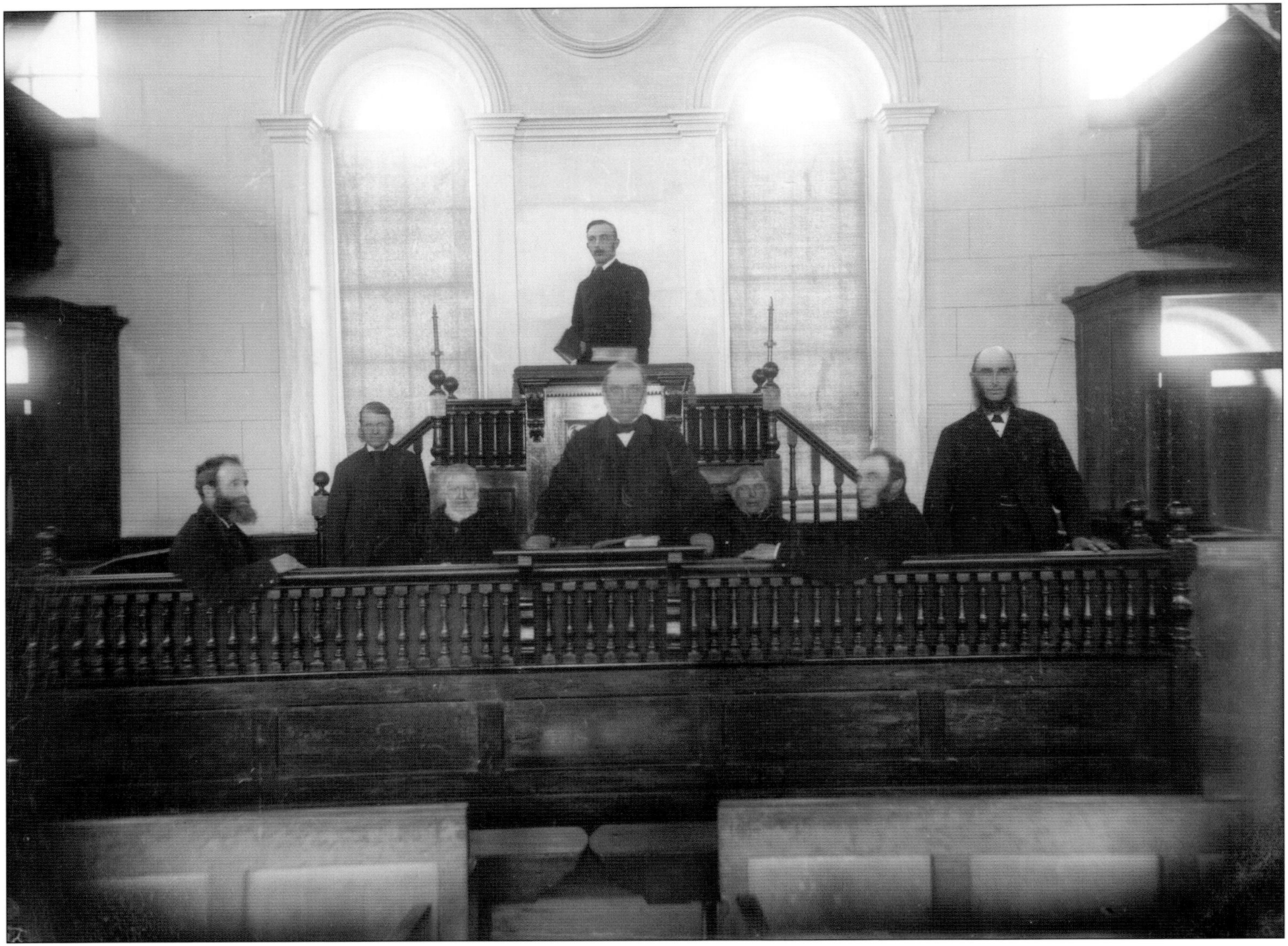

Roedd dylanwad sêt fawr y capel yn drwm ar y gymuned wledig. Oherwydd effaith y golau a'u hosgo, mae gweinidog a blaenoriaid capel Ebenezer, Y Ffôr, Gwynedd, yn edrych yn hunanbwysig a dideimlad.

The influence of the chapel's 'sêt fawr' (the deacons' big seat) on rural communities was substantial. Because of the effect of the light and their bearing, the minister and deacons of Ebenezer chapel, Y Ffôr, Gwynedd, appear to be self-important and unfeeling.

(John Thomas, 1887)

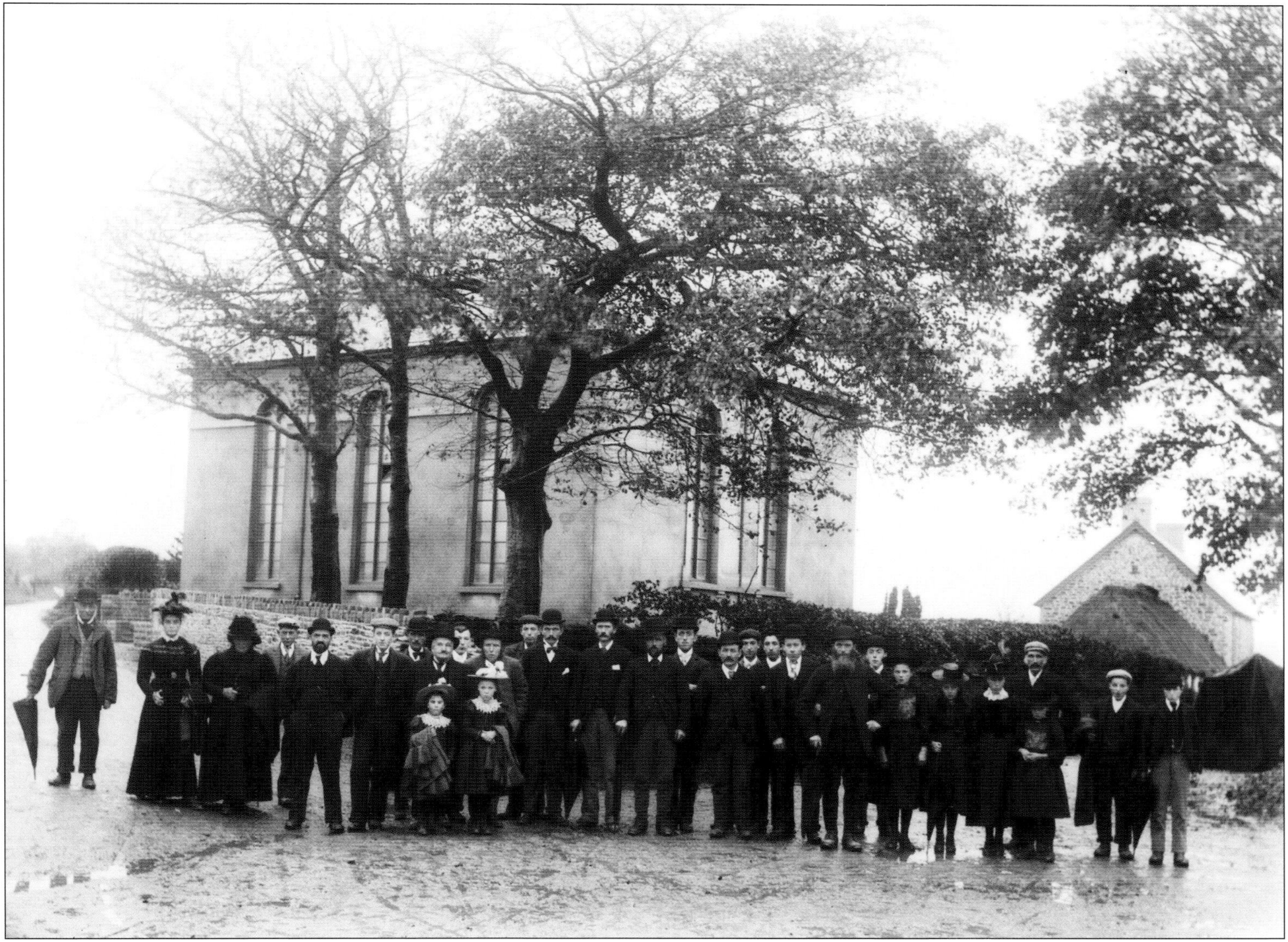

Nid oedd y glaw am atal yr addolwyr hyn rhag mynychu capel Pant y Defaid, Pren-gwyn, Llandysul, Ceredigion. Capel ar gyfer yr Undodwyr oedd hwn ac un o filoedd o gapeli anghydffurfiol a godwyd yn ystod y 19eg ganrif.

The rain did not prevent these worshippers from attending Pant y Defaid chapel, Pren-gwyn, Llandysul, Ceredigion. This was an Unitarian chapel, one of thousands of nonconformist chapels built in the 19th century.

(John Thomas, c.1885)

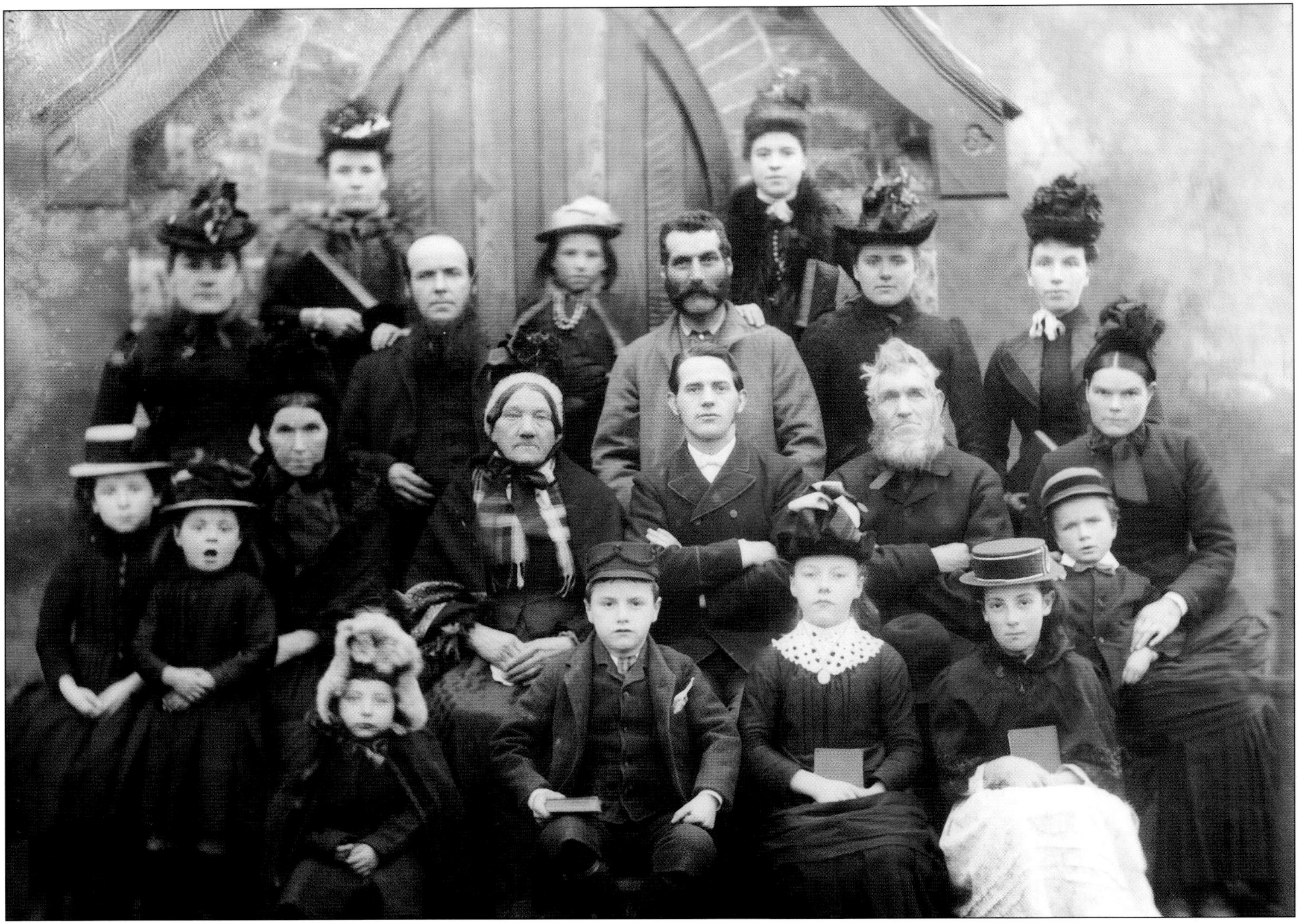

Ysgol Sul capel y Wesleaid, Llwynhen, Carno, Powys. Yn ôl adroddiad y Llyfrau Gleision yn 1847, byddai 74, gan gynnwys saith athro, yn mynychu'r Ysgol Sul am 2 y prynhawn. Ystyrid mai'r cyfnod rhwng 1870 ac 1920 oedd oes aur yr Ysgolion Sul yng Nghymru.

The Sunday School at Llwynhen Wesleyan chapel, Carno, Powys. According to the Blue Books report of 1847, there were 74 attendees at the Sunday School held at 2 in the afternoon, including seven teachers. The period between 1870 and 1920 is considered to be the golden age of Sunday Schools in Wales.

(John Thomas, c.1885)

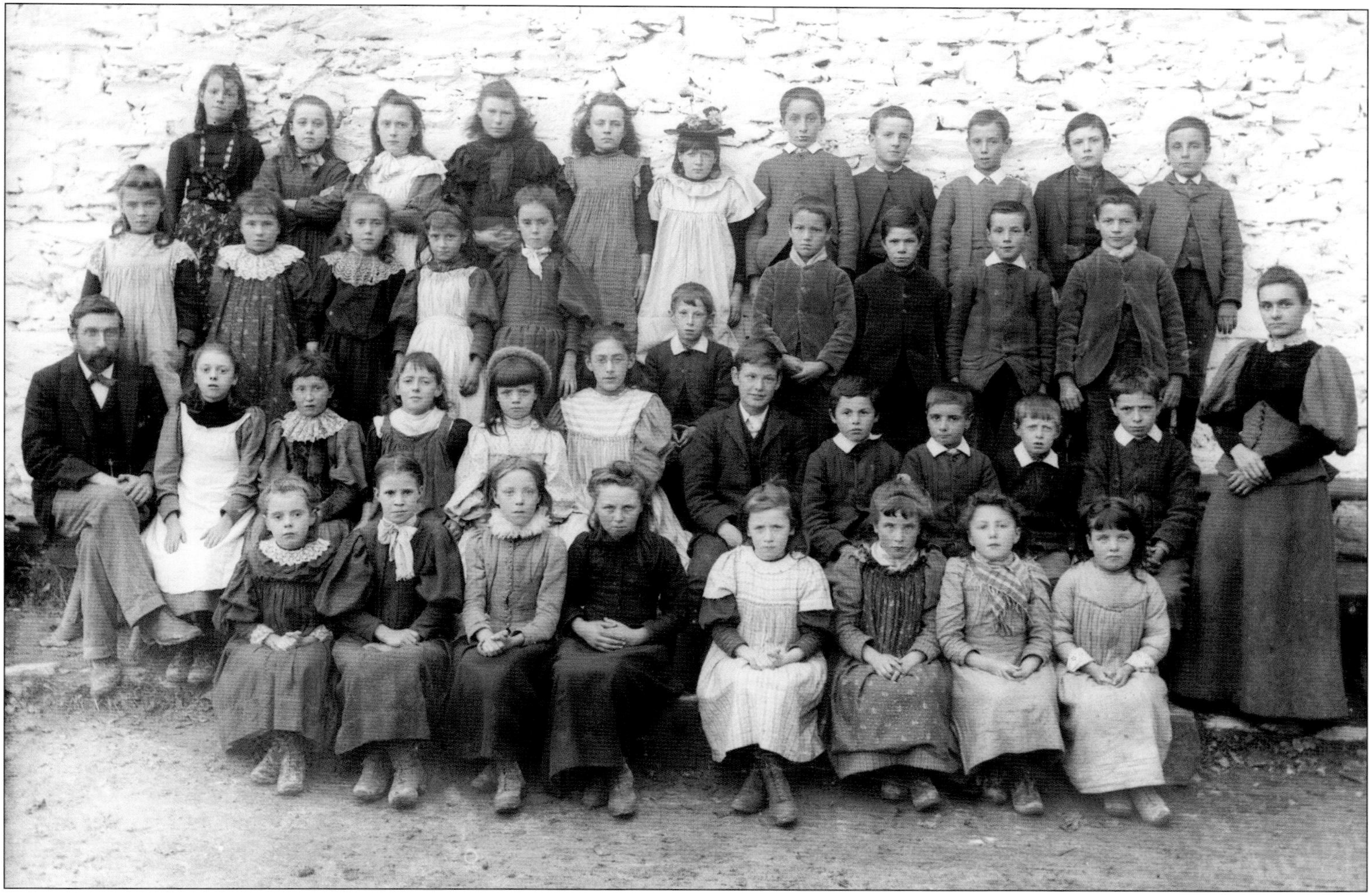

Plant ac athrawon Ysgol Betws yn Rhos, sir Conwy, 1899. Ysgol a sefydlwyd gan y Gymdeithas Genedlaethol, corff Anglicanaidd, oedd hon, ond byddai llawer o'r plant yn dod o gefndir anghydffurfiol. Cymraeg fyddai iaith eu cartref ond addysg trwy gyfrwng y Saesneg a gafwyd yn y dyddiau hynny. Yn ôl adroddiad diweddar, Cymraeg yw iaith aelwydydd 41 y cant o'r plant heddiw ond mae'r plant di-Gymraeg yn dysgu'r iaith yn yr ysgol.

Children and teachers at Betws yn Rhos School, Conwy, 1899. This was a school established by the National Society, an Anglican body, but many of the children would have come from a nonconformist background. Welsh would have been their first language but they were taught through the medium of English at that time. According to a recent report, 41 per cent of the children come from Welsh-speaking homes but the non-Welsh-speaking children learn the language in school.

(John Thomas, 1899)

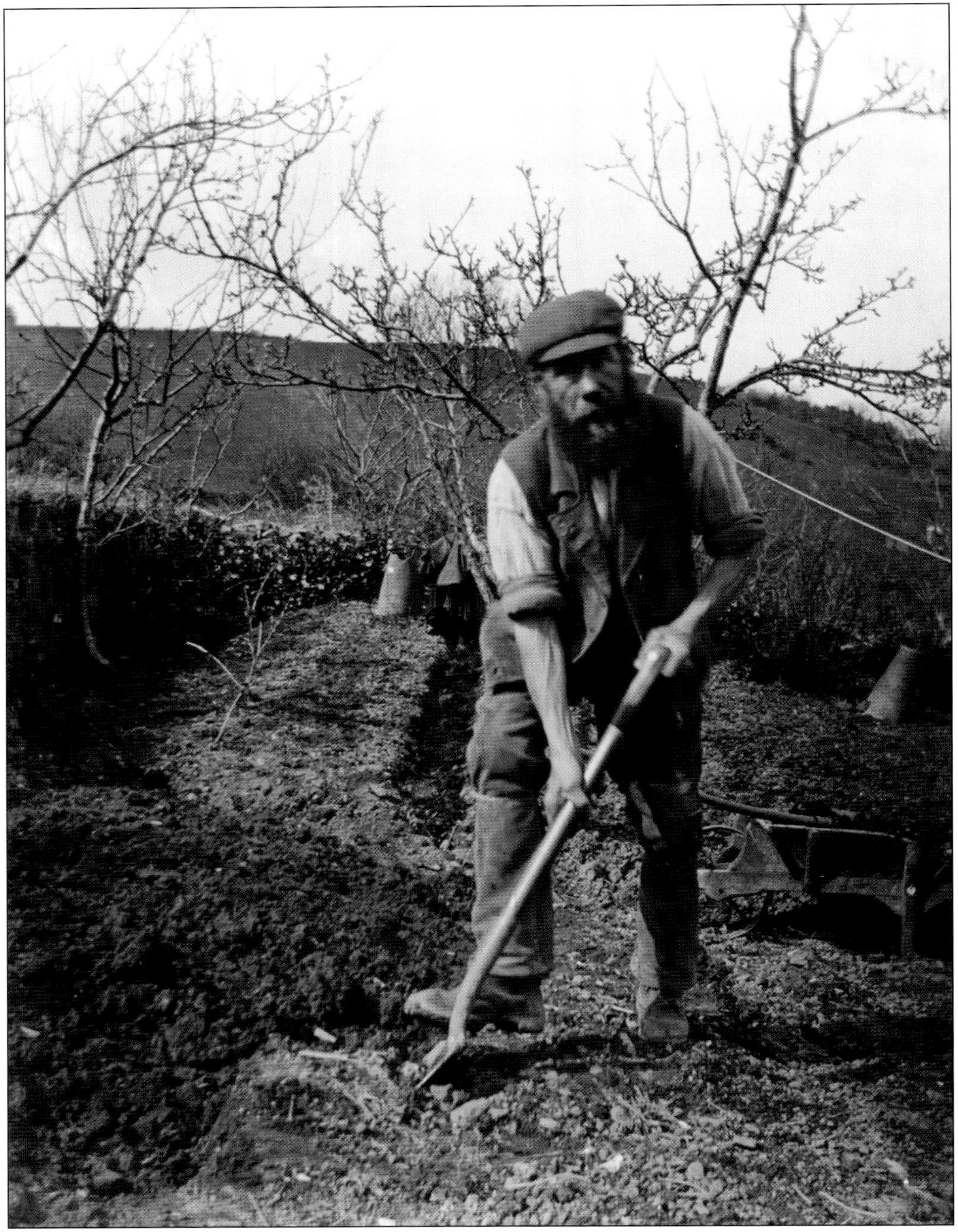

Roedd tyfu llysiau yn yr ardd yn gyfle i ychwanegu at y bwyd a oedd ar gael i'w goginio. Daeth hefyd yn ddiddordeb i lawer, fel y tystia'r sioeau garddwriaethol a gynhaliwyd mewn pentrefi ar hyd a lled y wlad.

Growing vegetables in the garden added to the food available for cooking. It also became an interest to many, as the horticultural shows held in villages throughout the country testify.

(Percy Lloyd, c.1910)

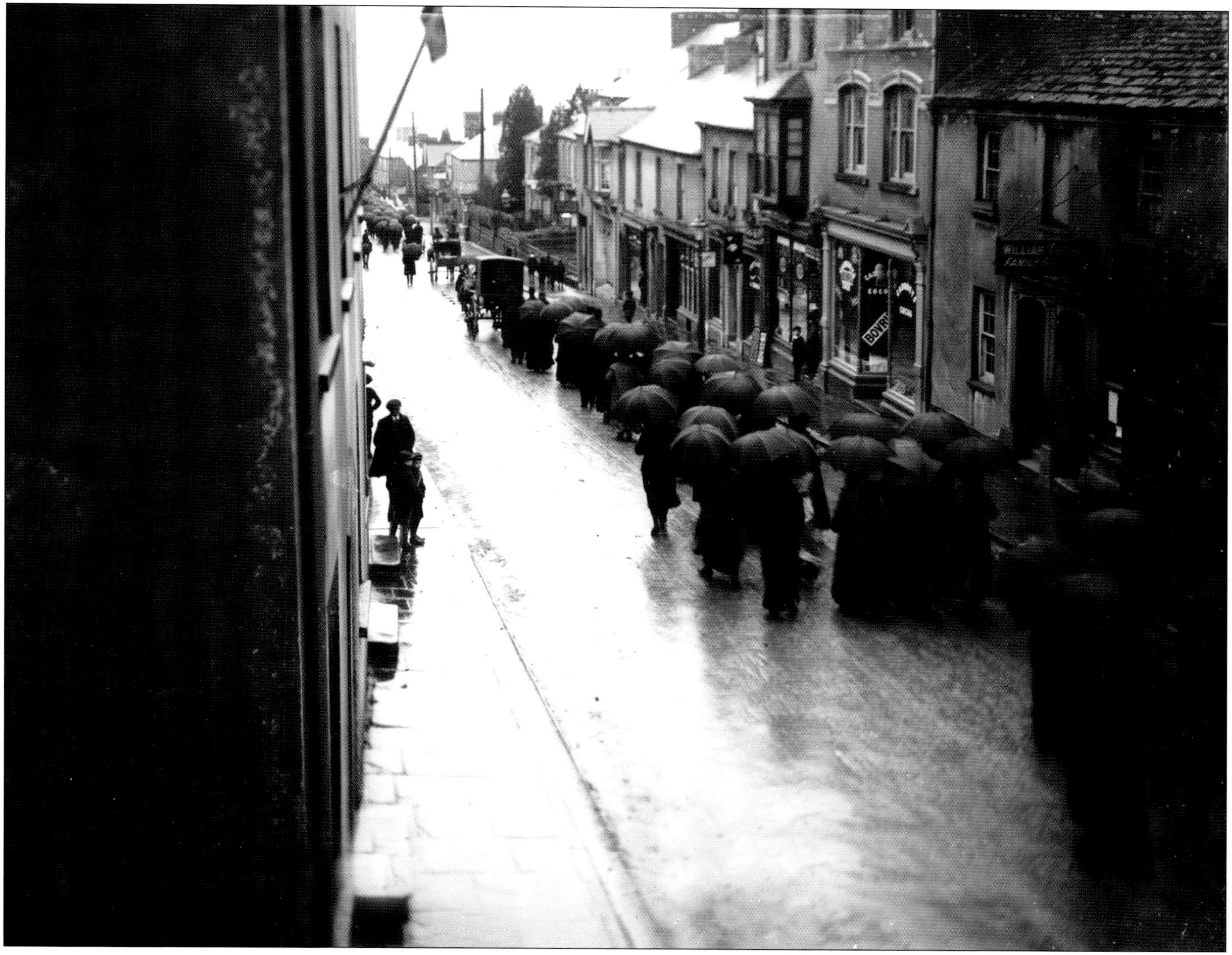

Y daith olaf – gorymdaith angladdol yn Llandeilo, sir Gaerfyrddin, tua 1920.

The final journey – a funeral procession in Llandeilo, Carmarthenshire, about 1920.

(D C Harries, c.1920)

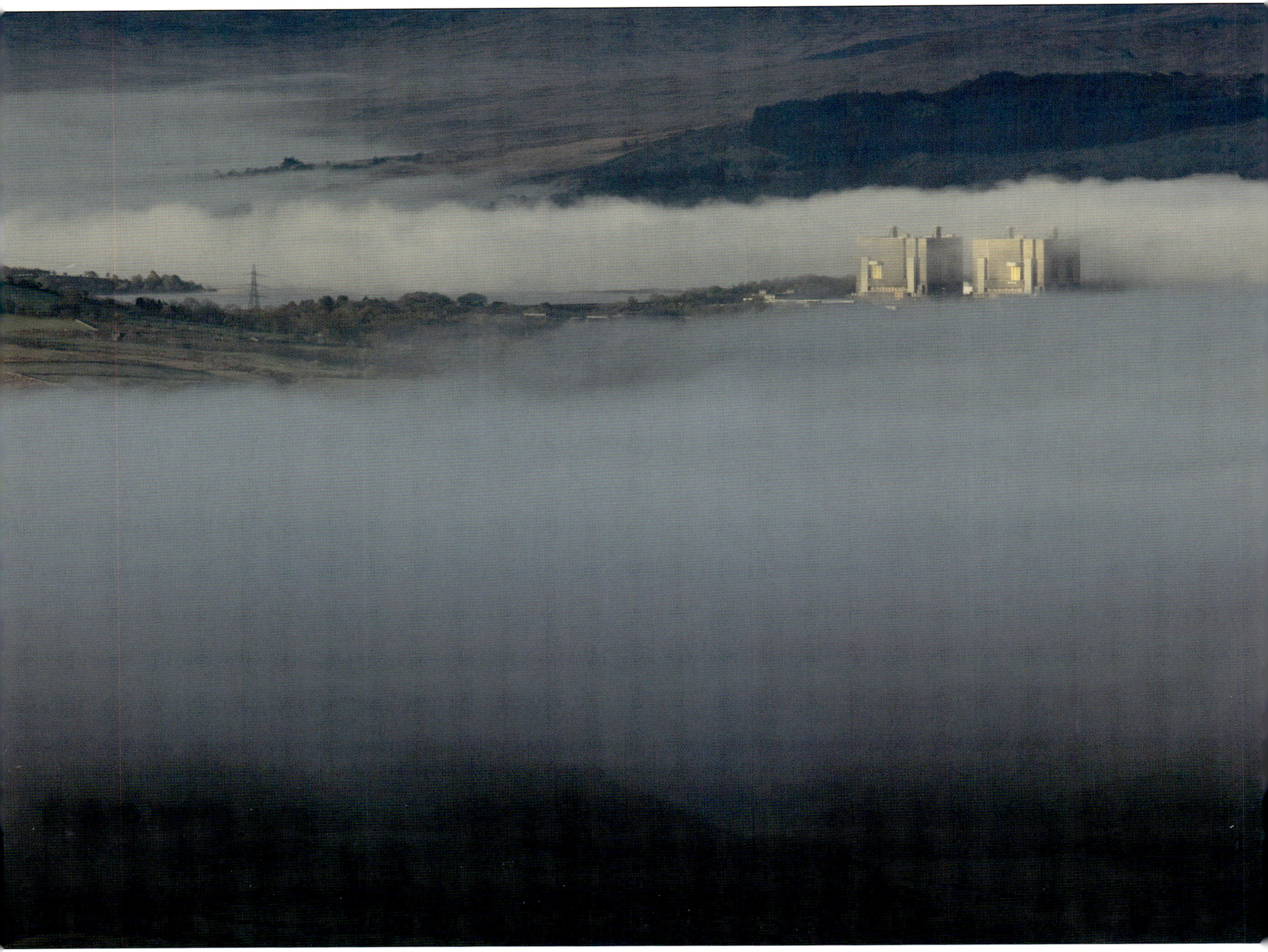

(Rory Trappe, 2010)

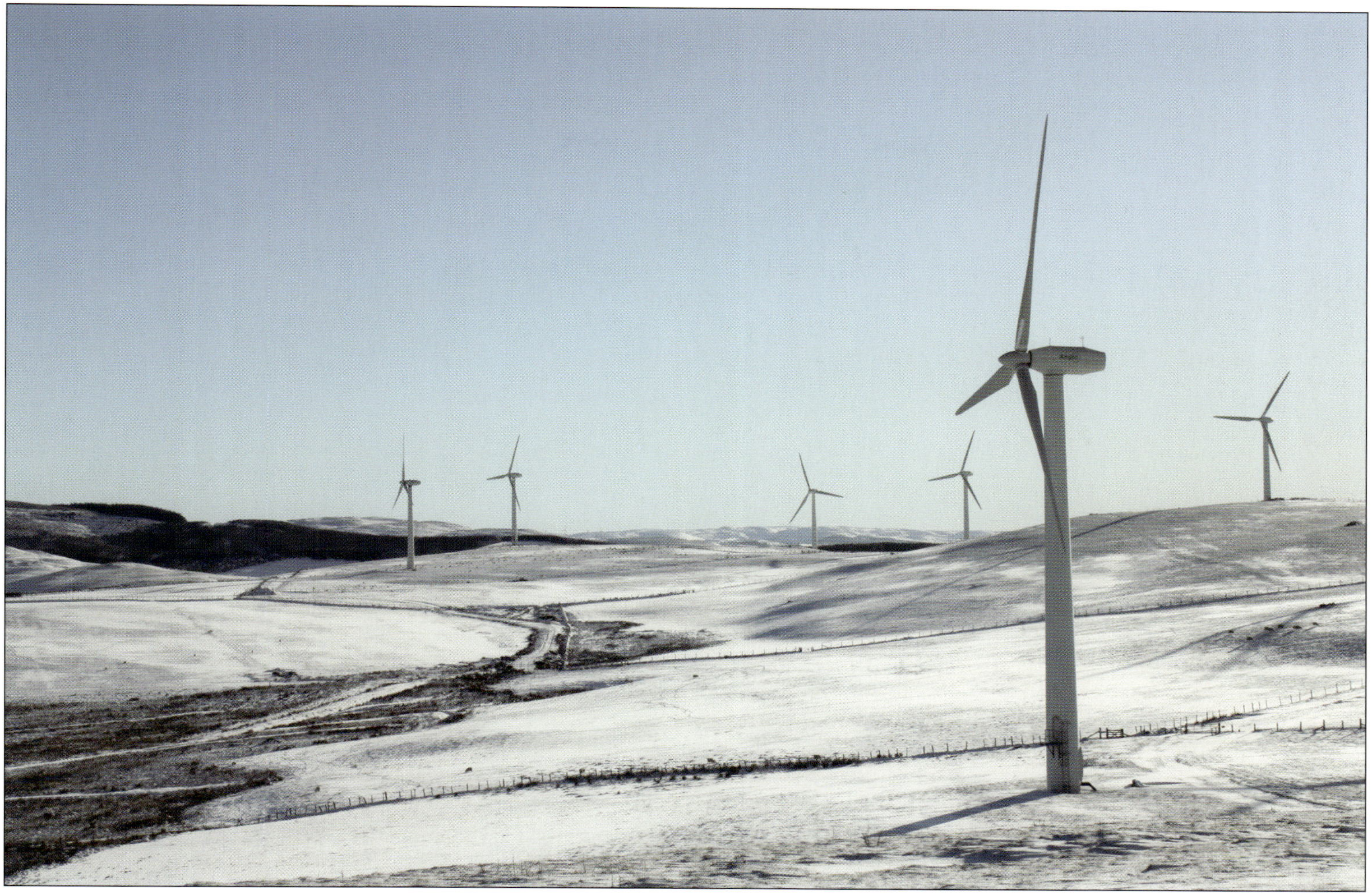

Adeiladwyd pwerdy niwclear Trawsfynydd yng nghanol cefn gwlad Gwynedd yn ystod y 1960au, gan gynhyrchu trydan am gyfnod o chwarter canrif, cyn cael ei ddatgomisiynu yn 1991 (chwith). Serch hynny, oherwydd peryglon ynni niwclear, bydd yr adeilad yn sefyll am flynyddoedd lawer eto. Nid oes peryglon felly yn achos y ffermydd gwynt a godwyd mewn ardaloedd mynyddig, fel Mynydd Gorddu yng Ngheredigion (uchod), er bod cwynion eu bod yn anharddu'r wlad ac yn cynhyrchu ychydig o drydan o'i gymharu â phwerdai niwclear.

The Trawsfynydd nuclear powerstation was built in the Gwynedd countryside during the 1960s, producing electricity for a quarter of a century, before being decommissioned in 1991 (left). However, because of the dangers of nuclear power, the building will stand for many years to come. There are no such dangers in the case of the wind farms built in highland areas, such as Mynydd Gorddu in Ceredigion (above), although there are complaints that they are unsightly and produce little electricity in comparison to nuclear powerstations.

(Gwyn Jenkins, 2010)

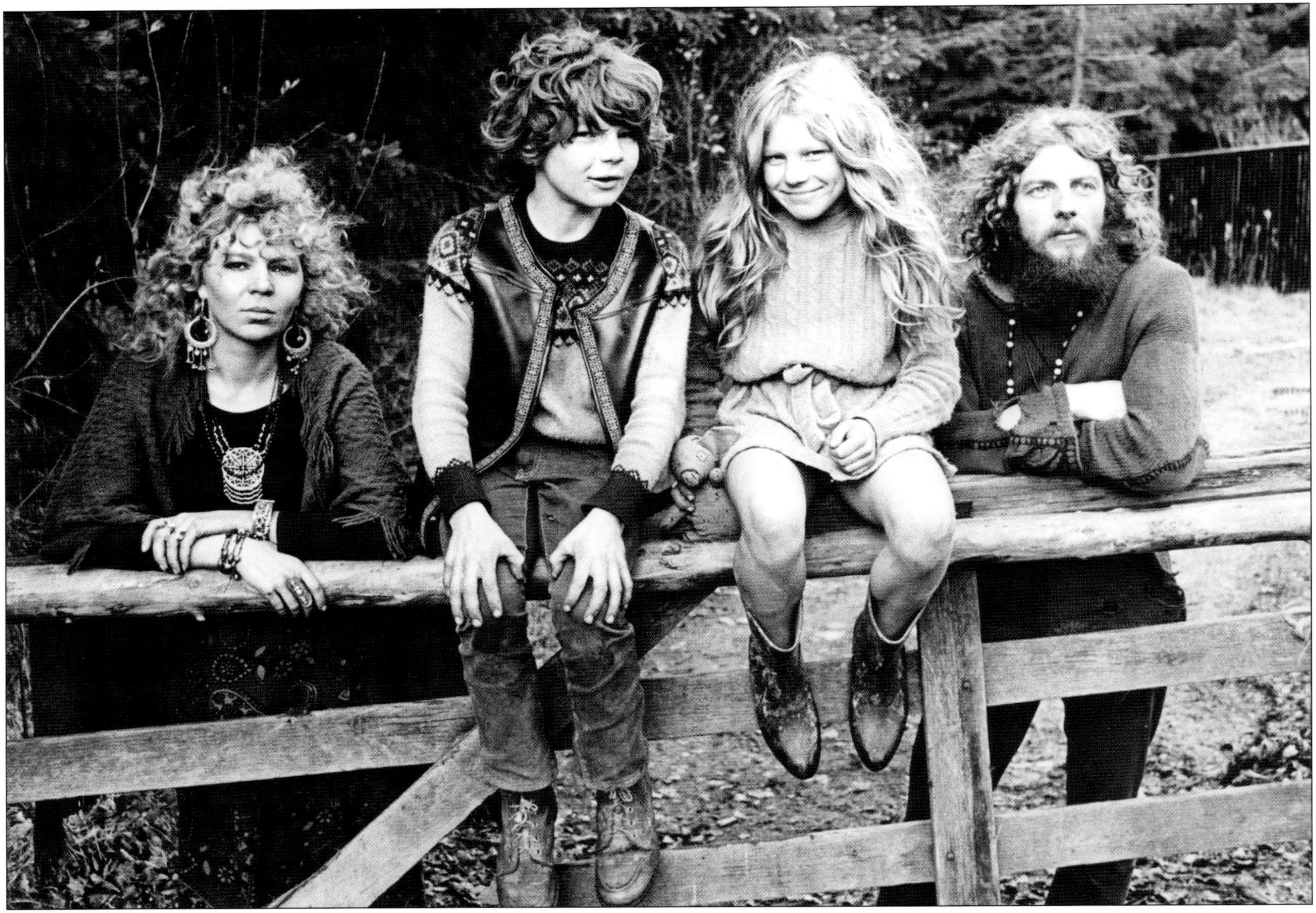

O'r 1960au ymlaen, gwelwyd mewnlifiad sylweddol o Saeson (yn bennaf) i gefn gwlad Cymru. Roedd llawer ohonynt yn chwilio am fywyd syml, iach a gwyrdd ei natur, ymhell o bwysau'r ddinas. Ymdoddodd rhai teuluoedd i'r gymuned leol a sicrhau bod eu plant yn dysgu'r Gymraeg.

From the 1960s onwards, there was considerable in-migration of English people (in the main) to rural Wales. Many of them were searching for a simple, healthy and green lifestyle, far from the pressures of the city. Some of the families integrated into the local community and ensured that their children learnt Welsh.

(Raymond Daniel, c.1970)

Hela, hamdden a digwyddiadau

Hunting, leisure and events

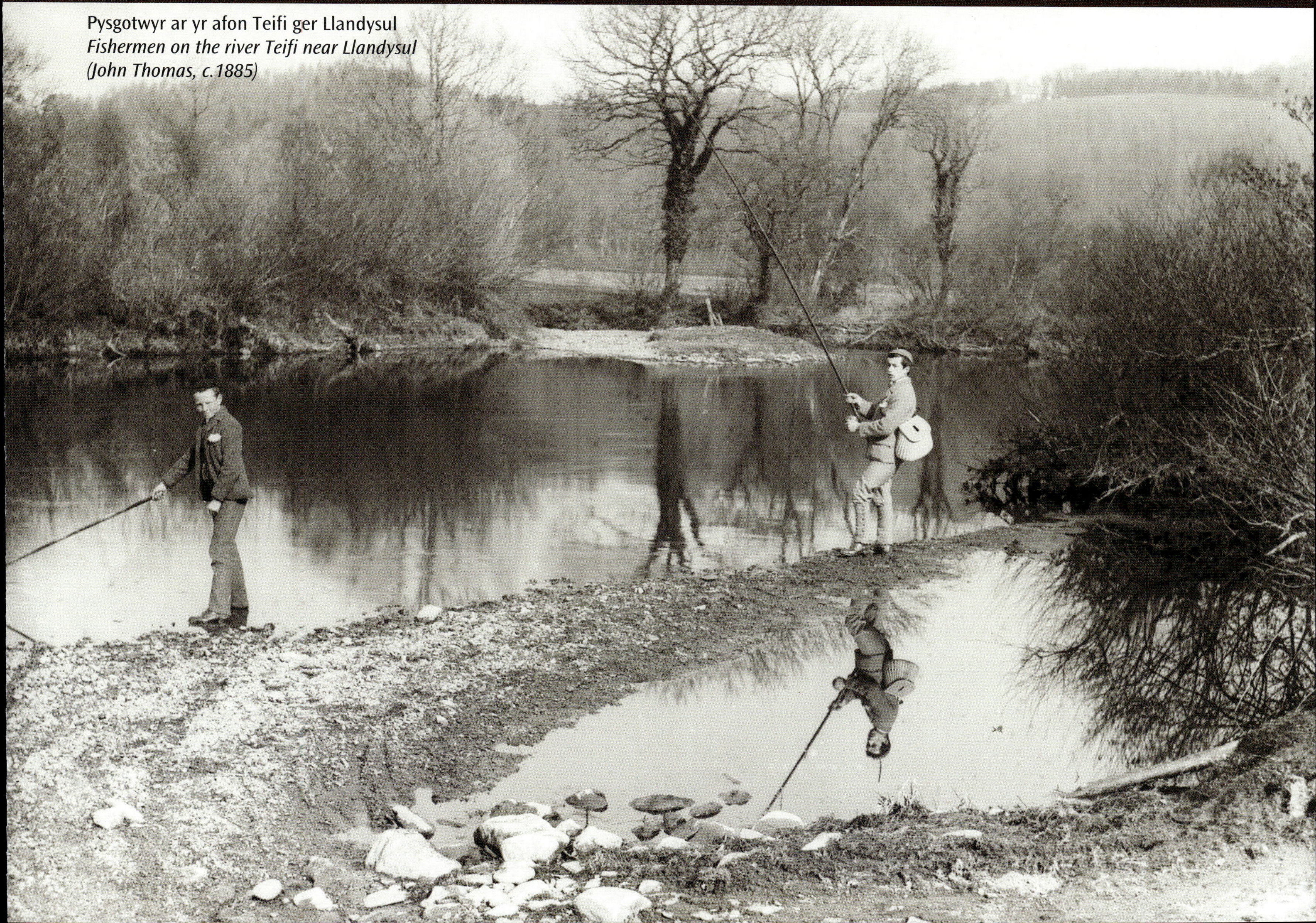

Pysgotwyr ar yr afon Teifi ger Llandysul
Fishermen on the river Teifi near Llandysul
(John Thomas, c.1885)

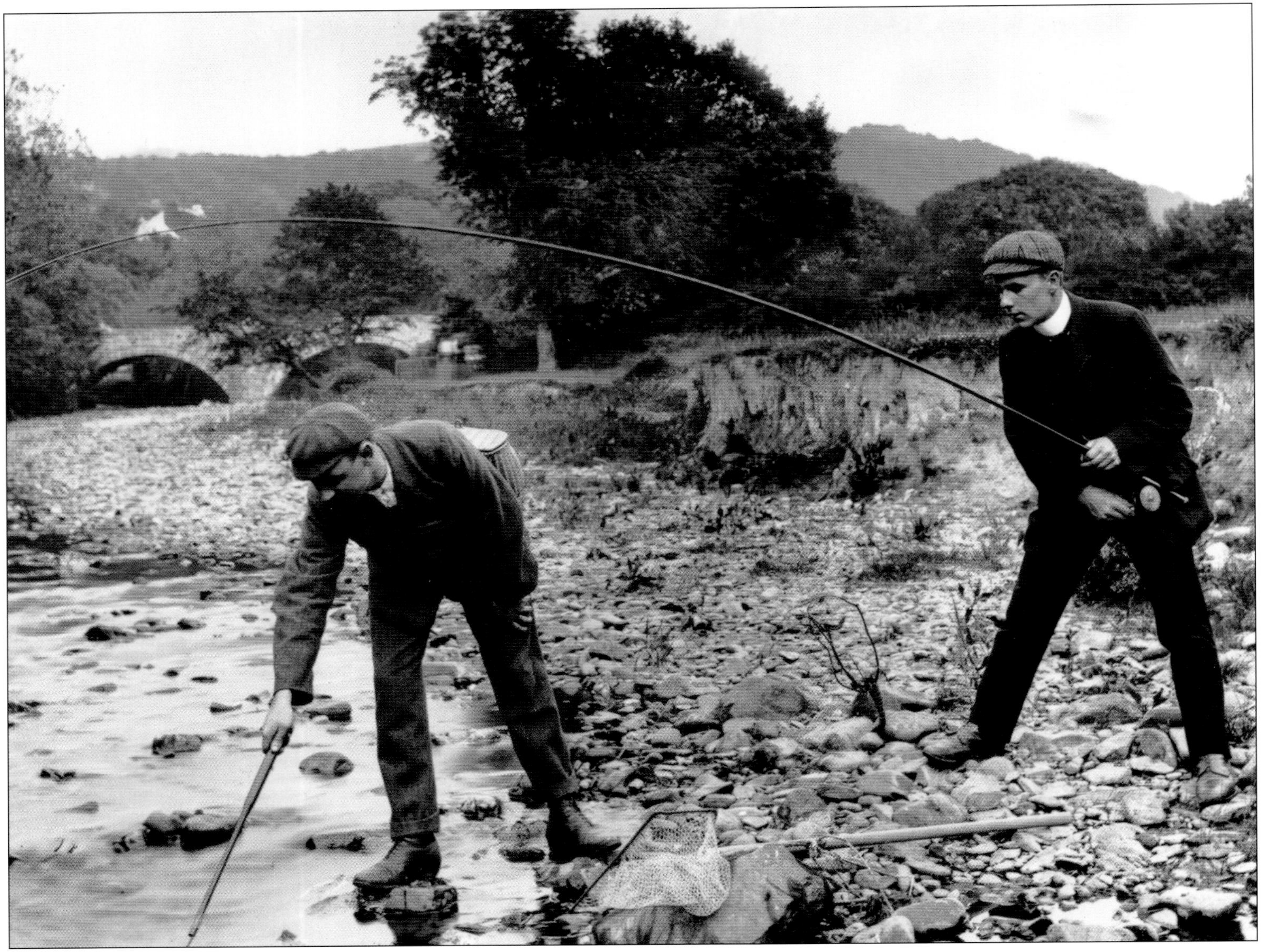

Gan fod pysgotwyr ymhlith disgyblion Iesu Grist, efallai nad yw'n rhyfedd gweld yr offeiriad hwn yn pysgota ar lan yr afon Aeron, Ceredigion, tua 1910.

As fishermen were among Christ's disciples, perhaps it is not surprising to see this clergyman fishing on the river Aeron, Ceredigion, about 1910.

(Percy Lloyd, c.1910)

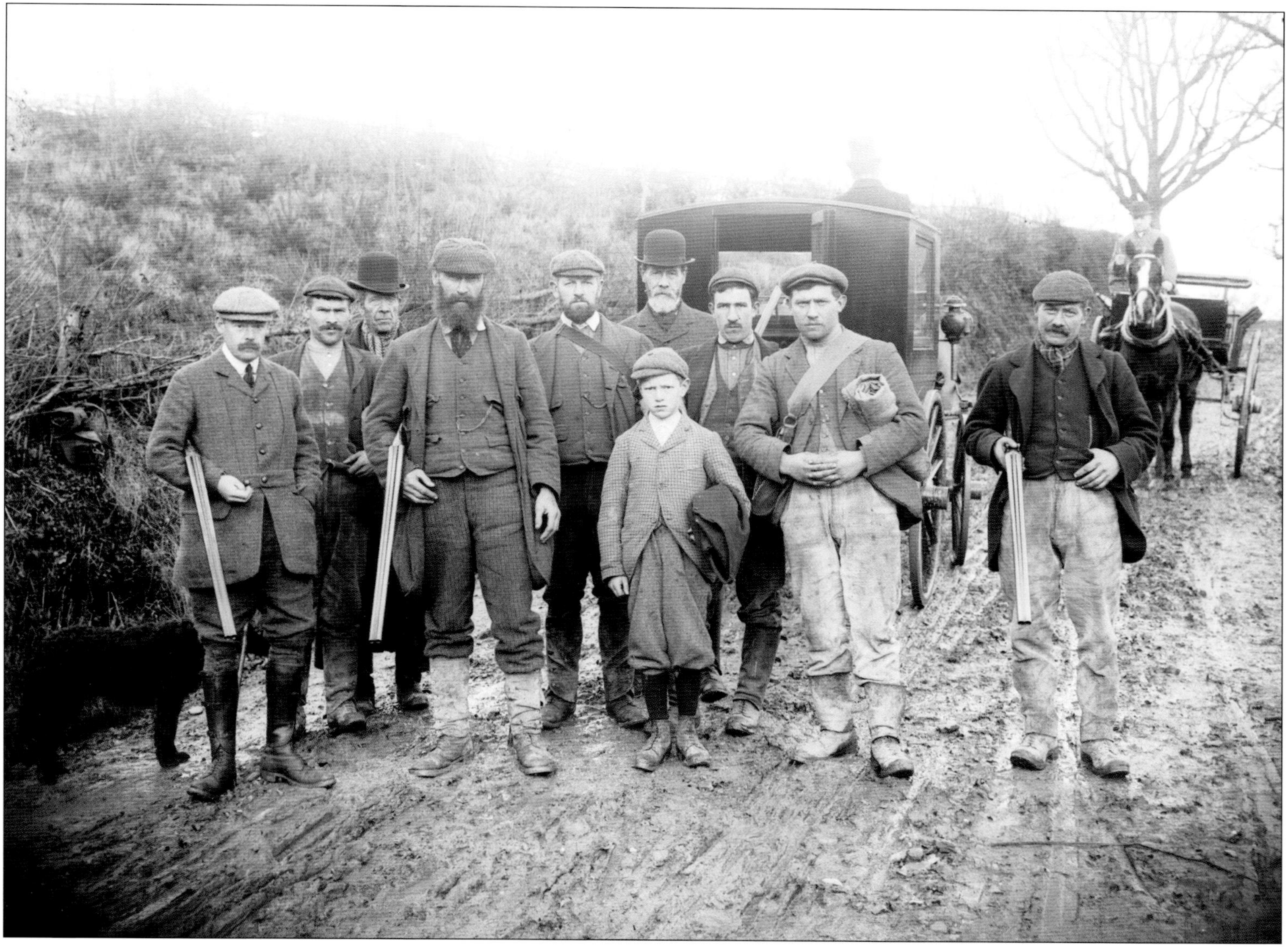

Grŵp o helwyr ar stad Gelli Aur, sir Gaerfyrddin, tua 1920. Yn draddodiadol roedd disgwyl i'r tenant guro coed tra bod y landlord yn saethu; efallai y câi gwningen am y drafferth, ond nid os oedd sach y landlord yn wag.

A group of hunters on the Golden Grove estate, Carmarthenshire, about 1920. Traditionally it was expected that the tenant would beat the trees while the landlord was shooting; perhaps he would receive a rabbit for his trouble, but not if the landlord's sack was empty.

(D C Harries, c.1920)

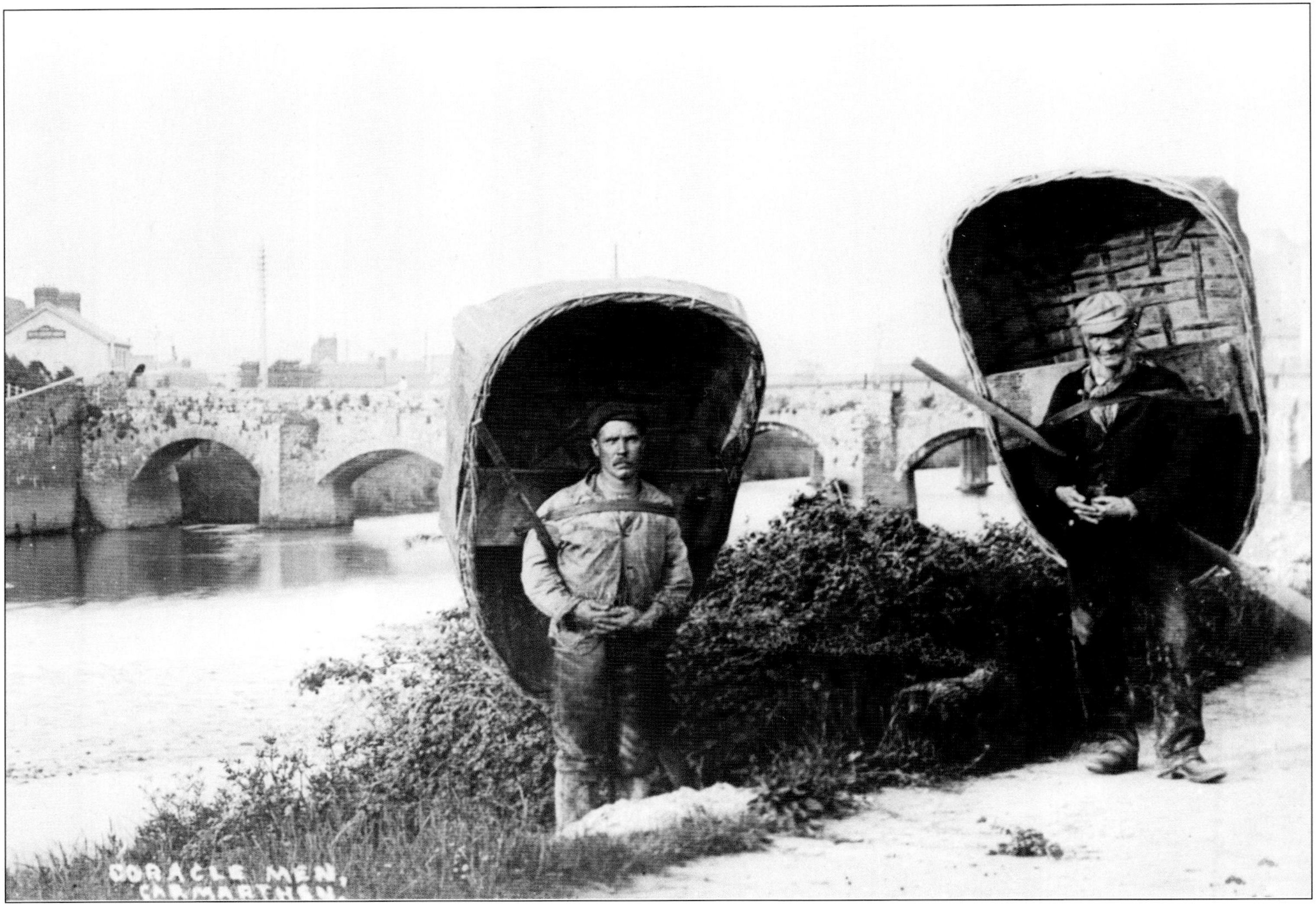

Mae hen draddodiad o bysgota o gwrwgl ym Mhrydain ac Iwerddon ond cysylltir y dull hwn o bysgota yn bennaf gydag afonydd Teifi, Tywi a Thaf. Oherwydd ysgafnder y deunydd a ddefnyddiwyd i adeiladu'r cyryglau, roeddent yn rhwydd i'w cludo, fel yn achos y ddau yma ger yr afon Tywi, sir Gaerfyrddin, tua 1910.

There is an old tradition of fishing from a coracle in Britain and Ireland but this method of fishing is mostly associated with the rivers Teifi, Tywi and Taf. Because of the lightness of the material used to build coracles, they were easy to carry, as seen in the case of these two by the river Tywi, Carmarthenshire, about 1910.

(Stiwdio Excelsior Studios, c.1910)

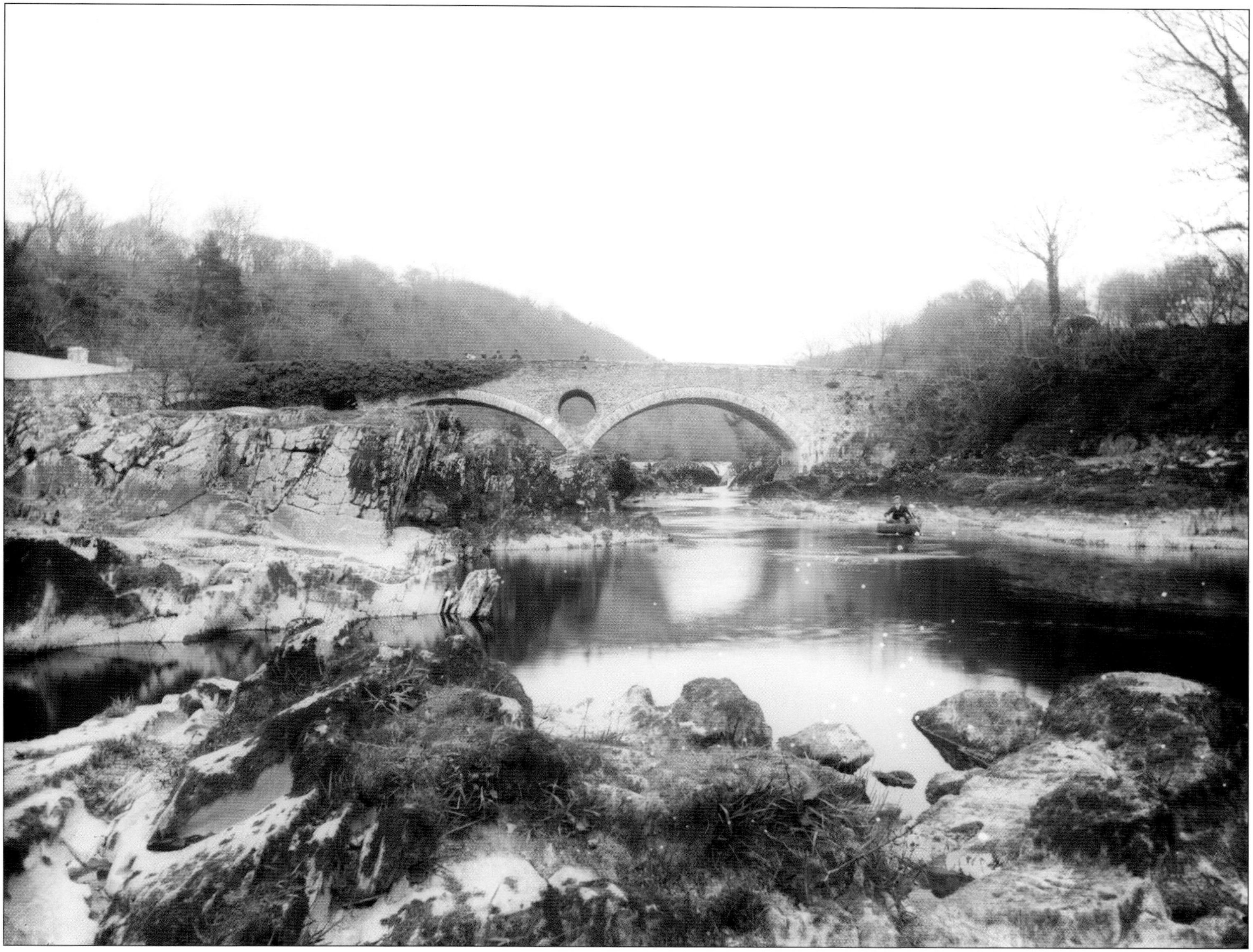

Cyryglwr unig ar yr afon Teifi, ger pont Cenarth, tua 1885. Mae amgueddfa ym mhentref Cenarth, sir Gaerfyrddin, yn adrodd hanes y cwrwgl.

A lonely coracleman on the river Teifi, near Cenarth bridge, about 1885. There is a museum in Cenarth, Carmarthenshire, which tells the story of coracles.

(John Thomas, c.1885)

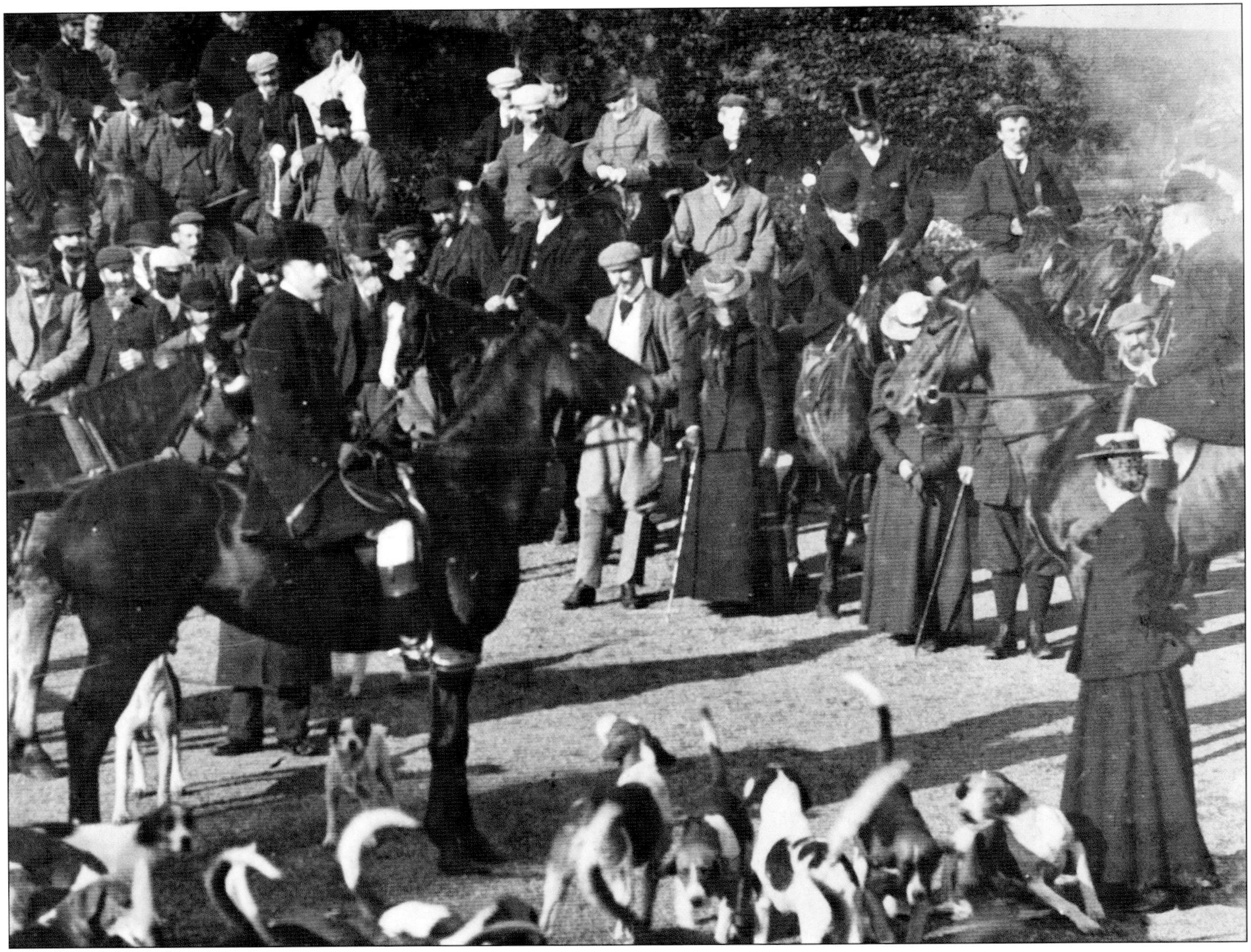

Roedd 'cotiau coch Gogerddan' yn enwog ac mae'r helfa hon yn cael ei harwain gan heliwr brwd o'r teulu gyda'r enw anarferol, Pryse Pryse Pryse, Lodge Park, ger Tre'rddôl, Ceredigion. Gwaetha'r modd, yn ystod helfa ar 23 Rhagfyr 1899, fe ddihangodd llwynog lawr twll ac, wrth geisio cael gafael arno, brathwyd Pryse yn ei law. Ar 9 Ionawr 1900, bu farw'r heliwr o wenwyn gwaed.

The 'Gogerddan redcoats' were famous and this hunt was led by the enthusiastic hunter with the unusual name, Pryse Pryse Pryse, Lodge Park, near Tre'rddôl, Ceredigion. Unfortunately, during a hunt on 23 December 1899, a fox escaped down a hole and, in trying to grab it, Pryse was bitten on his hand. On 9 January 1900, the hunter died of blood poisoning.

(E O Jones, c.1897)

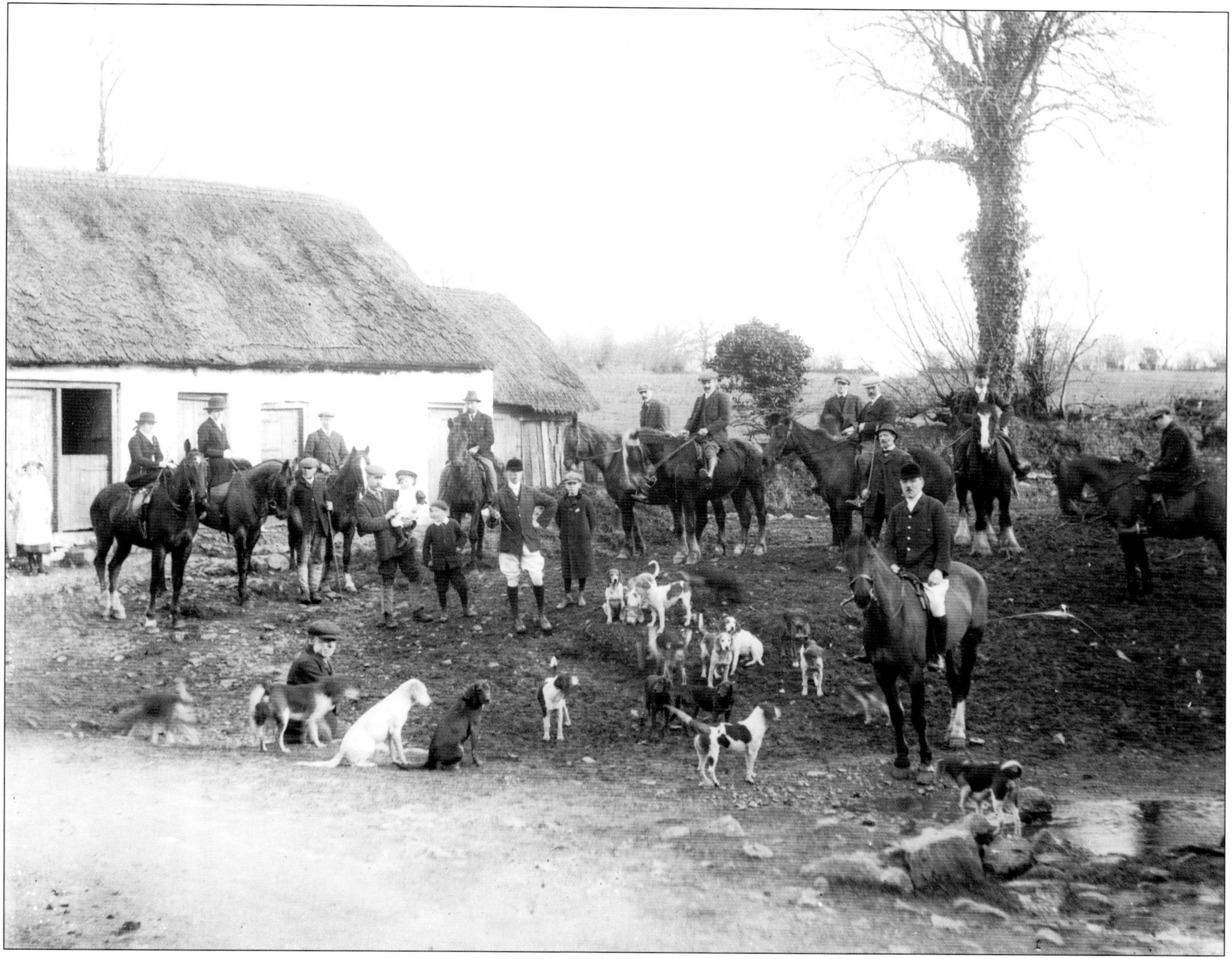

Helfa yn sir Gaerfyrddin, tua 1910.

A hunt in Carmarthenshire, about 1910.

(D C Harries, c.1910)

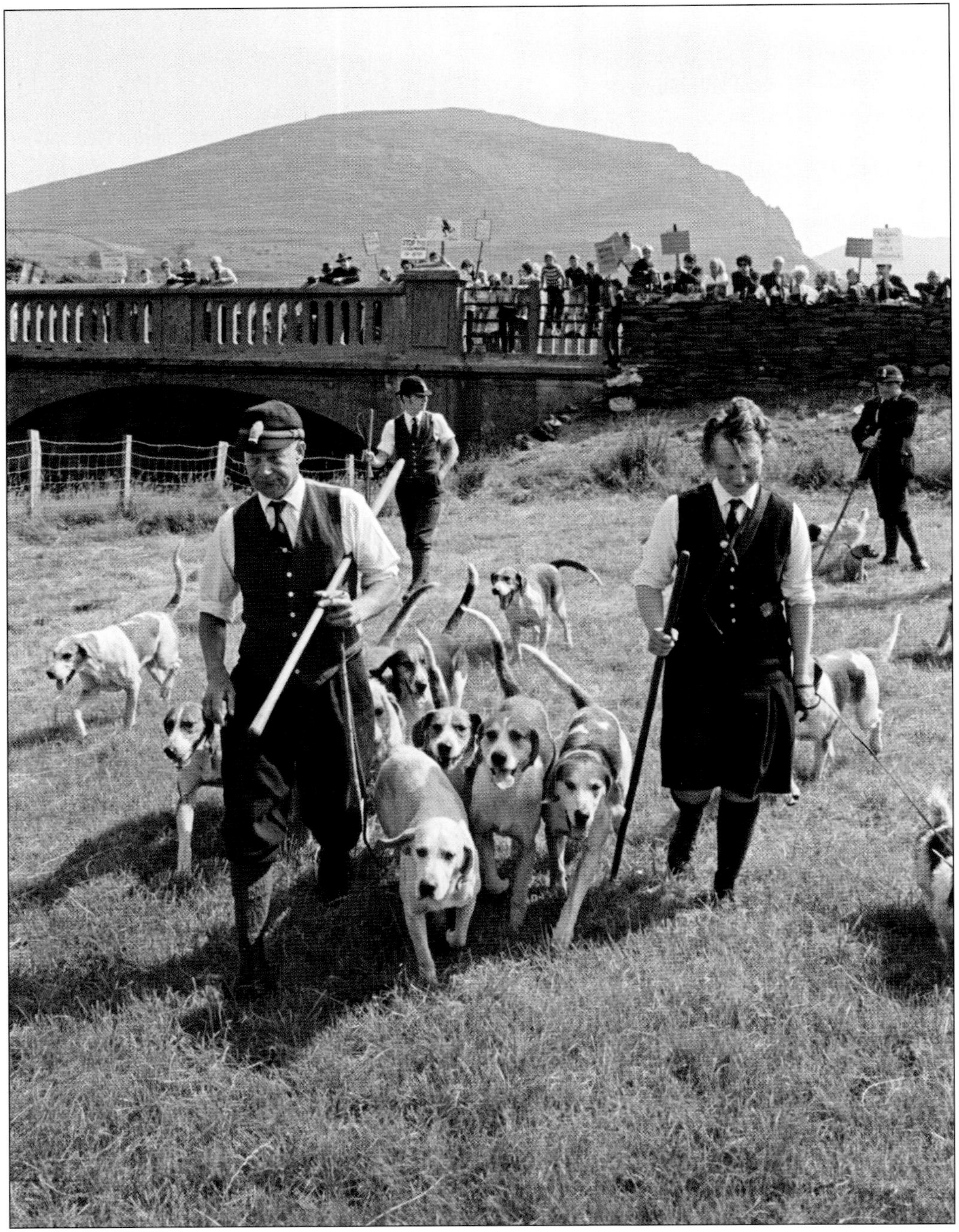

Cafwyd gwrthwynebiad i bob math o hela yn ystod yr 20fed ganrif gan brotestwyr a ystyriai hela anifeiliaid yn ymarfer creulon. Penllanw hyn oedd gwahardd hela llwynogod â chŵn yn 2005. Daeth yn anghyfreithlon i hela dyfrgwn yn 1978, ddeng mlynedd wedi i'r brotest hon gael ei chynnal yng Ngwynedd yn 1968.

There was opposition to all types of hunting during the 20th century from protesters who considered hunting animals to be a cruel sport. The culmination of this was the ban on foxhunting with dogs in 2005. It became illegal to hunt otters in 1978, ten years after this protest was held in Gwynedd in 1968.

(Geoff Charles, 1968)

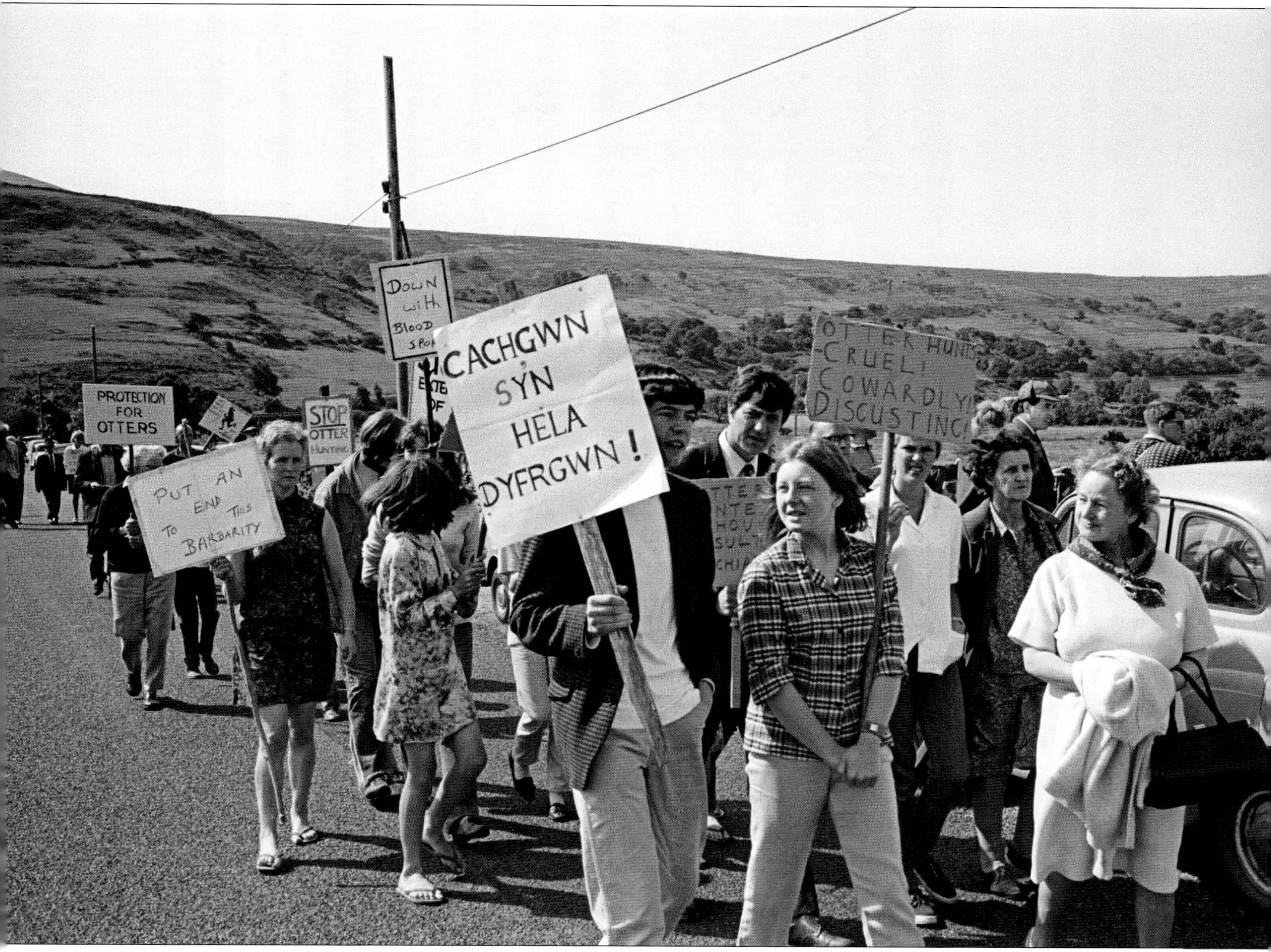
PROTECTION FOR OTTERS
Down with Blood
STOP OTTER Hunting
PUT AN END TO THIS BARBARITY
CACHGWN SY'N HELA DYFRGWN!
OTTER HUNTS CRUEL! COWARDLY! DISGUSTING

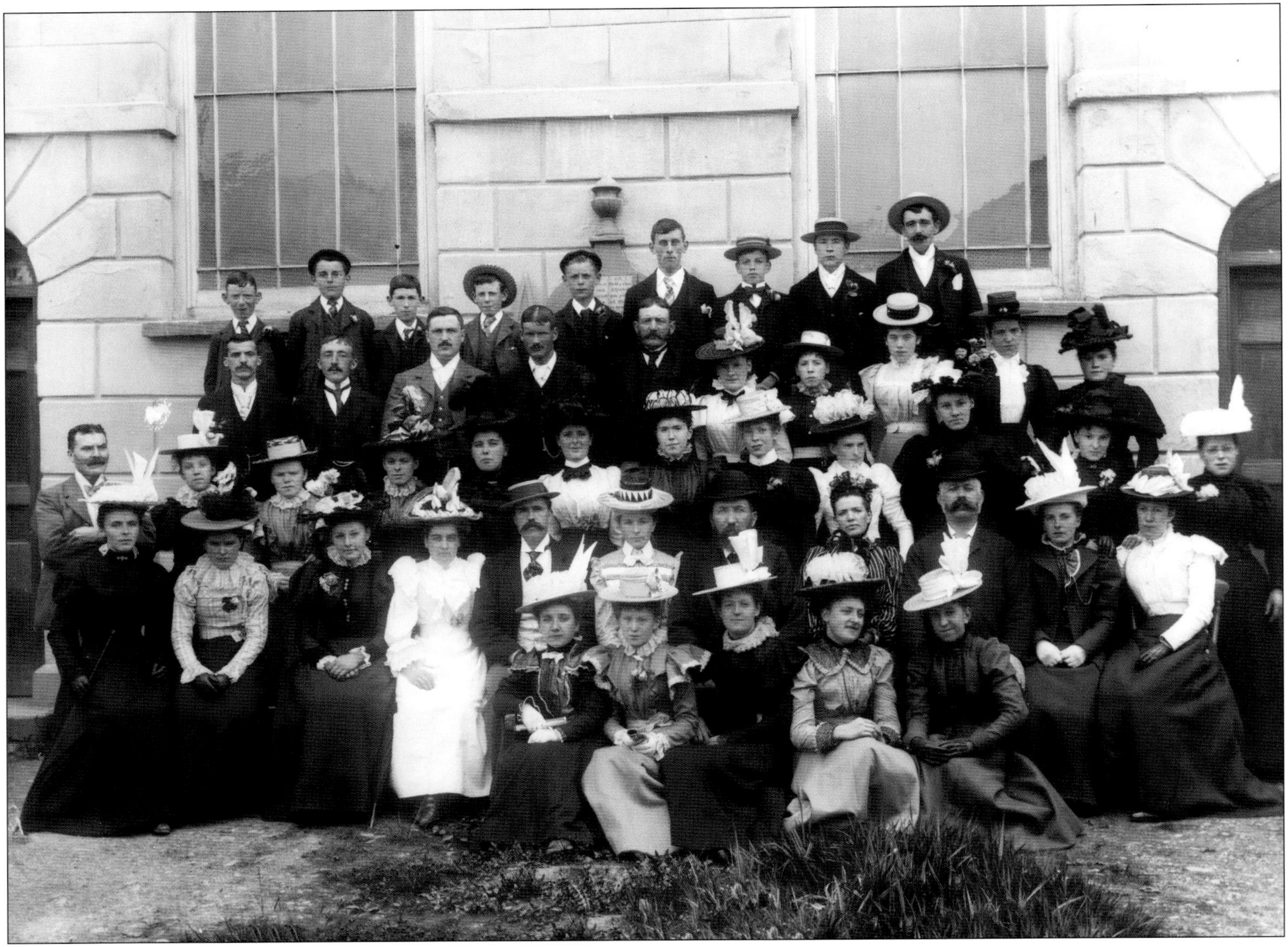

Datblygodd traddodiad corawl cryf yng Nghymru yn y 19eg ganrif. Yn aml roedd corau fel hwn, sef côr capel y Tabernacl, Llanymddyfri, sir Gaerfyrddin, yn gysylltiedig â chapel. Mae'n amlwg fod gwisgo hetiau crand hefyd yn rhan o'r traddodiad.

A strong tradition of choral singing developed in Wales during the 19th century. Often choirs such as this one, the Tabernacl chapel choir, Llandovery, Carmarthenshire, were associated with the chapel. It is obvious that wearing splendid hats was also a part of the tradition.

(John Thomas, 1898)

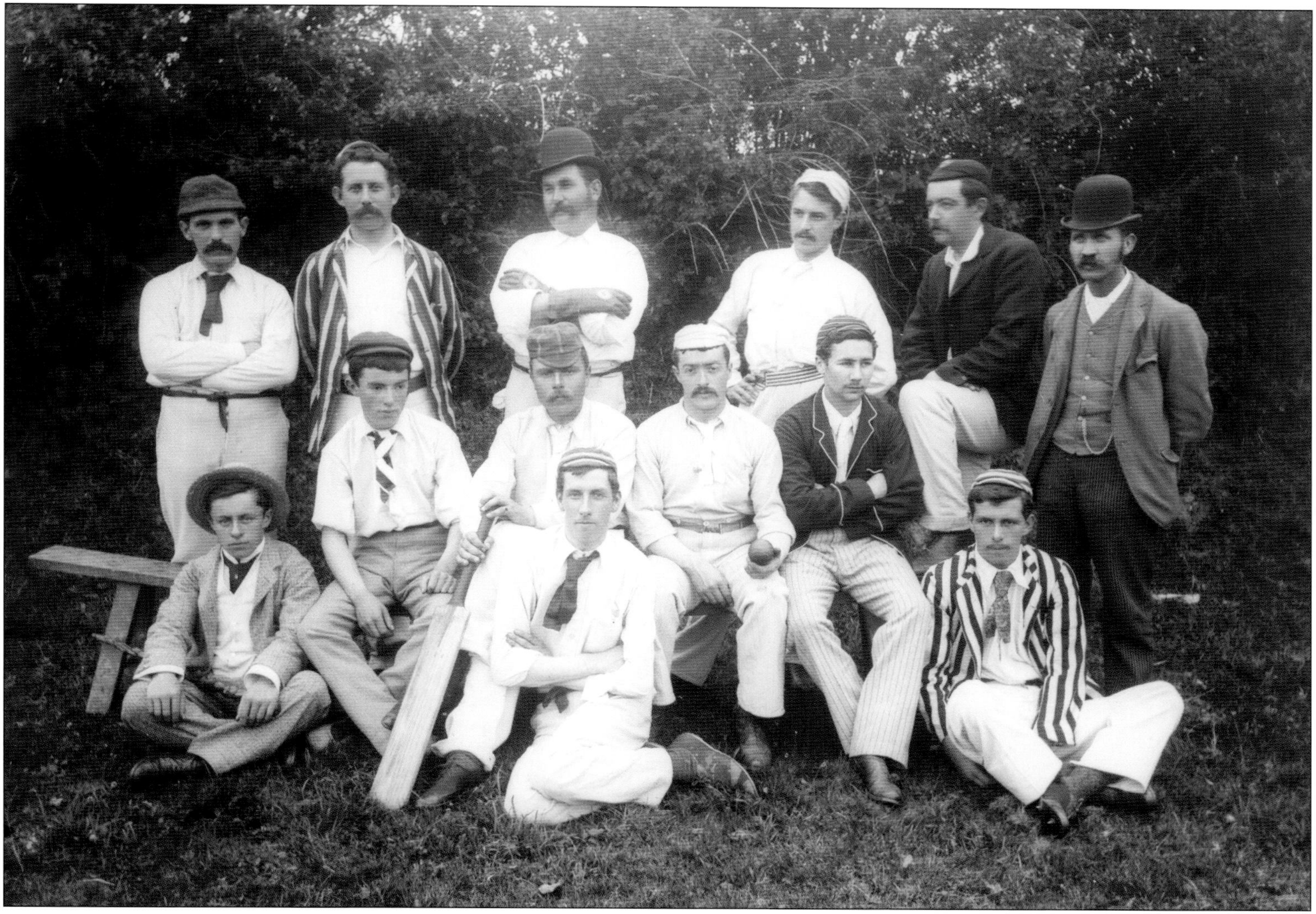

Yn ystod y 19eg ganrif cyflwynwyd campau newydd i Gymru, llawer ohonynt, fel criced, yn deillio o ysgolion bonedd Lloegr. Mae'n debyg mai'r boneddigion fyddai'n agor y batio a'r bowlio yn nhîm Castell-newydd Emlyn yn 1893, ond ceir llai o wahaniaethau dosbarth ymhlith timau criced cefn gwlad heddiw nag oedd ganrif yn ôl.

During the 19th century new sports were introduced to Wales, many of them, like cricket, emanating from English public schools. It is likely that the gentlemen would open the batting and the bowling in the Newcastle Emlyn team in 1893, but there are fewer class differences in rural cricket teams now than in days gone by.

(John Thomas, 1893)

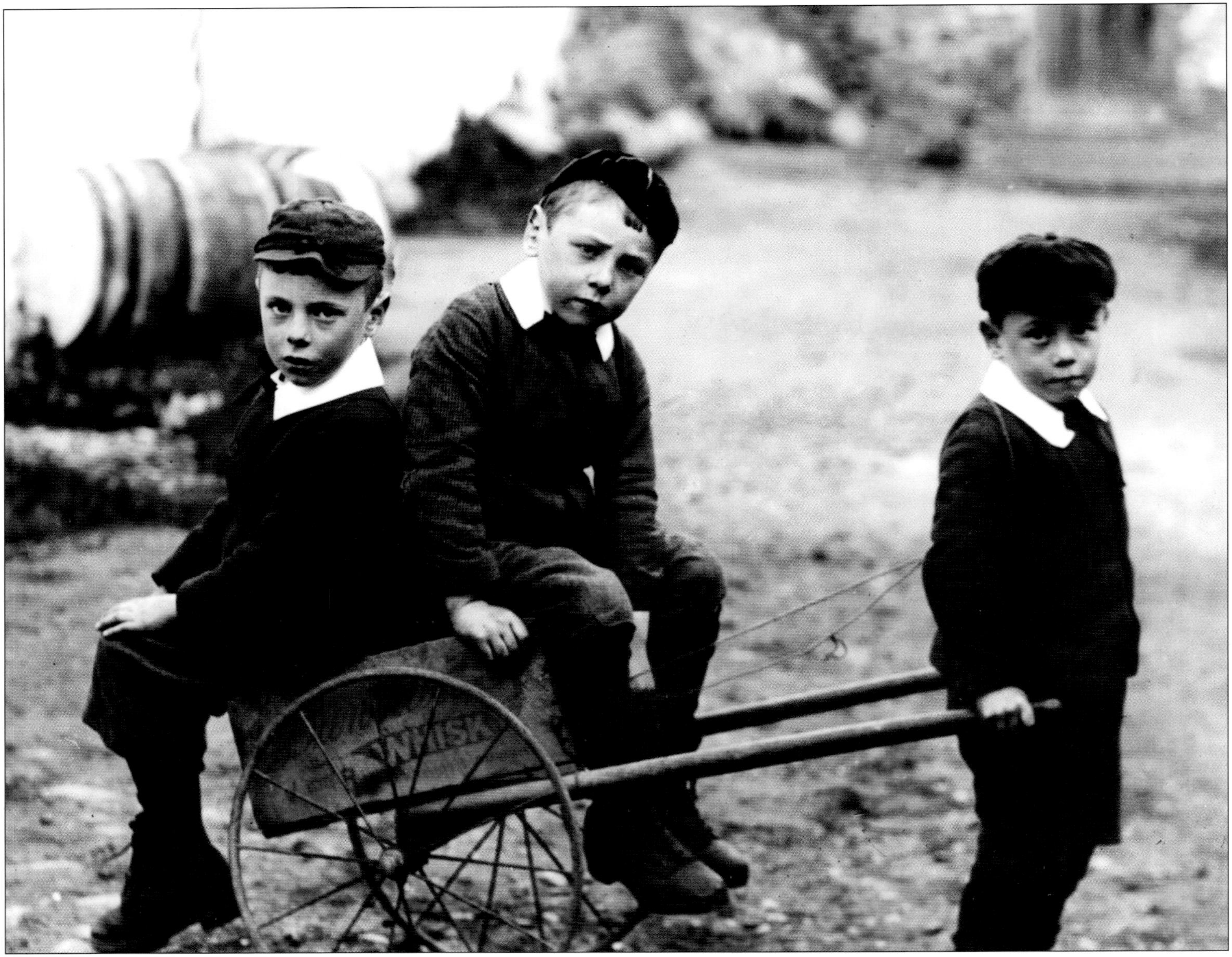

Golygfa oesol o blant yn cael hwyl wrth chwarae, y tro hwn yn Aberaeron, Ceredigion.

A timeless scene of children having fun at play, this time in Aberaeron, Ceredigion.

(Percy Lloyd, c.1900)

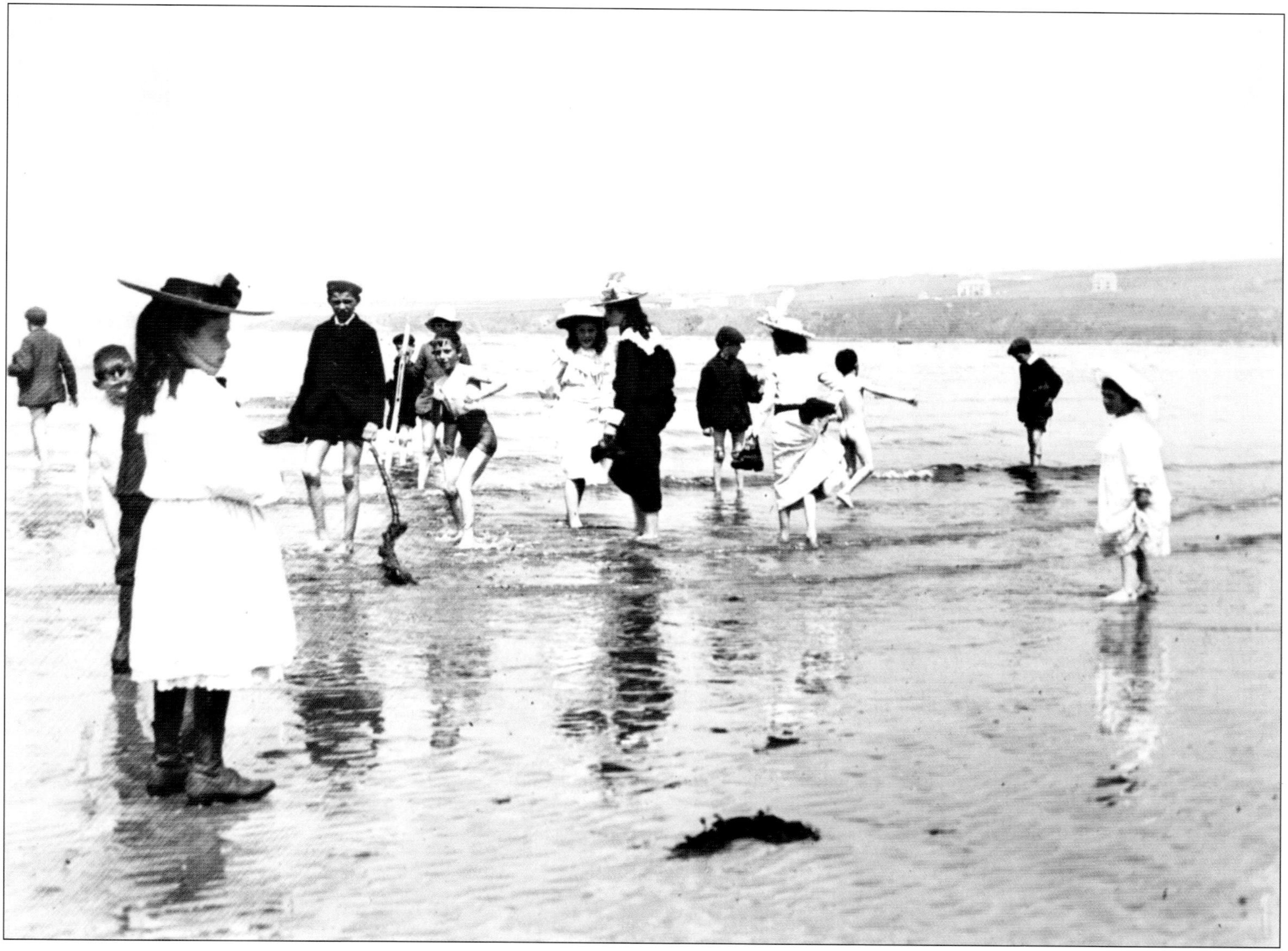

Uchafbwynt y flwyddyn i lawer oedd trip yr Ysgol Sul i lan y môr. Dyma blant Ysgol Sul capel y Bedyddwyr, Mount Zion, Aberteifi, yn mwynhau chwarae ar draeth Poppit, ger Llandudoch, sir Benfro, tua 1900.

The highlight of the year for many was the Sunday School trip to the seaside. Here are the Sunday School children of Mount Zion Baptist chapel, Cardigan, enjoying playing on the beach at Poppit, near Llandudoch, Pembrokeshire, about 1900.

(Tom Mathias, c.1900)

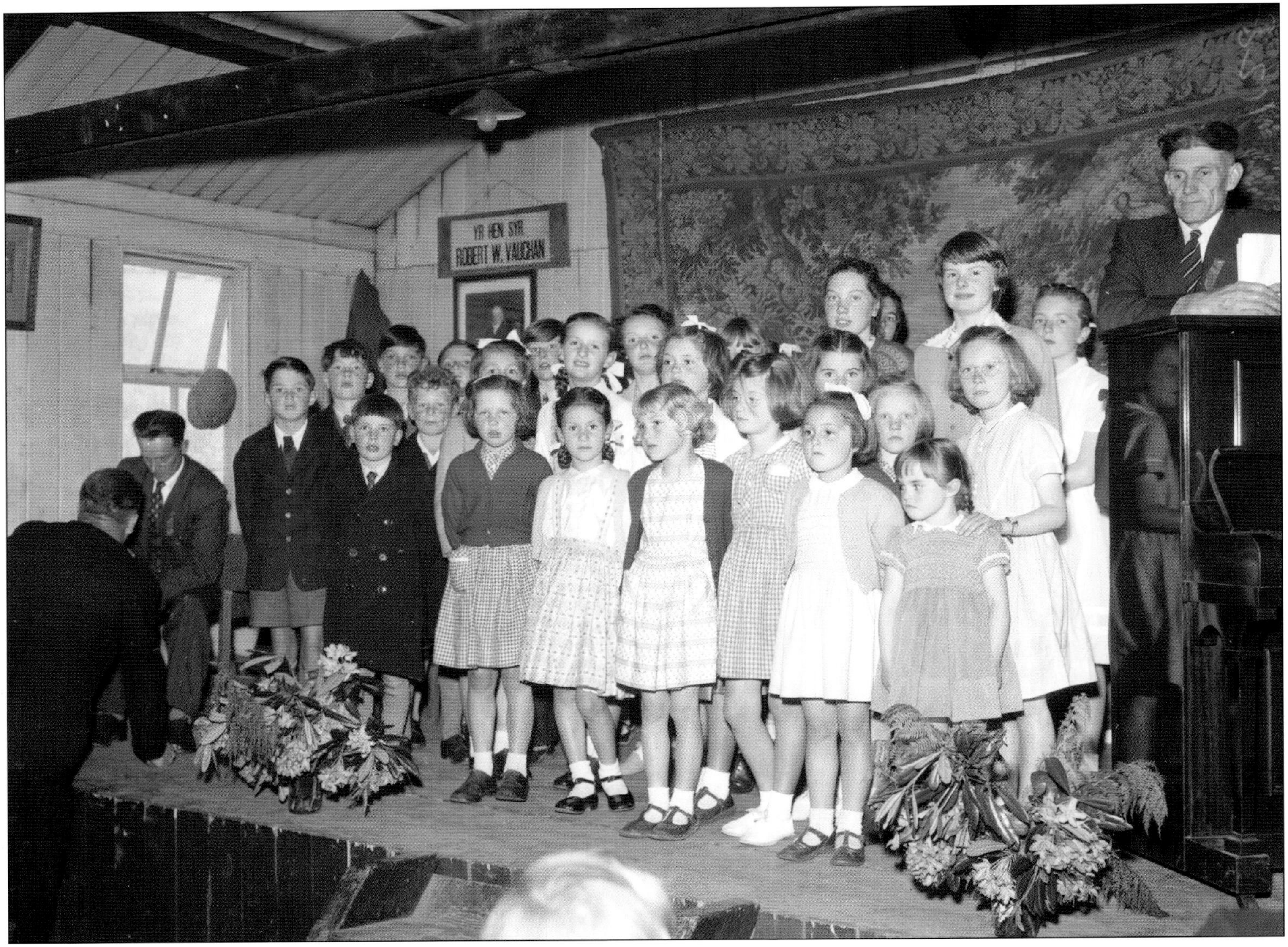

Golygfa nodweddiadol o eisteddfod bentref. Yn yr achos hwn mae'r plant yn cystadlu yn eisteddfod Llanfachreth, 1957. Mae'r eisteddfod flynyddol hon yn cael ei chynnal o hyd, er bod llawer i eisteddfod bentref arall wedi dod i ben erbyn hyn.

A typical scene at a village eisteddfod. In this case these children are competing at the Llanfachreth eisteddfod, 1957. This annual eisteddfod continues to be held, although many village eisteddfodau have come to an end.

(Geoff Charles, 1957)

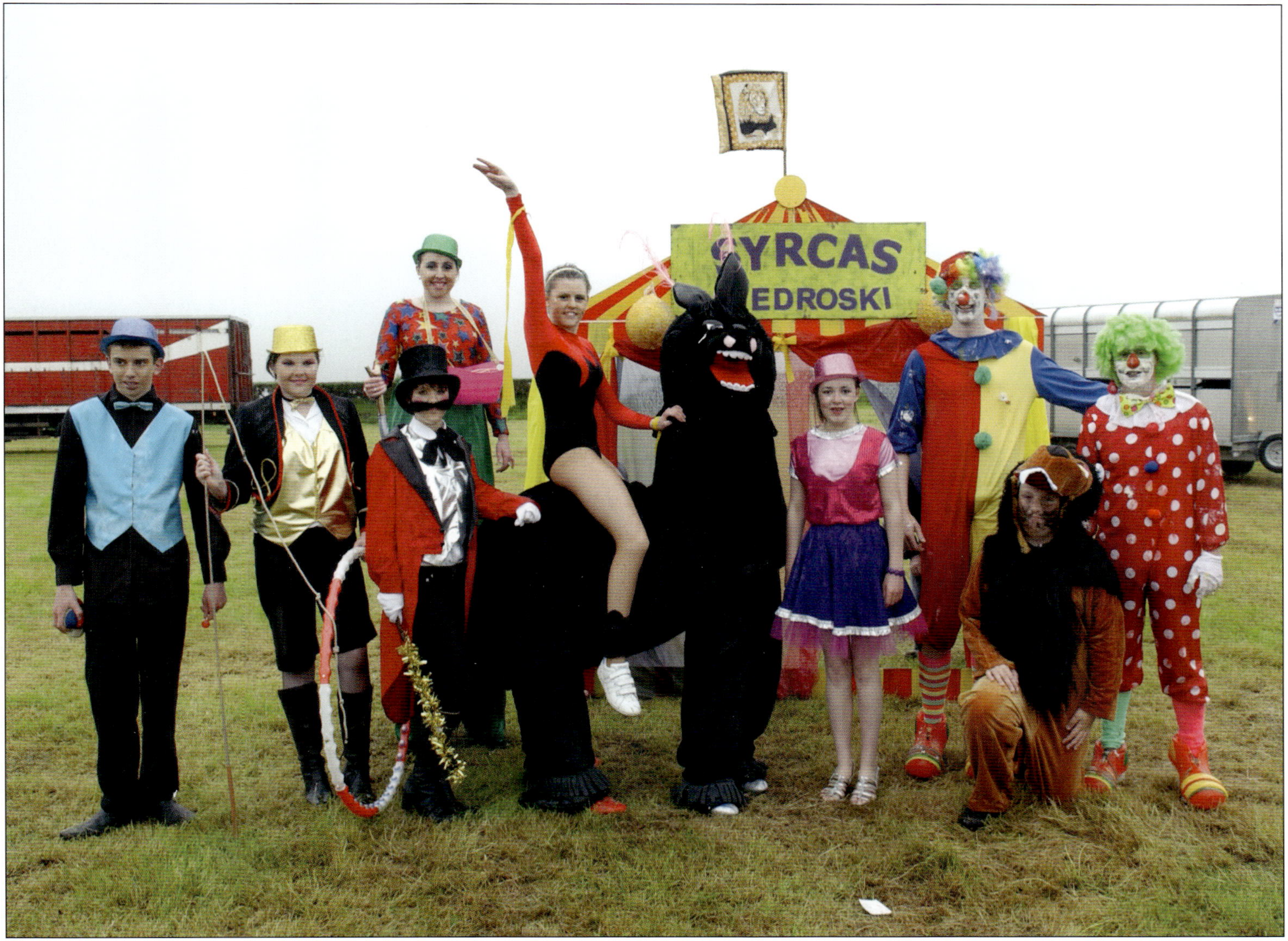

Sefydlwyd y Clwb Ffermwyr Ifanc cyntaf yn ystod y 1920au a bellach mae gan y mudiad dros 6,000 o aelodau yng Nghymru. Cynhelir eisteddfodau a ralïau hwyliog, fel sy'n amlwg wrth weld y criw hwn o gangen Caerwedros a fu'n cystadlu yn rali Ceredigion yn 2009.

The first Young Farmers Club was founded in the 1920s and today the movement has over 6,000 members in Wales. Eisteddfodau and lively rallies are held, as is evident from this group from the Caerwedros branch that competed in the Ceredigion rally in 2009.

(Tim Jones, 2009)

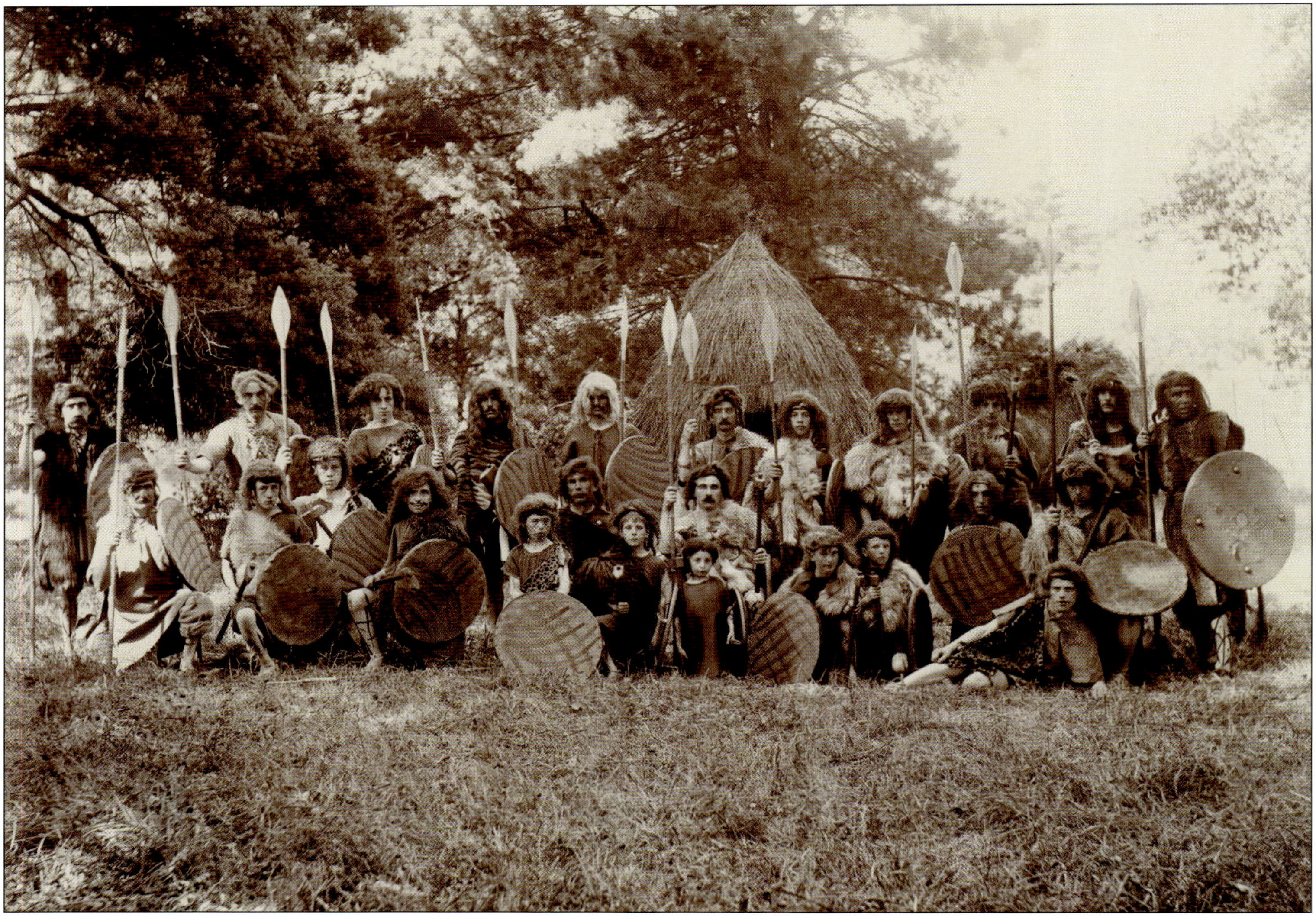

Ar ddechrau'r 20fed ganrif roedd yn ffasiwn i gynnal pasiantau yn adrodd hanes digwyddiadau o'r gorffennol. Cynhaliwyd un ohonynt yng ngerddi neuadd Llanelwedd, Powys, yn 1909, gydag o leiaf 1,000 o drigolion yn cymryd rhan, gan gynnwys y Brythoniaid gwyllt yr olwg hyn.

At the beginning of the 20th century it was fashionable to hold pageants depicting events from the past. One of them was held in the gardens of Llanelwedd hall, Powys, in 1909, with at least 1,000 local people taking part, including these wild-looking Britons.

(P B Abery/Wallace Jones, 1909)

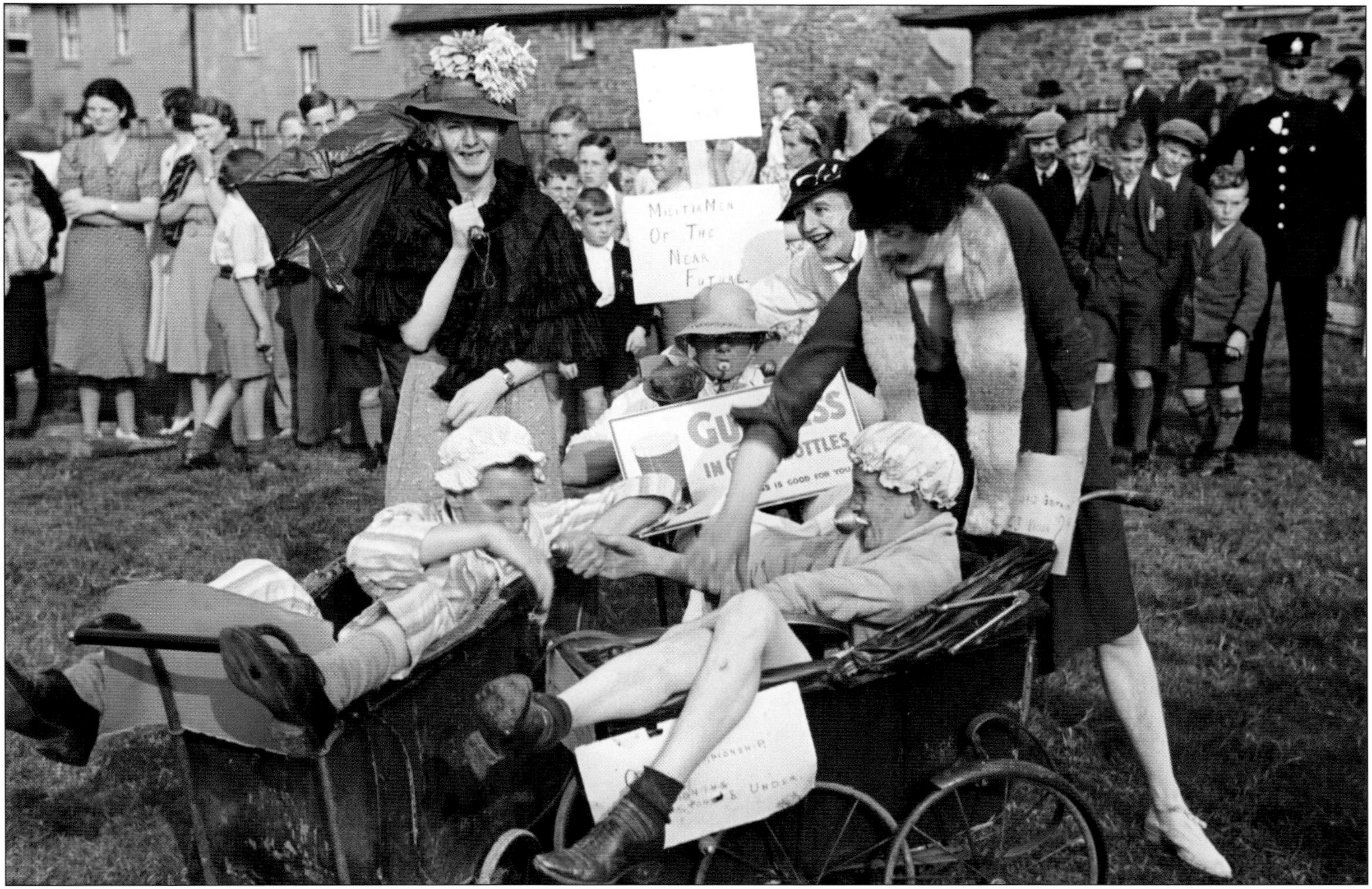

Llai ffurfiol ac addysgiadol oedd y carnifal a gynhaliwyd mewn pentrefi a threfi bach ledled cefn gwlad yn ystod yr haf, gan ganiatáu i bawb droi'n blant drygionus am y prynhawn, fel y dynion hyn yng ngharnifal Rhaeadr, Powys, yn 1939.

Less formal and educational were the carnivals held in villages and small towns throughout rural Wales during the summer, allowing everyone to turn into mischievous children for the afternoon, such as these men at the Rhayader carnival, Powys, in 1939.

(Geoff Charles, 1939)

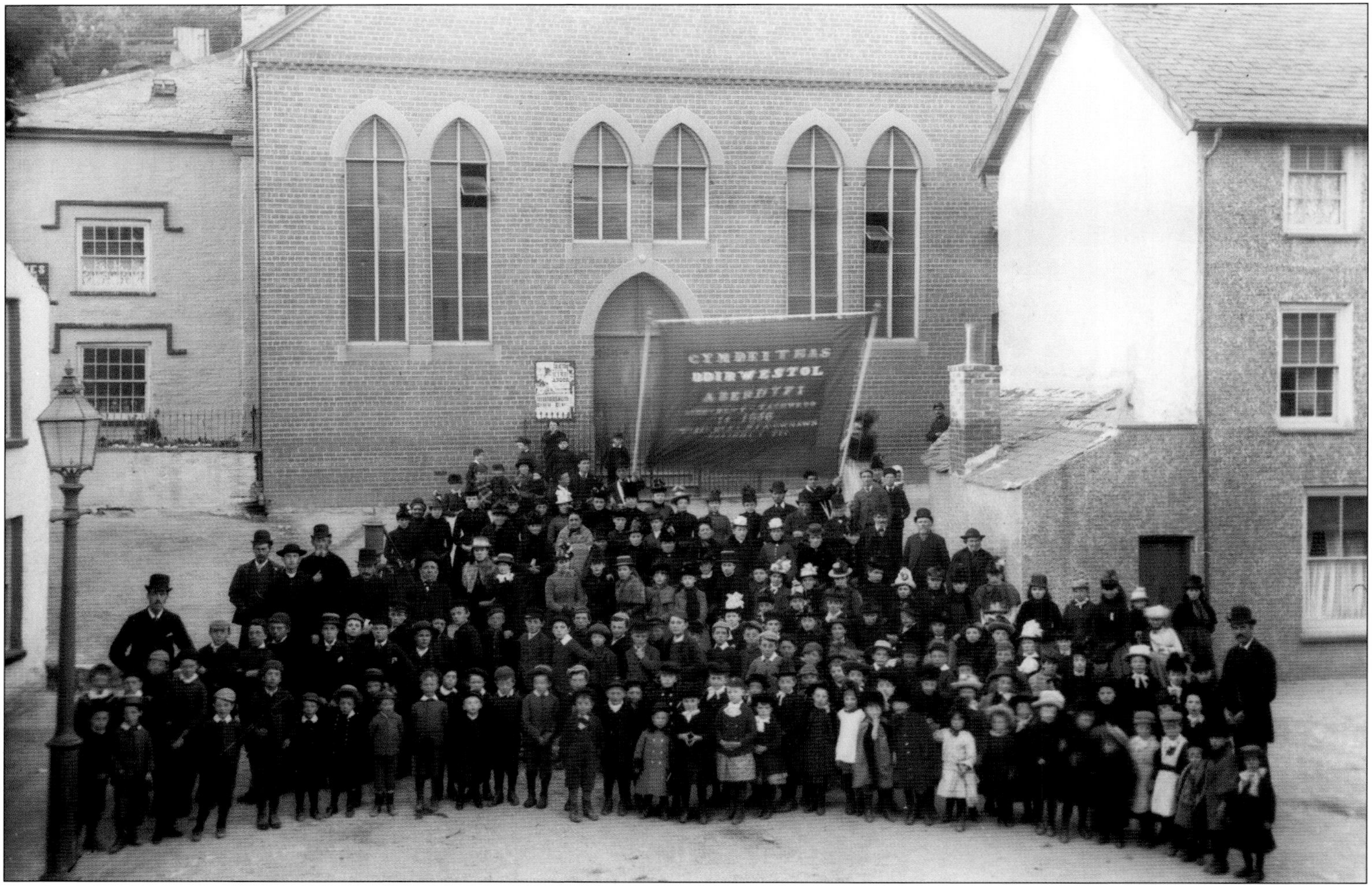

Roedd goryfed yn gyffredin yng Nghymru yn y 19eg ganrif a gwaethygodd y sefyllfa wedi pasio'r Ddeddf Gwrw yn 1830 a alluogai unrhyw drethdalwr i dderbyn trwydded i agor tŷ cwrw. Gwrthwynebwyd tafarndai'n gynyddol gan lawer, yn arbennig gwragedd a bryderai am eu gwŷr yn goryfed, capelwyr a boenai am safonau moesol a chyflogwyr a boenai am absenoldeb o'r gwaith. O ganlyniad croesawyd sefydlu cymdeithasau dirwest, fel y gymdeithas hon yn Aberdyfi, Gwynedd.

Excessive drinking was common in 19th-century Wales and the situation worsened with the passing of the Beerhouse Act in 1830 which permitted any taxpayer to receive a licence to open a public house. There was increasing opposition to taverns, particularly from wives concerned that their husbands were drinking too much, chapel members worried about moral standards and employers concerned about absences from work. Consequently the establishment of temperance societies, such as this society at Aberdyfi, Gwynedd, was welcomed.

(John Thomas, c.1885)

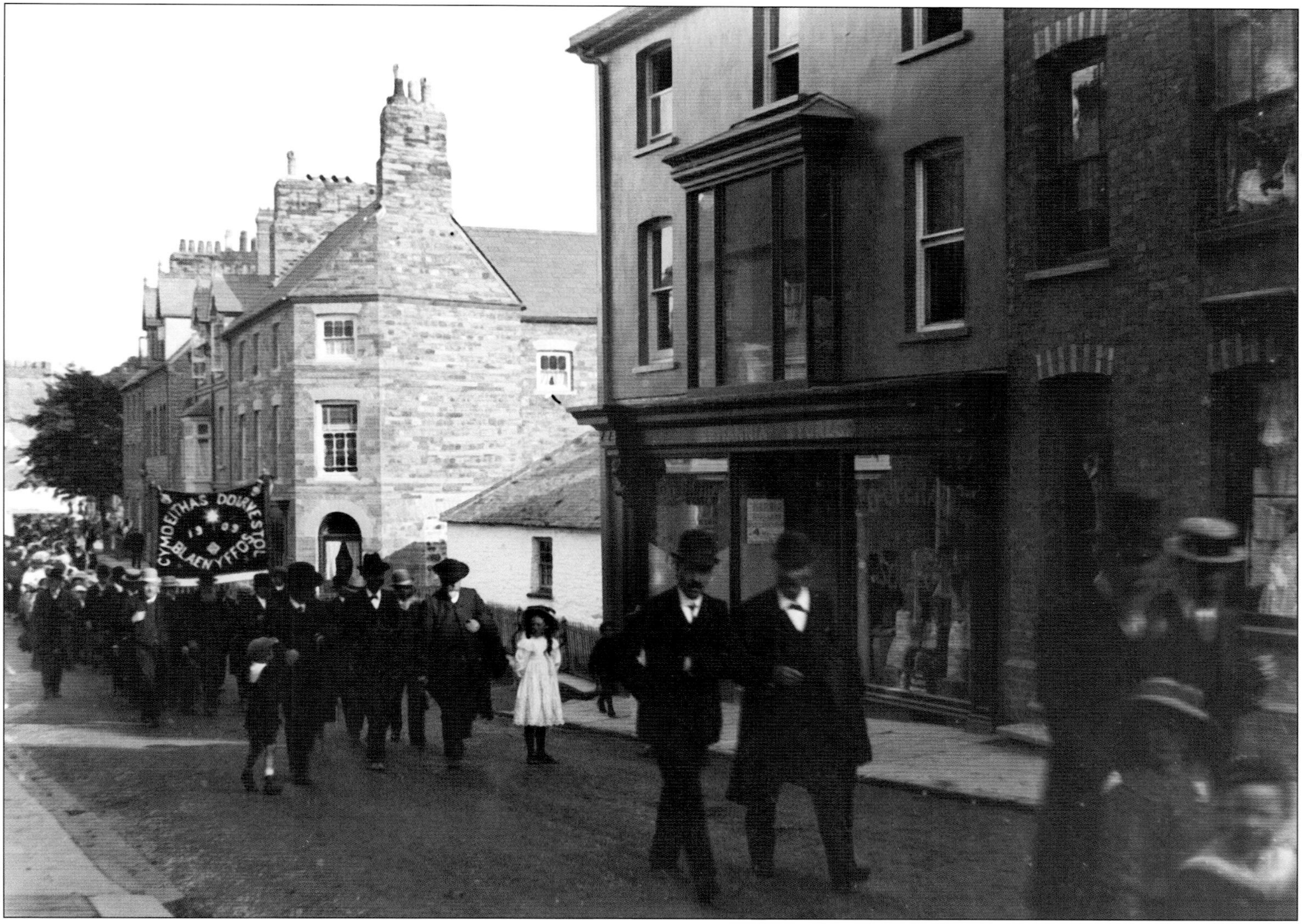

Cynhaliwyd gorymdeithiau gan gymdeithasau dirwest i dynnu sylw at beryglon y ddiod feddwol, fel yr orymdaith hon yn Aberteifi tua 1910.

Marches were held by temperance societies to draw attention to the dangers of alcohol, such as this march in Cardigan about 1910.

(Tom Mathias, c.1910)

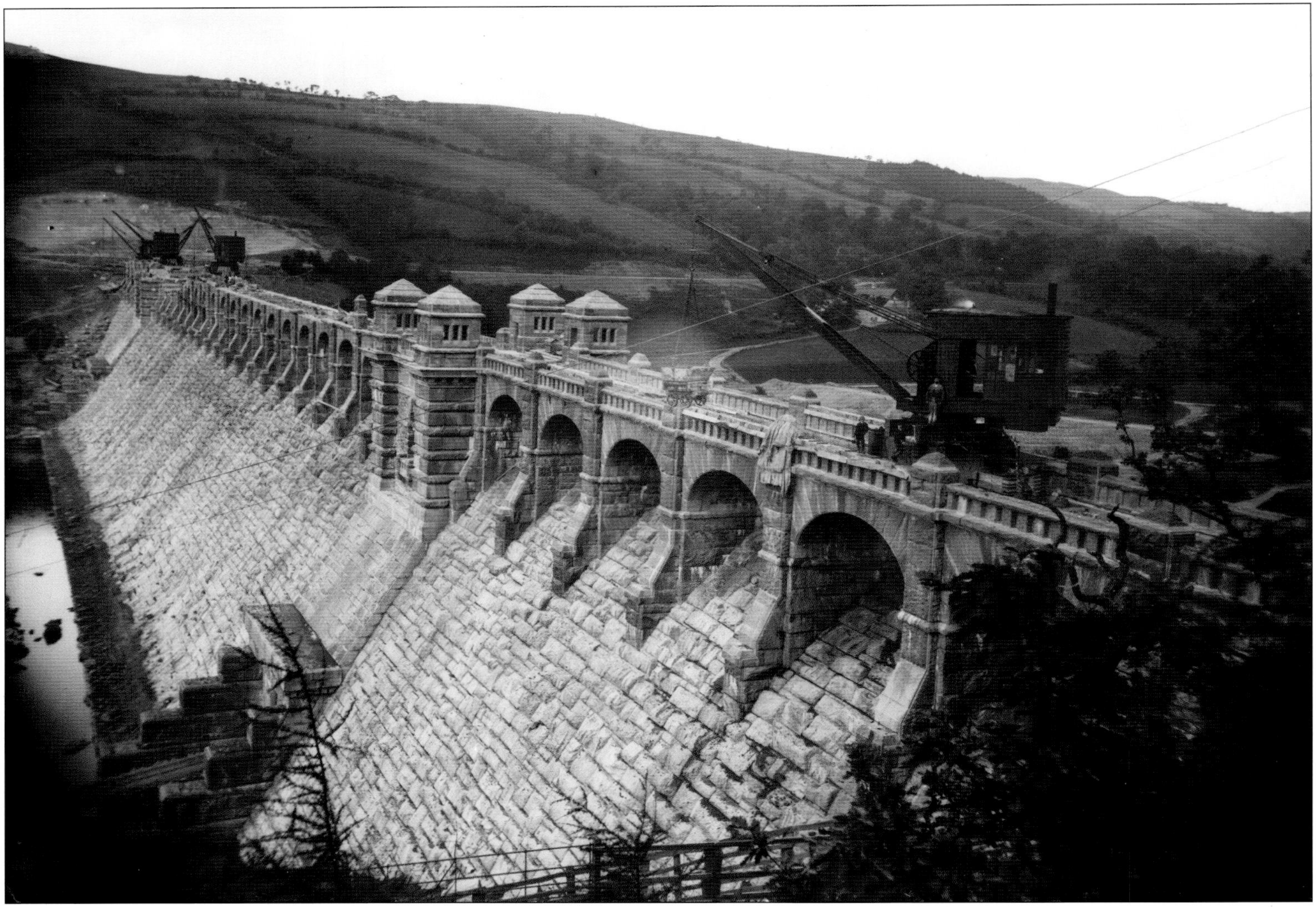

Crëwyd Llyn Efyrnwy, y gronfa ddŵr gyntaf i gyflenwi dŵr i ddinasoedd Lloegr, yn ystod y 1880au yn Llanwddyn, gogledd Powys. Roedd pentref Llanwddyn i'r dde o'r argae yn y llun hwn a dynnwyd tua 1887, ond o fewn blwyddyn roedd wedi'i foddi, gyda'r trigolion yn symud i bentref a adeiladwyd yn arbennig ar eu cyfer islaw'r cwm.

Lake Vyrnwy, the first reservoir to supply water to English cities, was created during the 1880s at Llanwddyn, north Powys. The village of Llanwddyn is to the right of the dam in this photograph taken about 1887, but within a year it had been drowned, with the residents moved to a new purpose-built village further down the valley.

(John Thomas, c.1887)

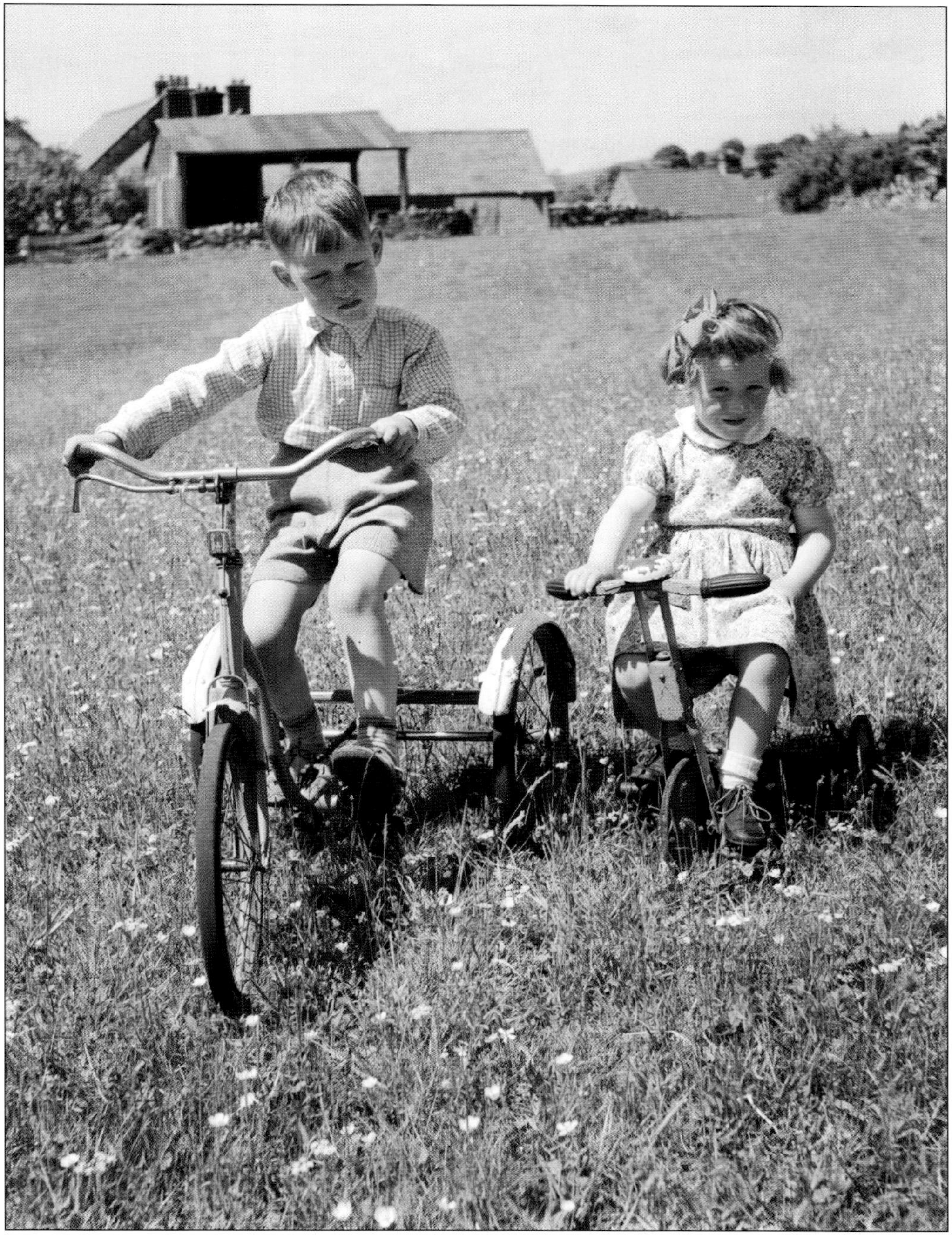

Nid Dyffryn Efyrnwy oedd yr unig gwm i'w foddi er mwyn cyflenwi dŵr i ddinasoedd Lloegr. Dyma un o'r cyfleoedd olaf i'r plant bach hyn, Euron ac Eurgain Prysor Jones, chwarae ger eu cartref yng Nghapel Celyn, Gwynedd, yn 1957. Yn fuan wedi hyn, trowyd hwy a thrigolion eraill y cwm o'u cartrefi er mwyn creu Llyn Tryweryn i gyflenwi dŵr ar gyfer dinasyddion Lerpwl. Yn wahanol i achos Llanwddyn, protestiwyd yn chwyrn yn erbyn y cynllun.

The Vyrnwy Valley was not the only valley to be drowned to supply water for English cities. This was one of the last opportunities for these small children, Euron and Eurgain Prysor Jones, to play near their home in Capel Celyn, Gwynedd, in 1957. Soon after, they and the other villagers were turned out of their homes to create Lake Tryweryn to supply water for the citizens of Liverpool. Unlike the case of Llanwddyn, there was a bitter protest against this scheme.

(Geoff Charles, 1957)

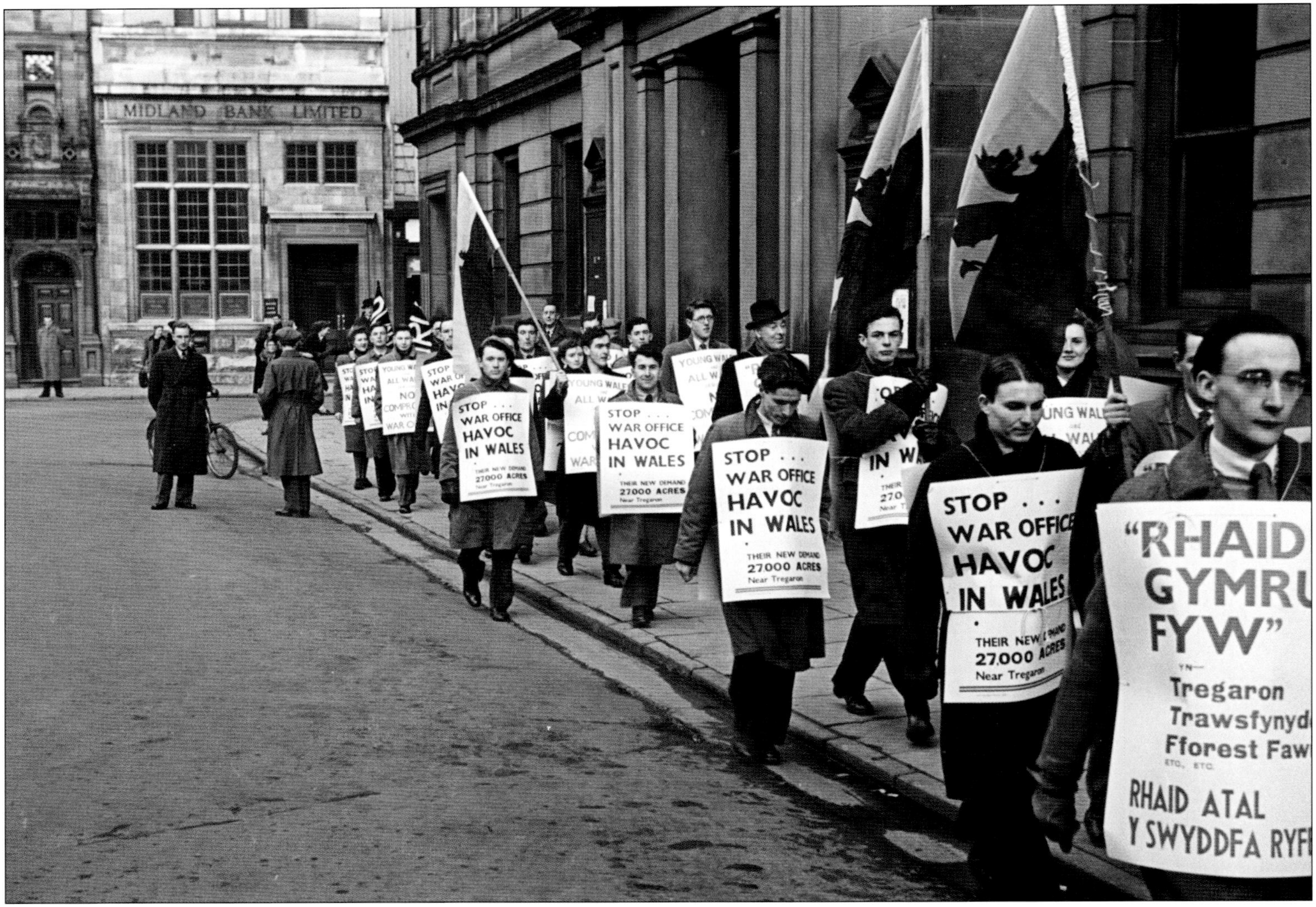

Yn ystod yr Ail Ryfel Byd meddiannwyd tiroedd gwledig gan y fyddin er mwyn ymarfer ond achosodd ymgais y Swyddfa Ryfel i gipio mwy o dir wedi'r rhyfel gryn anniddigrwydd. Ymhlith y protestwyr yn yr Amwythig yn 1948 roedd Gwilym Prys Davies (ar dde'r llun), a ddaeth yn ddiweddarach yn un o hoelion wyth y Blaid Lafur yng Nghymru.

During the Second World War rural land was occupied by the army for exercise purposes but the attempt by the War Office to seize more land after the war caused much consternation. Among the protesters in Shrewsbury in 1948 was Gwilym Prys Davies (on the right), who later became a leading figure in the Labour Party in Wales.

(Geoff Charles, 1948)

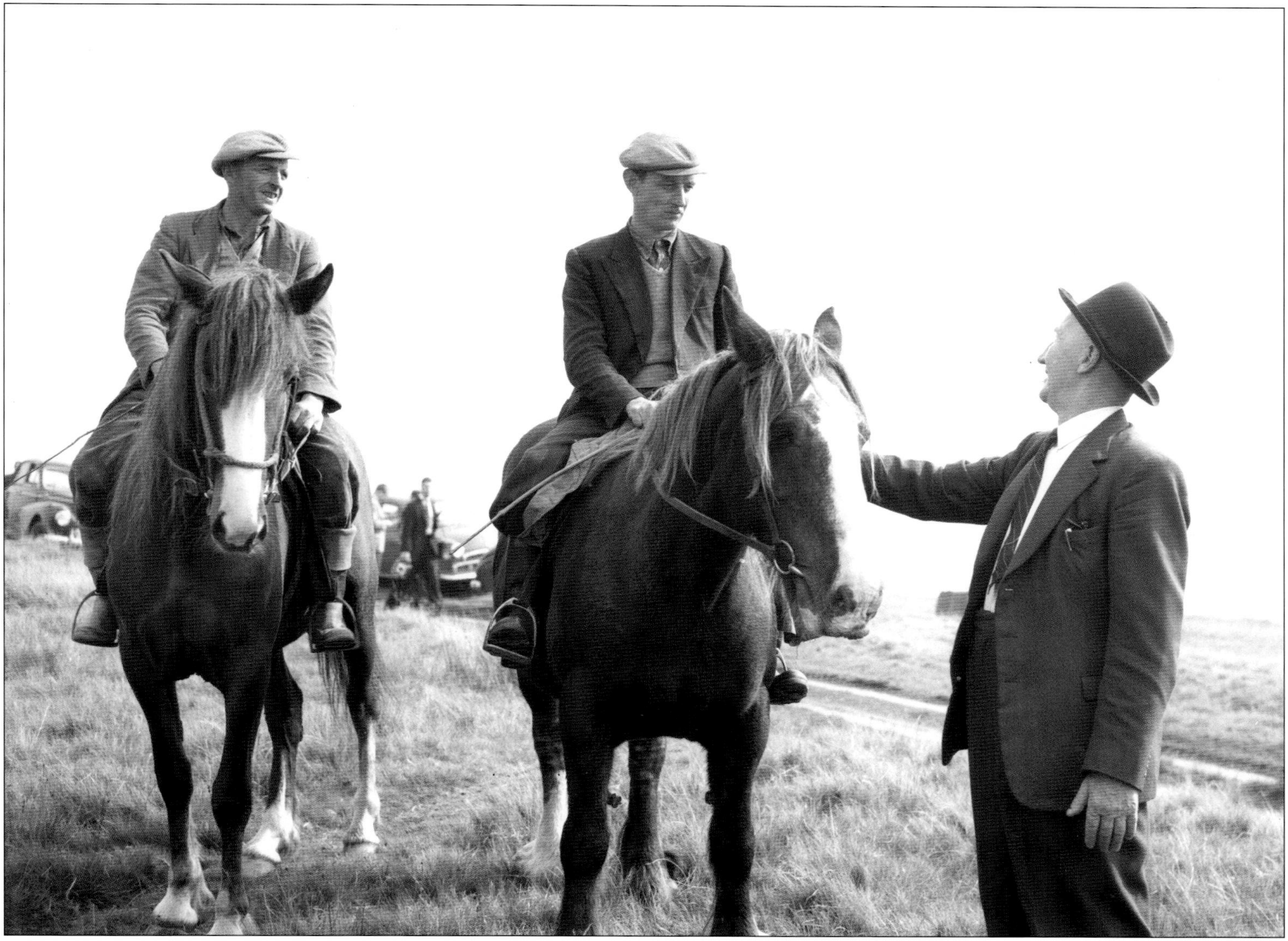

Cynhaliwyd protest debyg yn ardal Trecastell, Powys, yn 1956, gyda sawl protestiwr yn llythrennol ar gefn ei geffyl oherwydd bod ffrwydron byw yn cael eu saethu gan y fyddin dros diroedd amaethyddol. Y ddau ar y ceffylau yw Evan Davies, Gorallt, a Gwyn Morgan, Cellfaen.

A similar protest was held in the Trecastle area, Powys, in 1956, with many protesters on horseback complaining about shells being fired by the army over agricultural land. The two horsemen are Evan Davies, Gorallt, and Gwyn Morgan, Cellfaen.

(Geoff Charles, 1956)

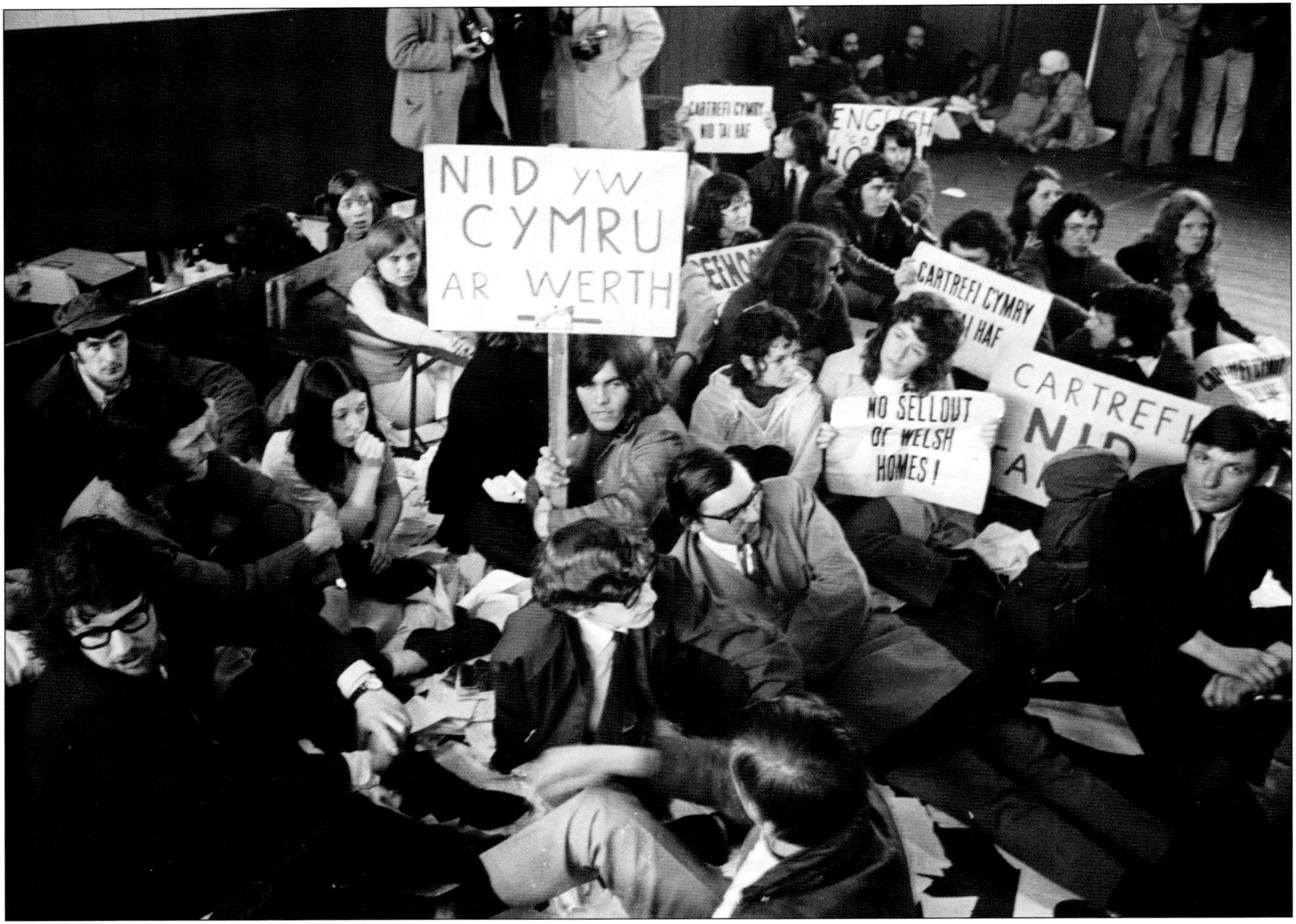

'Nid yw Cymru ar werth': protest gan Gymdeithas yr Iaith Gymraeg yn 1972 yn erbyn gwerthu tai haf i estroniaid yng Ngwynedd. Trawsnewidiwyd llawer i bentref gwledig yn negawdau olaf yr 20fed ganrif wrth i'r cartrefi gael eu prynu ar gyfer eu defnyddio fel tai gwyliau.

'Wales is not for sale': a protest by the Welsh Language Society in 1972 against the sale of holiday homes in Gwynedd to outsiders. Many rural villages were transformed in the latter decades of the 20th century as houses were bought as holiday homes.

(Geoff Charles, 1972)

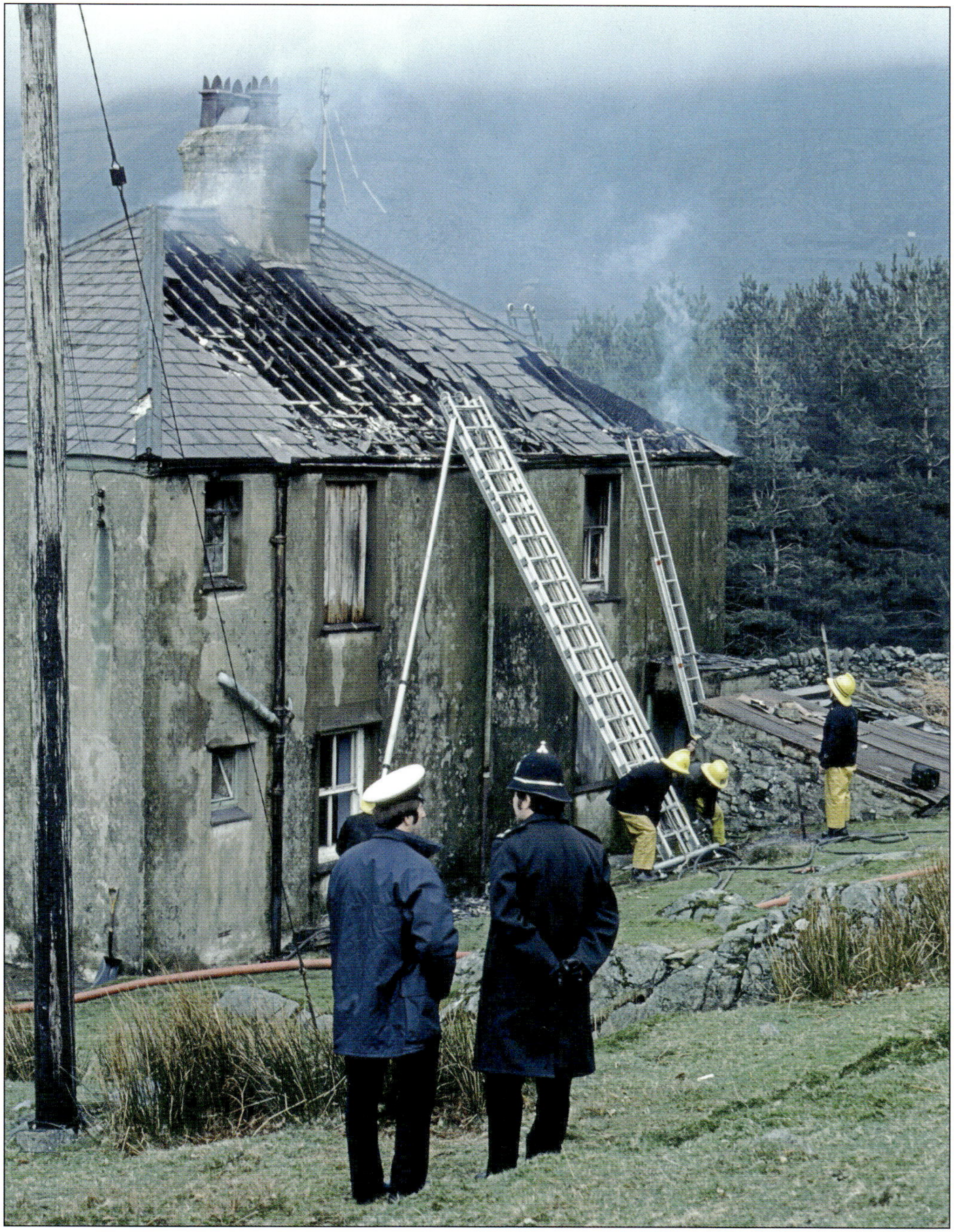

Mwy sinistr na phrotestiadau heddychlon Cymdeithas yr Iaith oedd y cyfnod yn ystod y 1980au, yn bennaf, o losgi tai haf gan grŵp dirgel o'r enw Meibion Glyndŵr. Llosgwyd y tŷ haf hwn ger Llanberis yn 1980.

More sinister than the peaceful protests of the Welsh Language Society was the period, mainly during the 1980s, of burning holiday homes by a secretive group called Meibion Glyndŵr (the sons of Glyndŵr). This holiday home near Llanberis was burnt in 1980.

(Iolo ap Gwynn, 1980)

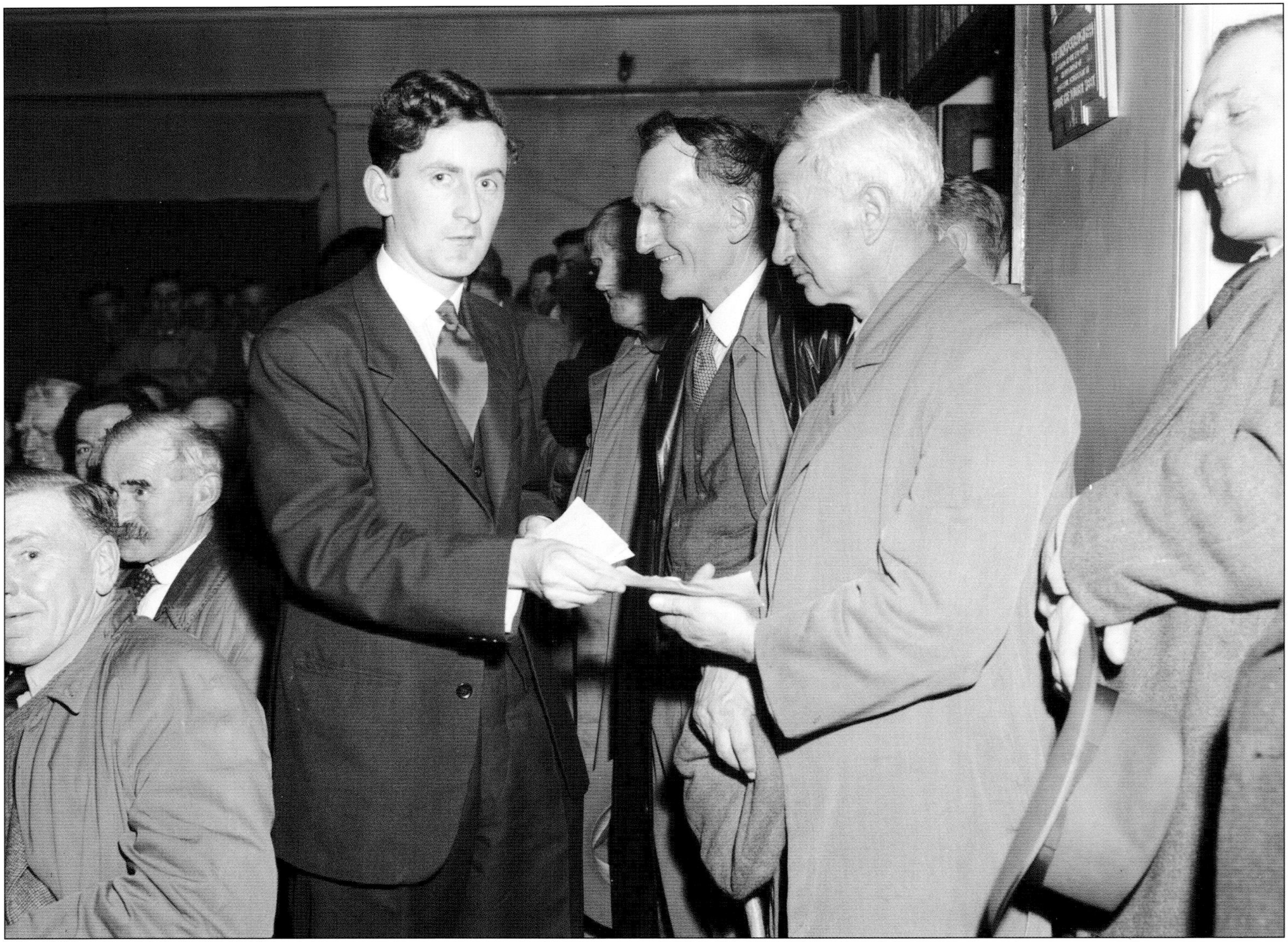

Cafodd Undeb Amaethwyr Cymru ei sefydlu yn 1955 i gynrychioli buddiannau ffermwyr yng Nghymru. Ymhlith ei swyddogion yn ei dyddiau cynnar roedd cyfreithiwr ifanc, John Morris, a ddaeth wedi hynny yn Ysgrifennydd Gwladol Cymru a Thwrnai Cyffredinol.

The Farmers' Union of Wales was founded in 1955 to represent the interests of Welsh farmers. Among its officers in the early years was a young lawyer, John Morris, who later became Secretary of State for Wales and Attorney General.

(Geoff Charles, 1956)

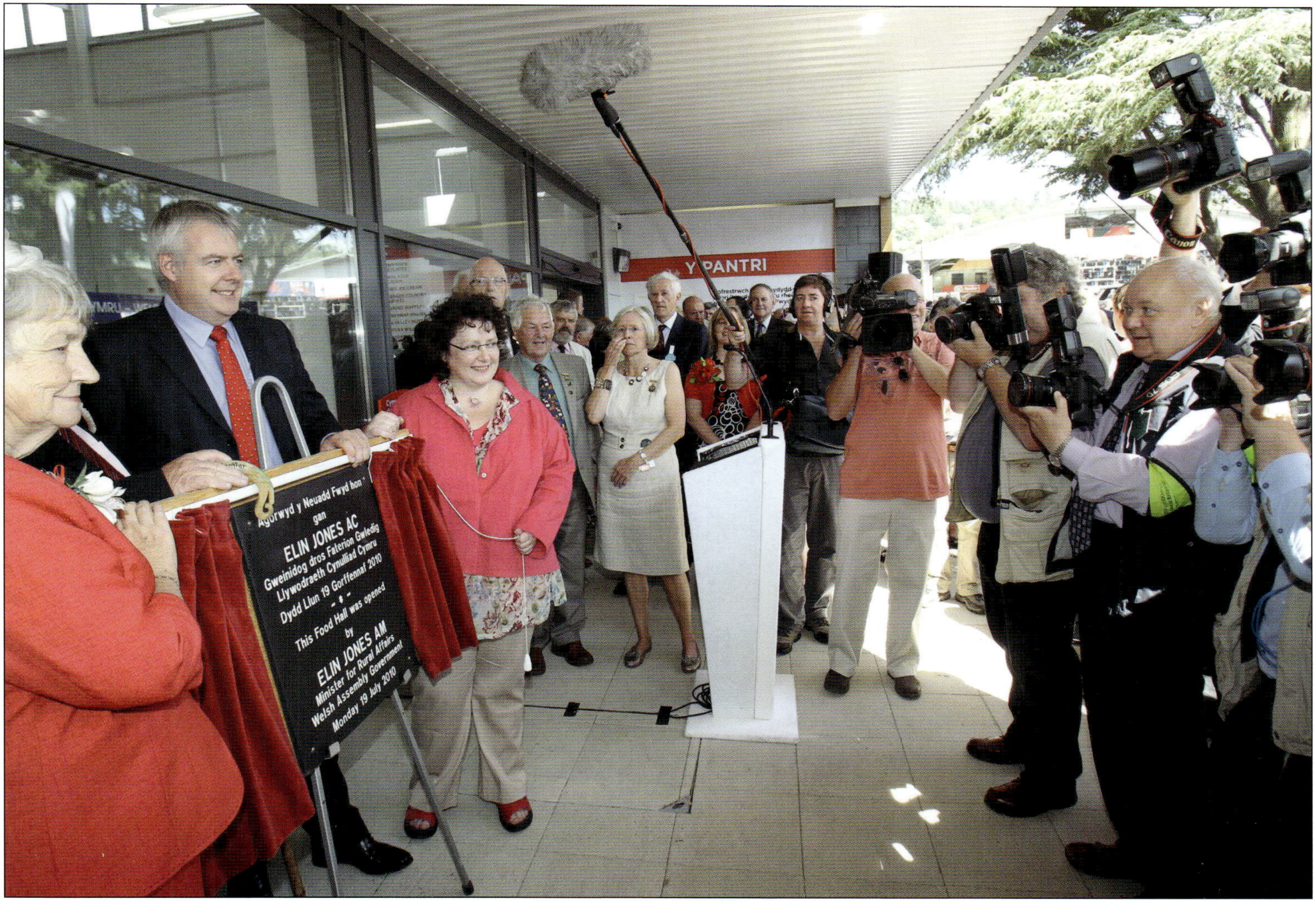

Daeth Elin Jones, merch fferm o Geredigion, yn Weinidog dros Faterion Gwledig Llywodraeth y Cynulliad yn 2007. Yma gwelir hi'n agor y Neuadd Fwyd newydd yn y Sioe Frenhinol Amaethyddol yn 2010, yng nghwmni'r Prif Weinidog, Carwyn Jones.

Elin Jones, from a Ceredigion farming family, became Minister for Rural Affairs in the Welsh Assembly Government in 2007. She is seen here opening the new Food Hall at the Royal Welsh Show in 2010, in the company of the First Minister, Carwyn Jones.

(Robert Parry-Jones, 2010)

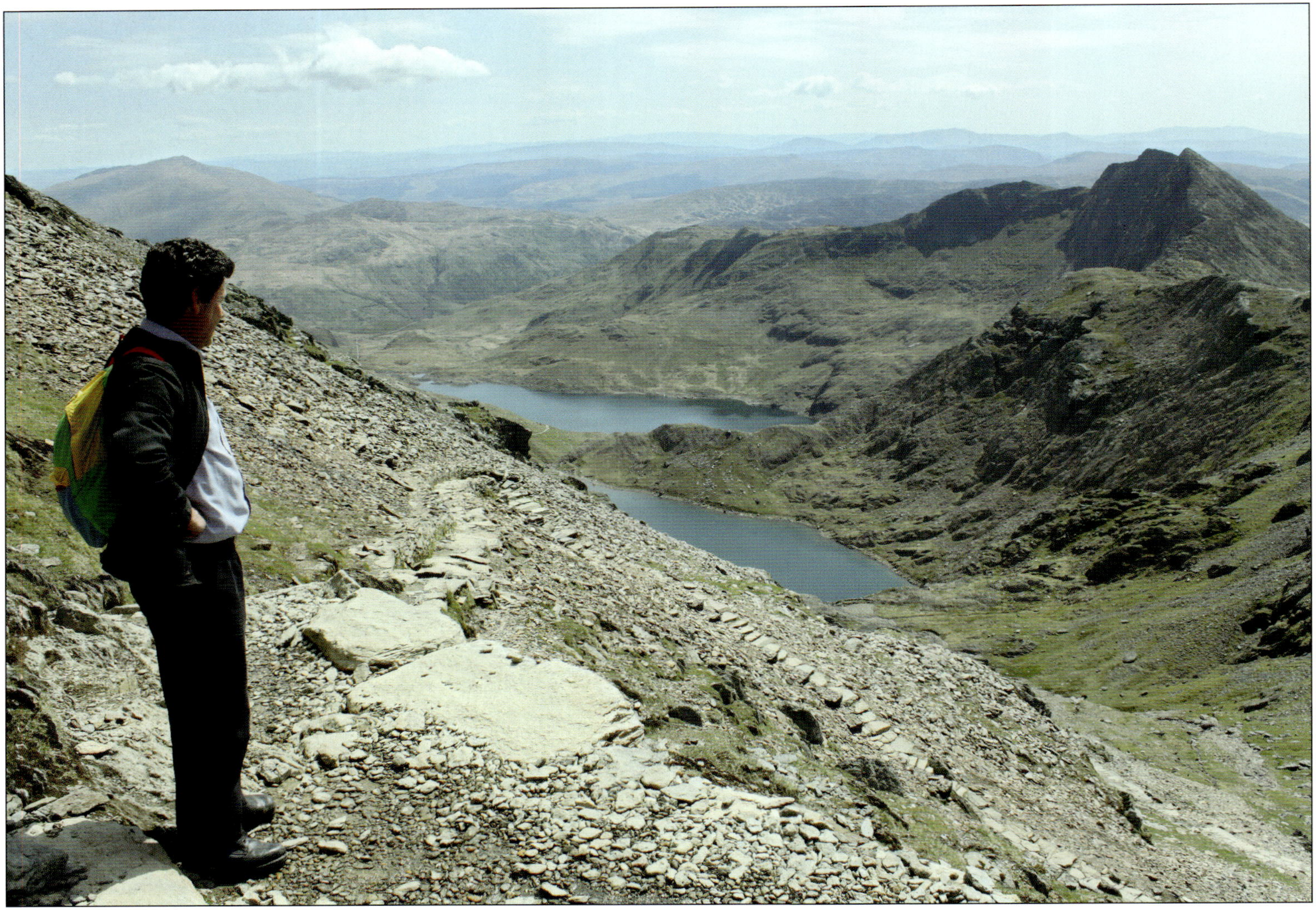

Yr olygfa o lethrau'r Wyddfa, sy'n rhan o Barc Cenedlaethol Eryri. Sefydlwyd y Parc yn 1951 yn dilyn Deddf Parciau Cenedlaethol a Mynediad i Gefn Gwlad 1949. Mae'n cwmpasu 823 milltir sgwâr o dir, gan gynnwys holl ogoniant ucheldir Eryri. Mae'n un o dri pharc cenedlaethol yng Nghymru.

The view from the slopes of Snowdon, part of the Snowdonia National Park. The Park was founded in 1951 following the National Parks and Access to the Countryside Act 1949. It comprises 823 square miles of land, including all the splendour of the highlands of Snowdonia. It is one of three national parks in Wales.

(Iolo ap Gwynn, 2010)

Teithio ac ymwelwyr
Travelling and visitors

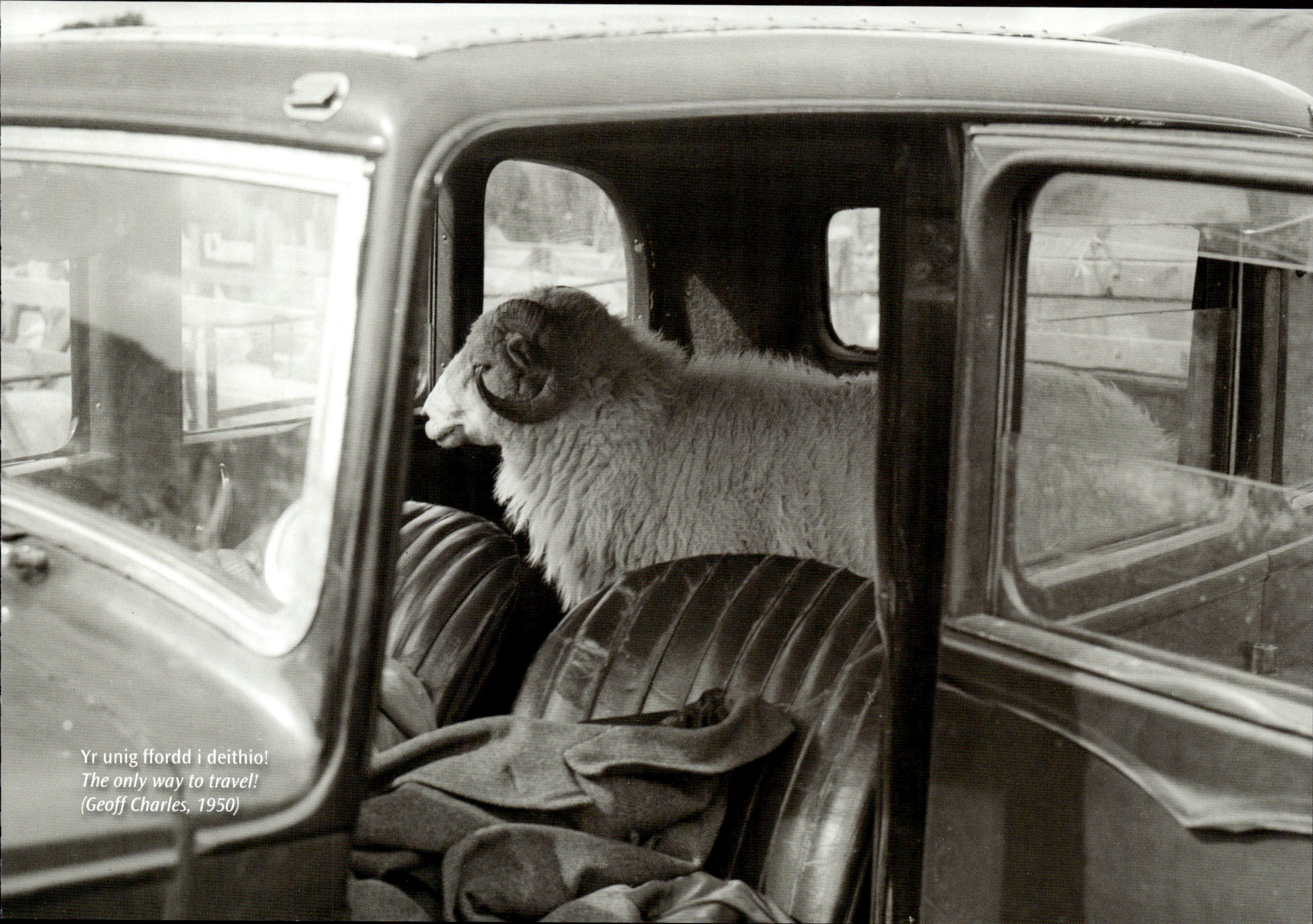

Yr unig ffordd i deithio!
The only way to travel!
(Geoff Charles, 1950)

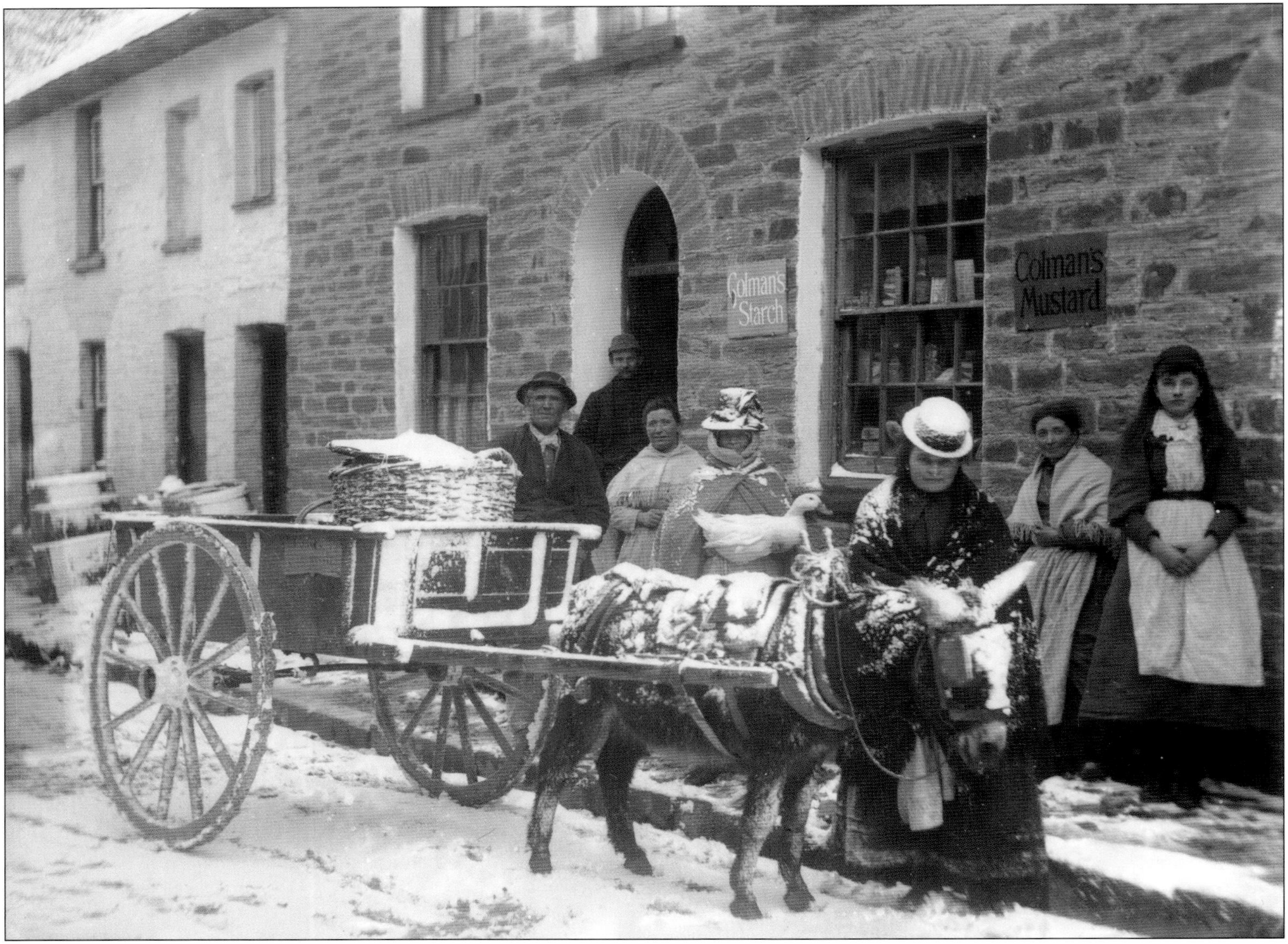

Cludwyd cynnyrch y fferm i'w werthu yn siopau'r pentrefi a'r trefi. Yn yr achos hwn, y wraig oedd yn arwain y mul a'i gert drwy'r eira i siop yn Llandysul, Ceredigion, tua 1885.

Farm produce was taken for sale in stores in villages and towns. In this case, the wife is leading the donkey and its cart through the snow to a shop in Llandysul, Ceredigion, about 1885.

(John Thomas, c.1885)

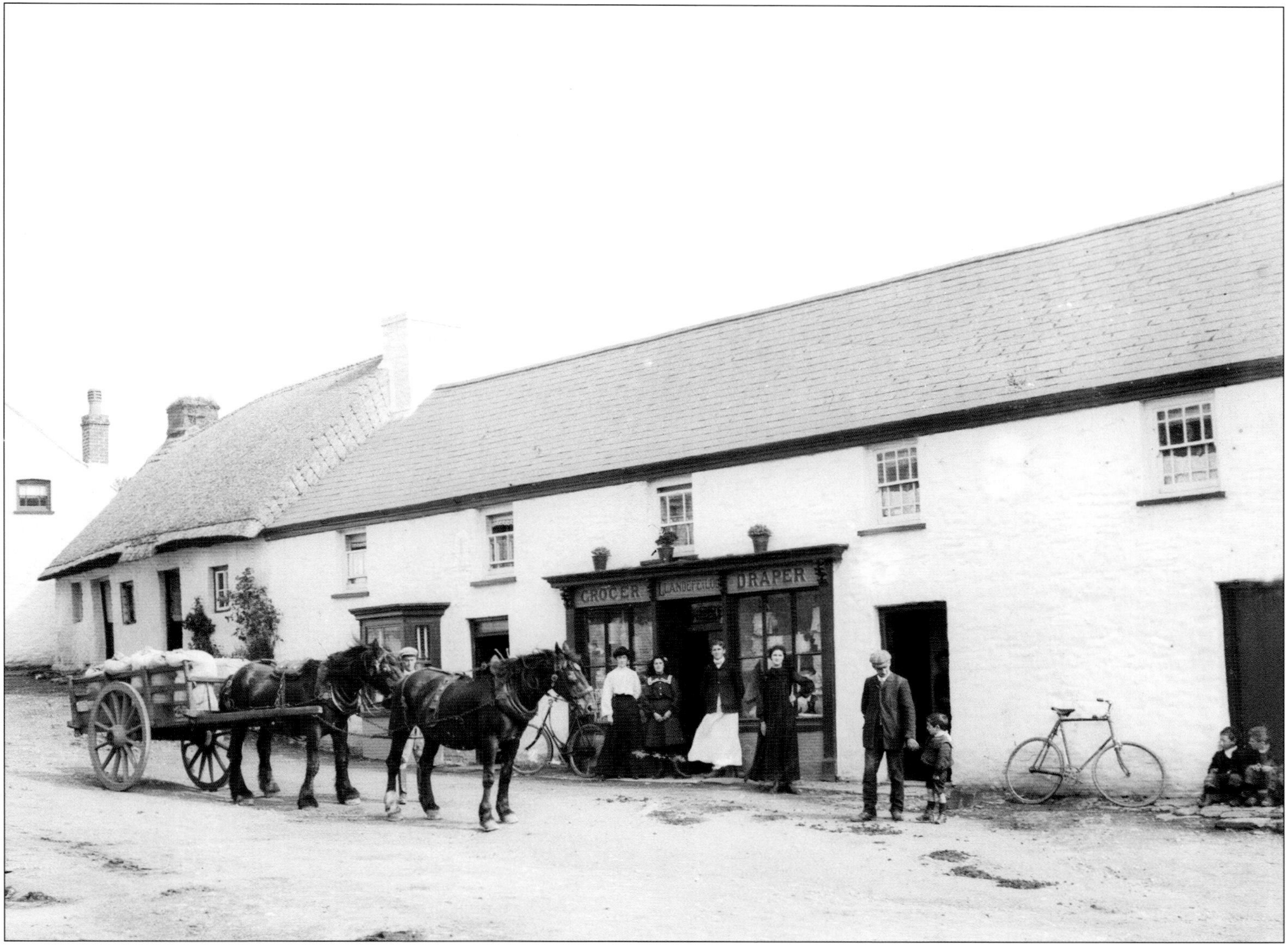

Deuai cyflenwadau mwy sylweddol i siopau cefn gwlad ar gefn certi a dynnwyd gan geffylau nerthol. Yn ddiweddarach, cafodd y siop a'r tai cyfagos hyn ym mhentref Llandyfaelog, yng Nghwm Gwendraeth, sir Gaerfyrddin, eu llosgi i'r llawr.

More extensive supplies were transported to rural stores on carts pulled by powerful horses. Later, this shop and the adjacent houses in the village of Llandyfaelog, in the Gwendraeth Valley, Carmarthenshire, were burnt to the ground.

(Stiwdio Excelsior Studios, c.1890)

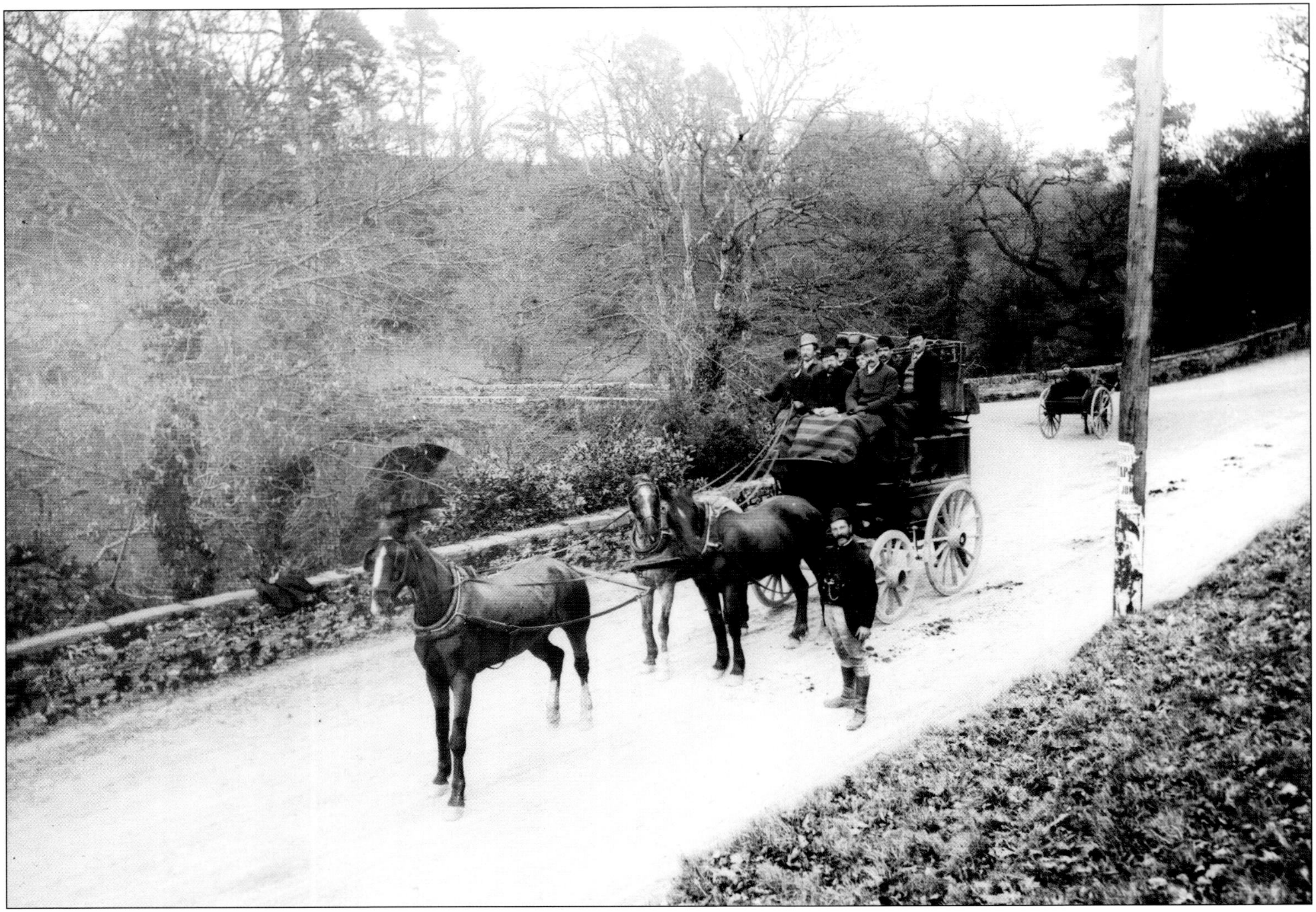

Gyda dyfodiad y rheilffordd, daeth cludo'r post drwy ddefnyddio coets fawr y post brenhinol o Lundain i ben yn 1846 ond parhawyd i ddefnyddio'r goets mewn ardaloedd gwledig am flynyddoedd wedi hynny. Gallai coets tri cheffyl fel hon ger Castell-newydd Emlyn, sir Gaerfyrddin, deithio ar gyflymdra o 10 milltir yr awr.

With the advent of railways, the delivery of the mail by the Royal Mail's great coaches from London came to an end in 1846 but the coach was still used in rural areas many years later. A three-horse coach such as this one near Newcastle Emlyn, Carmarthenshire, could travel at a speed of 10 miles an hour.

(John Thomas, c.1885)

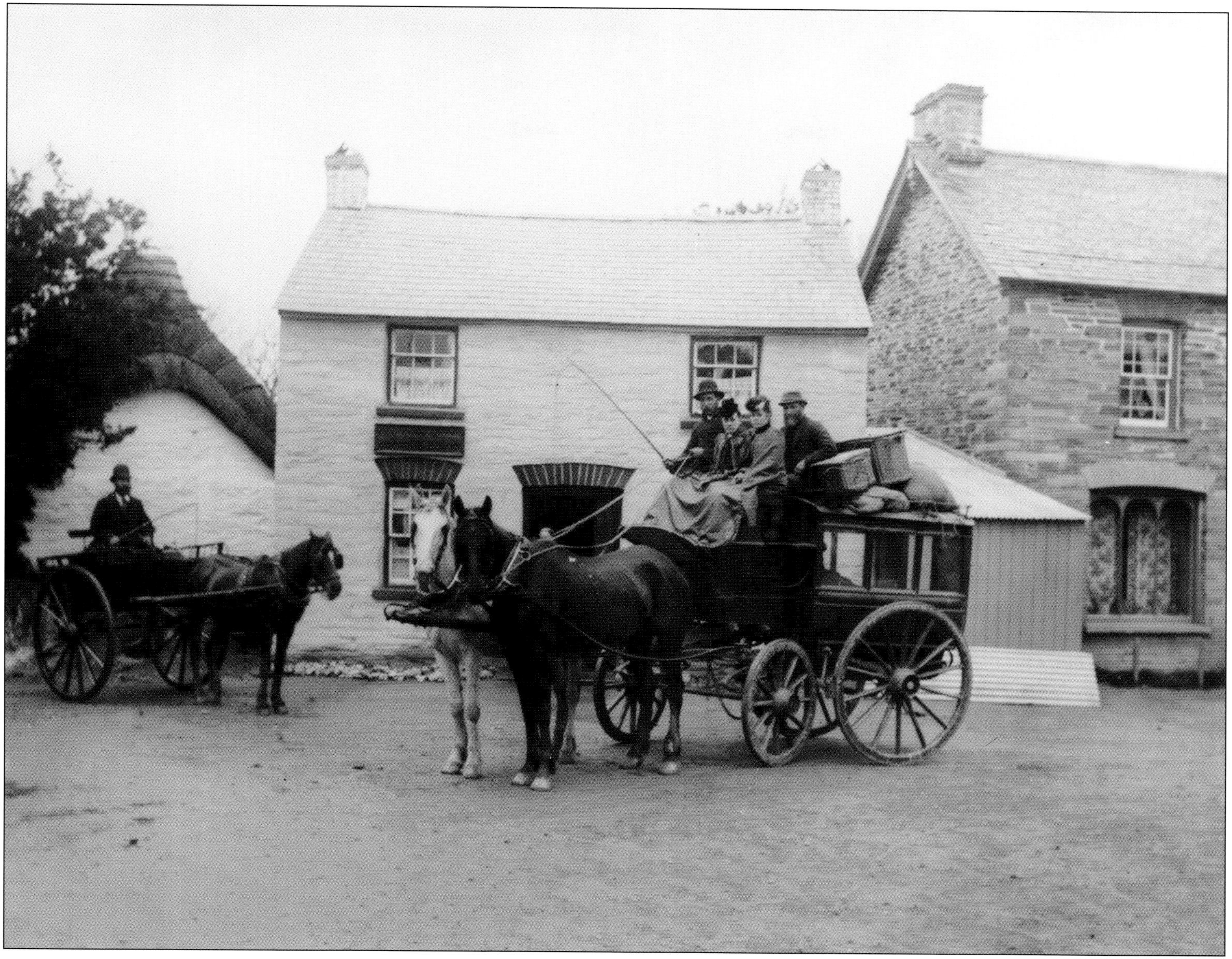

Defnyddiwyd coets lai i gludo teithwyr, fel y goets hon ger Cenarth, sir Gaerfyrddin.

A smaller coach was used to transport travellers, such as this coach near Cenarth, Carmarthenshire.

(John Thomas, c.1885)

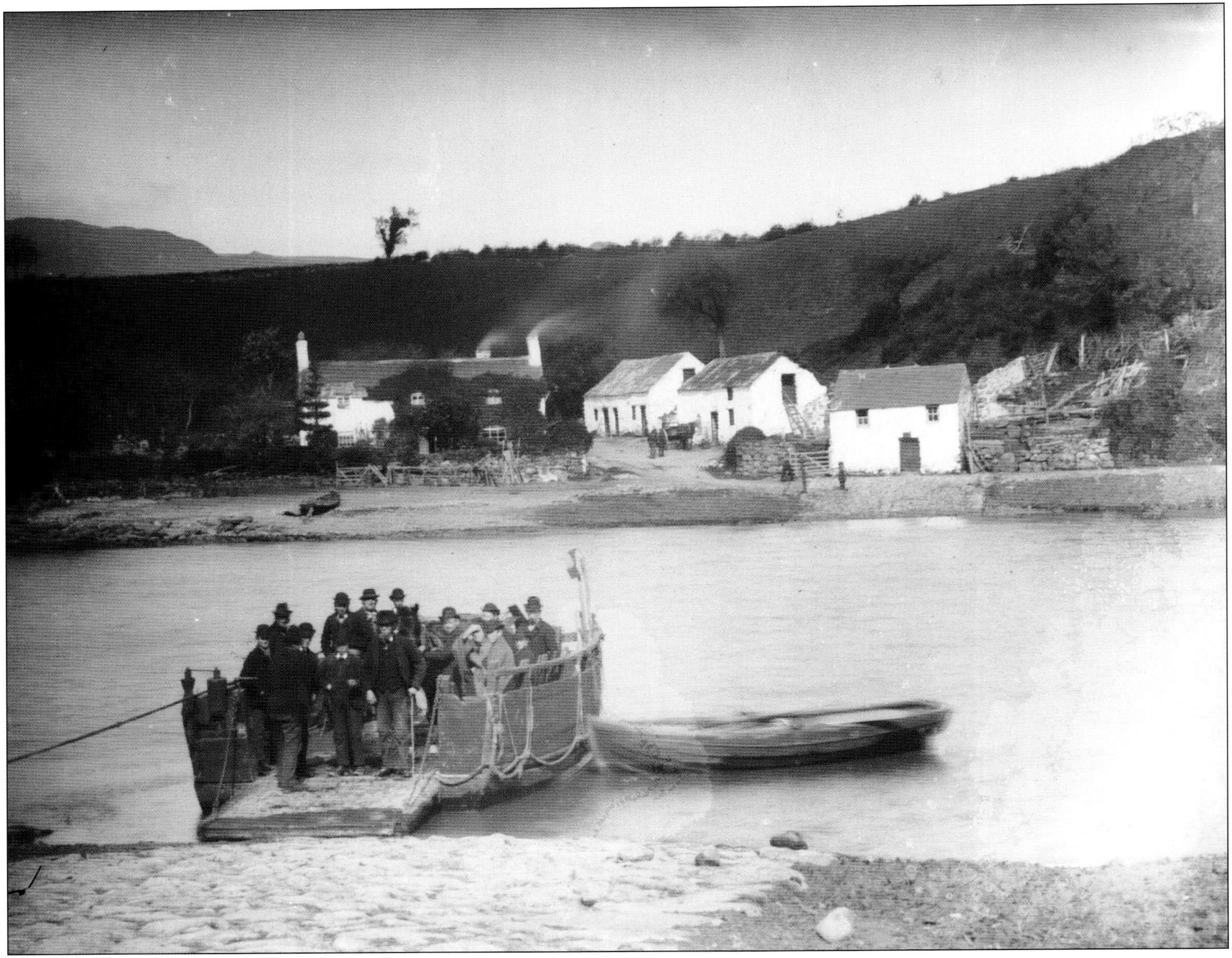

Er y 14eg ganrif, defnyddiwyd fferi i groesi'r afon Conwy ger Tal-y-cafn, hyd nes yr adeiladwyd pont ddur newydd yn 1897.

Since the 14th century, a ferry was used to cross the river Conwy by Tal-y-cafn, until a new steel bridge was built in 1897.

(John Thomas, c.1885)

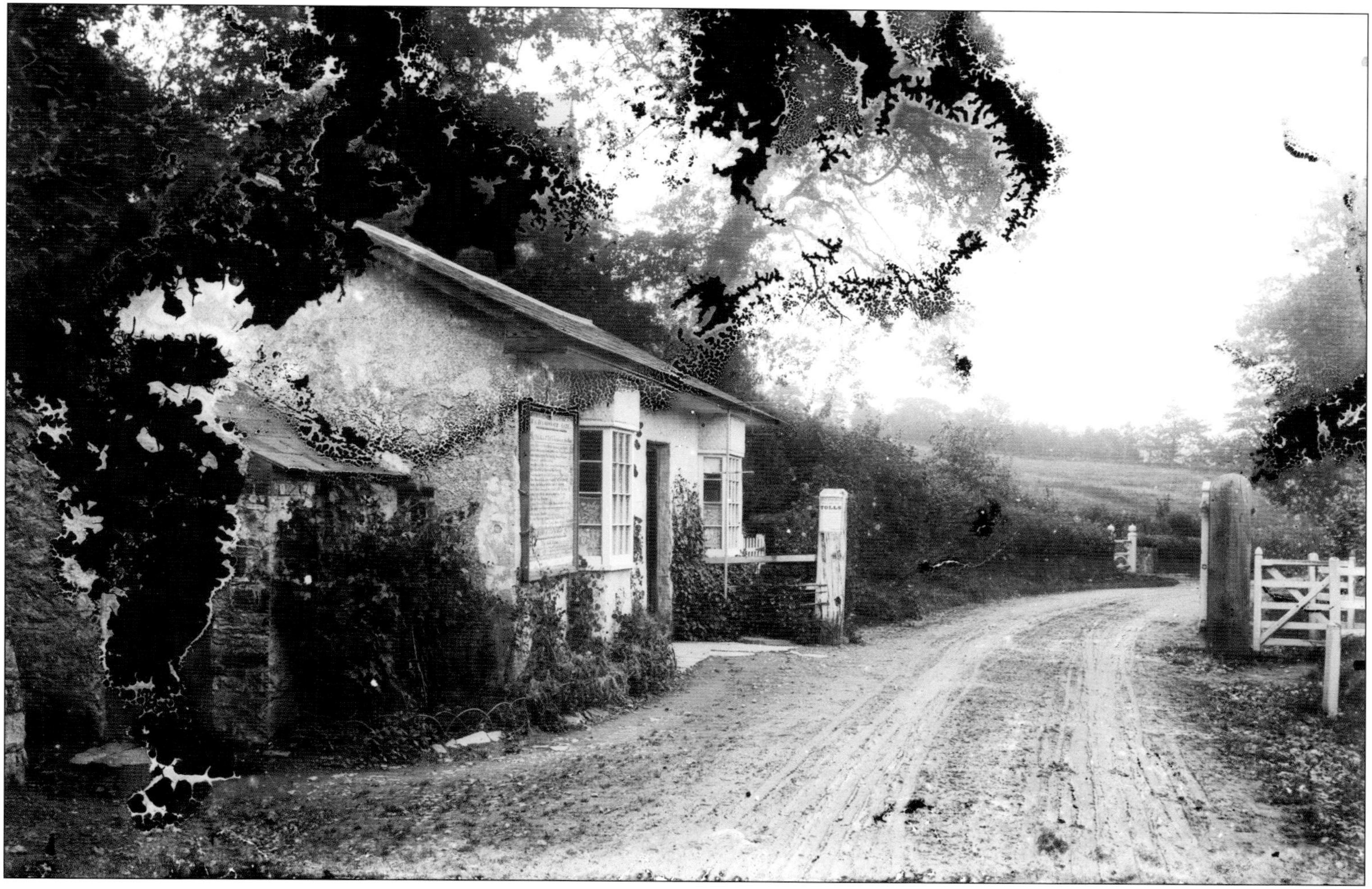

Tollbyrth fel hon, Ffynnonsaer, sir Gaerfyrddin, oedd targed terfysg Merched Beca yn y 1840au cynnar. Ar wal y tŷ gwelir rhestr o brisiau am gludo nwyddau drwy'r gât. Erbyn y 1870au roedd yr holl ymddiriedolaethau ffyrdd tyrpeg wedi'u diddymu ond erys rhai o'r tollbyrth ar ffyrdd gwledig o hyd.

Tollgates such as this one, Ffynnonsaer, Carmarthenshire, were the targets of the Rebecca Rioters in the early 1840s. On the wall of the house there is a list of prices for taking goods through the gate. By the 1870s all turnpike trusts had been wound up but some tollgates are still to be seen on rural roads.

(D C Harries, c.1900)

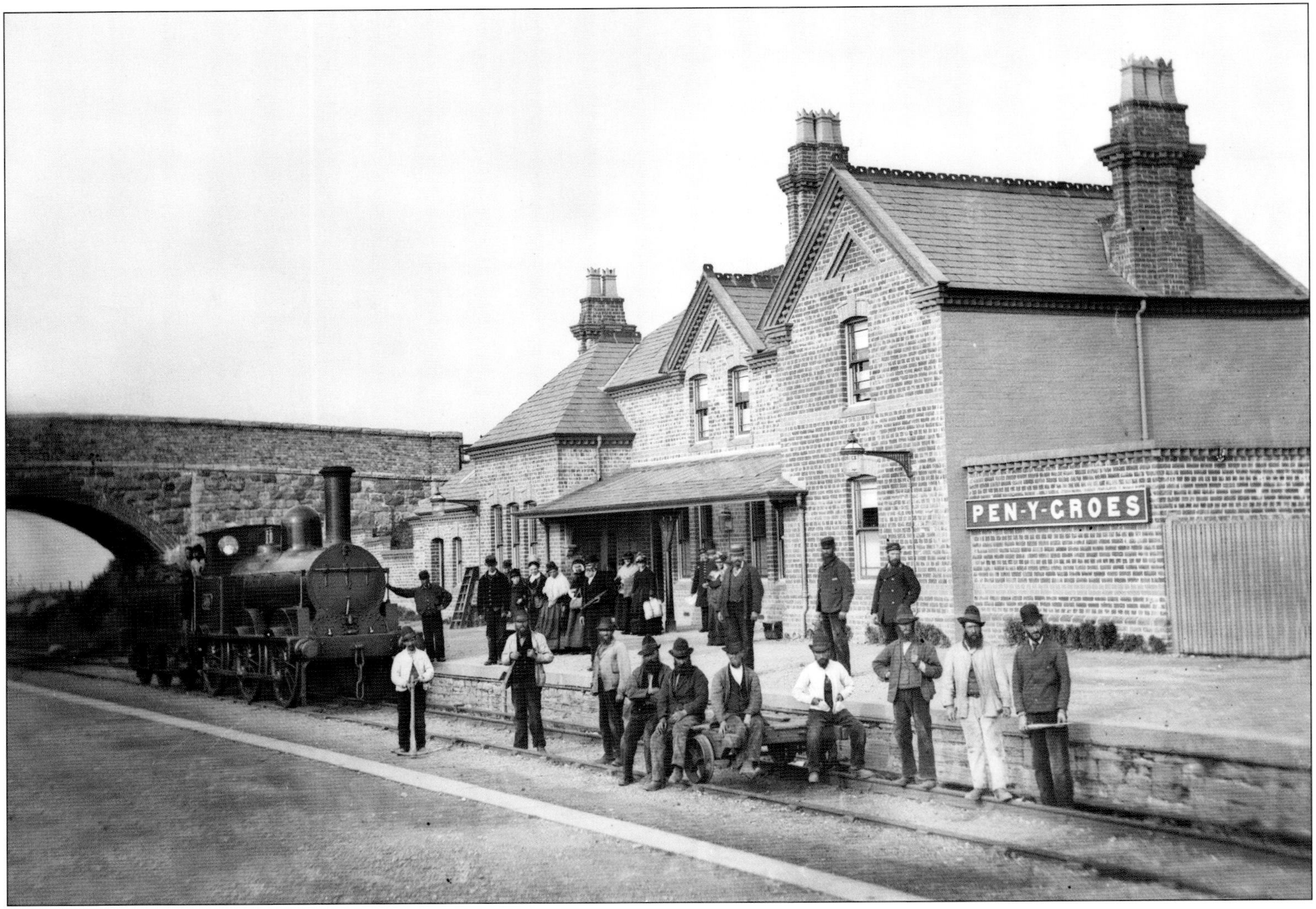

Gorsaf Penygroes, Gwynedd, tua 1875. Trawsnewidiwyd cefn gwlad gyda dyfodiad rhwydwaith o reilffyrdd yn ystod ail hanner y 19eg ganrif. Cludwyd nwyddau yn ogystal â theithwyr, gan agor marchnadoedd newydd i gynnyrch lleol, ond ar y llaw arall tanseiliwyd hefyd fywoliaeth rhai crefftwyr wrth i'r trenau gario nwyddau rhatach i'r ardaloedd gwledig.

Penygroes station, Gwynedd, about 1875. The countryside was transformed with the building of a network of railways during the second half of the 19th century. Goods as well as passengers were transported, opening up new markets to local produce, but on the other hand they undermined the livelihoods of some craftsmen as the trains carried cheaper goods to rural areas.

(John Thomas, c.1875)

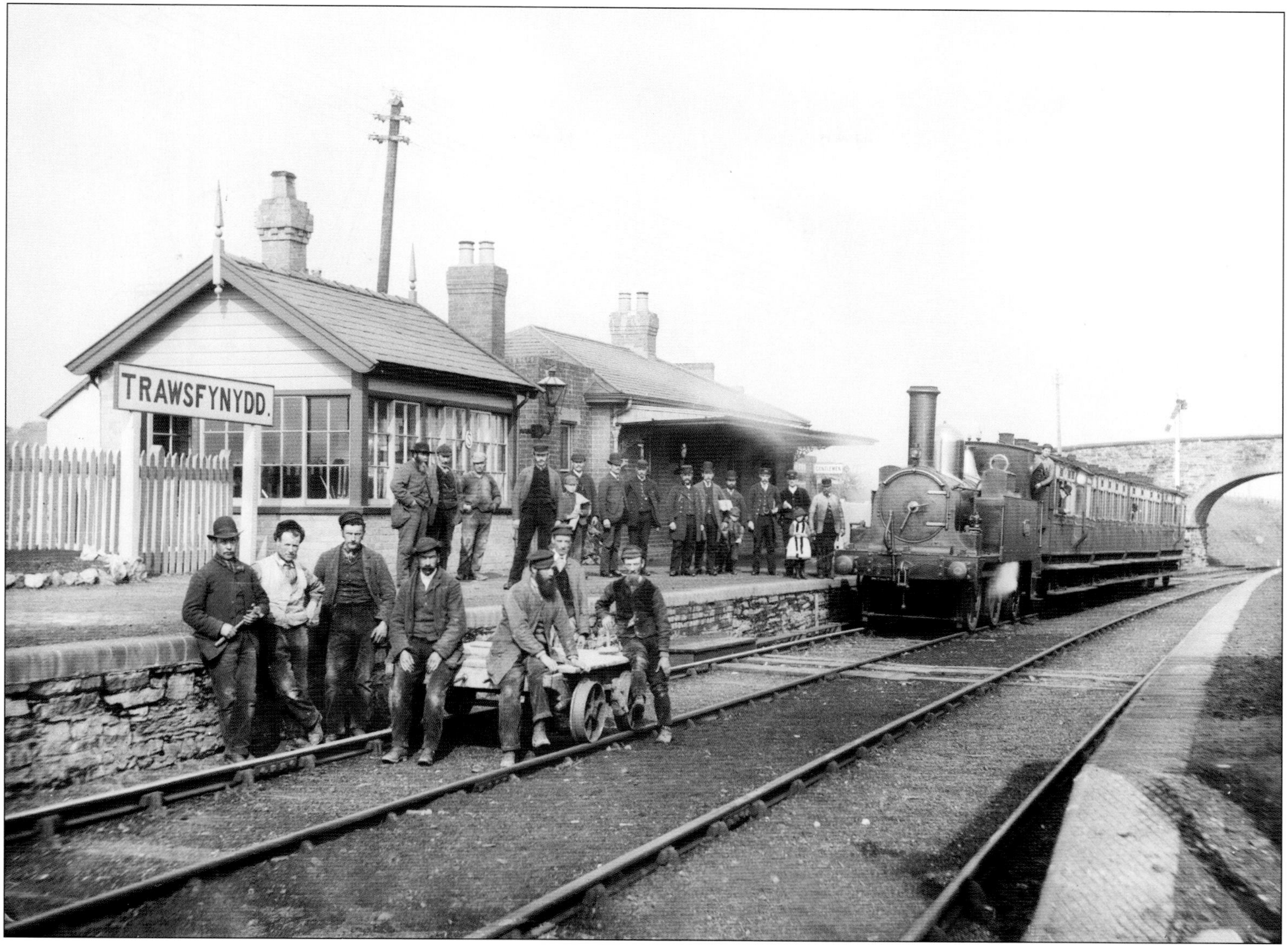

Gorsaf Trawsfynydd, 1888. Ddiwedd y 19eg ganrif, beiwyd y cwmnïau rheilffyrdd gan rai ffermwyr am y dirwasgiad amaethyddol, gan honni eu bod yn codi ffïoedd cludo rhy ddrud.

Trawsfynydd station, 1888. At the end of the 19th century, railway companies were blamed by some farmers for the agricultural depression, claiming that transport fees were too expensive.

(John Thomas, 1888)

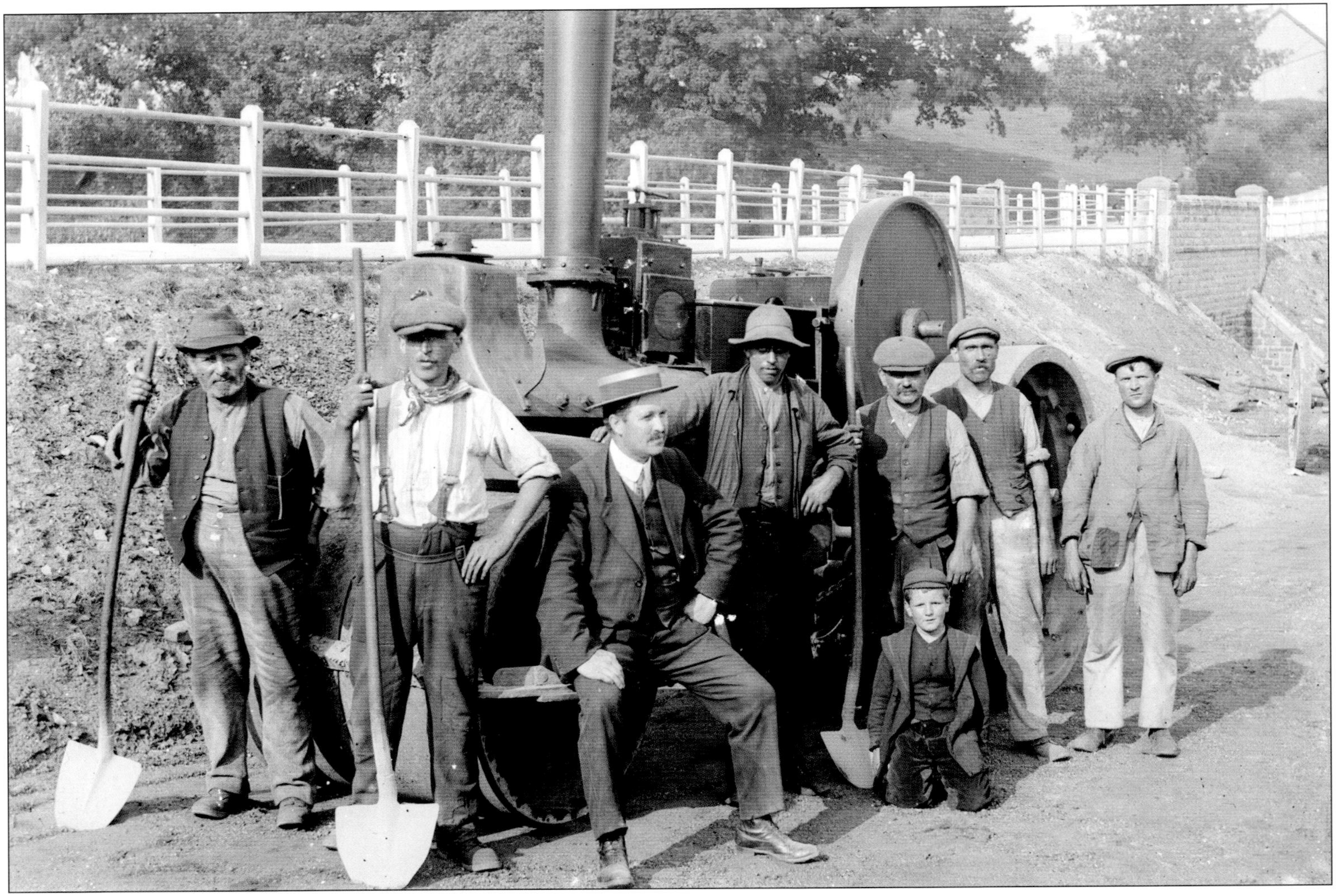

Gyda dyfodiad ceir, bysus a loriau rhaid oedd sicrhau bod ffyrdd yn addas ar eu cyfer. Yn 1882, roedd y llywodraeth ganolog wedi derbyn cyfrifoldeb am y tro cyntaf erioed am gynorthwyo i ariannu adeiladu a thrwsio priffyrdd y wlad. Aed ati i roi wyneb gwell ar ffyrdd gan ddefnyddio tar a bitwmen neu adeiladu ffyrdd newydd. Gwelwyd criwiau newydd o weithwyr ffyrdd, fel y rhain o sir Gaerfyrddin, wrthi gyda stêm-roler a lori dar.

With the advent of cars, buses and lorries it was essential to have suitable roads. In 1882, central government took responsibility for the first time for giving financial support for the construction and maintenance of roads. Better road surfaces were provided using tar and bitumen or new roads built. New gangs of roadmen, such as these in Carmarthenshire, were to be seen at work with their steam-rollers and tar lorries.

(D C Harries, c.1910)

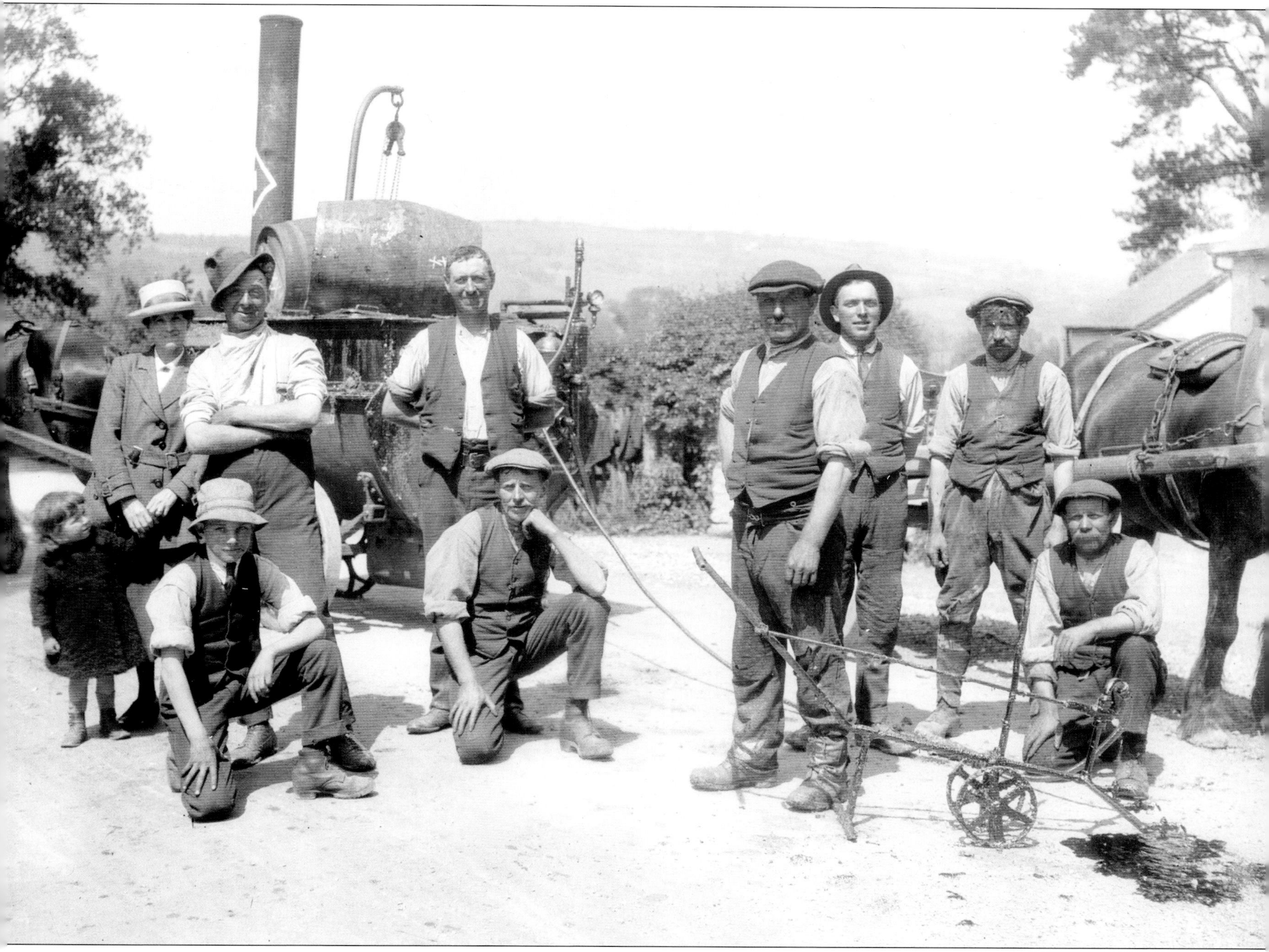

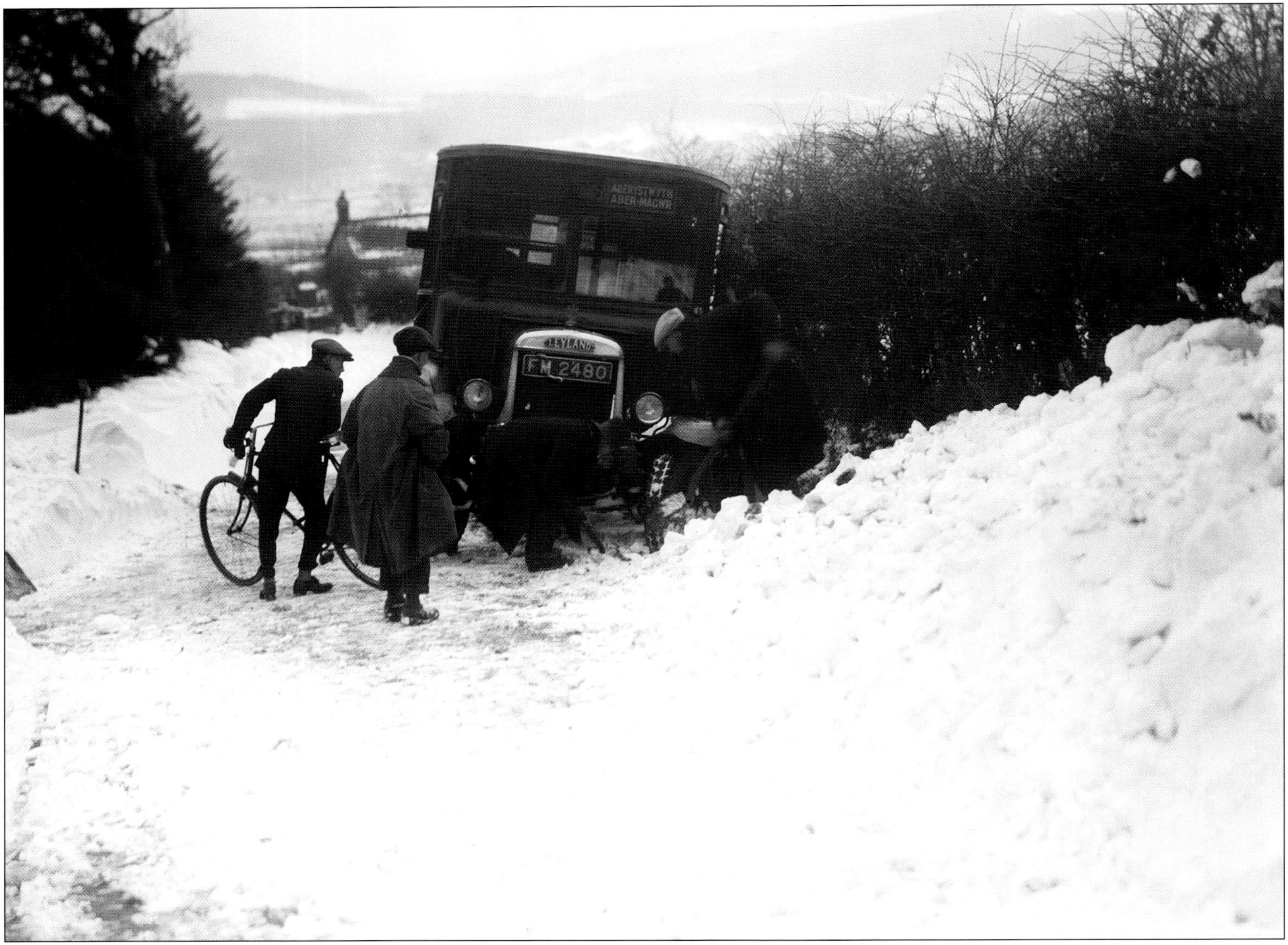

Gallai tywydd garw ynysu pentrefi a ffermydd wrth i ffyrdd gau i drafnidiaeth arferol, fel yn achos y bws hwn a aeth yn sownd ar y ffordd ger Abermagwr, Ceredigion, yn ystod gaeaf 1924.

Bad weather could isolate villages and farms as roads closed to regular transport, such as in the case of this bus which became stranded on the road to Abermagwr, Ceredigion, during the winter of 1924.

(Arthur Lewis, 1924)

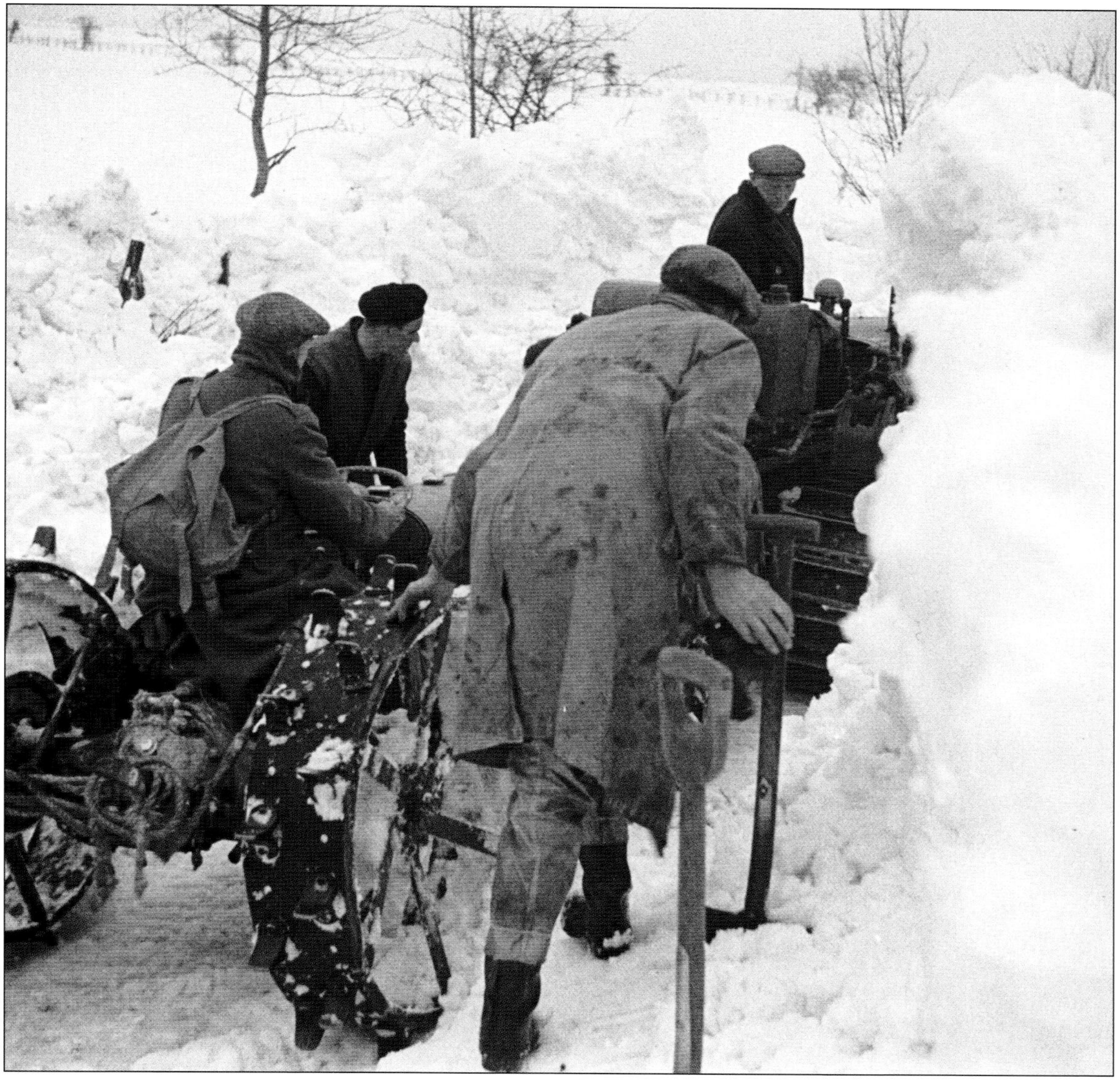

Caewyd y ffordd rhwng Llanfyllin a Llanwddyn, Powys, am wythnosau yn ystod eira mawr 1947, a defnyddiwyd tarw dur, tractor a sled i gludo 500 torth o fara i bentrefwyr Llanwddyn.

The road between Llanfyllin and Llanwddyn, Powys, was closed for weeks following the great snowfalls of 1947, and a bulldozer, tractor and sledge were used to transport 500 loaves of bread to the villagers of Llanwddyn.

(Geoff Charles, 1947)

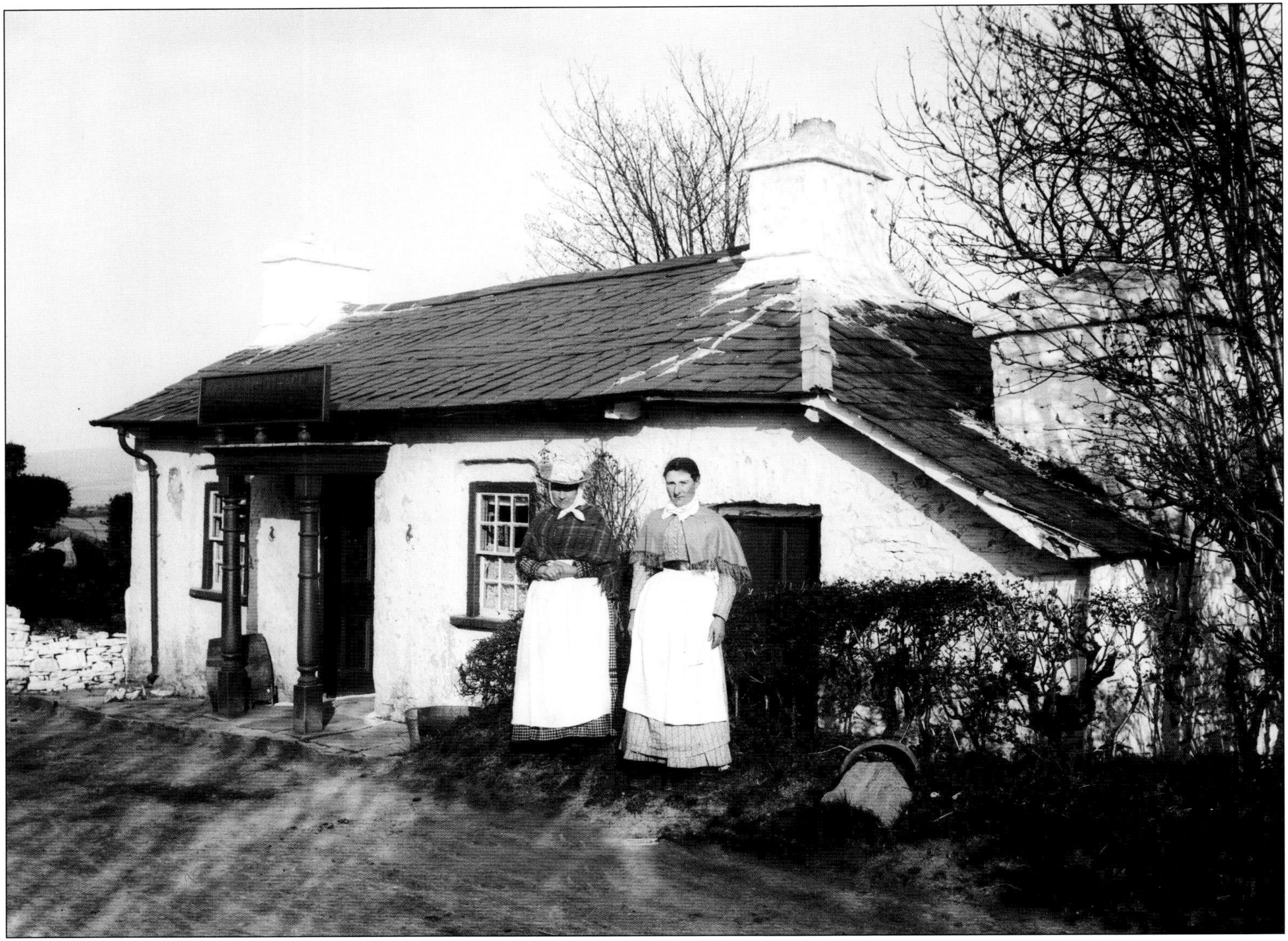

Ar hyd ffyrdd gwledig byddai tafarndai i wasanaethu'r teithiwr sychedig. Ymhlith yr enwocaf ohonynt mae Tafarn Jem, a enwyd ar ôl y dafarnwraig, Jem Davies, ar yr A482 rhwng Llambed a Llanymddyfri yng ngogledd sir Gaerfyrddin.

Inns were to be found on rural roads for thirsty travellers. Among the more famous of these is Tafarn Jem, named after the innkeeper, Jem Davies, on the A482 between Lampeter and Llandovery in north Carmarthenshire.

(D C Harries, c.1900)

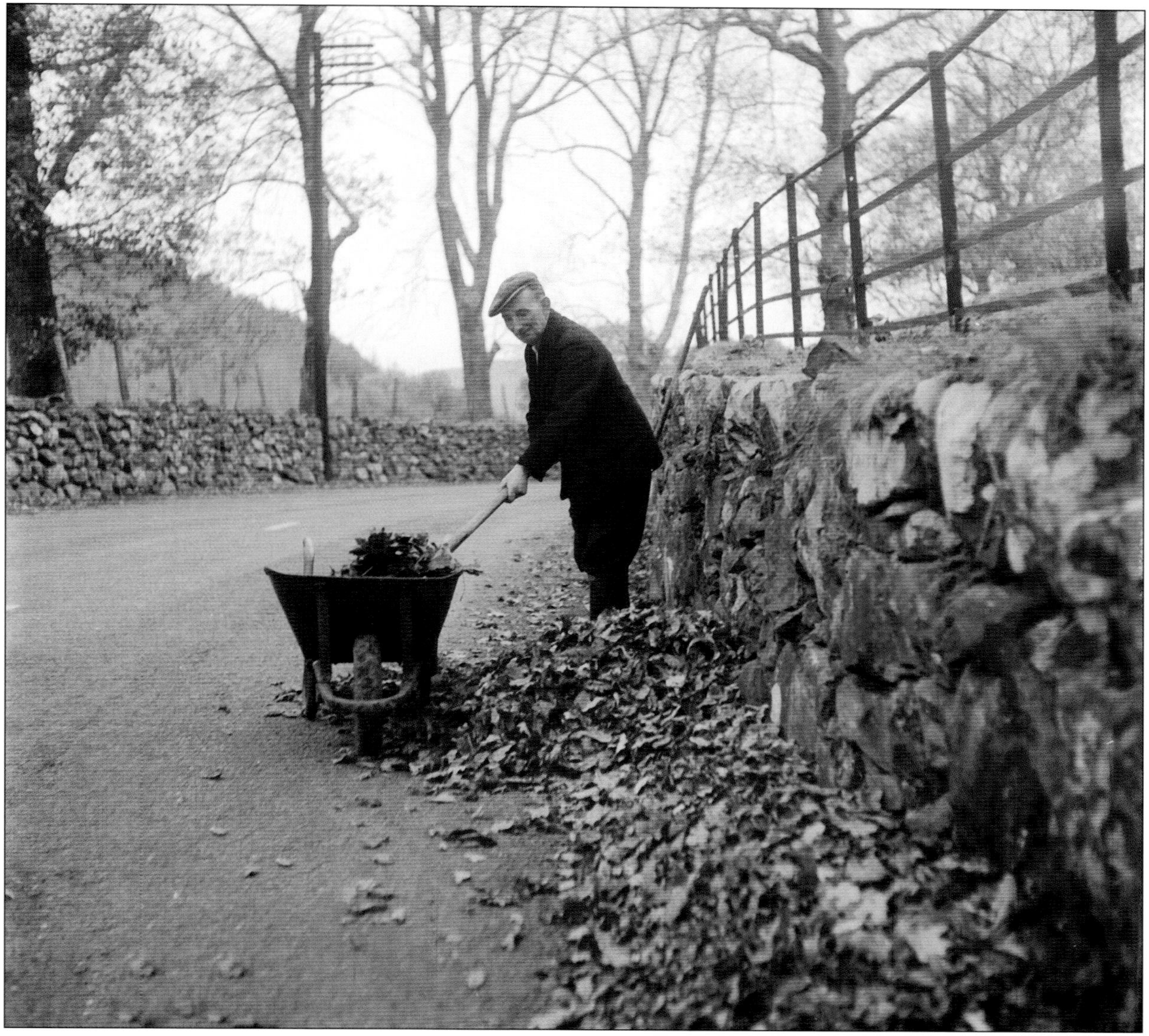

Roedd gan weithwyr gwledig y cyngor sir gyfrifoldeb i gadw eu 'lein' ar y ffordd fawr yn ddestlus. Gwaith caled oedd clirio dail yr hydref, fel y tystiai Richard Humphreys, a fu'n gyfrifol am y ffordd drwy'r Ganllwyd, Gwynedd, am flynyddoedd lawer.

The county council's rural workers were expected to keep tidy their 'line' on the main road. Clearing leaves in the autumn was hard work, as witnessed by Richard Humphreys, who was responsible for clearing the road through Ganllwyd, Gwynedd, for many years.

(Geoff Charles, 1961)

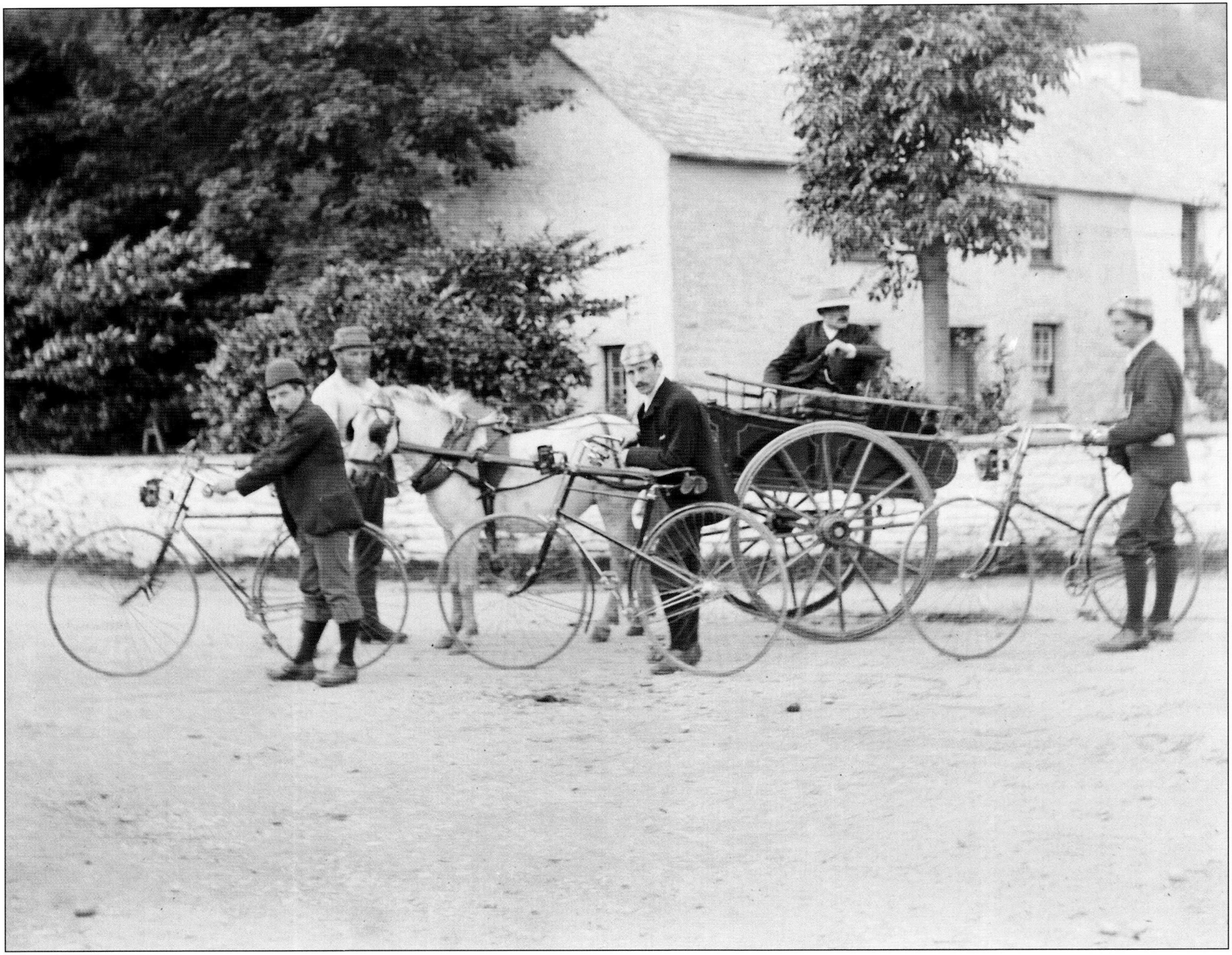

Daeth seiclo yn weithgaredd hamdden poblogaidd iawn ar ddiwedd y 19eg ganrif, yn ogystal â bod yn ddull hwylus o deithio o le i le.

Cycling became a popular leisure activity at the end of the 19th century, as well as being a handy way of travelling from place to place.

(Tom Mathias, c.1900)

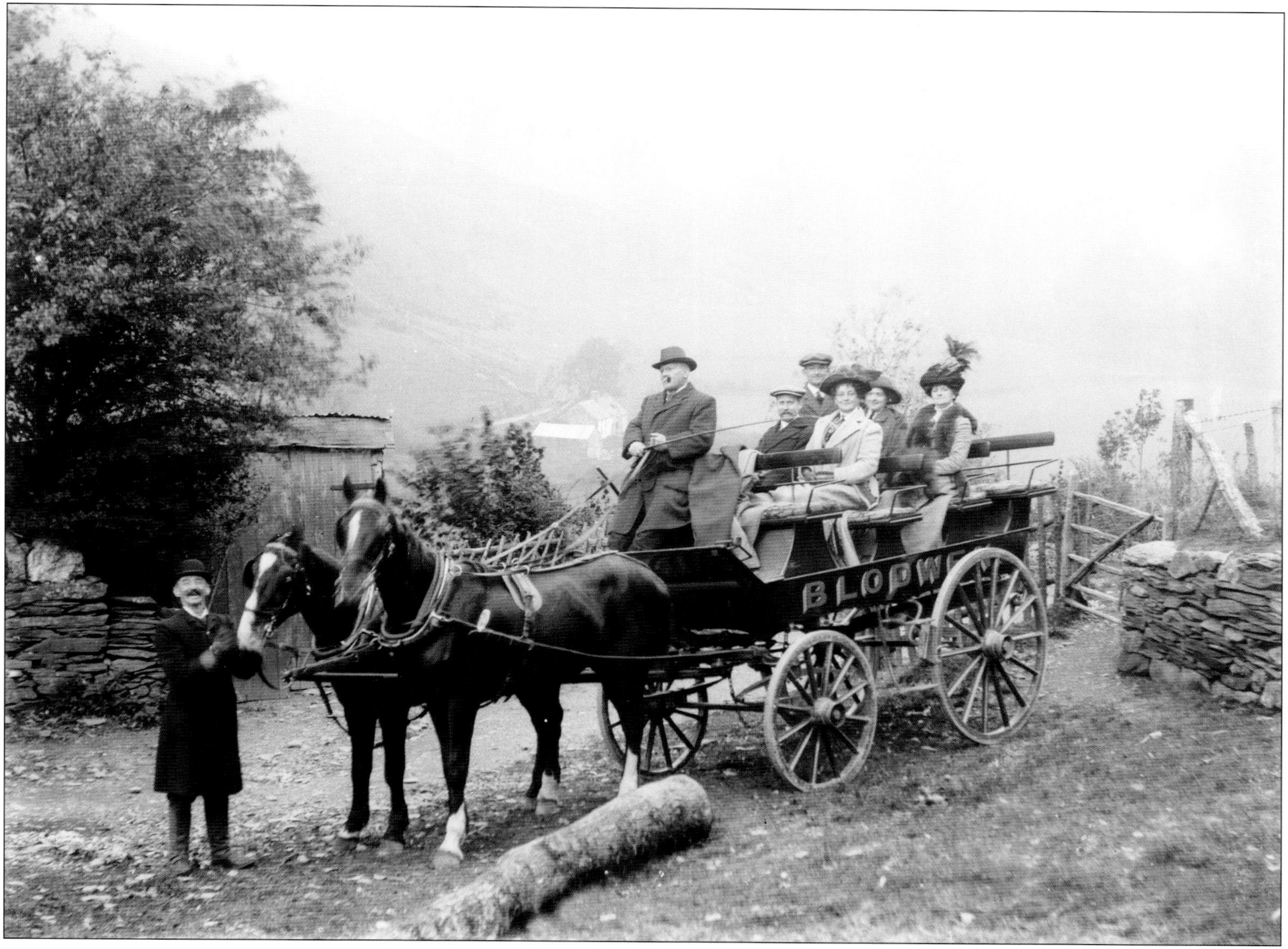

Yn gynyddol deuai ymwelwyr, o Loegr yn bennaf, i ryfeddu ar olygfeydd trawiadol cefn gwlad Cymru, fel y criw yma ar y *brake* 'Blodwen' yng Nghwm Llyfnant, gogledd Ceredigion, tua 1910.

Increasingly visitors came, most often from England, to wonder at the striking scenery to be found in the Welsh countryside, such as this group on the brake 'Blodwen' in the Llyfnant Valley, north Ceredigion, about 1910.

(Arthur Lewis, c.1910)

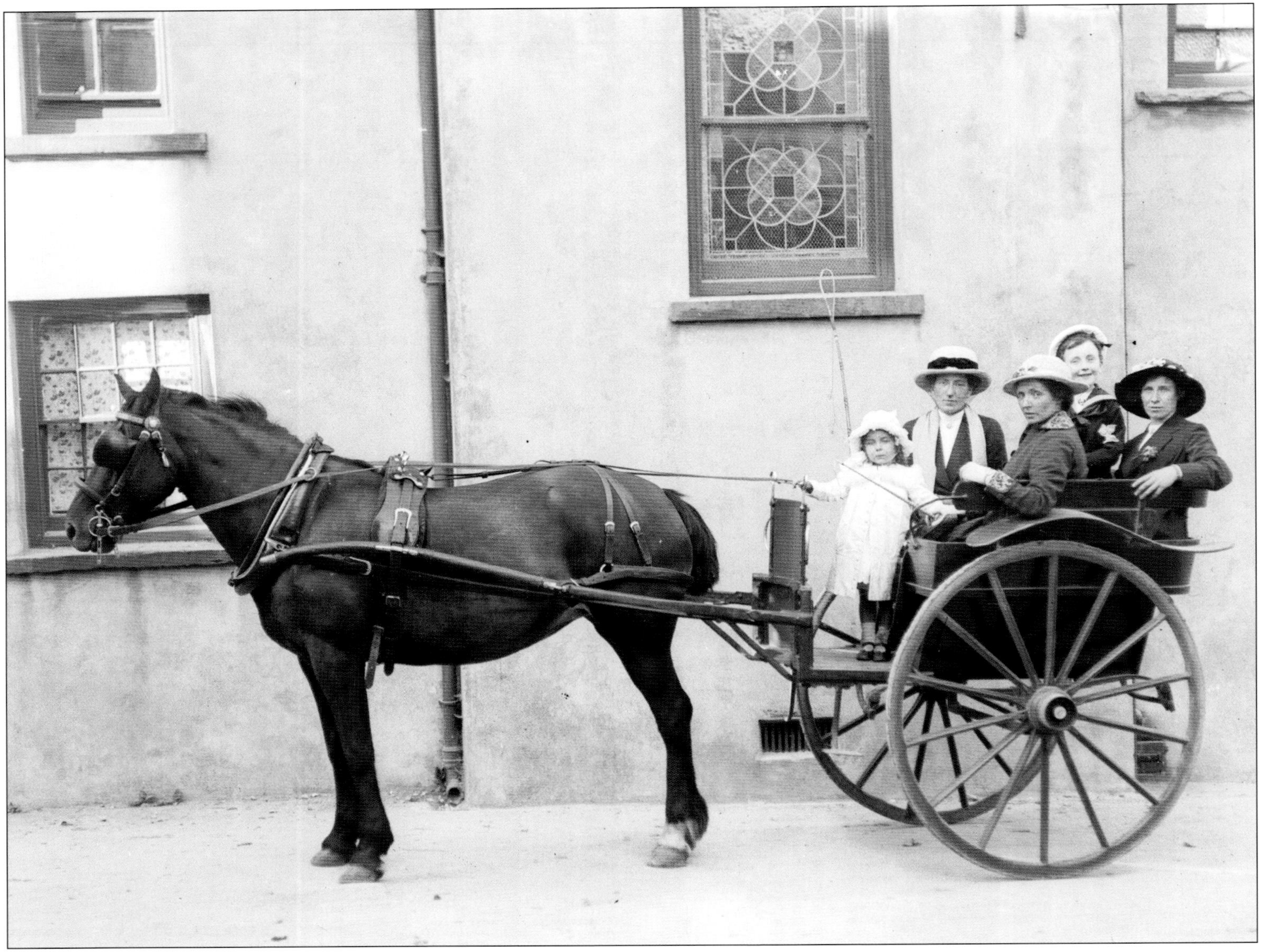

Cyn dyfodiad y car modur, y dull cyflymaf a hwylusaf o deithio ar y ffordd oedd poni a thrap neu, fel yn yr achos hwn, y *dog cart*.

Before the advent of the motor car, the quickest and most effective means of travelling on the road was the pony and trap, or, as in this case, the dog cart.

(D C Harries, c.1910)

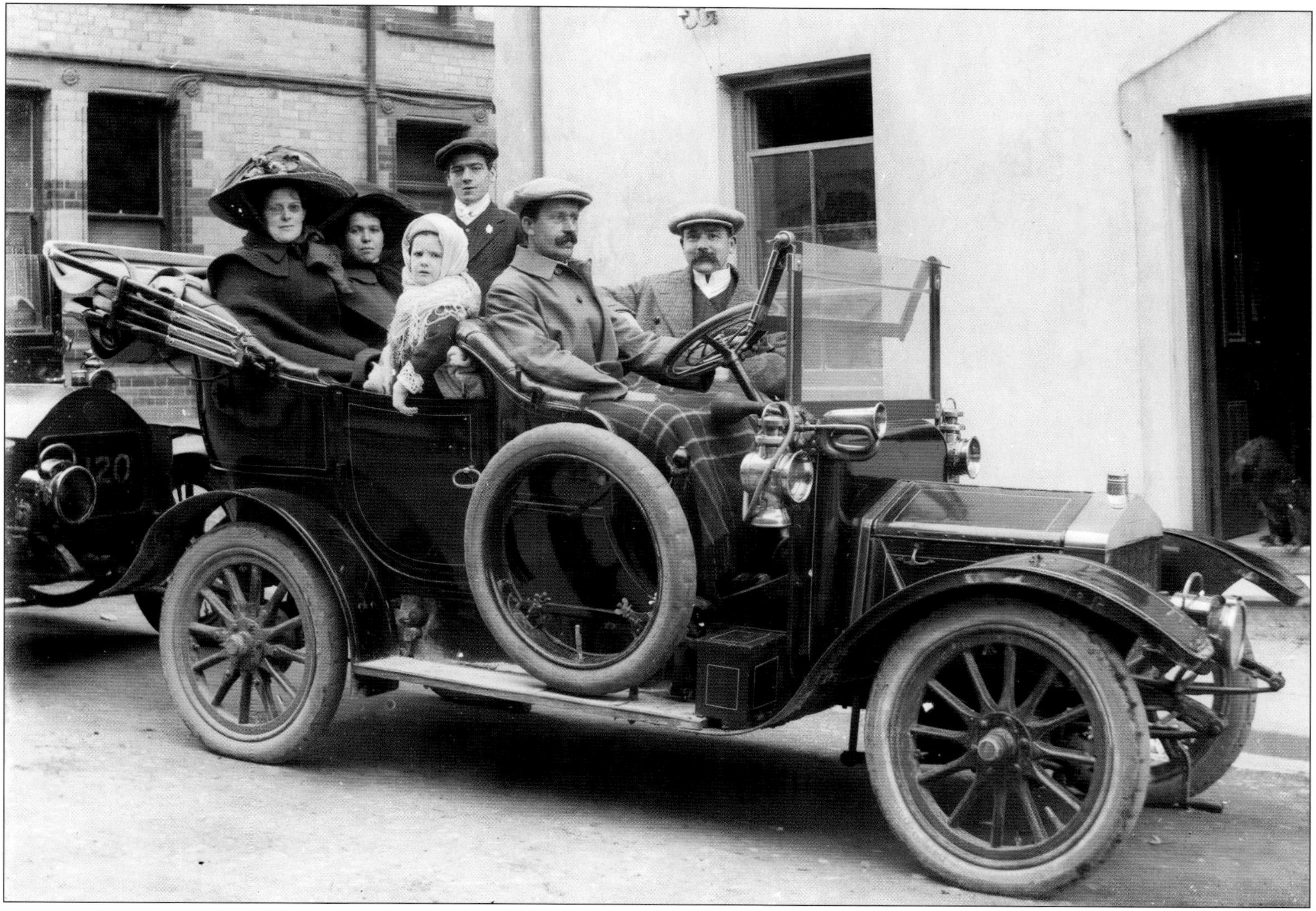

Gwelwyd yr *horseless carriage* ar ffyrdd Cymru o ddiwedd y 19eg ganrif ymlaen, fel y car hwn yn Llandeilo, sir Gaerfyrddin. Roedd y cyfyngiad cyflymdra yn y cyfnod hwnnw yn 20 milltir yr awr ar y ffordd fawr a 10 milltir yr awr trwy bentrefi. Gwelwyd sawl gyrrwr yn ymddangos yn y llys bach am oryrru a chafwyd damweiniau cyson, yn arbennig ar ffyrdd anwastad a throellog.

The 'horseless carriage' was to be seen on Welsh roads, such as this car in Llandeilo, Carmarthenshire, from the end of the 19th century onwards. There was a speed limit at that time of 20 miles an hour on the main road and 10 miles an hour through villages. Many drivers came before the petty sessions for speeding and there were regular accidents, particularly on uneven and winding roads.

(D C Harries, c.1910)

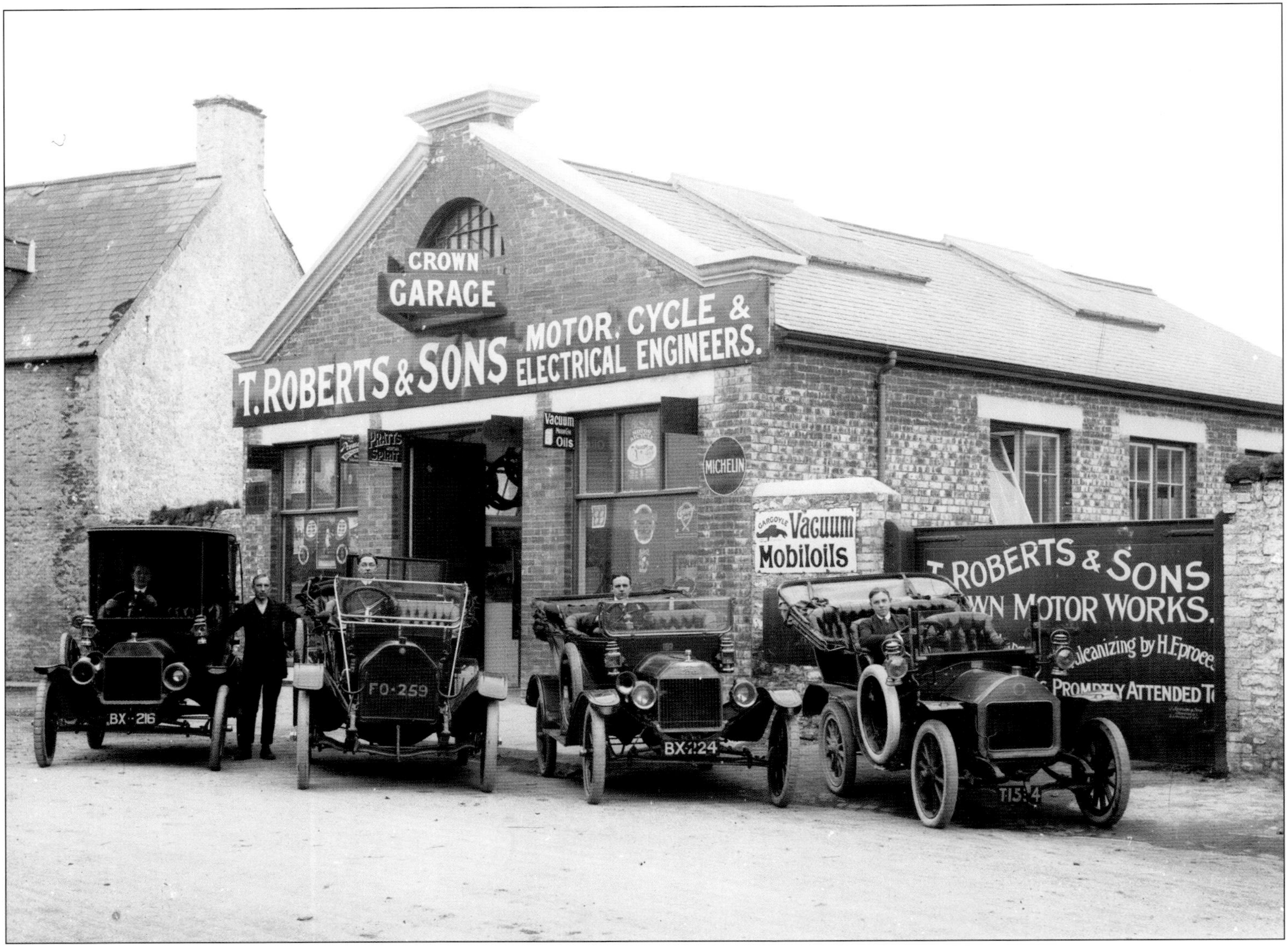

Gellid llogi ceir o fodurdy fel yr un yma yn Llanymddyfri, sir Gaerfyrddin. O 1903 ymlaen roedd angen trwydded yrru ond nid oedd angen pasio prawf gyrru tan 1934.

Cars could be hired from garages such as this one in Llandovery, Carmarthenshire. From 1903 onwards, a driving licence was required but there was no need to pass a driving test until 1934.

(D C Harries, c.1920)

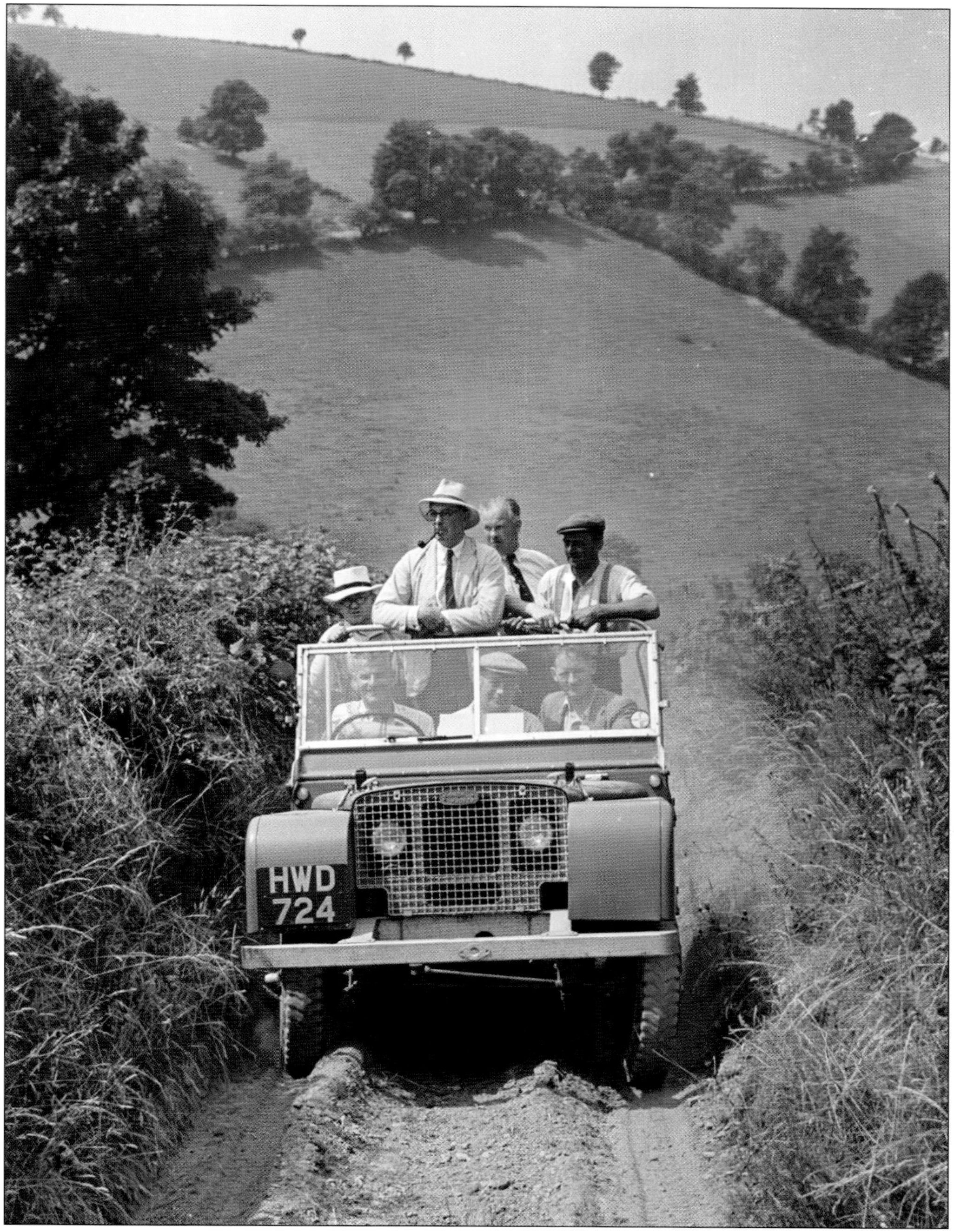

Wedi'r Ail Ryfel Byd, y cerbyd hollbresennol ar ffermydd cefn gwlad oedd y Land Rover. Adeiladwyd y prototeip cyntaf o'r Land Rover gan Maurice Wilks, prif gynllunydd cwmni ceir Rover, ar ei fferm ger Niwbwrch, Ynys Môn. Honnwyd ar un adeg bod 75 y cant o'r holl gerbydau Land Rover a adeiladwyd erioed yn parhau'n weithredol.

After the Second World War, the ubiquitous vehicle on rural farms was the Land Rover. The first prototype of a Land Rover was built by Maurice Wilks, senior designer with Rover cars, on his farm at Newborough, Anglesey. It was claimed at one time that 75 per cent of all Land Rover vehicles ever built were still functioning.

(Geoff Charles, 1949)

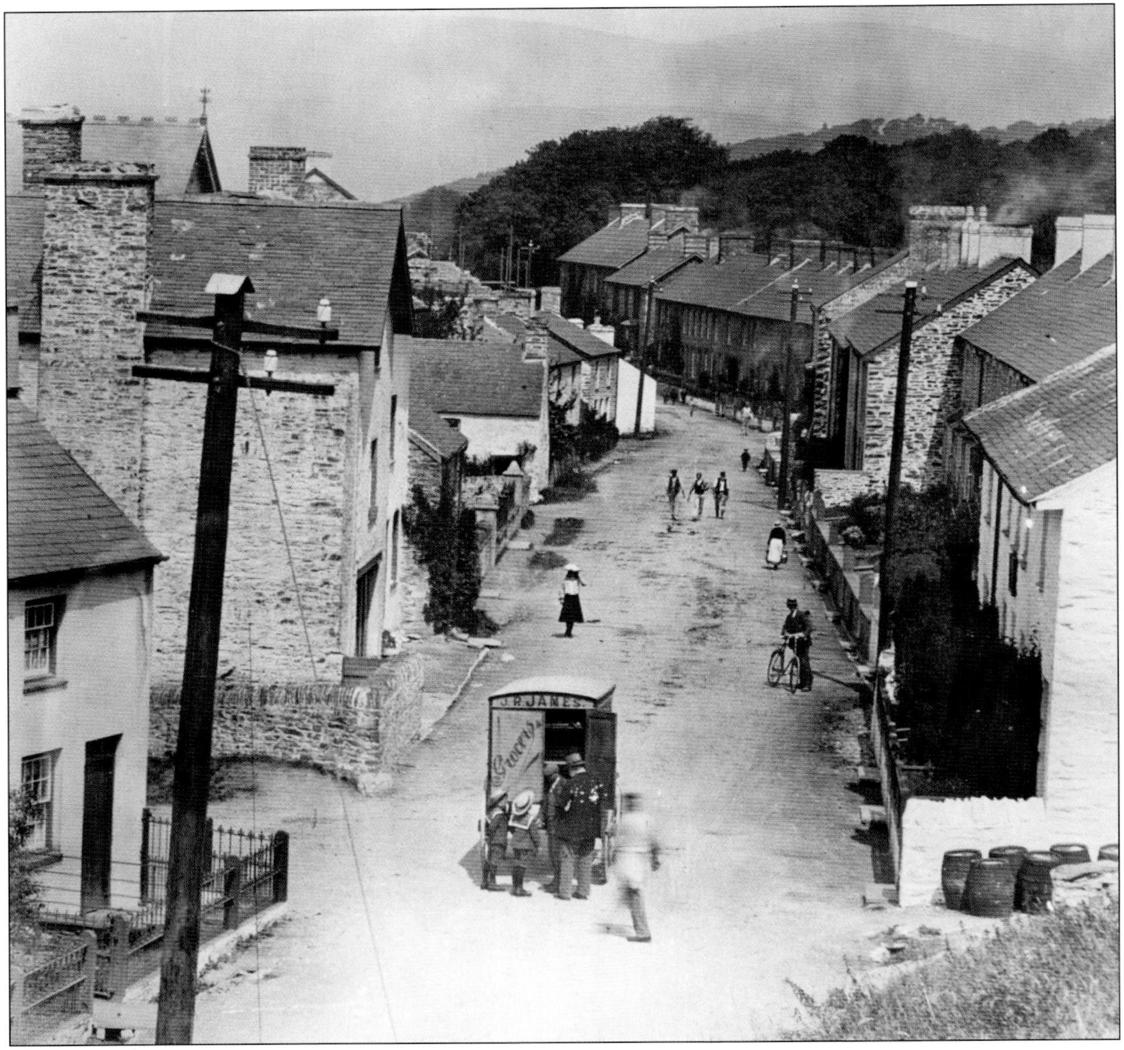

Byddai faniau'n cludo bwyd a nwyddau o'r trefi i'w gwerthu ym mhentrefi cefn gwlad yn olygfa gyffredin yn ystod yr 20fed ganrif. Ar ddechrau'r 20fed ganrif, nid oedd gyrrwr J R James y groser, Aberystwyth, yn poeni nemor ddim am barcio ar ganol y ffordd fawr yn Nhre-Taliesin, gogledd Ceredigion.

A familiar scene in the 20th century were vans from towns carrying food and goods to be sold in rural villages. At the beginning of the 20th century, the driver of the van of J R James, grocer, Aberystwyth, was not in any way concerned about parking in the middle of the road in Tre-Taliesin, north Ceredigion.

(E O Jones, c.1910)

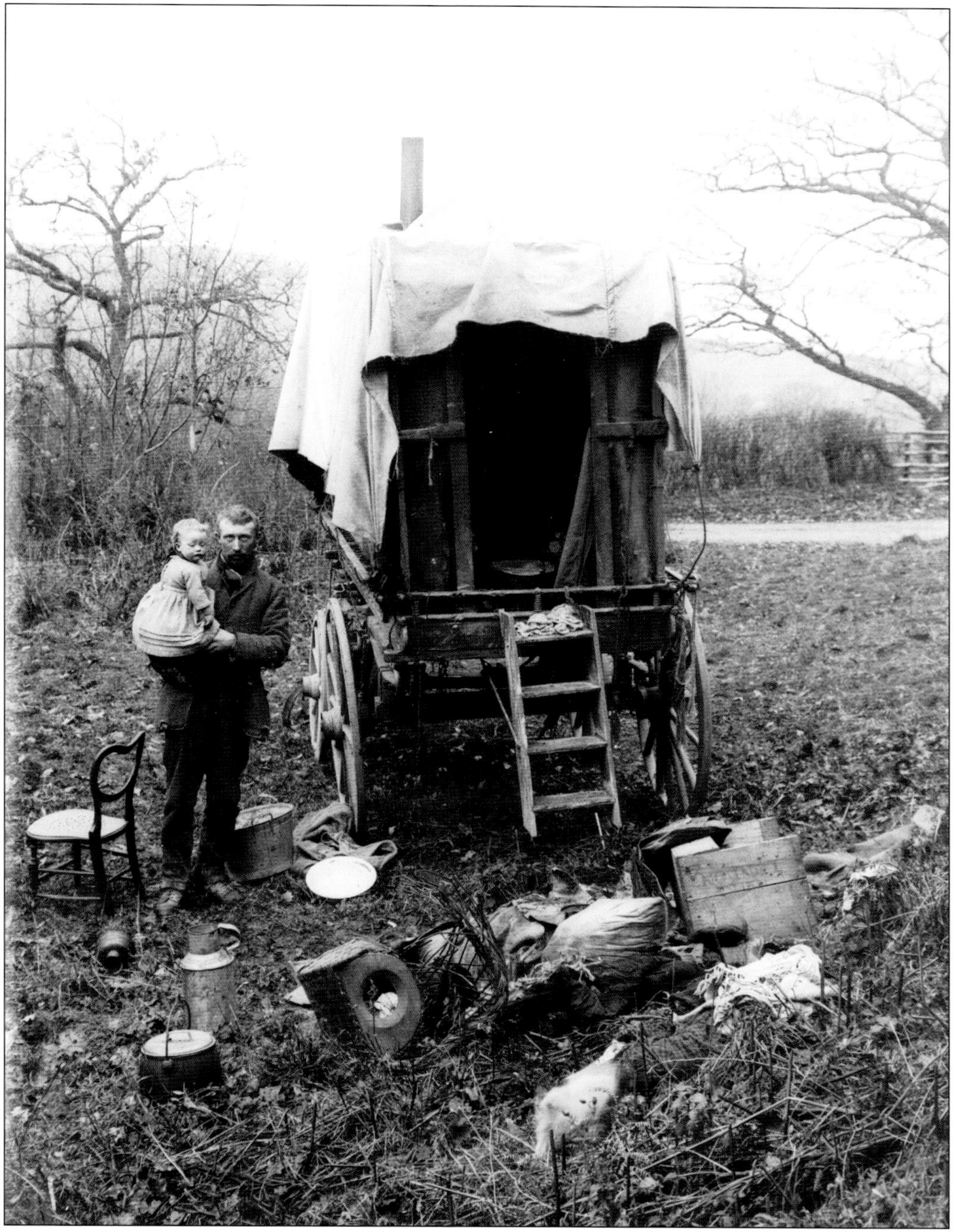

Ymwelwyr cyson â chefn gwlad oedd tinceriaid neu sipsiwn a deithiai o le i le mewn wagenni anghysurus i werthu nwyddau amrywiol.

Tinkers or gypsies were regular visitors to the countryside, travelling from place to place in uncomfortable wagons to sell an array of goods.

(D C Harries, c.1910)

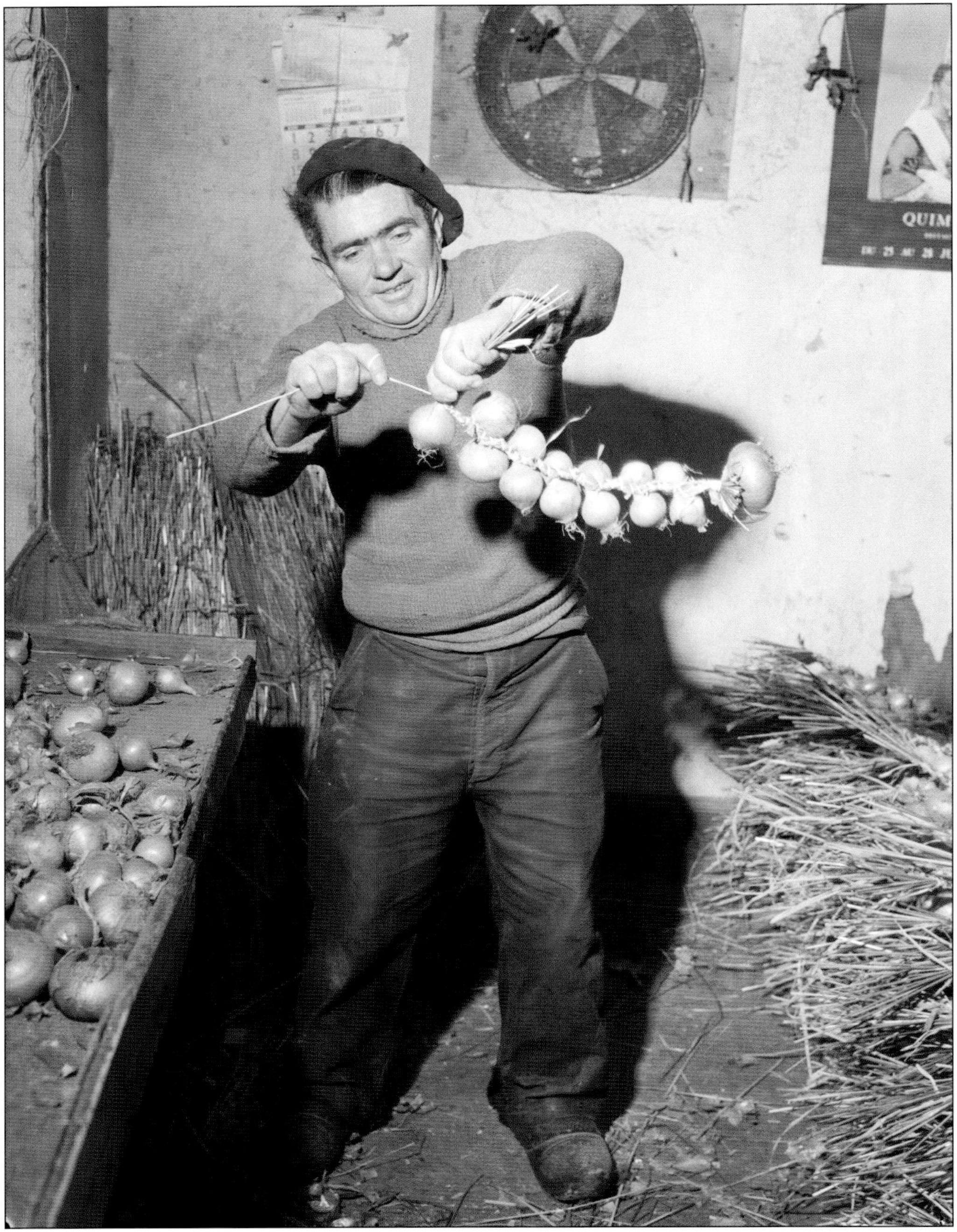

Deuai gwerthwyr winwns (nionod) o Lydaw i Gymru er y 1820au, gan deithio o le i le ar droed neu ar gefn beic. Rhoddwyd y llysenw Sioni Winwns iddynt a dysgodd ambell un i gyfathrebu yn Gymraeg. Tynnwyd y llun hwn yn storfa'r Sioni Winwns ym Mhorthmadog, Gwynedd, yn 1958, ychydig cyn i'r traddodiad ddod i ben.

Onion sellers from Brittany had begun coming to Wales in the 1820s, travelling from place to place on foot or on bikes. They were given the nickname 'Sioni Winwns' (Johnny Onions) and some learnt to converse in Welsh. This photograph was taken in the Sioni Winwns's onion store in Porthmadog, Gwynedd, in 1958, shortly before the tradition came to an end.

(Geoff Charles, 1958)

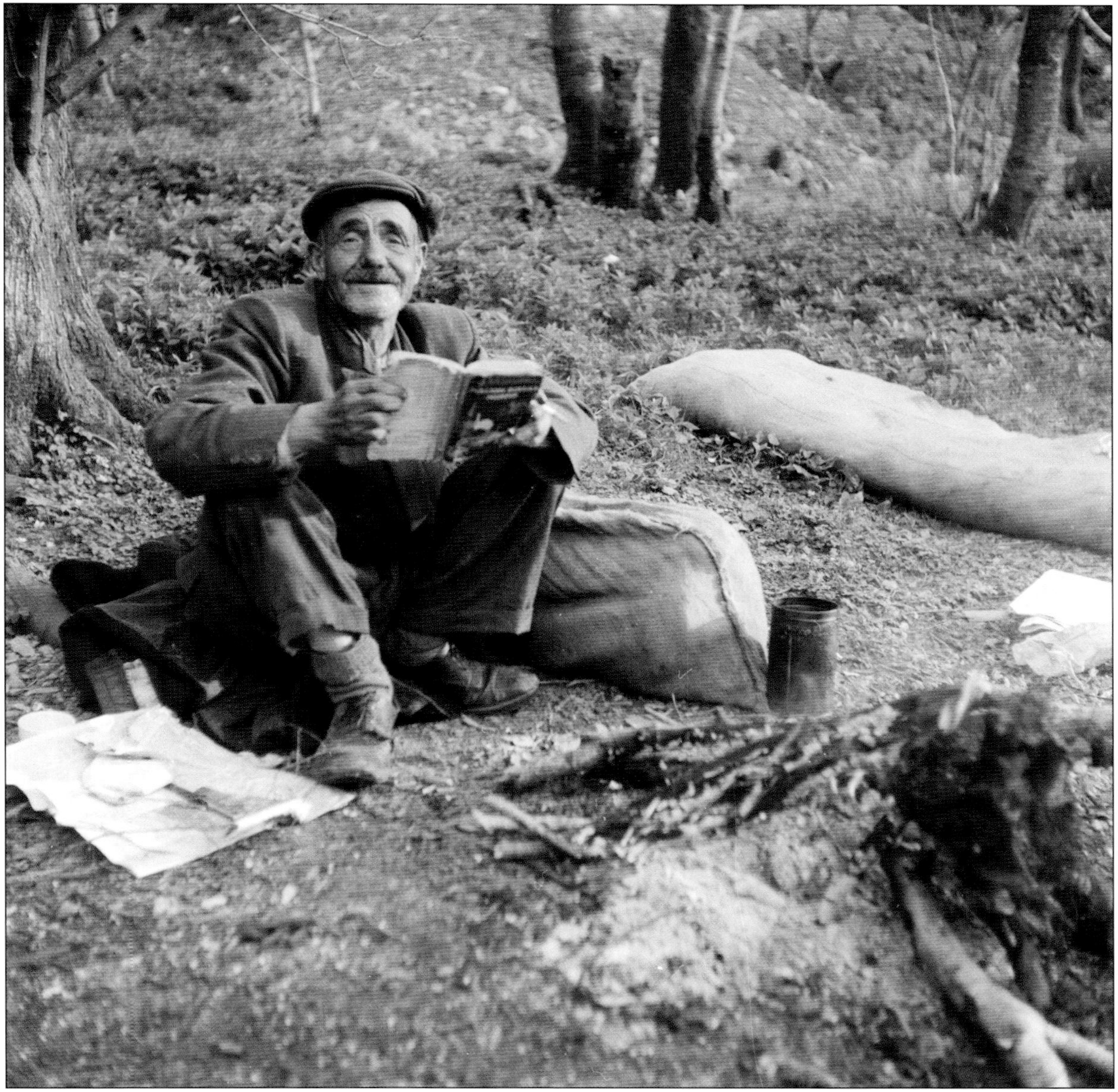

Teithwyr eraill a welwyd yn aml oedd hen drampiau fel George Williams a oedd yma'n gwersylla ger Dolgellau, Gwynedd, yn 1960.

Other travellers often seen were old tramps such as George Williams, seen here camping near Dolgellau, Gwynedd, in 1960.

(Geoff Charles, 1960)

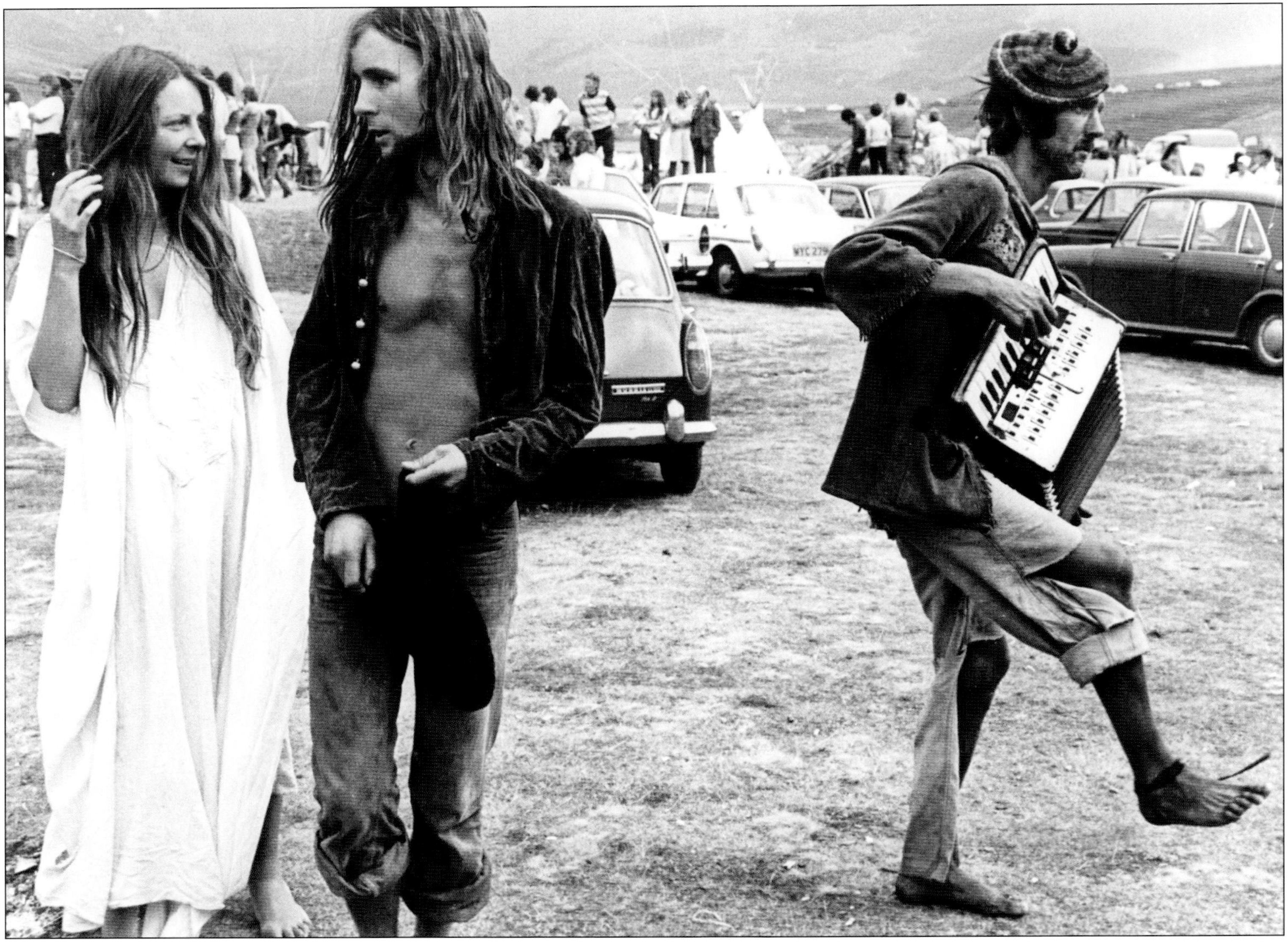

O'r 1960au ymlaen, llifodd grwpiau o hipis i gefn gwlad ar gyfer *raves* neu i gasglu madarch hud, sy'n gyffur naturiol. Gyda'u gwisgoedd lliwgar a'u hymddygiad anghonfensiynol, ni chawson nhw groeso gwresog gan bawb.

From the 1960s onwards, groups of 'hippies' came to the countryside to hold raves or to collect magic mushrooms, a natural drug. With their colourful clothes and unconventional behaviour, they did not receive a warm welcome from everyone.

(Raymond Daniel, c.1975)

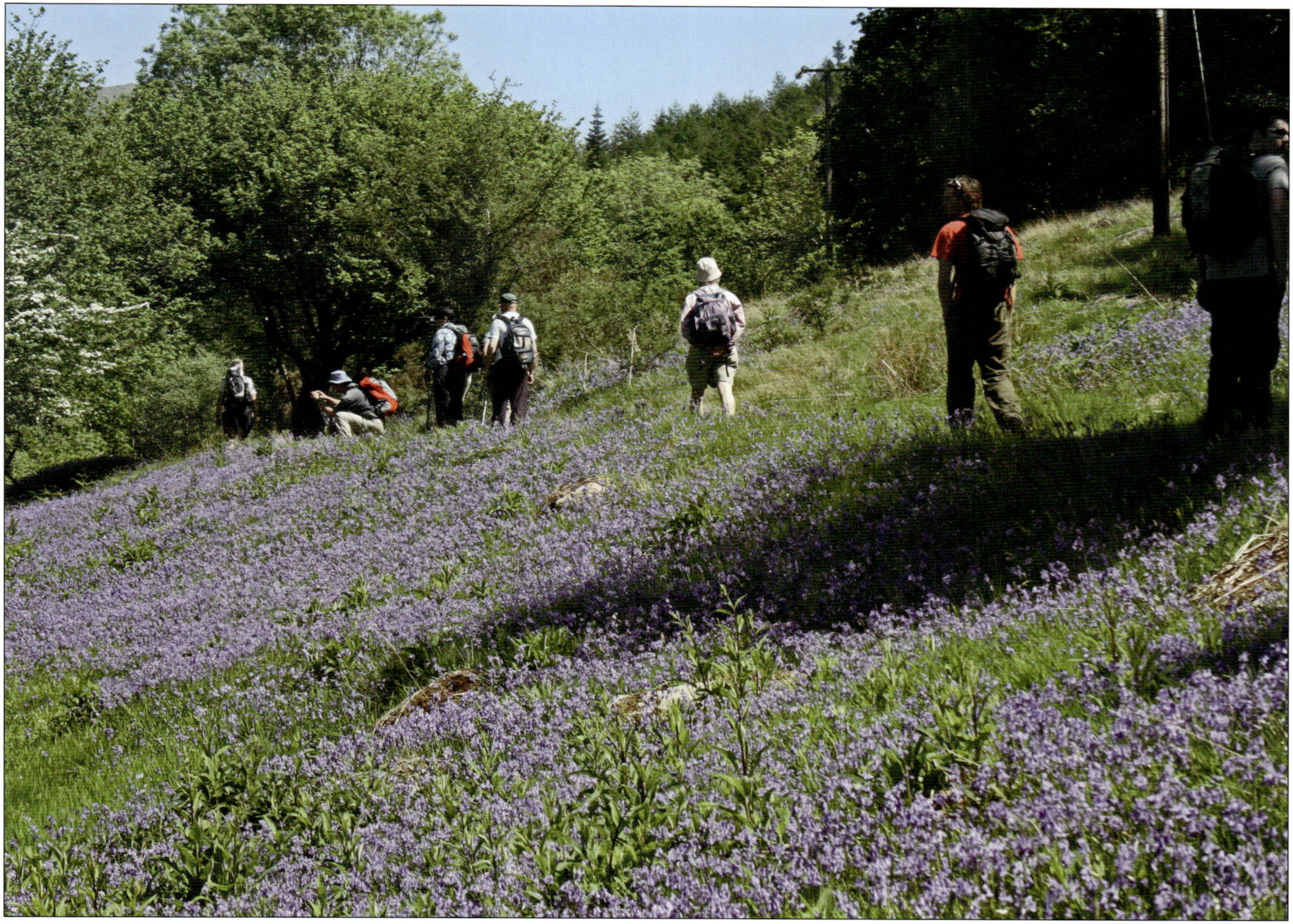

'Dyfod pan ddêl y gwcw'. Gyda gwella llwybrau cyhoeddus a deddfau rhyddid i grwydro, daeth mwy a mwy o gerddwyr i fanteisio ar hyfrydwch cefn gwlad Cymru. Aelodau o Glwb Mynydda Cymru, a sefydlwyd yn 1979, sydd yma ar daith gerdded trwy garped o glychau'r gog.

With the improvements to public footpaths and with right-to-roam legislation, more and more ramblers took advantage of the attractive Welsh countryside. Members of Clwb Mynydda Cymru (the Welsh Mountaineering Society), founded in 1979, are seen here walking through a carpet of bluebells.

(Iolo ap Gwynn, 2007)

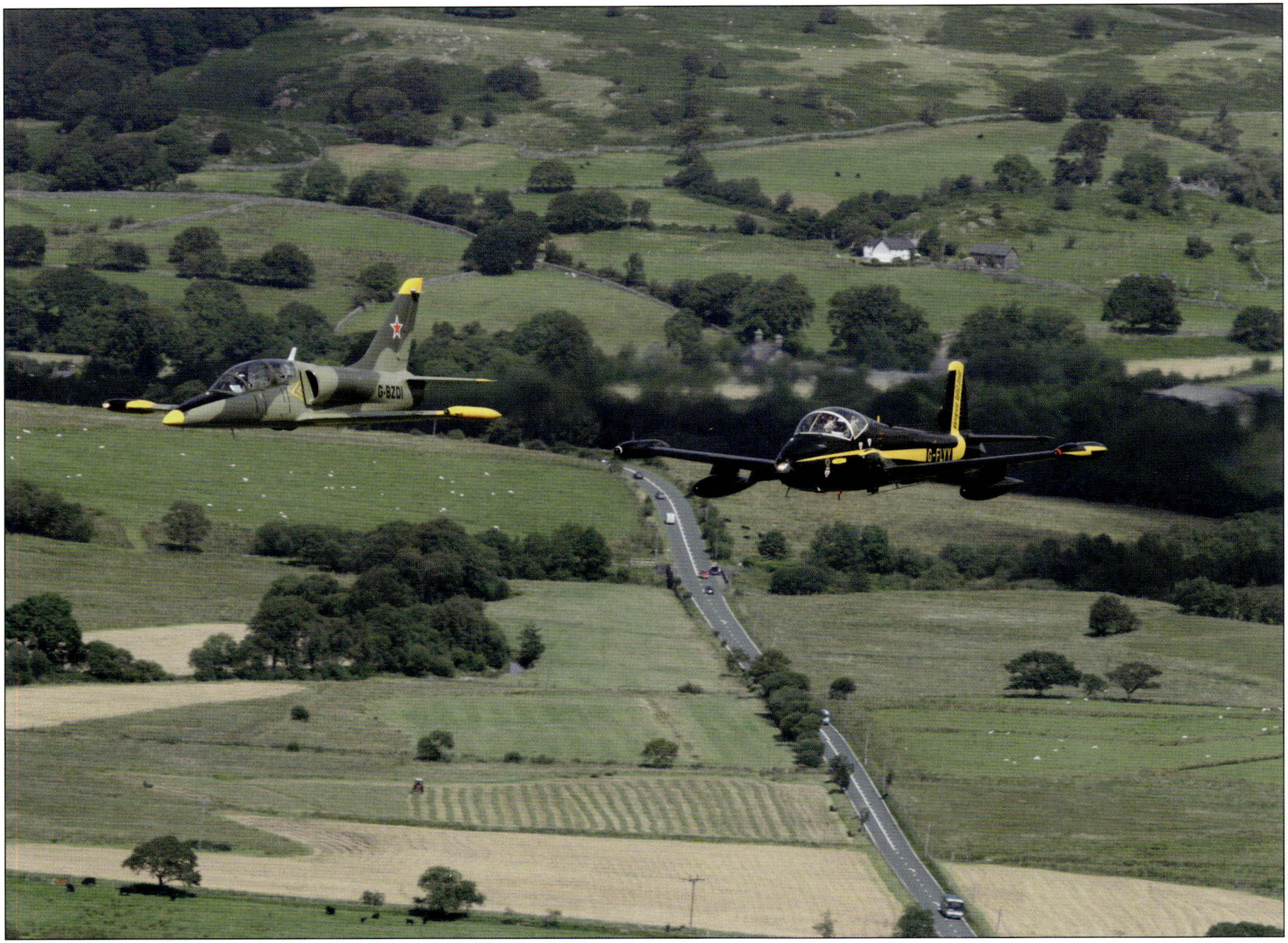

Nid oedd croeso gan bawb i bob ymwelydd. Yn ystod y blynyddoedd diwethaf, tarfwyd ar heddwch cefn gwlad gan awyrennau rhyfel yn hedfan yn isel, fel y rhain ger Cadair Idris, Gwynedd, yn 2007.

All visitors did not receive a welcome by everyone. In recent years, the peace of the countryside has been disturbed by low-flying warplanes, such as these near Cadair Idris, Gwynedd, in 2007.

(Rory Trappe, 2007)

Y FFOTOGRAFFWYR: *THE PHOTOGRAPHERS*

O'r Llyfrgell Genedlaethol: *from the National Library of Wales*

Abery, P B 26,27,35,51,52,70,79,99,146
Charles, Geoff 19,23,36,37,38,39,40,42,47,48,53,56,58,59,60,68,71,72,73,74,75,76,93,94,103,105,
109,118,121,138,139,144,147,151,152,153,154,156,159,171,173,179,182,183
Dillwyn, Mary 80
Harries, D C 12,25,28,29,31,33,46,86,88,90,91,92,97,119,120,127,133,137,165,168,169,172,176,177,178,181
Jones, E O 101,111,136,180
Lewis, Arthur 104,170,175
Llewelyn, John Dillwyn/Thereza 20,21
Lloyd, Percy 126,132,142
Mathias, Tom 32,45,84,96,98,143,149,174
Mitchell, Bernard 55,69
Stiwdio Excelsior Studios 134,161
Thomas, John 22,24,30,44,54,63,64,65,66,67,81,82,83,85,87,100,102,106,107,108,110,112,113,114,115,116,
117,122,123,124,125,131,135,140,141,148,150,160,162,163,164,166,167

Other photographers

ap Gwynn, Iolo 155,158,185
Daniel, Raymond 130,184
Davies, Emma 61
Delyth, Marian 41,50,57,89,95
Jenkins, Gwyn 129
Jones, Tim 145
Parry-Jones, Arvid 34,43,49,62
Parry-Jones, Robert 77,78,157
Trappe, Rory 128,186

FFYNONELLAU

Gwefannau

P B Abery: http://www.llgc.org.uk/index.php?id=3639&L=1
Geoff Charles: http://www.llgc.org.uk/index.php?id=geoffcharles&L=1
John Thomas: http://www.llgc.org.uk/index.php?id=johnthomas&L=1
Ffotograffwyr cynnar Abertawe: http://www.llgc.org.uk/fga/index_c.htm
D C Harries: http://www.llandeilo.org/dcharries.php
Rory Trappe: http://www.pbase.com/caeclyd/

Llyfrau

Daniel, Raymond, *Camera'r Cymro* (Y Lolfa, 2006)
Davies, John, *Hanes Cymru* (Penguin, 1990)
Gwyddoniadur Cymru (Gwasg Prifysgol Cymru, 2008)
Hughes, R Iestyn, *Casgliad o Ffotograffau D. C. Harries: a Collection of Photographs* (Llyfrgell Genedlaethol Cymru, 1996)
Hughes, R Iestyn & O'Leary, Paul, *Wales of One Hundred Years Ago* (Llyfrgell Genedlaethol Cymru & Sutton Publishing, 1999)
Jenkins, David, *Ar Lafar, Ar Goedd* (Cymdeithas Lyfrau Ceredigion, 2007)
Jenkins, Gwyn, Misell, Andrew & Jones, Tegwyn, *Llyfr y Ganrif* (Y Lolfa, 1999)
Jenkins, J Geraint, *Melinau Gwlân* (Gwasg Carreg Gwalch, 2005)
Jones, Bill & Thomas, Beth, *Tom Mathias (1866–1940): Folk Life Photographer* (Yr Amgueddfa Genedlaethol, 1995)
Jones, Iwan Meical, *Hen Ffordd Gymreig o Fyw: ffotograffau John Thomas* (Y Lolfa, 2008)
Llwyd, Hefin, *Un Ennyd Fer: bywyd a gwaith E.O. Jones 1873–1915, ffotograffydd cynnar* (Cymdeithas Papur Pawb, 1982)
Roberts, Ioan, *Cymru Geoff Charles* (Y Lolfa, 2004)
eto, *Cefn Gwlad Geoff Charles* (Y Lolfa, 2006)
Wiliam, Eurwyn, *Y Bwthyn Cymreig* (Comisiwn Brenhinol Henebion Cymru, 2010)
Adroddiadau a chofnodion y Cyfrifiad, 1851 –
Adroddiadau'r Comisiwn Brenhinol ar y Tir yng Nghymru, 1896

SOURCES

Websites

P B Abery: http://www.llgc.org.uk/index.php?id=3639
Geoff Charles: http://www.llgc.org.uk/index.php?id=geoffcharles
John Thomas: http://www.llgc.org.uk/index.php?id=johnthomas
Early Swansea photographers: http://www.llgc.org.uk/fga/index_s.htm
D C Harries: http://www.llandeilo.org/dcharries.php
Rory Trappe: http://www.pbase.com/caeclyd/

Books

Daniel, Raymond, *Camera'r Cymro* (Y Lolfa, 2006)
Davies, John, *A History of Wales* (Penguin, 1993)
Encyclopaedia of Wales (University of Wales Press, 2008)
Hughes, R Iestyn, *Casgliad o Ffotograffau D. C. Harries: a Collection of Photographs* (The National Library of Wales, 1996)
Hughes, R Iestyn & O'Leary, Paul, *Wales of One Hundred Years Ago* (The National Library of Wales & Sutton Publishing, 1999)
Jenkins, David, *Ar Lafar, Ar Goedd* (Cymdeithas Lyfrau Ceredigion, 2007)
Jenkins, Gwyn, Misell, Andrew & Jones, Tegwyn, *Llyfr y Ganrif* (Y Lolfa, 1999)
Jenkins, J Geraint, *The Flannel Makers* (Gwasg Carreg Gwalch, 2005)
Jones, Bill & Thomas, Beth, *Tom Mathias (1866–1940): Folk Life Photographer* (The National Museum of Wales, 1995)
Jones, Iwan Meical, *A Welsh Way of Life: John Thomas photographs* (Y Lolfa, 2008)
Llwyd, Hefin, *Un Ennyd Fer: bywyd a gwaith E.O. Jones 1873–1915, ffotograffydd cynnar* (Cymdeithas Papur Pawb, 1982)
Roberts, Ioan, *Cymru Geoff Charles* (Y Lolfa, 2004)
id., *Cefn Gwlad Geoff Charles* (Y Lolfa, 2006)
Wiliam, Eurwyn, *The Welsh Cottage* (Royal Commission on the Ancient and Historical Monuments of Wales, 2010)
Census reports and returns, 1851 –
Royal Commission on Land in Wales reports, 1896

Hefyd o'r Lolfa:

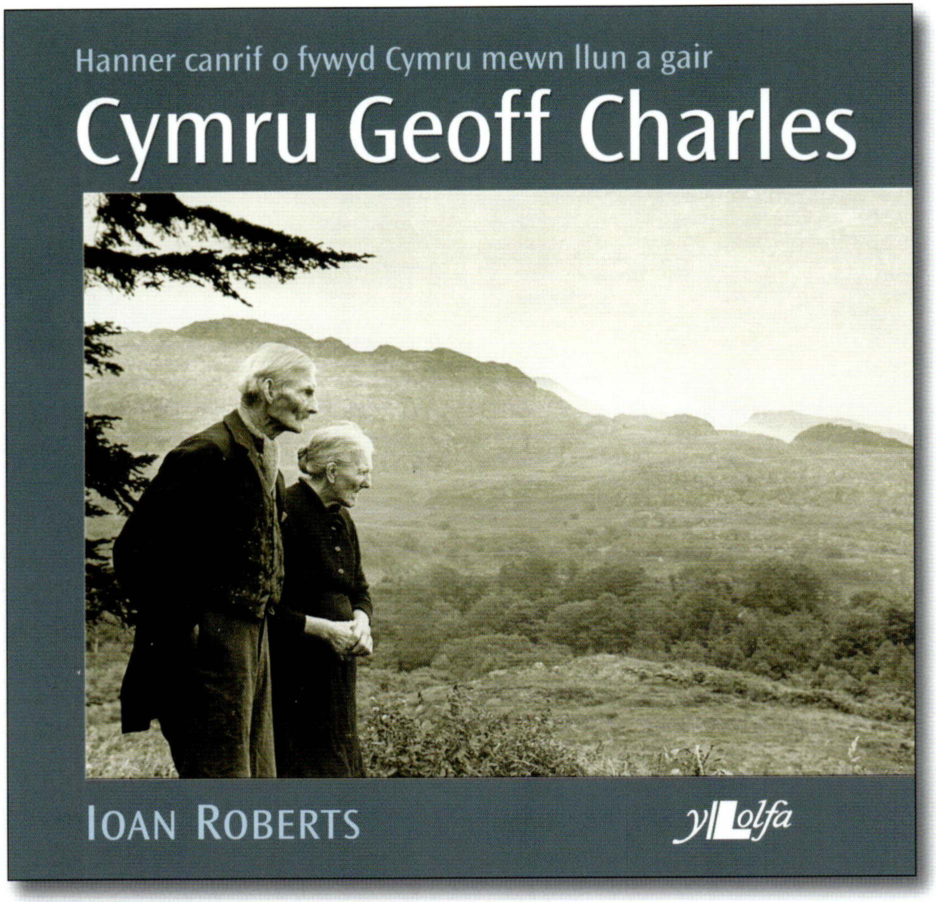

Hen Ffordd Gymreig o Fyw
A Welsh Way of Life

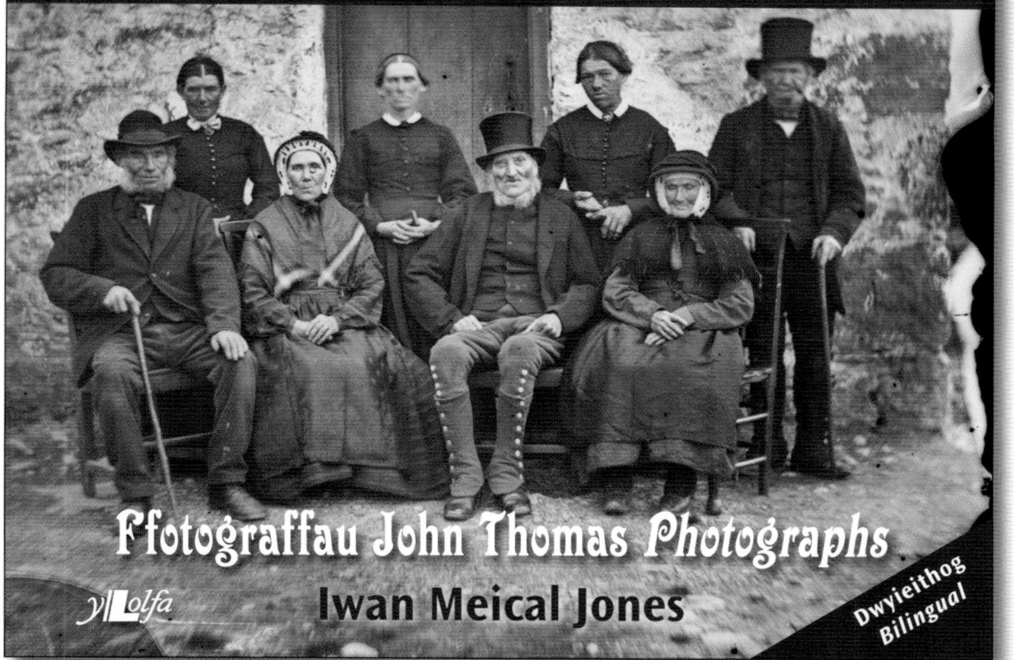

Ffotograffau John Thomas *Photographs*

Iwan Meical Jones

y Lolfa

Dwyieithog
Bilingual